HERMANN TATSCHL

ERFOLGS MENTALITÄT

Mit der Kraft des Geistes Grenzen überwinden

novum ♦ pro

Bibliografische Information
der Deutschen Nationalbibliothek:

Die Deutsche Nationalbibliothek
verzeichnet diese Publikation in
der Deutschen Nationalbibliografie.
Detaillierte bibliografische Daten
sind im Internet über
http://www.d-nb.de abrufbar.

Alle Rechte der Verbreitung,
auch durch Film, Funk und Fernsehen,
fotomechanische Wiedergabe,
Tonträger, elektronische Datenträger
und auszugsweisen Nachdruck,
sind vorbehalten.

Gedruckt in der Europäischen Union
auf umweltfreundlichem, chlor- und
säurefrei gebleichtem Papier.

© 2023 novum Verlag

ISBN 978-3-99146-125-8
Lektorat: Volker Wieckhorst
Umschlagfoto:
Ammentorp | Dreamstime.com
Umschlaggestaltung, Layout & Satz:
novum Verlag
Innenabbildungen: Hermann Tatschl

www.novumverlag.com

„Es gibt nicht nur einen Schlüssel zum Erfolg. Es ist eine Kombination von Faktoren, die Teile deines Charakters sind, die dieses große Bild von Erfolg offenbaren. Ich habe mich konstant verändert und neu erfunden!"

Novak Djokovic

VORWORT

Von der Historikerin Rosalie Perles stammt das Zitat: „Was der eigene Geist dem Wissen hinzufügt, macht das Wissen zur Wissenschaft, das Können zur Kunst!" Wissen und Können! Zwei Grundvoraussetzungen für Erfolg, positive Leistung und die Entwicklung von Fähigkeiten und Eigenschaften aus Potentialen. Nicht nur, was wir durch andere lernen, führt uns zum Ziel. Entscheidend ist vielmehr, was unser Geist aus den Lernerfahrungen herausholt, kombiniert, produziert.

„Es ist der Geist, der sich den Körper baut", ließ Friedrich von Schiller seinen Wallenstein sagen. Der kreativ-aktive Geist erwirbt Wissen und Können nicht nur, er verarbeitet es, entwickelt es weiter. Er lässt sich davon inspirieren und motivieren und bringt Neues hervor. Er entwickelt einen eigenen Willen und entfacht Emotionen. Er bündelt Körperkräfte. Die geistige Kraft, von Natur aus in jedem vorhanden, schweißt Geist, Körper und Seele zu einer Einheit zusammen und lässt sie gemeinsam Herausforderungen in Angriff nehmen und bewältigen.

„Wie unbedeutend ist am Ende des Lebens das, was wir erlebten im Vergleich zu dem, was wir daraus machten!" Der Schriftsteller, Politiker und Bildungsreformer Wilhelm von Humboldt, war ein Wegbereiter umfassender Bildung. Umfassend im Sinne von breit gefächert und zugleich erschöpfend. Viele Menschen beginnen voll Energie und Motivation ihre Reise zu hohen Zielen. Wird der Weg aber beschwerlich, schwinden bei vielen Mut, Ausdauer, Leidenschaft, Energie, Interesse, Freude, Motivation und Vertrauen. Ressourcen, die für das Erreichen ambitionierter Ziele unverzichtbar sind. Ob ich einen Berufsweg anstrebe, einen Studienabschluss im Auge habe, ob meine Ziele mich in den Spitzensport, die Kunst, die Wissenschaft oder in andere Richtungen führen, bleibt egal. Die Erfolgsvoraussetzungen sind einander überall ähnlich: Ein wacher, motivierter Geist erwirbt sich das Wissen und Können und verwertet es für seine Ziele.

Erfolg wie Misserfolg sind die Folgen der Qualität von Denken, Fühlen, Verhalten oder Handeln. Je präziser Denken, Verhalten, Fühlen und Handeln den Vorgaben des Erfolgs entsprechen, umso mehr wächst die Chance, ein Ziel zu schaffen. Zu wissen, was der Erfolg erfordert, macht den Menschen zum geistigen Insider. Er erhält eine Vorstellung der Aktivitäten, die er dafür leisten muss. Er beschäftigt sich mental und emotional damit. Das Gefühl für zielführendes Denken, Fühlen und Handeln wächst.

Ebenso verläuft die geistige Vorarbeit für Misserfolg. Gedanken an ein mögliches Scheitern tauchen auf und festigen sich. Der Mensch beschäftigt sich primär mit Niederlagen und zeichnet ein düsteres mentales und emotionales Szenario des Misslingens. Derartige Gedanken erzeugen negative Emotionen und schüren Versagensängste. Im Kopf entstehen stabile Bilder von Fehlschlägen.

Das Ziel für Menschen, die Erfolge anstreben, muss es darum sein, an Erfolg zu denken, Erfolg zu fühlen und zu leben, aus einem umfassenden Wissen und Können heraus Vorhaben umzusetzen, den Geist auf ein Ziel auszurichten. Denn der Geist geht voran und der Körper folgt.

Dieses Buch befasst sich primär, aber nicht ausschließlich, mit sportlichem Erfolg. Wie setzt man Geist, Psyche und Körper dafür ein? Wie dringt man geistig in eine Thematik ein, erobert sie emotional und mental für sich? Leistungssport hat viele Parallelen mit anderen Bereichen, in denen Wissen und Können auf höchstem Niveau verlangt sind. Die Qualität und der Umfang von Training und Lernen sind die Basis für außerordentliche Leistungen.

Im ersten Teil des Buches gehen wir auf die Suche nach einer individuellen Erfolgsdefinition. Wir entwickeln eine mentale

Vorstellung davon. Jeder Erfolg setzt sich aus vielen Mosaikteilen zusammen, jeder hat einen wichtigen Platz im Gesamtbild. Fehlt nur ein Baustein, ist das gesamte Bild nicht mehr stimmig, die Erfolgschancen sinken.

Das Erfolgsmosaik enthält innere Elemente, Fähigkeiten, Eigenschaften und Potenziale, die im Menschen selbst vorhanden sind. Äußere Faktoren fördern oder behindern ihn in seinem Streben. Beiden widmet sich das erste Kapitel. Dort findet sich auch ein Abschnitt über das Wollen, das jedem Lernen, Wissen und Können vorangeht. Entwicklung bedeutet Lernen und Veränderung. Dafür ist der Wille notwendig, die mentale, emotionale und körperliche Komfortzone zu verlassen.

Der zweite Teil des Buches beschreibt die Erfolgsmentalität im Detail. Es ist die Einstellung, die sich auf das Gelingen fokussiert. Wir alle tragen Basisfähigkeiten des Erfolgs als natürliche Anlagen in uns. Oft sind sie verschüttet. Ereignisse des Lebens, Erlebnisse und Erfahrungen hinterlassen Spuren. Die Folge sind mentale Engpässe, die es aufzulösen gilt. Der Kopf braucht dazu Idealvorstellungen zur Orientierung. Daraus entwickelt man Übungen, die die Engpässe reduzieren und die Mentalität des Erfolgs festigen.

Das dritte Kapitel beschäftigt sich schließlich mit der Krönung aller Aktivitäten im Leistungssport und in anderen Leistungsbereichen: Wettkampf oder Prüfung! Wettkampf und Prüfung sind Tests für das im Training erarbeitete Wissen und Können. Im Zentrum steht die Wettkampfpersönlichkeit, die in jedem Menschen natürlich angelegt ist, aber nur in anspruchsvollen Situationen aktiviert wird. Sie ist ebenfalls ein Mosaik an Fähigkeiten und Eigenschaft. Jede von ihnen wird am Beispiel von zehn Fragen auf ihre Einsatzbereitschaft geprüft. Spezielle Übungen helfen, eine Wettkampfbereitschaft zu entwickeln. Schließlich folgt am Ende des dritten Kapitels eine Thematik, der im Leistungssport wenig Beachtung geschenkt wird: es geht um die Analyse von Wettkampf und Training! Nicht Fehler oder Mängel sollten aufgezeigt werden. Vorhandene Potenziale für den nächsten Entwicklungsschritt zu entdecken ist das Ziel jeder Analyse.

Ich wünsche Ihnen, lieber Leserin, lieber Leser, viel Spaß und Freude bei der Lektüre und hoffe, Sie finden dabei individuelle Schwerpunkte, die Ihnen helfen, schlummernde Potenziale und Talente in sich zu entdecken, sie zu entwickeln und für Ihren persönlichen Erfolgsweg einzusetzen.

GEDANKEN AM ANFANG

> *„Für das Maß seiner Begabungen ist der Mensch nicht verantwortlich! Wohl aber dafür, wie er sie ausbildet und nutzt!"*
> Daniel Sanders, 1819-1897,
> deutscher Lexikograf und Sprachforscher

An den Anfang dieses Buches stelle ich zwei Fragen an mich selbst! Antworten darauf gebe ich mir auf den folgenden Seiten.

1) WAS soll dieses Buch bewirken, welches Ziel verfolge ich damit?
2) WOZU oder WARUM will ich dieses Ziel erreichen?

Meine Beweggründe liefern mir die Energie, an die Arbeit zu gehen, zu schreiben und dranzubleiben. Zitate gleichen Samenkörnern. Fallen sie auf fruchtbaren geistigen Boden, geben sie uns Impulse, aktiv zu werden. Sie wachsen, liefern neue Ideen. Ist der Geist nicht bereit, verhallen sie unbeachtet und unreflektiert. Es liegt an der Mentalität des Empfängers, was aus ihnen wird. Das gilt ebenso für Wörter, Sätze, Bücher. Jeder Mensch versteht sie auf individuelle Weise. Die geistige Basis dafür ist die mentale Einstellung, die geprägt ist durch Erlebnisse, Erfahrungen und Schlüsse, die man daraus zieht. Für mich ist das Zitat von Daniel Sanders die Bestätigung dessen, was ich in vielen Jahren meiner Tätigkeit im Sport und im Beruf erfahren durfte und gelernt habe.

Jeder Mensch ist begabt! Niemand ist talentlos! Begabungen sind dazu da, ein Leben erfolgreich zu gestalten, Glücksmomente zu erleben. Jeder entscheidet für sich selbst, ob er diese natürlichen Gaben erkennt, annimmt, wertschätzt und für das Leben nutzt. Fachleute diskutieren, welcher Faktor einen Lebenslauf stärker und nachhaltiger beeinflusst:

a) Die Natur, die Talente schenkt, die man zu Fähigkeiten und Eigenschaften entwickeln kann.
b) Die geistige Prägung durch Erziehung, Erfahrungen und eigene Rückschlüsse, die man daraus zieht, die die Mentalität, die innere Einstellung formen.

Natur oder Prägung?

Seit Jahren erlebe ich Leistungs- und Nachwuchssport aus unterschiedlichen Perspektiven, in verschiedenen Rollen. Als aufmerksamer Beobachter, als Mental-Coach, als Vater zweier sportlicher Söhne, als Zuschauer. Erfahrungen formten sich zu Erkenntnissen. Ich bildete mir eine Meinung, die sich im Laufe der Jahre festigte. Damit der Mensch sich anspruchsvolle Ziele setzt und sie erreicht, sich Lebensträume erfüllt und Erfolge schafft, braucht er individuelle Fähigkeiten und Eigenschaften. Der Rohstoff dafür sind Talente. Ob sie durch Lernen und Training voll entwickelt werden, entscheidet in großem Ausmaß die Mentalität. Die Art zu denken, zu handeln, zu fühlen, sich zu verhalten. Mentalität ist entwickelbar. Das ist eine komplexe, aber wunderbare Herausforderung. Talent plus Mentalität sind Erfolgsbausteine, egal in welchen Lebensbereichen.

Jedes Leben ist ein Auftrag. Er lautet: erkenne und nutze, was dir die Natur geschenkt hat! Im Sport, in der Kunst, der Kultur, der Politik, der Wissenschaft, im Dienst an und für Mitmenschen. Talente sind dazu da, die Welt zu einem lebenswerten und friedlichen Ort zu gestalten. Um anspruchsvolle Ziele zu erreichen, brauchen wir Sachkenntnisse (Wissen), methodische Fähigkeiten (Können), soziale Fähigkeiten und Eigenschaften im Umgang mit Mitmenschen und mit sich selbst (Sozial- und Selbstkompetenz). Warum erhält in unseren Gesellschaften die Entwicklung der Mentalität und der inneren Einstellung eines Menschen in der Praxis einen so geringen Stellenwert?

Das Schreiben eines Buches bedeutet auch eine Auseinandersetzung mit sich selbst. Das Ziel erhält eine geistige Form. Seine endgültige Dimension ist anfangs noch nicht erfassbar. Wie bei der Besteigung eines Berges ergeben sich mit jedem Schritt neue Perspektiven. Wissen entsteht durch Kombination bisheriger Erkenntnisse. Ideen reifen, die sich wenige Seiten vorher noch nicht angedeutet haben. Aller Anfang ist schwer! Ich will durch das Schreiben in Fahrt kommen, Tempo aufnehmen. Wozu das Ganze? Welche Ziele setze ich? Es dauert Wochen, Monate, eventuell sogar Jahre, bis ich das Ergebnis der Arbeit in meinen Händen halte.

An wen richten sich meine Gedanken, Worte, Sätze? Welche Impulse im Denken, Fühlen und Handeln sollen sie interessierten Menschen geben? Was sollen die praktischen Tipps bewirken? Die Lektüre soll etwas auslösen, ins Rollen bringen. Menschen ein Ansporn sein, vom bloßen Wissen und Können ins praktische Tun zu kommen.

Leserinnen und Leser haben Erwartungen! Sie oder ein Ihnen nahestehender Mensch befinden sich vielleicht auf einem anspruchsvollen Weg. Sie erhoffen sich Anregungen. Sie fühlen das Ende ihrer Leistungsfähigkeit und begeben sich auf die Suche nach inneren und äußeren Ressourcen, die Sie bislang nicht nutzten. Oft schwindet das Ziel aus den Sinnen, verliert sich die Motivation, weil die Reise viel Energie in Anspruch nimmt! Es braucht andere Perspektiven im Denken und Handeln! Sie wollen auf andere Gedanken kommen, vieles in einem anderen Licht sehen. Oft liegt die Lösung allein in einer neuen Qualität des Denkens!

Menschen wollen schwierige Situationen überzeugt und optimistisch angehen und meistern. Manche lesen diese Zeilen ohne Bezug zur aktuellen Lebenslage. Sie wollen Einblicke in die Entwicklung einer Mentalität, die ihnen im Leben generell, besonders aber im Sport und in anderen Leistungsbereichen eine neue Qualität und Richtung geben kann.

Was immer Ihr persönliches Anliegen an diesem Buch ist, eine Bitte habe ich an Sie: Lassen Sie sich wirklich darauf ein. Gehen wir den Weg gemeinsam. Sie werden an manchen Stellen verharren, den einen oder anderen Absatz mehrmals lesen, manche Übung und das zugrunde liegende Denken reflektieren, weil es zur aktuellen Lebenssituation passt. Lassen Sie sich Zeit! Lassen Sie Veränderungen im Denken zu, wenn Sie es für angemessen empfinden. Seien Sie offen dafür!

Meine Motivation zu schreiben? Die Themen rumoren mir seit Jahren im Kopf herum. Endlich sind Anzahl und Qualität der Erfahrungen groß genug und die Kraft meiner Motive so stark, dass ich damit beginne! Um etwas genießen zu können, muss man sich dessen Wert bewusstmachen. Welchen Wert soll dieses Buch bieten?

1. Ich erkenne den tieferen Sinn vergangener Erlebnisse und Erfahrungen:

Erlebnisse der Vergangenheit aus neuer Perspektive erinnern. Erinnerung löst Gefühle aus. Schreiben ordnet Gedanken und Gefühle. Vergangene Ereignisse erscheinen in anderem Licht und in anderer Qualität. Ihre ganze Bedeutung erschließt sich oft erst aus einer zeitlichen Distanz. Unabhängig davon, ob ich Erfahrungen als positiv oder negativ empfinde, eröffnet das Wiedererleben einen zusätzlichen Sinn. Das steigert ihren subjektiven Wert. Ich kann die Lehren ziehen, die sie bereithalten.

2. Begabungen erkennen und ihre Entwicklung fördern:

Jeder Mensch ist begabt. Spürt er sein Talent, aktiviert er positive Energien. Er entwickelt Fähigkeiten und Eigenschaften, die ihm außergewöhnliche Leistungen ermöglichen. Er hebt Geist, Seele, Körper, also Wissen, Fühlen, Können, auf eine neue Ebene.

Statt in herausfordernden Situationen zu resignieren, sollen sie Menschen dazu anregen, Energien zu aktivieren, die sie bei der Bewältigung von Situationen des normalen Alltags nicht benötigen. Im Sport, im Beruf, bei intensivem Lernen, auf der Bühne der Kunst und in vielen anderen Bereichen sollen Ziele erreicht oder Bedürfnisse befriedigt werden. Man aktiviert Energien, mobilisiert Potenziale und Fähigkeiten.

Wirken Geist, Seele und Körper gemeinsam und in dieselbe Richtung, aktivieren wir alle unsere Kräfte. Ohne dieses Zusammenspiel geben wir uns mit Leistungen zufrieden, die nicht unserem wahren Potenzial entsprechen. Wir bleiben damit hinter den tatsächlichen Möglichkeiten zurück. Wertvolles Talent fristet ein Leben im Verborgenen. Erfüllende Momente unterbleiben. Kostbare Begabungen bleiben unerkannt, ohne ihren Beitrag zu einem erfüllten Leben leisten zu können.

Dieses Buch soll Menschen ihre vorhandenen Potenziale bewusstmachen und sie dabei unterstützen, ihre Talente zu nutzen. Es soll anregen, aus den Potenzialen mit gezielter Arbeit Fähigkeiten und Eigenschaften zu formen.

3. Leistungszentrale Kopf:

Der Kopf sitzt an der Spitze des Körpers! In Firmen, Institutionen oder Teams residieren die Kräfte, die die entscheidenden Ideen für Wachstum und Erfolg liefern, ebenfalls in der Chefetage. Sie regeln das Funktionieren des gesamten Systems. Alle relevanten Informationen laufen hier zusammen. Zukunftsvisionen und Zielsetzungen nehmen hier ihren Ausgang. Man steuert Prozessabläufe und fällt Entscheidungen. Dort liegen die Ursachen für den Erfolg oder Misserfolg! Sie sind der Kopf des Systems, egal ob dieses System eine einzelne Person ist oder viele Menschen daran beteiligt sind! Geistige, physische und seelische Bewegung sorgt für Veränderung. Aktivitäten folgen Impulsen, die vom Kopf kommen!

„Heute verloren wir das Spiel im Kopf!"

„Wir haben gewonnen, weil wir den Sieg unbedingt wollten!"

„Wir haben in schwierigen Momenten den kühlen Kopf bewahrt!"

Typische Aussagen aus der Sportwelt! Sie überbringen alle dieselbe Botschaft: „Sieg und Niederlage, Erfolg und Misserfolg, Fortschritt und Rückschlag, alles was wir tun oder nicht tun, ereignet sich zuerst im Kopf!"

„Mach etwas aus deinem Leben!" Das möchte im Grunde doch jeder! Schon als Kleinkinder fühlten wir uns von Menschen, Dingen oder Tätigkeiten angezogen. Hieß es, „Schluss jetzt, Sachen wegräumen, es ist schon spät", protestierten wir. Kinder sind motiviert für das, was sie tun. Gedanken, Gefühle, Emotionen und ihr Körper beteiligen sich zu hundert Prozent. Sie jubeln, wenn sie ein Ziel schaffen, für das sie ihre Energie eingesetzt haben.

Erwachsenen geht es ähnlich. Das Erlebnis, ein Ziel zu schaffen, das einem am Herzen liegt, wofür man Kraft und Energie investierte, zählt zu den schönsten Momenten. Begleiten eine Tätigkeit positive Emotionen, verfügt der Geist über die Energie, immer neue Versuche zu starten, bis das geschafft ist, was man will. Auch wenn der Aufwand manchmal groß erscheint und der Einsatz schmerzt, bleibt man auf dem Weg. Geschichten von Sportlerinnen und Sportlern, die sich mit Schmerzen und Entbehrungen zurückkämpfen, sind zahlreich und legendär. Wohlgemeinte Tipps und Ratschläge, das Ganze bleiben zu lassen, stattdessen ein anderes Ziel ins Auge zu fassen, bremsen sie nicht in ihrem Vorwärtsstreben.

Im Zusammenwirken von Geist, Seele und Körper liegt ihr Erfolgsgeheimnis. Glück oder Pech spielen nur Nebenrollen. Träume, Visionen, Ziele erfüllen sich, weil der Mensch sich als Ganzes auf die Reise begibt. Man fühlt positive Kräfte und Energien, die für geistige Klarheit sorgen. Alle Aktivitäten richten sich auf ein Ziel aus.

Spielt ein Teil aus dem Trio Geist-Seele-Körper nicht mit, kostet jeder Schritt zusätzliche Energie. Will oder kann der Geist nicht, kompensiert der Körper den Mangel selbst mit größtem Energieaufwand nur teilweise. Ist man nicht mit vollem Herzen und positiven Emotionen dabei, erfordert jeder Schritt viel mehr mentale und physische Anstrengung. Ist der Körper nicht mit ganzer Kraft und Energie einsatzfähig, leisten Herz und Hirn Schwerstarbeit, die sich höchstens teilweise in positiven Resultaten niederschlägt. Die Quellen der Energie drohen zu versiegen. Negative Emotionen, körperliche und geistige Erschöpfung sind die Folgen. Burnout oder depressive Verstimmungen spiegeln Mängel der inneren Harmonie wider.

Wege zu hohen Zielen verlaufen nie problemfrei. Schwierigkeiten erscheinen oft spontan. Sie erfordern Stopps, erzwingen Umwege, sind Auslöser geistiger und emotionaler Kämpfe. Mentale und emotionale Blockaden folgen. Die Sinnfrage stellt sich: „Will ich dieses Ziel wirklich? Ist es tatsächlich mein Weg?"

Ob ein Ziel attraktiv genug bleibt, hängt auch davon ab, wie ich subjektiv auf ein Problem reagiere. Empfinde ich es nur als vorübergehenden Rückschlag, der zum Weg dazugehört? Mobilisiere ich alle Energien, um es zu überwinden? Erlebe ich es als Beweis, dass mein Ziel, gemessen an meinem Talent, zu hoch angesetzt ist? Starte ich einen neuen Anlauf? Erkenne ich die Lehren, die eine Niederlage für mich bereithält? Nehme ich diese zur Kenntnis und ziehe die Konsequenzen in der täglichen Arbeit? Ändern sich meine ursprünglichen Motive? Erlischt mein Interesse und suche ich nach Ersatzzielen, einem Plan B, der weniger Aufwand an Kraft und Energie fordert und einen leichteren Weg verspricht? Widerrufe ich mein Engagement? Ziehe ich mentale, emotionale und körperliche Energien völlig zurück? Steige ich vorzeitig aus und widme mich anderen Themen und Zielen? Überlasse ich die Entscheidung darüber anderen Menschen? Gebe ich das Steuer aus der Hand und wechsle auf den mentalen Beifahrersitz meines Lebens?

Unabhängig von meinem Alter und meiner Erfahrung und unbeeinflusst davon, welche Erlebnisse hinter mir liegen und wie die aktuelle Situation sich darstellt: Ich habe bis ans Lebensende die Wahl! Fordere und fördere ich meine Talente, damit sie mein Leben bereichern, oder lege ich sie geistig zu den Akten, weil sich meine Erwartungen nicht durch schnelle Erfolge erfüllen?

Wesentlichen Einfluss auf meine Entscheidung hat die Reaktion nahestehender Menschen! Stützen sie mich mental und emotional, oder stimmen sie in den Chor die Zweifler und Kritiker ein? Bleibe ich im inneren Widerstreit allein? Nimmt man mir die Entscheidung, die mir allein zusteht, aus dem Kopf, oder erhalte ich die Chance, meine Fähigkeiten zur Problemlösung gerade jetzt zu stärken? Spüre ich die Anerkennung nahestehender Menschen für kleine Erfolge, muntern sie mich bei Rückschlägen auf, wenn die Kräfte meiner Beweggründe und meines Willens nachlassen? Ist die Kritik von außen konstruktiv und auf Lösungen ausgerichtet, oder raubt sie mir die positive Energie und schwächt damit das Selbstvertrauen?

Dieses Buch soll Menschen, egal in welcher Situation sie sich befinden und wie alt sie sind, dazu anregen, sich Ziele zu setzen, die ihren Talenten gerecht werden. Viele Menschen legen sich die Latte ihrer Ziele zu niedrig und fühlen sich deshalb nie in ihren Möglichkeiten gefordert. Ich will Wege aufzeigen, wie man sich selbst emotional, mental und physisch stärken und die Mentalität und Einstellung selbst trainieren kann. Die Menschen im persönlichen Umfeld und deren Anteil an Erfolg und Misserfolg sind ebenfalls ein Thema.

4. Hardware-Gehirn:

Die grauen Zellen, das biologische Gehirn, verkörpert, einfach ausgedrückt, die geistige Hardware, den physischen Anteil geistiger Ressourcen. Es ist Hauptsitz und Ausgangspunkt unserer Gedanken, Gefühle, Emotionen, Handlungen und Verhaltensweisen. Als komplexestes Organ im bekannten Universum verändert es sich zeitlebens. Sein Einfluss auf die Lebensgestaltung ist anerkannt, aber ein Buch mit sieben Siegeln.

Diese Siegel kann auch dieses Buch nicht knacken. Dazu sind sie zu komplex. Es gibt ständig neue Erkenntnisse und Beispiele, in welcher Weise wir mentale und emotionale Mittel für das Erreichen von Visionen und Zielen einsetzen. Schenken wir ihrer Entwicklung von Kindheit an gebührende Aufmerksamkeit, bieten sie die entscheidende Hilfe, Herausforderungen zu bewältigen, die anspruchsvolle Ziele und Wege an uns stellen.

Durch angelerntes Denken und vorgeprägtes emotionales Verhalten stehen wir uns oft selbst im Weg. Ist unser Geist trainiert, aktivieren wir seine Ressourcen bewusst. So wie ein wenig trainierter Körper keine außergewöhnlichen Kräfte für physische Leistungen entwickelt, erreichen wir mit einem mangelhaft trainierten Geist keine ambitionierten Ziele, obwohl alle Anlagen dafür vorhanden sind. Sie aufzuspüren, anzuregen, zu entwickeln, einzusetzen, ist das Ziel dieses Buches.

Talente zeigen sich durch persönliche Vorlieben und einen inneren Antrieb, seine Fähigkeiten und Eigenschaften zu entwickeln. Eine genaue Gebrauchsanweisung gibt es nicht. Jeder Kopf ist einzigartig. Individuell geeignete Mittel zu finden, sie zu Instrumenten des Erfolgs zu machen, ist ein Anliegen der folgenden Seiten. Damit nicht nur Wenigen vorbehalten bleibt, was jedem Menschen möglich ist: Erfolg zu haben, ein erfülltes Leben zu führen.

1. Kapitel

DIE ANATOMIE DES ERFOLGS

WAS IST ERFOLG?

> *„Erfolg heißt, mit sich im Reinen zu sein!*
> *Zufriedenheit im Wissen, das Beste getan zu haben,*
> *um die bestmögliche Version seiner selbst zu sein."*
> John Wooden (1910-2010), US-Basketballspieler und Coach

Was ist Erfolg? Komische Frage, werden manche von Ihnen sich jetzt denken! Erfolg ist, wenn ich etwas schaffe, was mir viel bedeutet, mir am Herzen liegt! Was erfordert Erfolg? Den gezielten Einsatz von Wissen und Können, von körperlichen, geistigen und emotionalen Ressourcen. Ich setze mir Ziele und will ernten, was ich mir in den Kopf setze. Viele Menschen lassen zu, dass sich andere in den Kopf setzen, was in ihrem Leben zu geschehen hat. Mitmenschen bestimmen über persönliche Lebensbereiche. Sie legen fest, welche Ziele man sich setzen soll und welche man sich besser aus dem Kopf schlagen sollte.

Erscheint mir ein Ziel als erstrebenswert, mobilisiere ich meine Energien und Kräfte. Ich erwarte mir die Befriedigung meiner Wünsche und Bedürfnisse und die Verwirklichung meiner Visionen. Ich will Ergebnisse sehen, hören, fühlen! Ich bin bereit, zu leisten, was das Ziel und der Weg dahin verlangen. Leistungen und positive Ergebnisse machen mich zufrieden, wenn ich sie als Erfolge werten kann. Ich bestimme, ob ein Resultat, eine Leistung meinen Vorstellungen von Erfolg entspricht. Im Sport werten viele ein Ergebnis als Erfolg, obwohl die Leistung gemessen am Talent eher dürftig ist. Andere empfinden die Leistung als Erfolg, auch wenn die damit erzielten Ergebnisse unter den Erwartungen bleiben. Gelingt es, Leistungen auf einem hohen Niveau zu stabilisieren, stellen sich die Ergebnisse bald von selbst ein! Ergebnisse sind Folgen zielgerechter Leistungen!

Entsprechen Leistungen und Resultate meinen Erwartungen, kann ich behaupten: „Mission erfüllt!" Meine Erfolgsdefinition hängt von Zielen und Erwartungen ab. Bisweilen korrigiere ich Ziele, um die Zufriedenheit zu wahren und einen Weg mit positiven Gefühlen abschließen zu können. Das ursprüngliche Ziel habe ich zwar verfehlt, aber aufgeschoben ist nicht aufgehoben.

Kinder und Jugendliche träumen. Die meisten Träume verblassen im Lauf der Zeit. Andere widerstehen allen bremsenden Einflüssen von innen und außen und entwickeln sich zur echten Vision. Sie weckt Sehnsüchte, mobilisiert mentale und emotionale Kräfte. Der innere Antrieb macht aus einer Vision ein echtes Ziel. Man setzt sich Zwischenziele und fühlt sich erfolgreich, wenn man sie als Lohn für das zielorientierte Denken und Engagement verwirklicht. Erfolg stärkt das Vertrauen, dass man Fähigkeiten und Eigenschaften hat, um die Leistungen zu bringen, die die Erfolgserlebnisse ermöglichen, die man im Kopf hat.

Friedrich Wilhelm von Humboldt sieht das Fundament des Erfolgs in der Erfüllung zweier Voraussetzungen:

1) Stetiges Handeln,
2) Anhaltende Zuversicht.

Mache ich sie zu meinen Leitmotiven im Denken und Handeln, vergrößere ich die Aussicht auf Erfolg. Ich entwickle Fähigkeiten und Eigenschaften, vertraue trotz mancher Rückschläge meinem Weg und erreiche mein Ziel in überschaubarer Zeit.

ERFOLG BEGINNT IM KOPF

> *„Ein starker Wunsch, eine intensive Vorstellung sind die Schlüssel zur Motivation. Entschlossenheit, Begeisterung und beharrliches Streben nach einem Ziel und die Selbstverpflichtung zu Spitzenleistungen ermöglichen den Erfolg."*
> Mario Andretti, US-Automobilrennfahrer und Formel-1-Weltmeister 1978.

Ich stelle mir meinen Erfolg bildhaft vor. Geistige Bilder schaffen Klarheit, wie der Erfolg aussieht, sich anfühlt und anhört. Daraus werden konkrete Vorstellungen. Das Gehirn formt aus dem ihm zur Verfügung stehenden geistigen Material Bilder des Erfolgs. Sie zentrieren die Sinne, steuern das Denken und Handeln. Positive Gefühle entstehen. Sie regen den Geist an. Fokussierte Gedanken und positive Emotionen wecken Zuversicht und Optimismus. Sie sind die Erfolgsgrundlagen.

Wie konkretisiere ich meine Erfolgsvorstellung? Damit ich mir Erfolg vorstellen kann, will ich seine Bedingungen kennen. Sie klären mein mentales Erfolgsbild. Sehen, Hören, Spüren, Riechen, Schmecken! Sinneseindrücke vervollständigen das geistige Ganze. Wie sieht Erfolg aus? Wie hört, fühlt er sich an? Wie riecht und schmeckt er? Ich setze Schritte und erfahre mit jedem zurückgelegten Meter die Erfolgsbedingungen.

Empfinden Sie den Einbezug aller Sinne als umständlich? Viele Menschen sind am Anfang ihres Weges zuversichtlich, sogar euphorisch. Mit positiven Erwartungen stürmen sie los, stürzen sich motiviert auf die Aufgaben. Nur endlich loslegen! Meistens unterbleibt eine mentale und emotionale Vorbereitung.

Der Reiz des Neubeginns verfliegt schon bald. Erste Probleme erscheinen auf der Bildfläche. Sie trüben die Zielvorstellung. Den Sinnen fehlt der klare Zielfokus. Anfänglicher Entschlossenheit, Euphorie und Leidenschaft geht die emotionale Luft aus. Lege ich hingegen schon vor dem Start ein geistiges Fundament, spüre ich in solchen Phasen festen mentalen Tritt. Erfolg beginnt im Kopf!

Fehlt die mentale und emotionale Vorbereitung, rächt sich dieser Mangel bald! Spärlich vorhandenen geistigen Bildern fehlen Stabilität und Präzision, um Tiefs und Rückschläge zu überbrücken. Positive Energien sind schwach und verpuffen. Statt Zuversicht und innerer Überzeugung sendet der Geist Signale von Zweifeln und Resignation an den Körper. Unlust breitet sich aus, das Interesse schwindet. Ursprüngliche Beweggründe verlieren ihren Glanz. Der unzulänglich vorbereitete Geist erkennt keinen Ausweg. Die Lage scheint unlösbar! Sinnfragen stellen sich: Will ich es? Ist das mein Weg? Habe ich eine Chance, mein Ziel zu schaffen? Die Lösung liegt in einer eindeutigen Erfolgsdefinition. Sie entwickelt sich aus der Situation der Gegenwart heraus: Welchen nächsten Schritt braucht es jetzt? An welchem Punkt im Leistungsspektrum setze ich an? Bin ich in der Stimmung für den nächsten Schritt? Existiert die nötige mentale Klarheit? Kenne ich meine Beweggründe? Habe ich genügend positive Energie, um durchzustarten? Wo liegen meine Erfolgschancen genau? Was verschafft mir positive Energie?

Ich sichte mögliche Erfolgsbausteine und ordne sie mental. Wie ist der aktuelle Stand der Entwicklung? An welchem Punkt befinde ich mich aktuell zwischen Start und Ziel? Ich will den Überblick über alle Bedingungen, die der Erfolg stellt! Ich will die Anatomie des Erfolgs kennenlernen! Ich suche die Säulen des Erfolgs!

DIE ANATOMIE DES ERFOLGS

> *„Erfolg ist keine Tür, sondern eine Treppe!"*
> Dottie Walters (1925-2007), amerikanische Autorin

Klare Erfolgsvorstellungen führen mir das Ziel in allen Details vor Augen. Erfolg gleicht einem Mosaik, oder, wie Dottie Walters sagt, einer Treppe. Einzelne Teile ergeben gemeinsam das Erfolgsbild. Aus welchen Faktoren besteht das Mosaik? Wie beeinflussen sie den Weg zum Erfolg?

Erfolgreich zu sein heißt, die Bedingungen des Erfolgs zu erfüllen. Jeder Erfolg ist anders. Kein Erfolg ist ein Zufallsprodukt, sondern immer das Endergebnis von Leistung. Unterschiedliche Leistungsfaktoren wirken wie Zahnräder zusammen und ergeben eine Gesamtleistung.

Warum bleibt der ersehnte Erfolg aus? Weil Sehnsucht danach allein nicht reicht! Ich muss die Erfolgsfaktoren kennen, sie mit Leben erfüllen! Jeder trägt seinen Teil zum Erfolg bei. Bleibt einer unbeachtet, gerät irgendwann Sand ins Getriebe. Viele vernachlässigen einzelne Elemente oder setzen beim Lernen und Training falsche Prioritäten. Hinsehen, Hinhören, Reinfühlen in sich klärt den Ist-Zustand. An welchen Rädern ist zu drehen, damit ich mein Talent weiterentwickle und den Voraussetzungen des Erfolgs gerecht werde?

Ob im Sport, in der Kunst, in Lern- und Prüfungssituationen, im Studium oder im Beruf: Immer ist die praktische Erfüllung der Erfolgsbedingungen entscheidendes Kriterium. Nicht die Zahl der investierten Stunden ist das Maß für den Fortschritt. Es geht um die Treffgenauigkeit, die Qualität einzelner Entwicklungsschritte.

Die folgende Abbildung zeigt ein System mit allen Faktoren, die eine Rolle in der Talententwicklung im Leistungssport und anderen Leistungsbereichen spielen. Jeder ist ein Erfolgsbaustein. Dieses System enthält innere, im Menschen selbst liegende Potenziale sowie durch äußere Einflüsse bedingte Faktoren. Alle wirken auf die Entwicklung des Einzelnen oder einer Gruppe ein. Jedes Element kann zur Hauptursache für Weiterentwicklung werden oder, wenn es unbeachtet bleibt, zu schwerwiegenden Problemen führen. Äußere Faktoren werden in der Entwicklung von Leistung oft ignoriert. Sie können eine wertvolle Unterstützung sein, aber auch zur unüberwindlichen Hürde für die Entwicklung und damit für Leistung und Erfolg werden.

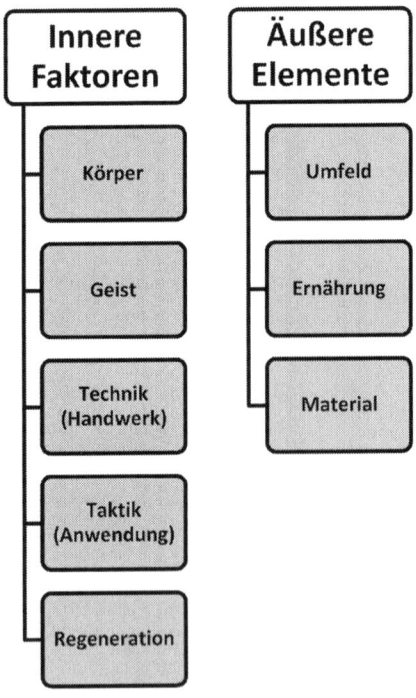

Abbildung 1: Innere und äußere Erfolgsfaktoren

Jedes einzelne Element bietet Chancen für Erfolgserlebnisse. Kleine Schritte zeigen die Weiterentwicklung. Versage ich ihnen die mentale Zuwendung, weil sie mir als selbstverständlich, weil zu unspektakulär erscheinen, verzichte ich auf wertvolle Erfolgserfahrungen und auf eine Inspirationsquelle, die mir hilft, auch schwierige Phasen mental und emotional zu überwinden. Wertschätze und beachte ich sie, ziehen sie größere Erfolge nach sich. Anerkennung und Lob für Erreichtes wecken positive Gefühle für Entwicklung und Fortschritt.

Jedes erreichte Mini-Ziel ist eine positive Rückmeldung. Das gilt aber ebenso für Misserfolg. Erreichte wie verfehlte Ziele sind in Resultate verpackte Botschaften. Sie zu verstehen, richtige Schlüsse zu ziehen und praktische Konsequenzen einzuleiten sind Voraussetzungen für nachhaltiges Wachstum. Resultate sind ein objektives Feedback über Leistungen. Leistungsanalysen sorgen für das Wissen, das ich ins weitere Training einfließen lasse. Ich verwandle Misserfolg in Erfolg!

Die Elemente des Erfolgs geben eine geistige Struktur. Sie ermöglicht mir präzise Analysen über die Fortschritte und bisher ungenutzte Potenziale. Ich kann für das Training Prioritäten setzen. Das Wissen um den Ist-Zustand liefert mir wertvolle Aufschlüsse für die Arbeit. Ich setze mir Zwischenziele und strukturiere den Weg nach Inhalten und Zeiträumen. Welche Maßstäbe setze ich? Wie verwerte ich mein Wissen beim Lernen und im Training? Welche Prioritäten setze ich? Welche Entwicklungsbereiche erhalten den Vorzug im Training? Welche Relevanz gebe ich den einzelnen Bereichen für die nächsten Schritte?

Entwicklungsbereiche, die im Menschen selbst liegen

a) körperliche Leistungsfaktoren

Jeder gesunde Mensch trägt natürliche Anlagen zur Bewältigung seiner Lebensaufgaben in sich. Daraus entwickelt er physische Fähigkeiten und Eigenschaften. Menschen, die wegen Verletzung oder Krankheit Anteile der körperlichen Möglichkeiten ganz oder teilweise verlieren oder sie von Geburt an nicht haben, beweisen, dass sie dennoch großartige körperliche Leistungen erbringen und hervorragende Ergebnisse erzielen können. Die entwickelbaren physischen Leistungsfähigkeiten sind Ausdauer, Kraft, Schnellkraft, Beweglichkeit, Schnelligkeit sowie koordinative Fähigkeiten.

Körperliche Ausdauer: Sie bezeichnet den Widerstand, mit dem sich der Körper der Ermüdung widersetzt. Auch die Zeit, die ich benötige, um mich nach körperlicher Anstrengung wieder ganz zu erholen und leistungsfähig zu sein, gibt Aufschluss über den Zustand der physischen Ausdauer. Mit Erholung ist die Wiederherstellung der vollen Leistungsfähigkeit gemeint. Die Qualität physischer Ausdauer entscheidet, wie lange und wie intensiv der Körper belastbar ist und wie lange er braucht, um wieder leistungsbereit zu sein.

Körperkraft: Die Muskulatur des Körpers widersteht Einwirkungen von außen durch Kontraktion und überwindet äußere Hindernisse. Auch die Fähigkeit, der Schwerkraft der Erde standzuhalten, gehört dazu. Das ist beispielsweise beim Heben von Lasten oder bei Sprüngen zu beobachten.

Schnellkraft: Eine besondere Form der Körperkraft ist die Schnellkraft. Aus der Ruhestellung heraus ermöglicht sie uns, dass wir den Körper rasch und gezielt in Bewegung setzen. Beispiele aus dem Sport sind Startvorgänge. Ebenso verdanken wir ihr die Fähigkeit zu schnellen Richtungsänderungen einer Bewegung. Ihre Entwicklung nimmt im Krafttraining den größten Teil in Anspruch.

Beweglichkeit: Sie gehört zu den Erfolgsvoraussetzungen in den meisten Sportarten. Trainierte Glieder, Gelenke, Muskeln und Sehnen passen sich an sportartspezifische Bewegungsabläufe an. Fast jede Sportart stellt an die Beweglichkeit des Körpers mehr oder weniger große Anforderungen.

Bewegungsschnelligkeit: Das ist die Fähigkeit, auf innere und äußere Reize in kürzester Zeit zu reagieren und rasche Bewegungen gegen Widerstände auszuführen. Die Trainingslehre kennt Aktions- und Reaktionsschnelligkeit. Der Unterschied liegt darin, ob der Körper eigenen Bewegungsimpulsen folgt oder gezielt auf äußere Impulse und Reize reagiert.

Körperkoordination: Durch koordinative Fähigkeiten steuern wir gezielt und bewusst Bewegungen und führen präzise Bewegungsabläufe effizient und harmonisch durch. Koordination erfordert viele herausfordernde Lernschritte. Besonders Sportarten mit hohen körperlichen Ansprüchen verlangen äußerst vielseitige koordinative Fähigkeiten. Sie ermöglichen Athletinnen und Athleten aber auch außerordentliche Erfolgserlebnisse. Basis dafür sind achtsam gesetzte, konsequente Entwicklungsschritte.

Zur Koordination gehören beispielsweise auch Fähigkeiten wie rasch auf Reize zu reagieren, sich schnell und genau an veränderte Umstände oder räumliche Gegebenheiten anzupassen, das körperliche Gleichgewicht zu halten, den Rhythmus in anspruchsvollen Situationen zu finden oder zu halten, Teilbewegungen miteinander zu koppeln und feinmotorische Sequenzen aufeinander bestmöglich abzustimmen.

b) sportspezifisch-technische Leistungsfaktoren

Die individuelle Technik ist Ausdruck des handwerklichen Könnens. Viele Sportarten und andere Leistungsbereiche verlangen ein Handwerk, das an Kunst erinnert. Handwerk hat, wie ein Zitat sagt, goldenen Boden. Eine solide Technik ist die unverzichtbare Grundlage jeder Leistung auf hohem Niveau. Sie bietet die Basis dafür, das Handwerk zur Kunst weiterzuentwickeln.

Vielfach versteht man unter Technik rein körperliche Abläufe. Handwerkliches Gelingen hängt aber auch von der störungsfreien Kooperation Geist/Körper ab. Vorstellungsvermögen und Aufnahmefähigkeit spielen beim Erlernen jeder Technik die entscheidende Rolle. Die mentale Vorstellung der technischen Bewegungsabläufe bildet die Basis des Lernens. Das Verständnis konkreter Anweisungen ist die Grundlage, um sie geistig restlos aufzunehmen und sich die richtigen inneren Bilder der Bewegungsabläufe zu schaffen. Das Training der Technik geschieht nicht zum Selbstzweck. Es hat immer übergeordnete Ziele. Sie stehen im Kontext zu anderen Bereichen der Leistung.

Technisch-körperliche Leistungsfähigkeit bietet unzählige Möglichkeiten für Erfolgserlebnisse. Präzise Bewegungsabläufe gemischt mit individuellen physischen Eigenheiten ergeben eine Einzigartigkeit in der Durchführung. Die Entwicklung verläuft daher zeitlich und inhaltlich eng miteinander verknüpft. Im Jugendsport, aber auch im Rahmen der handwerklichen Ausbildung von Jugendlichen in anderen Leistungsbereichen nimmt man auf individuelle körperliche Besonderheiten Rücksicht. Zusammen bilden sie die einzigartige Technik, die jeden Menschen auszeichnet.

c) Strategie und Taktik als Leistungsfaktoren

Jedes Handwerk verlangt seinen situationsgerechten Einsatz. Die richtige technische Aktion im passenden Moment. Der trainierte Körper entfaltet sein volles Können dann, wenn seine Fähigkeiten sowohl effizient als auch effektiv eingesetzt werden. Dafür sorgt eine individuelle Taktik. Sie folgt einer Strategie, einen längeren Zeitraum im Auge behält. Strategie und Taktik werden häufig irrtümlich als dasselbe verstanden.

Strategien verfolgen langfristige Pläne, die eine ganze Karriere oder aber bestimmte zeitliche Etappen umfassen. Die Taktik zerlegt diese Strategie in kurze Zeitspannen und setzt Zwischenziele um. Beide sind Konstrukte des Geistes. Eine Karriereplanung legt lang- und mittelfristige strategische Ziele fest. Die Taktik zerlegt die Wegstrecken in kurzfristige Portionen und realisiert sie in Trainings und Wettkämpfen. Der Kopf gibt vor, der Körper setzt die Taktik mithilfe körperlicher und technischer Ressourcen um.

Taktische Fähigkeiten sind typisch für den Wettkampf. Häufig besiegen Sportlerinnen, Sportler oder Teams ihre Konkurrenz, die ihnen körperlich und technisch überlegen scheint, durch kluges taktisches Handeln. Sowohl eine langfristige Strategie wie auch kurzfristiges taktisches Vermögen sind entwickelbar. Man kann eine Taktik im Bedarfsfall den Verhältnissen des Moments anpassen. Eine klug gewählte Taktik bringt das technische Können zur Geltung. Es gibt genügend Spielraum für Erfolgserlebnisse.

„Meine Taktik hat heute hervorragend funktioniert! Das ist die Strategie für die nächsten Monate und Jahre!" Aussagen, die den Unterschied zwischen Strategie und Taktik aufzeigen. Um taktische und strategische Erfolge zu erkennen, müssen ihre Inhalte im Kopf abgebildet sein und sich in Worten oder Gesten ausdrücken lassen. Strategie wie auch Taktik sind unverzichtbare Ressourcen für Training, Wettkampf, Karrieren und für das Leben überhaupt.

Eine bis ins Detail ausgefeilte Taktik steuert die Wettkampfaktionen. Ob sie in vollem Umfang umgesetzt wird, liegt am Stand der körperlichen, technischen und mental-emotionalen Ausbildung. Auch intuitive Fähigkeiten spielen hier eine wesentliche Rolle. Meist handeln wir im Wettkampf oder in anderen wichtigen Situationen aus dem Bauch heraus. Wettkampf bezieht einen Teil seiner Spannung aus unerwarteten Ereignissen.

Athletinnen und Athleten müssen emotional und mental damit umgehen lernen. Nur dann können sie rasch und folgerichtig agieren und reagieren. Intuition lebt von der Erfahrung. Sie ergänzt die bewusste Denkarbeit. Intuitive Aktionen und Entscheidungen, gesteuert durch das Wissen des Herzens, ergänzen den reflektierenden und kritischen Intellekt.

Taktik und Strategie lenken körperliche und technische Fähigkeiten effizient und effektiv. Effizient, indem man Ziele präzise ansteuert und erreicht oder ihnen zumindest nahekommt. Effektiv, indem man die physisch-technischen Ressourcen so einsetzt, dass man mit Energie und Zeit ökonomisch umgeht. Im Lernprozess taktischer und strategischer Fähigkeiten erleben wir neben Rückschlägen auch Erfolge. Vor allem in Wettkämpfen kommen die Vorzüge von Taktik und Strategie zum Vorschein.

d) mentale und emotionale Leistungsfaktoren

Jedes gesunde Neugeborene trägt alle geistigen, emotionalen und mentalen Anlagen in sich, die das Leben auf diesem Planeten verlangt. Aus diesen Potenzialen entwickelt der Mensch im Lauf der Zeit mentale und emotionale Fähigkeiten und Eigenschaften. Ab der ersten Lebenssekunde verändert sich das Gehirn. Jede Erfahrung prägt das Verhalten, Denken und Handeln einer Person. Neben natürlichen Anlagen sind deshalb auch die Erziehung und frühe Erlebnisse dafür verantwortlich, wie wir als Jugendliche und Erwachsene an die Aufgaben herangehen. Natur und Prägung legen fest, wie wir mit inneren und äußeren Zuständen umgehen, wie wir reagieren und agieren. Emotionale und mentale Fähigkeiten erhalten in den ersten Jahren des Lebens ihre individuelle Prägung. Die Mentalität formt sich. Erfahrungen stimulieren die Erwartungen an sich und andere. Prägende Erlebnisse normieren unser Denken, Fühlen und Verhalten.

Der physische Sitz der Mentalität ist unser Gehirn. Es bildet den Kern des zentralen Nervensystems (ZNS). Die Nerven des peripheren Nervensystems (PNS) verbinden es mit dem Körper und seinen Organen. Mit ihnen tauscht sich das Gehirn permanent aus und steuert sämtliche körperlichen Vorgänge. Zellen der Sinne bündeln sich in Sinnesorganen. Sie sammeln Informationen aus der Umwelt und dem Körperinneren und leiten sie ans Gehirn weiter. Es bewertet die Botschaften, verarbeitet sie und erteilt den Organen gezielte Aufträge. Diese Zusammenarbeit macht Geist und Körper zur funktionalen Einheit.

Gedanken bilden den Großteil der geistigen „Software". Durch Denk- und Lernarbeit speichert das Gedächtnis sämtliche Erlebnisse, Erfahrungen und Vorstellungen und ordnet sie in das bereits vorhandene Wissen ein. Aus dem Speicher kommen viele geistige Impulse, die der Körper als Bewegung und Verhalten in die Tat umsetzt. Gedanken sind die Grundlagen für Emotionen, Handlungs- und Verhaltensweisen.

PNS und Sinnesorgane informieren das Gehirn auch über die Auswirkungen der Handlungen und Verhaltensweisen. Es prüft die Ergebnisse. Stimmen sie mit den Absichten überein? Sind Veränderungen nötig? In diesem Fall sendet es korrigierende Impulse. Entsprechen ihre Auswirkungen den Absichten, verstärkt es diese Impulse. So optimiert es das beabsichtigte Verhalten und Tun. Bleibt ein Erfolgs-Feedback aus und will ich ein Ziel trotzdem schaffen, sucht das Gehirn nach zusätzlichem Wissen. Es kommt zum Versuch-Irrtum-Spiel. Das dauert so lange, bis ich einen Weg finde, der mich zufriedenstellt. So lerne ich optimales Handeln und Verhalten in speziellen Situationen durch „Learning by Doing". Es präzisiert und automatisiert sich und wächst zur Gewohnheit, zum Mittel der Wahl, das ich in ähnlichen Situationen bewusst oder unbewusst aktiviere. Positive Anleitungen anderer Menschen helfen mit dabei, mein Denken und Tun weiter zu optimieren. So funktioniert Lernen!

Das Großhirn verrichtet den Hauptteil kognitiver Arbeit. Zwar ist es, entwicklungsgeschichtlich betrachtet, der jüngste

Gehirnabschnitt, steuert aber Lernen, Merken, Planen, Wahrnehmen, Konzentrieren, Kombinieren von Erfahrungen. Im Großhirn liegt das Gedächtnis schlechthin.

Direkt darunter liegt das entwicklungsgeschichtlich ältere Zwischenhirn. Es beherbergt das Mischpult für Emotionen, Stimmungen und Affekte. Wut, Freude, Trauer, Angst, Ekel, Überraschung sind die Basisemotionen. Jede Emotion ist ein Ausdruck psychisch-körperlicher Vorgänge im limbischen System, das im Zwischenhirn liegt. Emotionen entstehen durch äußere Ereignisse, Situationen, Gefühle, Erlebnisse, Einstellungen usw.

Eine Emotion fühlen wir als körperliche und psychische Reaktion. Kurze, intensive Emotionen nennt man Affekte. Physiologisch erkennen wir sie durch Schweißausbrüche, Zittern, Gesichtsrötungen, steigenden Tonus der Muskulatur etc. Affekte ereignen sich kurzfristig und spontan. Stimmungen dauern längere Zeit an. Auslöser können sowohl äußere als auch innere Einflüsse sein. Wetter, Qualität des Schlafes, der körperliche Zustand, die Ernährung und vieles andere beeinflussen die emotionale Stimmung.

Affekte und Stimmungen beeinflussen Gedanken und Verhalten. Körperlich wirken sie auf den Spannungszustand der Muskulatur. Er liegt zwischen hoch angespannt und völlig entspannt und ist ausgelöst durch die Ausschüttung von Neurotransmittern wie Serotonin, Adrenalin, Oxytocin. Wir können Emotionen bewusst steuern. Diese Fähigkeit nennen wir Psychoregulation. Sie beeinflusst den physischen Zustand und wirkt auf die Bewegungsabläufe. Das Erreichen jedes Zieles erfordert einen bestimmten emotionalen Beitrag. Daher hat die Regulation physiologisch-psychischer Vorgänge eine fundamentale Bedeutung. Auch sie ist trainierbar. Ich komme darauf im Kapitel „Mentale Wettkampfstärke" ausführlich zu sprechen.

Neben Hirnregionen für kognitive und emotionale Prozesse sind noch jene Bereiche wichtig, die die motorischen Fähigkeiten steuern, die Sinne lenken, das Energieniveau, die Reflexe, die Atmung, den Blutdruck und die Herzfrequenz regulieren. Der Großteil davon liegt im Stammhirn an der Einmündung des Rückenmarks und im Kleinhirn am Hinterkopf.

Die mentale Landkarte

Die mentale Landkarte ist ausschlaggebend für die herrschende Mentalität. Das Gehirn ist ein neuroplastisches Organ. Es ändert sich permanent und passt sich, so gut es geht, wechselnden äußeren Umständen und inneren Zuständen an. Die mentale Landkarte ergänzt sich laufend. Das Gehirn registriert und verarbeitet Erlebnisse, Gedanken, Erfahrungen, Gefühle, Emotionen und viele andere Ereignisse. Die Auswirkungen dieser Arbeit zeigen sich im mental-emotionalen Zustand. Wer sich selbst oder andere Menschen aufmerksam beobachtet, erkennt deren mentale Verfassung.

Kindheitserfahrungen prägen die mentale Landkarte nachhaltig. Erlebnisse der ersten Lebensjahre schaffen die Fundamente für das spätere Denken und Verhalten. Gehirn und Mentalität formen sich grundlegend. Das Gehirn von Säuglingen oder Kleinkindern gleicht einem leeren Blatt Papier. Jedes Erlebnis, jede Erfahrung, jedes Gefühl schreibt neue Texte und verändert die Landkarte. Menschen im Umfeld beeinflussen die kindliche Mentalität. Kinder sind Nachahmer. „Ich kann das Kind noch so erziehen, es macht mir trotzdem alles nach!" So beschreibt ein Zitat treffend den Einfluss des personellen Umfelds auf das kindliche Denken, Fühlen und Handeln. Am stärksten prägen Erlebnisse und Erfahrungen, die mit Emotionen einhergehen, ausgelöst von der Bedeutung eines Erlebnisses oder durch das Verhalten des Umfelds.

Je tiefer eine Prägung ist, umso größer ist später ihr Widerstand gegen Veränderungen. Denk- und Verhaltensmuster, häufig angewandt, hinterlassen tiefe Spuren. Deshalb sprechen wir auch von Prägung! Emotionale Erlebnisse aus frühester Kindheit rufen auch noch nach vielen Jahren Emotionen hervor, die den ursprünglichen ähnlich sind. Spuren von Erlebnissen und Erfahrungen, die sie im Kindesalter machten, sind bei Erwachsenen nie völlig zu löschen. Sie prägen sich ins Gedächtnis ein. Veränderungen von Denken und Verhalten und den damit verbundenen Emotionen werden deshalb zur Schwerarbeit mit ungewissen Aussichten.

Sind Veränderungen der mentalen Landkarte unumgänglich, muss die Arbeit effizient erfolgen. Daher sind alle Bereiche des Gehirns, kognitive, emotionale und strukturell-energetische Areale mit einzubeziehen. Wissenschaftlich in ihrer Wirkung gesicherte, vielfach praktisch erprobte Übungen und Techniken helfen, die Veränderung von Einstellungen, Denken und Verhalten zu erleichtern. Mentale Arbeit erfordert eine sorgfältige Vorbereitung. Innere Barrieren sind, wenn schon nicht völlig auszuschalten, so niedrig wie möglich zu halten. Man beginnt mit gut reflektierten Antworten auf folgende Fragen:

- Was will ich verändern? Im Denken, Fühlen, Handeln, Verhalten?
- Was genau kann ich verändern? Mögliche innere Widerstände dagegen?
- Wie soll sich die Veränderung auswirken? Die Folgen der Veränderungen?
- Welche sind die Ziele der Veränderung? Dauerhafte Auswirkungen?

Die Arbeit an mental-emotionalen Ressourcen verlangt nach präzisen Zielen. Die mentalen Trainingsinhalte sind im Detail festzulegen. Alle Übungen sind an individuelle Bedürfnisse anzupassen, persönliche Vorlieben zu beachten. Der Mensch wird an dem geistigen Ort abgeholt, wo er sich mental und emotional befindet. Jeder Kopf ist eine eigene Welt. Es ist schwierig, allen individuellen Besonderheiten gerecht zu werden. Ich gehe so effizient wie möglich auf die vorherrschende Mentalität ein. Was ich verändern will, muss ich im Detail kennenlernen!

Man begegnet der mentalen Landkarte achtsam und respektvoll. Kleine und unscheinbare Signale sind zu beachten. Winzige unbewusste Äußerungen, die Körpersprache und andere Zeichen verraten viel mehr als bloße Worte. Sehen, hören, fühlen, spüren! Erkennen von Gedanken und Gefühlen, ohne Wertung, ohne Beurteilung! Zwei Fragen ergeben sich aus dieser Aufgabe:

Wie drücken sich emotionale und mentale Zustände aus?

Worauf lege ich bei der Beobachtung besonderes Gewicht?

Mentale Eigenheiten und emotionale Zustände drücken sich auf mehrere Weisen aus. Im Anschluss sehen wir uns diese Ausdrucksformen näher an.

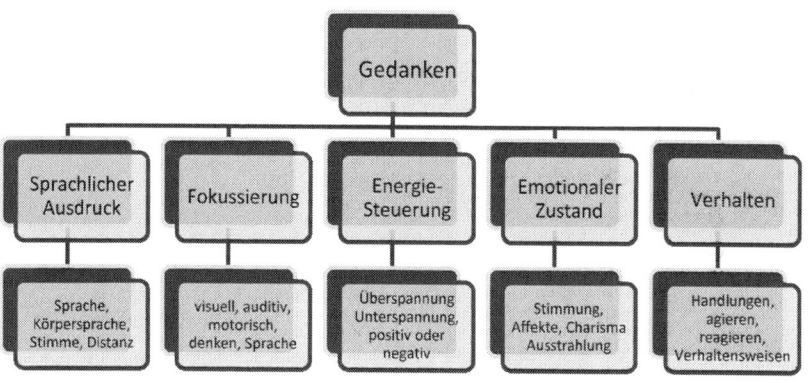

Abbildung 2: Ausdrucksweisen mentaler und emotionaler Zustände

Gedanken als zentrale Elemente der Mentalität

> *„Wir verkörpern das, wozu uns unsere Gedanken gemacht haben."*
> Swami Vivekananda (1863 bis 1902),
> indischer Mönch und Gelehrter

Mein Denken bestimmt mein Leben. Ich bin, was ich denke. Alles was ich bin, entsteht aus meinen Gedanken. Sie formen meine Welt! Menschen finden Sinn im Leben, indem sie ihre Begabungen erkennen, Visionen entwickeln und Ziele erreichen. Im Rückblick auf ein erfülltes Leben bekennen sie: „Als ich mein Denken veränderte, nahm der Lauf meines Lebens eine andere Richtung!"

„Jetzt möchte ich ihre Gedanken lesen können!" Das wünschte sich ein Tennis-Trainer, während er den Wettkampf seines Schützlings beobachtete. Dieses Anliegen zeigt die fundamentale Bedeutung der Gedanken für unser Tun und Verhalten. Gedanken sind richtungsweisend für den Verlauf des Lebens. Sie bestimmen die Schicksale einzelner Menschen und ganzer Völker! Sie bestimmen Gefühle, Emotionen und Verhaltensweisen. Sie sind auslösende Elemente jeder mental-emotionalen Veränderung und Grundlage für Individualität und Freiheit.

„Die Gedanken sind frei" lautet der Refrain eines Volksliedes. Wirklich frei bin ich nur in meinen Gedanken. Lasse ich mir diese Freiheit nehmen, so willige ich ein, dass andere mein Denken beherrschen. Ich werde zur geistigen Marionette im Spiel anderer. Diktatoren legen es darauf an, das Denken des Volkes durch körperliche, psychische und geistige Bedrohungen und Torturen zu beeinflussen, zu unterwerfen, die Gedanken des Einzelnen zu versklaven. Das gelingt ihnen nur, wenn die Mehrheit der Menschen damit einverstanden ist und die geistige Versklavung zulassen. Sie folgen im wahrsten Wortsinn gedankenlos. Gedanken sind mein geistiger Rückzugsort, zu dem niemand ohne mein Einverständnis Zutritt erhält. Drücke ich meine Gedanken durch Worte oder Gesten aus, lasse ich andere daran teilhaben.

Besonders eindrücklich beschrieb die Gedankenfreiheit der Psychiater Viktor Frankl. Positive Gedanken ermöglichten es ihm, die furchtbaren Gräuel der Konzentrationslager, in denen er im Zweiten Weltkrieg von den Schergen der Nationalsozialisten festgehalten wurde, trotz der zahllosen körperlichen und psychischen Torturen zu überstehen und mit erträglichen mentalen und emotionalen Folgen ins freie Leben zurückzukehren. Diese Fähigkeit Frankls wird zur Chance für jeden: „Ich konnte sogar unter den unmenschlichen äußeren Bedingungen noch einen Sinn in meinem Leben erkennen." Den Sinn, den der Mensch mit eigener Gedankenarbeit findet.

„Wie der Mensch denkt, so lebt er", heißt es im Buch des britischen Autors James Allen. Als Jugendlicher war er Augenzeuge des gewaltsamen Todes seines Vaters. Das Ereignis zwang den gerade 15-Jährigen in die Rolle des Familien-Erhalters. Er brach die Schulausbildung ab. Später zog er sich aus dem Berufsleben zurück und widmete sich dem Schreiben. Seine Bücher befassen sich mit der Macht der eigenen Gedanken.

Diese Macht drückt auch folgender Aphorismus aus: „Achte auf deine Gedanken, sie werden zu Worten. Achte auf deine Worte, sie werden zu Handlungen. Achte auf deine Handlungen, sie werden zu deinen Gewohnheiten. Achte auf deine Gewohnheiten, sie werden dein Charakter. Achte auf deinen Charakter, er wird dein Schicksal."

Weise Sprüche raten, den Gedanken Aufmerksamkeit zu schenken. Jeder Mensch ist in der Lage, auf sein Denken zu achten und darauf einzuwirken. Darin liegt die zentrale Aufgabe der Arbeit mit den mentalen Ressourcen.

Gedanken sind geistige Aktionen. Wiederhole ich sie häufig, prägen sie mein Unterbewusstsein. So entstehen Glaubenssätze und Einstellungen. Anfängliche Zweifel an der Richtigkeit der Gedanken schwinden. Stabile Meinungen bilden sich und entwickeln sich zu einer subjektiven Wahrheit. Verhaltensweisen und Gefühle richten sich danach aus. So entstehen Gewohnheiten. Verlangt es die Situation, etwa im Laufe einer Sportkarriere, solche Gewohnheiten zu ändern, reagiert der Geist mit massivem Widerstand. Um Veränderungen zu schaffen, mache ich mir meine Denkgewohnheiten bewusst. Ein schwieriges Unterfangen. Sie sind längst in „Fleisch und Blut" übergegangen, haben sich „verkörpert".

Gedanken haben unterschiedliche Ausformungen. Wir haben Ideen, folgen einer spontanen Eingebung oder beginnen einen langen Nachdenkprozess. Wir haben Erfahrungen und Erinnerungen und errichten darauf unser geistiges Fundament. Wir haben Vorstellungen von der Zukunft. Denken ermöglicht die Lösung von Problemen, die Überwindung von Barrieren, das Setzen von Zielen. Konstruktive Gedanken formen ein mentales Bild. Wir können es, wenn wir es wollen, in Taten umsetzen. Positive Gedanken befassen sich immer mit dem, was sein soll. Ich will, ich werde, ich kann sind Ausdrücke dafür.

Destruktives Denken richtet sich nicht auf Lösungen oder Ziele. Wir wälzen damit Probleme, beschäftigen uns mit deren Folgen. Ein solches Denken richtet sich darauf, Probleme zu verhindern, statt Positives anzustreben. Es beleuchtet die Schwierigkeiten, ohne an Lösungen zu denken. Emotionen folgen den Gedanken und gleiten ins Negative.

Optimismus, Pessimismus, Realismus, so beschreiben wir die Qualität der vorherrschenden Gedanken. Optimisten schenken den positiven Seiten einer Sache oder Situation mehr Beachtung. Sie blicken zuversichtlich in die Zukunft und haben positive Erwartungen.

Pessimisten heben die negativen Seiten einer Lebenssituation, eines Menschen, einer Sache gedanklich hervor. Auch ihr Zukunftsbild, ihre Erwartungen sind davon geprägt.

Positives oder negatives Denken wirkt sich auf Verhalten und Handlungen aus. Erwartungen von Optimisten wie auch Pessimisten realisieren sich meist. Man spricht von sich selbst erfüllenden Prophezeiungen. Fakten, die im Gegensatz zu den eigenen Erwartungen und Standpunkten stehen, werden bewusst oder unbewusst kleingedacht, kleingeredet oder gleich völlig ignoriert.

Dasselbe gilt auch für Gedanken über die Vergangenheit. Optimisten haben viel mehr positive Erinnerungen und Erfahrungen und nutzen diese häufiger für sich. Pessimisten behalten negative Ereignisse und Erlebnisse länger im Kopf. Es geht immer um die subjektive Wahrnehmung! Pessimisten bezeichnen ihr Denken, die Art ihrer Wahrnehmung oft als realistisch. Sie wollen ihre Nähe zur Wirklichkeit ausdrücken. „Ich sehe die Dinge, wie sie sind" oder „Ich sag, wie es ist". Wahre Realisten anerkennen Positives wie Negatives und bilden sich ein möglichst objektives Urteil.

Gedanken stehen für Bilder und Worte. Sie sind für die Umwelt unsichtbar. Durch Sprache, Gesten und andere Ausdrucksweisen wie etwa Haltungen, Handlungen oder Unterlassungen teilen wir sie nach außen mit. Aufmerksame Beobachtung lässt sie erfahren oder zumindest erahnen. Wir teilen viel mehr mit, als uns bewusst und manchmal lieb ist. Folgende Abschnitte beschreiben die äußeren Ausdrucksformen unserer inneren Gedankenwelt.

Sprachlicher Ausdruck – Kommunikation

> *„Jeder Mensch hat seine Sprache.*
> *Sie ist der Ausdruck seines Geistes!"*
> Georg Philipp Friedrich von Hardenberg,
> genannt Novalis (1772-1801), deutscher Schriftsteller.

Ich teile der Umwelt meine Gedanken auf verschiedene Weise mit. Teils erfolgen diese Mitteilungen bewusst, meistens aber unbewusst. Die verbale Sprache ist nur ein kleiner Teil im Spektrum der Ausdrucksformen. Wie wir reden, wieviel wir sprechen, was wir sagen, hängt von unserem persönlichen Wortschatz und unserer verbalen Kommunikationsfähigkeit ab. Meist wählen wir unsere Worte bewusst, um unser Denken ausdrücken.

Ich spreche oder schreibe über Ereignisse, Menschen, Dinge und andere Themen. Sprachlicher Ausdruck geschieht auch durch Gebärden. Jeder Mensch teilt sich der Umwelt verbal-sprachlich auf individuelle Weise mit.

Ich richte meine Worte an die Umwelt und an mich selbst. Mein Wortschatz gibt Aufschluss, worüber und wie ich denke. Worte haben für jeden Menschen eine subjektive Bedeutung. Jeder zieht persönliche Schlüsse. Die Sprache ist positiv, wenn sie zielgerichtet, optimistisch, unterstützend, bejahend, überzeugend, zuversichtlich oder lösungsorientiert ist. Negative verbale Ausdrucksweise klingt unsicher, bremsend oder problemorientiert und drückt meist oder ein „Müssen" statt „Wollen" aus. Menschen, die negativ denken und sich so ausdrücken, fühlen sich häufig als Getriebene. Sie sprechen über die Art, wie sie an ihre Aufgaben herangehen werden, als „versuchen" oder „probieren". Konjunktive wie „hätte, würde, könnte, müsste, sollte" sind in ihrem Sprachschatz häufig. Sie bekunden Unsicherheit, Zögerlichkeit und Zweifel und Ungewissheit.

Worte beschäftigen sich mit Chancen, Zielen, Visionen, Möglichkeiten, Stärken, Lösungen! Oder auch mit Hindernissen, Problemen, Schwächen und anderen Schattenseiten. Ein starkes Indiz der Gedankenqualität ist die Stimme. Weiß ich genau, was ich will und kann, spreche ich klar, laut, deutlich. Bin ich zweifelnd, unsicher, drücke ich das in verhaltener, leiser Stimme aus, die nicht natürlich wirkt. Zumindest empfinden es jene Zuhörer so, die auf die Untertöne achten oder zwischen den Zeilen lesen können.

Nicht nur Worte äußern Gedanken! Der gesamte Körper ist ein Instrument der Kommunikation! Was Worte allein nicht vermögen, zeigt unser Körper durch Gesten, Mimik, Körpersprache, Körperhaltung! Bei anderen Leuten erkenne ich die kommunikative Effizienz der Körpersprache eher als bei mir selbst. Achtsamen Menschen ist Körperkommunikation so vertraut wie Ausdrücke, für die wir Worte und Stimme verwenden. Menschen, die die Wirkung der Sprache des Körpers kennen, setzen sie bewusst ein, um damit ihre Anliegen kundzutun und durchzusetzen. Nicht nur Sportler/innen und ihre Coaches arbeiten daran. In allen Leistungsbranchen spielt sie eine wesentliche Rolle in der Kommunikation. Es liegt am Menschen selbst, welche Gedanken er via Körper seiner Umwelt bewusst mitteilen will. Der überwiegende Teil geschieht ohnehin unbewusst.

Sprache, verbal wie nonverbal, ist ein mächtiges Kommunikationsinstrument. Damit sie überzeugend wirkt, muss ich verbal wie nonverbal dieselben Gedanken ausdrücken. Daher ist es wichtig, die Worte bewusst zu wählen und sie mit der Körpersprache in Einklang zu bringen.

Ich ändere meine Ausdrucksweise, wenn es für das Erreichen eines Ziels nötig ist. Zum Beispiel, wenn ich meine sprachliche Ausdrucksweise der meines Gegenübers anpasse. Dennoch ist es wichtig, stets authentisch zu bleiben. Meine Worte und Gesten müssen zu meiner Persönlichkeit passen. Ich muss mich dabei wohlfühlen. Nur dann wirke ich natürlich. Ich drücke mich selbst aus. Geht diese Natürlichkeit verloren, wirken Worte und Gesten gekünstelt und unglaubwürdig.

Physische Energie als Ausdruck des mental-emotionalen Zustands

> „Es kommt weder auf die Länge noch die Beschaffenheit des Weges an, sondern darauf, mit welcher Energie wir ihn gehen!"

Geist und Körper schwingen im energetischen Wechselspiel. Das Spektrum der vorherrschenden Energie reicht von höchster geistig-physischer Anspannung bis hin zu entspanntem Loslassen. Meditation, autogenes Training oder Yoga vermitteln die Erfahrung der völligen Entspannung. Der Spannungszustand des Körpers geht Hand in Hand mit der Frequenz der Gehirnwellen. Eine entspannte Muskulatur sorgt auch für einen entspannten Geist. Steigt die Körperspannung, steigt die Frequenz der Gehirnwellen. Umgekehrt gilt dasselbe. Geist und Körper wirken miteinander und aufeinander. Sie beeinflussen sich energetisch. Wir können die Frequenz der Gehirnwellen messen und beeinflussen. Entspannung oder Aktivierung des Körpers funktionieren über das Gehirn. Entspannung oder Aktivierung der Muskulatur wirken auf das Gehirn zurück.

Schwingt das Gehirn in Beta-Wellen, schwingt es in der höchsten Frequenz von 14 bis weit über 100 Hertz. Das sind Zyklen pro Sekunde. In diesem Bereich sind wir bei vollem Bewusstsein. Wir sind konzentriert, agieren und reagieren wach. Betawellen zeugen von erhöhter Aufmerksamkeit und hoher geistiger Aktivität.

Schwingt das Gehirn im Alphawellen-Bereich, bin ich bei vollem Bewusstsein und doch entspannt. Die Frequenz reicht von 7 bis 14 Hertz. Mein Unterbewusstsein ist zugänglich und offen für Informationen. Alphawellen sind ideal für effizientes Lernen und Merken.

Theta-Wellen schwingen zwischen 3 bis 7 Hertz. Äußere Zeichen sind leichter Schlaf oder tiefe Meditation. Das Unterbewusstsein ist offen, allerdings ohne den Filter, der die Qualität von Informationen prüft. Sowohl Negatives und Unsinniges als auch Positives, Sinnvolles können eindringen.

Die tiefste Schwingungsfrequenz markieren Delta-Wellen. Sie liegt bei 0,5 bis 3 Hertz. Sie herrschen im traumlosen Tiefschlaf vor. Weiter aktiv ist vor allem das Immunsystem. Auch die Ausschüttung der Wachstumshormone erfolgt in diesem energetischen Zustand am intensivsten.

Leistungssituationen erfordern einen optimalen energetischen Zustand. Die Erledigung anspruchsvoller Aufgaben braucht körperliche und geistige Spannung und Aktivität. Regeneration oder Lernphasen gelingen spannungsarm am besten. Jede Aufgabe beansprucht körperliche und geistige Leistung. Geist und Körper benötigen dafür Energie. Der ideale physisch-mentale Spannungszustand liefert quantitativ wie qualitativ die passende Energie zur Bewältigung der Aufgabe.

Der gesunde Mensch reguliert die physische und geistige Spannung bewusst. Mit Achtsamkeit erfühlen wir den aktuellen Zustand. Wir wissen, welche Anspannung wir benötigen. Wir stellen das Spannungsniveau her, das wir für die Bewältigung einer Situation brauchen. Die Energiezustände ändern sich ständig. Man hält das optimale Niveau zeitlich und qualitativ im Idealfall so lange aufrecht, wie man es benötigt. Man nutzt die Verbindung zwischen Geist und Körper. Sind schwierige Aufgaben zu absolvieren, Probleme zu lösen, hält man über geistige Spannung die Leistungsfähigkeit auf dem benötigten Niveau. Durch körperliche Aktivierung oder Entspannung beeinflussen wir umgekehrt den geistig-seelischen Zustand. Fühlt sich der Körper fit und den Aufgaben gewachsen, wächst auch das geistig-emotionale Wohlbefinden. Fühlt sich der Körper ausgelaugt, hat das Einfluss auf Geist und Seele.

Denke ich positiv und optimistisch, steigert auch der Körper das Energielevel. Das hat günstige Auswirkungen für die Psyche. Ich fühle mich in Stimmung. Fühlt sich die Seele gut, gelingt es mir leichter, die zielgerichteten Gedanken zu schaffen. Mein Körper ist eher bereit, trotz Müdigkeit weiterzumachen, bis mein Ziel erreicht, die Aufgabe erledigt, das Problem gelöst ist.

Dieses Wechselspiel zwischen Geist, Seele und Körper setze ich bewusst ein. Ich aktiviere oder entspanne mich geistig, körperlich oder seelisch, indem ich den geeignetsten Startpunkt für die Herstellung der erforderlichen Spannung finde.

Für die körperlich-geistig-seelische Balance, das Wohlbefinden und die Fitness benötige ich Energiequellen. Gesunde Ernährung ist eine davon. Ich unterstütze auch bewusst energiebringende Maßnahmen, indem ich Orte der Kraft aufsuche, die ich in mir oder der Umwelt finde. Fast jeder Mensch hat solche persönlichen Kraftorte. Spitzensportlerinnen und Spitzensportler nutzen sie, um die Energie zwischen Trainings oder Wettkämpfen aufzuladen. Sie sind rascher wieder bereit für neue Aktivitäten.

Als psychische Energietankstellen eignen sich etwa stille Meeresstrände oder idyllische Bergseen. Naturszenarien im Übergang zwischen Tag und Nacht sind auch Ladestationen. Sonnenaufgang und Sonnenuntergang sind Tageszeiten, um mentale und emotionale Ressourcen zu erneuern. Jeder Mensch hat Vorlieben, die Energievorräte seinen inneren Bedürfnissen und bevorstehenden Aufgaben anzupassen.

Erschweren es Zeit und Ort, äußere Energiequellen zu nutzen, verwendet der trainierte Geist Phantasieressourcen. Er stellt sich Szenarien vor und schafft sich innere Energiequellen. Selbst in der größten Hektik gibt es Momente, die sich für ein Verweilen an einem Phantasieort anbieten. Ich sammle geistig-emotionale Energie und bringe mich auf diese Weise ins energetische Gleichgewicht.

Auch Erinnerungen an positive Ereignisse und Orte aus eigener Erfahrung sind potenzielle Energiequellen. Die Vorstellung unterstützt mich bei der Herstellung des energetischen Gleichgewichts. Ich kann mentale, emotionale und physische Fähigkeiten reaktivieren. Vorstellungen sind zur Energiegewinnung jederzeit abrufbar, wenn ich darin geübt bin. Kommunikationswege zwischen Körper und Geist werden frei. Ich lenke die Energie mental zu den Körperstellen, die sie am meisten benötigen. Mental Trainierte nutzen solche Möglichkeiten sehr bewusst. Wer solche Ressourcen nicht kennt, blockiert sogar vorhandene Energiereserven durch ungehindert strömenden mentalen und emotionalen Müll. Es liegt an mir selbst, wohin ich meine Energien leite und wofür ich sie einsetze.

Das energetische Zusammenspiel Körper-Geist zeigen unbewusste Reaktionen und Aktionen. Oft greife ich intuitiv zu Maßnahmen, um mich zu aktivieren oder Spannungen zu lösen. Diese unbewusste Steuerung ist von außen beobachtbar. Sie erfolgt geistig, körperlich oder psychisch. Die Motorik regt den Energiefluss durch schnelle und intensive Bewegungen an. Durch aufmunternde Gesten oder Worte, bewusste Entspannung von Gesichts- und Schultermuskulatur, große ausladende Bewegungen der Gliedmaßen und andere Aktivitäten optimiere ich meinen energetischen Zustand.

Nicht nur die Anzahl energieregulierender Maßnahmen ist wichtig, sondern auch ihre Qualität. Welche Gedanken und Emotionen begleiten die Aktivitäten? Denke ich an ein Gelingen, an die Lösung? Richtet sich mein Denken auf eine drohende Niederlage, auf Misserfolg, um die damit erwartete Missbilligung zu verhindern? Agiere oder reagiere ich? Richten sich Gedanken auf Positives oder Negatives? Finde ich an dem, was ich mache und anstrebe, Spaß und Freude? Auf positive Ziele und Lösungen gerichtete Gedanken bringen mich in positive Stimmung. Sie beeinflussen die Energiequalität, über die ich bei der Bewältigung einer Aufgabe verfüge und bestimmen mit, wie ich eine Herausforderung erlebe. Das aktiviert vorhandene Potenziale und steigert die Leistungsfähigkeit.

Die Konzentration der Sinne als Ausdruck des mentalen Zustands

> *„Ich fokussiere mich nicht darauf, was sich mir in den Weg stellt, sondern darauf, was ich erreichen will! Alles andere ignoriere ich!"*
> Venus Williams, US-Tennisprofi

Sinnesorgane haben drei Aufgaben:

1. Aus der Umwelt ankommende Reize und Signale aufzunehmen,
2. Reize und Signale gehirngerecht aufzubereiten,
3. sie über spezifische Nervenleitungen dem Gehirn zu übermitteln.

Nutzen wir Sehen, Hören, Fühlen, Schmecken und Riechen in vollem Umfang, erhalten wir ein genaues Bild davon, was um uns herum geschieht. Das Hirn zieht aus den eingehenden Informationen seine Schlüsse. Die Reize kommen aus der Umwelt und dem eigenen Körper. Das Hirn sendet geeignete Impulse, durch die der Körper auf Ereignisse und Einflüsse reagieren kann. Wichtig ist das optimale Zusammenspiel der Sinne. Achtsam bin ich, wenn ich alle meine Sinne gemeinsam auf einen Menschen, eine Sache, eine Aufgabe, ein Ereignis richte, statt nur oberflächlich zu schauen, zu hören, zu schmecken, zu riechen und zu fühlen.

Der Dichter Oscar Wilde sagte: „Eines der Geheimnisse des Lebens ist, die Seele mit den Mitteln der Sinne und die Sinne mit den Mitteln der Seele zu heilen." Sinne und Seele im Wechselspiel für psychische und physische Gesundheit und geistige Entwicklung! Eine Methode, die in der lauten und schnellen Welt leider immer häufiger in Vergessenheit gerät.

Um meine Fähigkeiten situationsgerecht einsetzen und miteinander abstimmen zu können, achte ich darauf, dass jeder Sinn nur die relevanten Signale in der aktuellen Situation aufnimmt. Alle Sinne wirken am Gesamteindruck mit, den ich von einer Situation oder einem Ereignis, einem Menschen erhalte. Er ist die Basis für erfolgreiches Handeln! Im Zustand voller Konzentration richte ich alle Sinne willentlich über eine gewisse Zeit auf eine Aufgabe, einen Menschen, auf ein Ziel, eine Sache oder ein Ereignis!

Die Aufforderung, „Konzentriere dich, strenge dich an" soll dazu anregen, die Sinne zu fokussieren – auf eine Tätigkeit, ein Ziel, die eine Aufgabe oder die Lösung eines Problems. Sich konzentrieren heißt, alle Ablenkungen auszublenden oder zu ignorieren. Die Fähigkeit, die Sinne zu bündeln, den Fokus auszurichten, wird zur Leistungsvoraussetzung. Der Konzentrationsvorgang allein stellt hohe Ansprüche an emotionale und mentale Kräfte und verbraucht viel Energie! Ich kann mich daher nur über begrenzte Zeit konzentrieren. Um diese Energie bereitstellen zu können, müssen die Konzentrationskanäle regelmäßig die Möglichkeit bekommen sich zu erholen.

Positive Emotionen, ein ausgeruhter, fitter, aktivierter Körper, ein wacher Geist sind Grundbedingungen, damit ich den Fokus aufrechterhalten kann. Eine gesunde, ausgewogene Ernährung wirkt sich positiv auf die Konzentration aus. Das Umfeld hat großen Einfluss darauf, wie intensiv und lange ich den Fokus halten kann. Fühle ich mich gestört und abgelenkt, wenn ich Aufgaben zu erledigen habe? Oder kann ich meine Sinne in

Ruhe sammeln? Ausreichend Schlaf trägt ebenso zur Konzentrationsfähigkeit bei.

Wie funktioniert das Konzentrieren genau? Wie kann ich den Fokus der Sinne aktiv beeinflussen? Technisch gesehen ist Konzentration das Zusammenführen mehrerer Kanäle in einen Hauptkanal. Durch Willensleistung gelingt es mir, die zerstreuten Sinne einzufangen und bewusst einer Sache, einer Tätigkeit, einem Menschen, einem Ereignis zu widmen. Einfach ist es nicht, das kennt jeder selbst aus der Praxis! Aber es ist trainierbar!

Ein Beispiel: Ich fahre nach einem anstrengenden Arbeitstag mit dem Auto nach Hause und höre nebenbei die Abendnachrichten im Radio. Da sehe ich auf dem Gehsteig eine Bekannte, ich winke ihr flüchtig zu. Meine Gedanken lassen den vergangenen Tag im Zeitraffer Revue-passieren. Ich singe dazu einen bekannten Song aus der aktuellen Hitliste.

Keine dieser Tätigkeiten nimmt meine volle Aufmerksamkeit in Anspruch. Jeder Sinn macht sein Ding. Die Augen richten sich abwechselnd auf die Fahrbahn und auf die Bekannte am Gehsteig. Die Ohren lauschen oberflächlich den Nachrichten im Radio und zugleich dem eigenen Gesang. Ich steuere das Lenkrad, winke der Bekannten zu, die Hände klopfen den Takt des Schlagers auf das Lenkrad. Der Sprachsinn trällert das Lied, meine Gedanken fliegen durch Zeit und Raum. Ich denke an den vergangenen Tag, erinnere mich an ein Erlebnis, zu dem mich mein Gesang geistig und emotional zurückführt. Vielleicht denke ich kurz nach, wohin die Bekannte wohl gehen mag. Schließlich breitet sich im Denken schon Vorfreude auf den kommenden Abend aus. Meine Sinne sind zerstreut!

Plötzlich läuft wenige Meter vor meinem Auto eine Katze über die Straße! Ich bremse abrupt und fixiere das Tier mit weit aufgerissenen Augen. Ich höre das Quietschen der Reifen, stoße einen Fluch aus und hoffe, dass das Bremsmanöver rechtzeitig genug ist. Innerhalb weniger Sekunden bündle ich alle Sinne, um ein Ziel zu erreichen: einen Unfall mit schlimmen Folgen für das Tier zu verhindern.

Konzentration geschieht in diesem Fall reflexartig. Das Stammhirn reagiert. Zum Überlegen in höheren Hirnregionen fehlt die Zeit. In anderen Fällen, zum Beispiel in einem Wettkampf, trachte ich danach, die Konzentration bewusst auszurichten und sie über einen längeren Zeitraum aufrechtzuerhalten. Je mehr Sinne daran beteiligt sind, umso intensiver ist meine Aufmerksamkeit auf die Aufgabe.

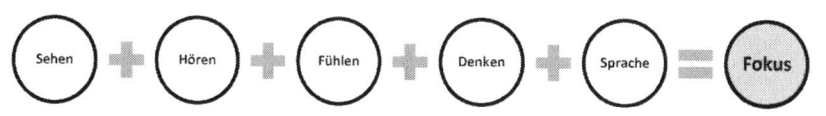

Sehen + Hören + Fühlen + Denken + Sprache = **Fokus**

Abbildung 3: Der Konzentrationsvorgang

Der visuelle Kanal, der auditive Kanal und der motorische Kanal: Augen, Ohren und physische Bewegung sind bewusst gerichtet. Alle drei Kanäle konzentrieren sich auf ein Ereignis, ein Gefühl oder auf etwas, das aus dem Inneren kommt und Konzentration erfordert – oder auf eine Sache, einen Menschen, ein Ereignis, eine Situation, die die Sinne von außen anzieht und beschäftigt.

Der visuelle Kanal nimmt optische Ereignisse und Situationen ebenso wahr wir innere Bilder. Der auditive Kanal reagiert auf Töne und Geräusche im Umfeld oder aus dem Inneren. Für präzise Abläufe der Bewegungen sorgt der wahlweise nach innen oder außen gerichtete motorische Kanal. Richtet er sich nach innen, erfühlt er Bewegungen. Richtet er sich nach außen, versuche ich die Bewegungen an äußere Erfordernisse anzupassen. Unterstützend wirkt der Sprachkanal. Er richtet sich bei Selbstgesprächen nach innen, bei Kommunikation mit der Umwelt nach außen. Ich tue, was ich sage! Ich sage, was ich tue! Ich kopple Wörter mit Handlungen, um den Fokus zu stärken. Fokussiere ich meine Gedanken vollends auf eine Sache, eine Tätigkeit, einen Menschen, mit dem ich mich unterhalte, an den ich denke, richte ich den Gedankenkanal darauf. Er aktiviert Handlungen, auf die ich alle anderen Kanäle neu ausrichte.

Konzentration ist trainierbar. Jeder Mensch konzentriert sich auf individuelle Art. Manche fokussieren sich vor allem visuell, andere reagieren eher auf akustische Reize. Wieder andere fühlen Bewegungsabläufe intensiver und lernen „by doing" rascher und besser.

Konzentrationstraining richtet sich auf die Intensität und Ausdauer des Fokus. Meist betreffen Störungen und Schwächen nicht den Vorgang der Konzentration an sich. Interesse oder die Motivation für eine Sache oder Tätigkeit können sie beeinflussen – mehr oder weniger stark. Oft hängt es auch am Willen, sich zu konzentrieren.

Konzentration heißt, Geist und Seele denken, fühlen und handeln im Hier und Jetzt. Der Fokus ist von außen wahrnehmbar, wenn man auf die Sinne und die Kommunikation achtet. Der emotionale Zustand ist ein wichtiger Faktor für die Qualität der Konzentration. Er ist auch das Fundament eines Zustands, den wir als Charisma oder Ausstrahlung bezeichnen.

Ausstrahlung – Charisma

„Die Ausstrahlung macht aus einer Wüste einen Garten!"

Es gibt Menschen, die üben eine außerordentliche Strahlkraft auf andere Leute aus. Sie haben Charisma, eine positive Ausstrahlung. Zuschauer und Konkurrenten in Wettkämpfen sind davon beeindruckt. Aber auch andere Situationen leben von der Ausstrahlung handelnder Personen. Grundlage dafür sind positive Emotionen, getragen von Optimismus und Zuversicht. Charismatische Personen umgibt eine Aura. Sie ziehen ihre Mitmenschen emotional und mental an. Sie begeistern, inspirieren und beeinflussen sie.

Manche meinen, Charisma hat man oder man hat es nicht. Ich denke, dass jeder Mensch, ob groß oder klein, auffälliges oder unauffälliges Äußeres, weiblich oder männlich, alt oder jung an Jahren, das Potenzial für eine charismatische Ausstrahlung besitzt.

Charismatische Menschen sind empfindsam. Es sind Bühnenmenschen, die in der Öffentlichkeit glänzen, um sich anschließend wieder in sich zurückzuziehen. Ihre Emotionen sind echt. Sie vermitteln Selbstbewusstheit und strahlen auch eine innere Unabhängigkeit aus. Auf Überraschungen reagieren sie souveräner als ihre Mitmenschen. Sie ziehen sowohl Freunde wie auch Gegner in ihren Bann. Sie vermitteln Menschen im Umfeld auch das Gefühl von Wertschätzung. Ihre Körpersprache signalisiert Personen, die mit ihnen in Kontakt treten, Interesse und Sympathie.

Charismatische Menschen haben ein hohes Maß an Selbstkompetenz und zeigen Akzeptanz und Wertschätzung für die eigene Persönlichkeit. Wer sich selbst achtet und eigene Leistungen anerkennt, bezieht aus diesem Verhalten viel Selbstbewusstsein und entwickelt ein positives Selbstbild, das Selbstvertrauen, man selbst zu sein. Sie geben sich souverän, zeigen eine positive Sprache und Körpersprache und sind sich der Rolle, die sie spielen, stets bewusst, ja, sie genießen sie.

Charismatische Personen sind optimistisch und couragiert, weil sie sich auf eigene Stärken und Vorzüge konzentrieren. Ihr positiver Fokus ermöglicht es ihnen, mehr positive Vorgänge im Umfeld wahrzunehmen.

Charismatische Menschen wirken überzeugend, wenn sie ihre Meinungen ausdrücken, ihre Aktionen in Szene setzen. Eine besondere Gabe ist ihre Sensibilität. Sie zeigen Interesse für das Leben anderer, hören aktiv und aufmerksam zu, merken sich Gesichter und Namen. Sie scheuen nicht davor zurück, nachzufragen, wenn ihnen etwas unklar ist. Sie beobachten genau und wissen, warum sie etwas tun. Sie sind offen für Visionen und drücken sie durch Zielstrebigkeit aus. Sie erkennen den Sinn hinter ihren Handlungen, denken und handeln entsprechend ihren Werten. Sie strahlen Begeisterung und Leidenschaft für das aus, was sie tun.

Aufgrund ihrer positiven Emotionalität fühlen sich Personen im Umfeld wohl, positiv gestimmt und intellektuell stimuliert. Sie lassen sich auf die charismatische Person ein und von ihr führen. Charismatische Menschen motivieren ihre Mitmenschen durch Visionen. Sie sind Vorbilder, weil sie anderen deren Stärken und Potenziale bewusstmachen. Ihr Verhalten wirkt auf andere ansteckend.

Positive Ausstrahlung, Charisma ist erlernbar! Alle Eigenschaften, auf die sich charismatische Menschen stützen, sind als Anlagen in allen Menschen vorhanden und entwickelbar.

Verhalten als Ausdruck des mental-emotionalen Zustands

Aufmerksame Beobachter erkennen aus dem Verhalten anderer, wie es um deren mental-emotionale Verfassung steht. Verhalten und Körpersprache verraten innere Zustände. Wie agiert dieser Mensch? Was tut er? Wie tut er es? Was tut er nicht? Wie verhält er sich in fordernden, anspruchsvollen Situationen? Vorhersehbar oder unberechenbar? Geht er zielgerichtet an eine Aufgabe? Lässt er sich durch äußere Einflüsse oder innere Zustände stören und ablenken? Wie wirken unvorhergesehene Ereignisse auf sein Verhalten? Wie ist sein Umgang mit anderen? Wirken die Reaktionen auf bestimmte Ereignisse ritualisiert oder spontan? Wie ist seine Reaktion auf bestimmte Menschen und Orte?

Der amerikanische Psychologe und Bestsellerautor Shad Helmstetter zeigt in seinem Buch „What to say when you talk to yourself" eindrucksvoll, wie sich die Kette der Konditionierungen, der Reaktionen auf Reize, aufbaut. Am Ende stehen typische Verhaltensweisen: „Hinter jedem Verhalten stehen individuelle Gefühle. Die innere Einstellung bestimmt ihre Art und Qualität. Sie ist von Glaubenssätzen geprägt, die tief im Unterbewusstsein verankert sind. Glaubenssätze sind Auswirkungen der emotionalen und mentalen Programmierung, die zumeist in den frühen Lebensjahren stattfindet."

Mentale Programmierung –> Glaubenssätze –> Einstellungen –> Gefühle –> Verhalten –> Handlungen.

Unabhängig davon, ob wir uns als Gefühlsmenschen empfinden oder nicht, steuern Gefühle unser Verhalten. Ob ich allein oder mit anderen bin, ob ich mich an Orten oder bei Tätigkeiten wohlfühle oder nicht: Die Qualität der Gefühle bestimmt mein Verhalten. Sie sind individuell und vielfältig. Jeder Mensch empfindet unterschiedliche Situationen auf seine eigene Weise. Jeder nimmt die Welt auf bestimmte Art wahr. Man denkt, fühlt und erlebt einzigartig. Psychologisch-physiologische Ereignisse und mentale Zustände wirken auf Geist und Körper. Sie leiten sich von Einstellungen, Gedanken und Glaubenssätzen ab. Ich erinnere hier an die mentale Landkarte, die für die geistige Grundprägung steht.

Die meisten Verhaltensweisen erfolgen unbewusst. Sie sind automatisiert und als Gewohnheiten in Fleisch und Blut übergegangen. Sie haben sich über Jahre hinweg im Gehirn und im Körper verankert und ziehen mit jeder Wiederholung tiefere Spuren. Sie sind zu individuellen Eigenheiten geworden. Versuchen wir, sie zu verändern, leistet das Unterbewusstsein massiven Widerstand.

Auf dem Weg zu hohen Zielen können Programmierungen eine Stütze sein. Werden sie zu Hindernissen, kostet ihre Überwindung große Anstrengung. Sie sträuben sich gegen Veränderungen, weil man die geistige Zone des Komforts verlassen muss. Um Ziele zu erreichen, erfüllen wir Bedingungen und ändern unser Verhalten. Das stellt hohe Ansprüche an unseren Willen.

Gedanken, Gefühle, Einstellungen, Erfahrungen, Gewohnheiten, verbale und nonverbale Ausdrucksweisen, Emotionen, geistige Prioritäten, Qualität und Präsenz von Erinnerungen und andere Faktoren prägen die Mentalität. Durch konsequentes Training passe ich sie den Erfordernissen meines Ziels an. Klingt in der Theorie simpel, ist aber Schwerarbeit, weil sich innere Widerstände regen. Karrieren, die vielversprechend beginnen, scheitern. Der Bedarf an mentaler Veränderungsarbeit ist groß. Gegenwärtig fristet sie ein Schattendasein. Das Handwerk in Gestalt technischer und körperlichen Fertigkeiten ist da, trotzdem stockt die Entwicklung. Dass die Veränderungen im Verhalten möglich sind, zeigen erfolgreiche Karrieren. Niemand wird als Weltmeister geboren, aber Weltmeister sind lebende Belege dafür, dass eine Siegermentalität zum Erfolg führt.

Befassen sich Menschen ernsthaft mit der Entwicklung ihrer Talente, so erfahren sie, dass Veränderungen permanent nötig sind. Konsequentes und stetes Training bringt Ergebnisse n allen Bereichen. Körperliche und technische Fortschritte sind für aufmerksame Beobachter relativ leicht festzustellen.

Veränderungen hinterlassen geistige Spuren. Training formt die mentale Landkarte neu. Mentale Veränderungen lösen Entwicklungen aus. Lernen, effizient und nachhaltig durchgeführt, funktioniert nicht vom Körper zum Kopf, sondern auf dem natürlichen Lernweg: vom Gehirn zum Körper. Zuerst ändert sich die Mentalität, dann fallen alle anderen Veränderungen leichter. Im übernächsten Kapitel beschreibe ich jene Schritte, die die Grundlage für erfolgreiches Lernen und Training bilden. Vom Wollen übers Lernen zum Wissen, vom Wissen über das

Wollen zum Können, vom Können über das Wollen zum Handeln! Vorher blicken wir aber noch auf Erfolgsfaktoren, die nicht im Menschen selbst liegen und aus ihm heraus entwickelt werden können. Es sind Faktoren, die von außen auf das Denken und Handeln einwirken und Einfluss auf die Entwicklung nehmen.

Äußere Entwicklungsfaktoren
Das persönliche Umfeld als Chance

Personen im Umfeld prägen die Mentalität eines Menschen. Mütter und Väter, Geschwister, andere Familienmitglieder und Freunde beeinflussen die Entwicklung von Einstellungen, Glaubenssätzen und Denkweisen. Mit diesem Personenkreis teilt man die ersten emotionalen Erlebnisse. Man übernimmt ihre Ansichten über den Lauf der Welt. Man findet gut, was sie gut finden und lehnt ab, was ihnen missfällt.

Mit der Zeit stellen sich zunehmend eigene Überlegungen, Erfahrungen und Gedanken ein. Man wird mental und emotional unabhängiger. Das soziale Umfeld erweitert sich und mit ihm der geistige Horizont. Neue Freunde treten ins Leben. In der Kindheit und Jugend kommen Pädagogen und Pädagoginnen, Kolleginnen und Kollegen dazu. Man verbringt viel Zeit mit Mitschülerinnen und Mitschülern, Freundinnen und Freunden. Auch Vereine und andere Institutionen werden interessant. Hobbies bieten sich an und füllen die Freizeit aus. Der Mensch entwickelt Interessen, beginnt vielleicht mit Sport oder sucht sich eine andere Tätigkeit, die einen wichtigen Anteil am Leben nimmt. Ein Leben lang verändert sich das persönliche Umfeld.

Die individuelle mentale Landkarte erhält nahezu pausenlos neue Impulse. Das Gehirn verarbeitet sie und fügt sie in die Reihe bisheriger Erfahrungen und Erinnerungen ein. Das emotionale und mentale Weltbild klärt sich.

Speziell während der Pubertät verschieben sich die Prioritäten. Sichtweisen des Umfelds, die jahrelang als unumstößliche Tatsachen galten, erscheinen in einem neuen Licht. Die Familie tritt als Umfeld, das die Mentalität bildet, zeitweise in den Hintergrund. Neue Ansichten entstehen als Mischung aus dem, was bisher galt und dem, was neu einwirkt. Neue Ansichten fordern neue Prioritäten. Der junge Mensch übernimmt selbst die Verantwortung für das Denken, Verhalten und Handeln. Doch die Grundzüge der mentalen Landkarte, Einstellungen und Gefühle bleiben zum großen Teil erhalten.

Wie Leute im Umfeld denken, spielt auch eine entscheidende Rolle in der Einstellung zu Veränderungen! Welche Ziele setze ich mir? Welche setze ich in die Realität um? Entwerfe ich eigene Lebensvisionen? Übernehme ich Verantwortung? Wie konsequent denke und handle ich? Wie eigenständig treffe ich Entscheidungen? Gehe ich meinen Weg beharrlich und verfolge ich meine Ziele mit Ausdauer und Konsequenz? Fragen, deren Antworten wesentlich vom Verhalten und Denken der Menschen im Umfeld abhängen. Diese Tatsache ist bei der Talententwicklung häufig unterschätzt. Manche kompetenten Trainer und Trainerinnen erkennen den Einfluss des Umfelds. Sie schätzen seinen Wert und nutzen seine Vorzüge. Sie beziehen ihn in die Prognose für die Entwicklungsmöglichkeiten eines Talents mit ein. Sie binden das Umfeld mit ein und nutzen die positiven Ressourcen. Menschen im Umfeld leisten, gut eingesetzt, wertvolle Hilfe. Sie können in die Rollen von Mentoren und Unterstützern schlüpfen, wenn sie dazu bereit sind, die Grundbedingungen der sportlichen Entwicklung kennenzulernen – oder sich, umgekehrt, wenn Zeit oder Interesse fehlen, heraushalten und dafür ein emotionales Fangnetz bilden, wenn es Probleme gibt.

Physische und mentale Ernährung als Entwicklungsfaktoren

Zahllose Ernährungsratgeber versorgen uns mit wertvollen Tipps für die ideale feste und flüssige Nahrung, die wir dem Körper zuführen sollten. Um seine täglichen Aufgaben erfüllen zu können, braucht er Nährstoffe, aus denen er sich die Baustoffe für sein Wachstum und Betriebsstoffe für die Energiebereitstellung holt. „Du bist, was du isst", sagt ein Sprichwort. Eigentlich müsste es ergänzend heißen: „Du bist auch, was du trinkst, atmest, aufnimmst, denkst, hörst, spürst!"

Die physische Leistungsfähigkeit liefert Anzeichen für Qualität und Menge der Nahrung, die ich ihm zuführe. Damit befasst sich die Ernährungsliteratur. Sie, liebe Leserin, lieber Leser, haben sicher schon in manchem Ratgeber geblättert und daraus wertvolle Tipps entnommen.

Wir beschäftigen uns hier aber primär mit unserer geistigen und emotionalen Nahrung. Wir fragen uns: Womit füttere ich meinen Geist, meine Seele? Warum? Weil die mentale und emotionale Verfassung zum großen Teil davon abhängt, was ich dem Geist und der Seele an Nahrung zuführe.

Dazu sei vorausgeschickt: Ich bin dem Nachrichtenstrom, der nahezu pausenlos auf mich einprasselt, nicht passiv ausgeliefert! Es sei denn, ich lasse es zu. Das käme der Situation gleich, als nähme ich von einem riesigen Buffet wahllos alles zu mir, was angeboten ist. Es liegt zum einen Teil an mir selbst, wieviel und was ich geistig konsumiere – und zum zweiten Teil daran, wie stark es in meinem Geist nachwirkt. Ich entscheide über die geistig-seelischen Inhalte, mein Wohlbefinden und die mental-emotionale Fähigkeit zur Leistung. Ich entscheide allein, was ich Geist und Seele aktiv anbiete! Ich trage die Verantwortung, zu achten, was sie brauchen! Mentale Ernährung ist sehr bewusste Aktivität! Auf dem Weg zu hohen Zielen, im

Leistungssport, im beruflichen oder schulischen Alltag, sorge ich selbst für meinen geistigen Proviant. Ich befreie mich von unnötigem geistig-seelischen Ballast. Er wird mir an jeder Ecke angeboten! Oft lade ich ihn mir selbst auf!

Wie bei der physischen Ernährung, so trachte ich auch bei der geistigen Nahrung danach, schwer verdauliche Kost zu meiden. Meine Sinne sind die Eintrittspforten für negative geistige Umwelteinflüsse. Ich öffne und schließe sie bewusst. Geist und Seele sollten so wenig wie möglich belastet bleiben. Leistungssportlerinnen und Leistungssportler, erfolgreiche Menschen generell, fokussieren, wenn sie auf anspruchsvollem Wege unterwegs sind oder wenn herausfordernde Aufgaben bevorstehen, ihre Sinne bewusst darauf, was Geist und Seele jetzt benötigen. Sie wissen um die Bedeutung der Funktion von Geist und Seele für ihre Fähigkeit zur Leistung. Trotzdem gibt es genug Ereignisse und Erfahrungen, denen man sich nicht verschließen kann. Sich auf das Nötigste einzuschränken, ist das Hauptanliegen von zielgerichteter und gesunder geistig-emotionaler Ernährung.

Für eine Sportkarriere heißt das, Erfolge und deren Auswirkungen geistig und emotional nachwirken zu lassen. Ich erkenne und nutze auch den mentalen Mehrwert, der in Niederlagen und Rückschlägen steckt. Wertvolle Geistesnahrung liegt in Erfolg wie im Misserfolg: „Entweder ich gewinne oder ich lerne!"

Aussagen wie „An dieser Niederlage hatten wir lange zu knabbern" oder „Er hat diesen Rückschlag bis heute nicht verdaut!" oder „Die dauernden Misserfolge schlagen uns auf den Magen" beweisen den Zusammenhang zwischen geistiger und physischer Nahrung. Ich erkenne, wie wichtig es ist, Erfolge auf sich wirken zu lassen, sie im Gedächtnis zu behalten und Misserfolge mental zu verarbeiten, emotional zu verdauen. Zu nutzen, was sie an Mehrwert für das Lernen und den Fortschritt anbieten.

Medien übertreffen sich gegenseitig mit Negativmeldungen. Selten erfährt man Positives! Menschen, die ihre mentale und emotionale Energie schonen, nehmen nur solche Informationen auf, die sie unmittelbar betreffen oder die für sie und ihre Ziele wissenswert sind.

Dazu passt eine Geschichte über den griechischen Philosophen Sokrates. Zu ihm kam eines Tages ein Bekannter aufgeregt gelaufen: „Höre Sokrates, es gibt da etwas, das ich dir auf jeden Fall erzählen will!" – „Moment mal", erwiderte der Angesprochene, gerade in eine ihm wichtige Aufgabe vertieft. „Bevor du loslegst: Hast du das, was du mir sagen willst, durch die drei Siebe gesiebt?" „Drei Siebe? Welche drei Siebe meist du?" Sokrates erwiderte: „Prüfe, ob das, was du glaubst, mir sagen zu müssen, durch drei Siebe hindurchgeht: Das Erste ist das Sieb der Wahrheit! Ist das, was du mir erzählen willst, auch wirklich wahr, oder ist es möglicherweise nur ein Gerücht?" „Nein, ich hörte es jemanden erzählen."

„Na dann", meinte Sokrates. „Aber sicher hast du die Nachricht im zweiten Sieb geprüft! Das Sieb der Güte! Ist das, was du mir sagen möchtest, gut?" Zögernd gestand der Besucher: „Nein, im Gegenteil! Es ist keine gute Nachricht, die ich dir überbringen will!"

„Hm", antwortete Sokrates. „Lass uns noch das dritte Sieb anwenden. Ist das, was du mir mitteilen willst, derartig wichtig, dass du es mir unbedingt erzählen musst?" „Eigentlich nicht, es wäre wohl gar nicht nötig, dass ich es dir sage", gestand der Bote.

„Also", sagte Sokrates ruhig lächelnd: „Wenn das, was du mir erzählen willst, weder wahr noch gut noch wichtig und notwendig ist, so lass es begraben sein und belaste dich und mich nicht damit!"

Diese kleine Legende zählt zu meinen Lieblingsgeschichten. Sie wurde für mich selbst beispielhaft für geistige Ernährung.

Wahrheit, Güte, Wichtigkeit! Wieviel geistigen und emotionalen Ballast ersparten wir Geist und Seele, würden wir ihnen nur Nachrichten zuführen, die diesen Kriterien entsprechen? Würden die Sinne bewusst nur aufnehmen und das Gehirn nur Gedanken behalten, die durch diese drei Siebe gingen?

Das Leben hält Erlebnisse und Situationen bereit, die alle drei Siebe passieren und uns trotzdem belasten. Gerade das Sieb der Güte bekommt manchmal Risse. Manches nehmen wir auf, weil es uns notwendig erscheint, sie zu wissen, obwohl es uns emotional belastet. In solchen Fällen ist der Verdauungsapparat des Geistes gefragt. Erfahrungen und Erlebnisse beschweren nicht nur emotional und mental, sondern auch körperlich. Sie liegen im Magen, gehen uns auf die Nieren, drücken uns nieder! Wir machen uns einen Kopf deswegen! Manche negativen Erlebnisse und Erfahrungen verursachen körperliche Symptome. Erste Hilfe bietet sich an, wenn ich eine Situation, die Unbehagen auslöst, rational, also mit Vernunft und Ruhe, betrachte. Nahezu jede negative Erfahrung trägt ein Stückchen Glück und Weisheit und damit eine Lernchance in sich! Glätten sich nämlich die Wogen, die ein negatives Ereignis oder eine schlechte Nachricht auslösen, klärt sich der Blick für das Wesentliche. Liegt darin auch was Gutes? Welche Erfahrungen ziehe ich daraus? Was sagt mir das Problem noch? Ich kann nicht alles ausblenden, was meinen Weg kreuzt. Manches ist wichtig und auch wahr, obwohl es schmerzt. Der geistige Umgang mit negativen Erlebnissen und Erfahrungen hilft mir dabei, sie vor allem emotional abzuhaken und hinter mir zu lassen.

Materielle Erfolgsfaktoren

Manche Sportarten erfordern die Unterstützung von Geräten und Materialien. Kopf, Körper, Arme, Beine, Hände, Füße reichen nicht aus, ihren Anforderungen gerecht zu werden. Die Industrie forscht und entwickelt unentwegt nach neuen, verbesserten

Materialien und bringt sie auf den Markt. Sie investiert Geld und Knowhow, um den Grenzen, die die Natur dem menschlichen Körper setzt, ein Schnippchen zu schlagen und die Limits stückweise nach oben zu verschieben. Schneller, höher, stärker! Weiter, immer weiter!

Es gibt wahre Tüftler unter den Sportlerinnen und Sportlern. Wir staunen und bewundern sie, weil sie präzise Forderungen an die Qualität ihrer Ausrüstungen stellen. Sie verwenden viel Zeit, sie an die individuellen Bedürfnisse anzupassen und die Leistungsfähigkeit zu steigern. Sie liefern Herstellern wertvolle Tipps und präsentieren Entwicklungsvorschläge.

Damit stellt sich auch die Frage des Geldes! Nicht jede Familie ist finanziell in der Lage, die Talente ihrer Kinder im Sport zu verwirklichen. Sie begeben sich auf die Suche, finden zusätzliche finanzielle Mittel. Manche entdecken sie in Mäzenen. Sie unterstützen die ersten Schritte im Leistungssport finanziell. Später entwickelt sich daraus oft echtes Sponsoring mit klaren Rahmenbedingungen, die die Rechte und Pflichten für beide Seiten des Vertrages festlegen.

Alles was unter die Rubrik Material als Entwicklungshilfe und Erfolgsfaktor fällt, besitzt veränderliche Parameter. Daran muss im Gesamtprozess der Karriere gedacht und wenn notwendig gearbeitet werden. Sie spielen in der Realisierung von Talenten eine tragende Rolle.

Regeneration als entscheidender Entwicklungs- und Erfolgsfaktor

Training und Wettkämpfe stellen enorme Anforderungen an Geist, Psyche und Körper. Sie sorgen für Wachstum, stören dabei aber die emotionale, mentale und physiologische Balance. Athletinnen und Athleten bewegen sich an den Grenzen ihrer

Leistungsfähigkeit. Sie verlassen die geistige, physische und psychische Komfortzone, um den Anforderungen gewachsen zu sein. Auf Phasen der Arbeit, des Energieverbrauchs, folgen Phasen der Erholung zur Wiederherstellung des geistigen, physiologischen und seelischen Gleichgewichts. Geschieht das nicht, gerät der Energiehaushalt aus dem Lot. Erholungsphasen sind keine Gegenstücke zur Belastung, sondern deren Ergänzung und Teile der Gesamtentwicklung. Sie sorgen für Harmonie im Entwicklungsprozess.

Regeneration geschieht von innen und außen. Die Wiederherstellung des physiologischen Gleichgewichts gehört für die meisten Menschen längst zum Alltag. Ist der Körper müde, gesteht man ihm Rast zu. Das Auffüllen mentaler und emotionaler Energiereserven erhält dagegen weniger Aufmerksamkeit. Natürlich profitieren Geist und Seele auch von den Maßnahmen der physischen Regeneration. Doch gibt es in letzter Zeit, ausgelöst durch bittere Erfahrungen mit psychischen Einbrüchen im Spitzensport, auch gezielte Ansätze dafür, dass auch Geist und Seele Zeit erhalten, sich von den Strapazen aus Training und Wettkampf zu regenerieren. Beispiele aus der Sportwelt zeigen, dass ein fitter Körper allein nicht in der Lage ist, das volle Leistungspotenzial zu zeigen, wenn der geistige und seelische Hintergrund fehlt.

Maßnahmen zur Wiederherstellung und zur Erhaltung der körperlichen und psychischen Balance sind wichtige Teile der Regeneration. Umgekehrt ist selbst ein wacher Geist im Zusammenwirken mit positiver Stimmung allein nicht in der Lage, die beste Leistung abzurufen, wenn die physiologische Balance im Körper fehlt. Ein Formel-1-Pilot kann mit einem PS-schwachen Auto nicht um den Sieg mitfahren, wenn die Konkurrenz materielle Vorteile hat. Umgekehrt gewinnt das leistungsfähigste Auto kein Rennen, wenn es der Person hinter dem Steuerrad und Gaspedal an Erfahrung und Klasse fehlt. Im System Körper-Geist-Seele muss Gleichgewicht herrschen, um das volle

Potenzial mobilisieren zu können. Regenerative Maßnahmen steigern die Trainingseffizienz. Neue, anspruchsvollere Trainingsreize können rascher erfolgen. Die Anpassung an größere Belastungen gelingt leichter.

Dieser Zusammenhang erklärt auch die Bedeutung der Periodisierung und Planung von Trainingszeiten, Wettkämpfen und Regeneration. Körperliche Regeneration beginnt unmittelbar nach Ende der sportlichen Belastung. Sie erfolgt durch Auslaufen, Dehnungsübungen oder ähnliche gezielte regenerative Bewegungen. Ergänzend dazu nimmt man äußere Maßnahmen wie Massagen, Wärmebäder, Kältebehandlung in Anspruch. Ausreichend Schlaf, Trinken, eine ausgewogene Ernährung sind im seriösen Leistungssport ohnehin Standard.

Mentale und emotionale Regeneration fördern positive Sinnesreize, Unterhaltung, Ablenkungen außerhalb sportlicher oder beruflicher Tätigkeit. Im Training werden vielseitige Programme und unterschiedliche Intensitäten genutzt, um mentale Fitness zu erreichen. Gezielte psychoregulative Maßnahmen wie etwa Techniken zur Entspannung, positive Selbstgespräche oder „Chillen" sind wirksame wie auch beliebte Regenerationsinstrumente. Wir suchen gedanklich Orte der Ruhe, des Lichts oder Kraftorte auf und verweilen dort, solange wir es brauchen.

Zusammenfassung

Erfolgsfaktoren im Sport und anderen Entwicklungsbereichen sind körperliche, mentale und emotionale Potenziale, handwerklich-technische Fertigkeiten sowie taktische Fähigkeiten und Eigenschaften. Sämtliche Anlagen sind im Menschen vorhanden und entwickelbar. Ein forderndes und förderndes Umfeld wie auch eine ausgewogene Ernährung und materielle Möglichkeiten sind veränderbare äußere Erfolgsfaktoren. Die Regeneration von Körper, Geist und Seele geschieht durch eigene Aktivitäten und äußere Maßnahmen. Um alle Talente zu entfalten, braucht es die Berücksichtigung und Bearbeitung aller Erfolgsfaktoren. Jeder von ihnen steht auf mehreren Säulen. Sie ergeben das Maßnahmen-Mosaik für eine umfassende Entwicklung. Spätestens wenn die Karriere auf der Kippe steht, man sich in einer Sackgasse fühlt, wird es Zeit, sich mit den Erfolgsfaktoren ernsthaft auseinanderzusetzen. Sinnvoller ist es, vom Anfang der Entwicklung an dafür zu sorgen, dass jeder Bereich Berücksichtigung findet. Erst wenn sich alle Kräfte auf dasselbe Ziel richten, holt man aus dem Talent alles heraus, was es in sich trägt. Entwicklung ist Veränderung, von einem unbefriedigenden Ist-Zustand zum klar definierten, erwünschten Soll-Zustand. Lernen beginnt mit dem ersten Schritt.

WACHSTUM UND FORTSCHRITT BEDEUTEN VERÄNDERUNG

> *„Die Reise geht immer weiter. Es gibt Wachstum und Entwicklung, aber auch Widerstand. Du akzeptierst es und tust, was richtig ist, um zu wachsen und dabei jeden Moment bewusst zu erleben und zu genießen."*
> Antonio Brown, American-Football-Spieler

Während Sie diese Zeilen lesen, befinden Sie, liebe Leserin, lieber Leser, sich mit dem, was Sie wissen, können, wollen und tun im Hier und Jetzt, im Ist-Zustand. Sie sind damit zufrieden, wenn Ihre Fähigkeiten dafür ausreichen, dass Sie damit Ihre Alltagsaufgaben erfüllen. Fähigkeiten und Anforderungen sind in Balance. Millionen Menschen sind aber mit ihrer gegenwärtigen Lage nicht zufrieden. Ihre Ziele sind andere, höhere, als es ihre aktuellen Fähigkeiten hergeben. Sie werden mit dem, was sie wissen, können, haben und tun, ihren Lebenszielen noch nicht gerecht. Es herrscht ein Ungleichgewicht. Ein Ziel anzustreben, dessen Umfänge außerhalb der aktuellen Fähigkeiten liegen, bedeutet, zusätzliche Potenziale zu entdecken und zu entfalten, um mit dem Ziel ins Gleichgewicht zu kommen, ihm in jeder Weise entgegenzuwachsen. Die Welt ändert sich. Herausforderungen verändern sich. Wollen wir Träume und Visionen erfüllen, müssen wir unsere Fähigkeiten und Eigenschaften, unsere Erfolgsfaktoren, anpassen.

Jeder Mensch hat natürliche Potenziale, aus denen Fähigkeiten werden können. Jeder spürt aber auch Kräfte, die der Entwicklung und Veränderung Widerstand leisten. Sie beharren darauf, zufrieden mit dem Erreichten zu sein und alles zu belassen, wie es ist. Sie lieben den Ist-Zustand zwar nicht unbedingt, aber geben sich damit zufrieden. Es ist bequemer. Wachstum bedeutet, sein Bedürfnis nach Behaglichkeit zu überwinden und Grenzen zu verschieben. Die Komfortzone gibt immer das Gefühl, alles unter Kontrolle zu haben, liebgewordene Gewohnheiten zu leben. Routinen vermitteln Sicherheit.

Wollen oder müssen wir unsere Komfortzone verlassen, stellt sich ein Gefühl von Unsicherheit ein. Spontan lehnen wir jede Bewegung hinaus aus dieser Zone ab. Wir suchen und finden Ausflüchte, versuchen Entschuldigungen. Meistens folgt darauf der frühe Abbruch des Unternehmens. Wollen und Tun erfordern mentale und emotionale Energie. Entwicklung geschieht dort, wo Kräfte des Wachstums jene des Widerstands überwinden. Durch Veränderung will man das körperliche, mentale und emotionale Niveau steigern, die Komfortzone ausdehnen, Gedanken und Gefühle der Angst und Ablehnung überwinden. Will ich mir Visionen erfüllen, brauche ich einen inneren Wandel. Strebe ich ein attraktives Ziel an, verlasse ich den sicher scheinenden Hafen und begebe mich auf bisher unbekanntes Terrain. Schon der Gedanke löst in mir Unbehagen, unter Umständen sogar Angst aus. „Kann ich das überhaupt? Darf ich das? Wie werden andere reagieren? Will ich das wirklich? Was ist, wenn?"

Unsicherheit bewirkt, dass ich mein Ansinnen als Wagnis empfinde und es daher vorerst intuitiv ablehne. Ungewissheit macht ängstlich! Ich flüchte in Ausreden, breche das Vorhaben gleich oder spätestens nach zaghaften ersten Versuchen ab. „Ist nichts für mich!" Innere Widerstände regen sich. Jene Argumente, die den Wunsch nach Veränderung in mir wachriefen, fallen wie ein Kartenhaus in sich zusammen. Ich brauche Motive, die die Widerstände übertönen und den nächsten Schritt zulassen. Innere Motivation! Der Veränderungswille benötigt frische Nahrung, um die Beharrungskräfte überwinden zu können. Habe ich sie gefunden und sind die Beweggründe stark genug, kann der erste Schritt in eine mentale Zone, die Lernen ohne innere Widerstände und Zweifel zulässt, folgen.

Neue Fähigkeiten entwickeln sich, die Eigenschaften im Denken und Verhalten ändern sich. Jeder Wachstumsschritt verdient Beachtung. Ich erfahre Neues und setze meine Fähigkeiten mit wechselndem Erfolg ein. Kleine Erfolge stärken mein Vertrauen. Sie machen mir Mut. Sie erweitern meinen Aktionsradius und wecken positive Gefühle. Neue Perspektiven tauchen auf, positive Erfahrungen nehmen zu. Mir gelingen Dinge, an die ich früher nicht zu denken wagte. Zufriedenheit und Selbstsicherheit wachsen. Ein neues Niveau im Denken, Fühlen und Handeln ist erreicht! Ich bin ins nächste Teilziel hineingewachsen!

Bist du in einer Sache zum Meister geworden, werde in einer neuen Sache wieder zum Schüler! Aus der erweiterten Komfortzone, mit wachsender Sicherheit, fasse ich neue Möglichkeiten ins Auge. Der Geist sucht nach anderen Qualitäten. Ich verändere mich bewusst, aus inneren Motiven, statt mich von anderen verändern zu lassen. Kleine Schritte bringen mich vorwärts! Erinnern wir uns an die acht Faktoren des Erfolgs im vorigen Kapitel. Wie ein Armaturenbrett, an dem acht Knöpfe angebracht sind, liegen sie vor dem geistigen Auge! Ich stehe am Steuer meines Lebens, unterwegs zu einem neuen Ziel oder einem Etappenziel. Welche Veränderungen bringen mich in die richtige Richtung? Welche Knöpfe drehe ich, damit ich wirksame Fortschritte erziele? Welche Änderung ermöglicht den nächsten Sprung? Welcher Schritt verspricht Effizienz? Ich will die Energien so einsetzen, dass sie größten Nutzen bringt! Der Weg ist anspruchsvoll genug! Ich muss ihn nicht zusätzlich erschweren!

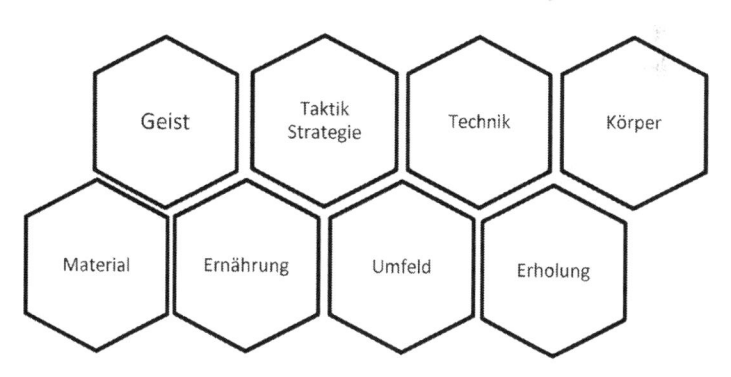

Abbildung 4: Das Armaturenbrett der Entwicklung

Meist reicht es, an einem Knopf zu drehen, um andere Bereiche zu bewegen. Sie greifen ineinander wie Zahnräder. Körper und Geist bilden eine Einheit, und so funktionieren sie auch. Die Kunst liegt darin, jene Stellen im Getriebe zu finden, mit denen ich die größten Fortschritte in kürzester Zeit erzielen kann. Dazu braucht es Wissen, Entschlossenheit, Kreativität und Klugheit.

Jede physische Bewegung hat ihr geistiges Urbild. Der Körper erhält den Plan für das gewünschte Verhalten und Handeln vom Kopf. Jede Entwicklung folgt den mentalen Plänen. Zuerst will ich etwas wissen. Ich lerne die Theorie, forme ein geistiges Bild. Anschließend gehe ich daran, das Wissen praktisch umzusetzen. Ich will das Erlernte auch zeigen. Im Sport bietet jeder einzelne Wettkampf die Gelegenheit dazu. Er ist gelebte Praxis. Der Wille mischt sich wieder ein. Er legt die nächsten Schritte fest. Wo ein Wille ist, findet sich auch ein Weg!

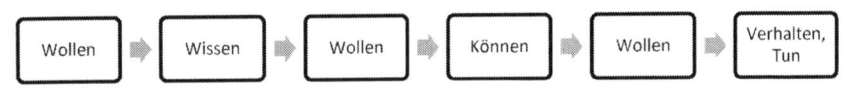

Wollen ➡ Wissen ➡ Wollen ➡ Können ➡ Wollen ➡ Verhalten, Tun

Abbildung 5: Die Lernkette als Grundlage für Veränderungen

Am Anfang der Entwicklung steht der Wille dazu. Gleich melden sich Zweifel und innere Widerstände. Sie sind zu überwinden. Das funktioniert nur, wenn ich sie erkenne und ihnen ins Gesicht blicke. Motive helfen mir, meine Komfortzone zu verlassen, mich in Bewegung zu setzen.

Warum will ich das ändern? Ich muss mich davon überzeugen, dass es sich lohnt, den Aufwand auf mich zu nehmen, die Bequemlichkeit des Ist-Zustandes dafür zu opfern. Veränderung geschieht von innen nach außen. Zuerst im Kopf, dann im Handeln und Verhalten: „Was immer du wirst, du bist es zuerst im Kopf!"

Die meisten Menschen scheuen Veränderungen. Die Alternative, das Verharren auf der Stelle, entpuppt sich später oft als größeres Übel. Meist ist es sinnvoller, Veränderungen proaktiv anzugehen, solange man die Entscheidung dafür aus eigener Überzeugung trifft, als später handeln zu müssen, weil es die Umstände erzwingen. Das Geheimnis liegt im Wollen! Was bringt den Menschen dazu, aus tiefer Überzeugung zu wollen? Was stärkt den Willen, den Weg zu beginnen und durchzuhalten, obwohl äußere und innere Widerstände zunehmen? Welche sind die mentalen und emotionalen Voraussetzungen, Veränderung aus Überzeugung und mit starkem Willen anzugehen?

1. Ein selbst gestecktes, eindeutig festgelegtes Ziel
2. Ein klarer Plan
3. Ziel- und plangerechtes Denken, Fühlen, Handeln und Verhalten

Die vierte Kraft, den Willen zu stärken und ihn zu erhalten, sind spürbare Erfolge. Sie sind die Bestätigung, dass sich der Einsatz lohnt, dass sich Veränderungen im Denken und Verhalten durch Leistungssteigerungen und Ergebnisse bestätigen. Der Großteil der Menschen beschäftigt sich intensiver mit inneren und äußeren Widerständen als mit den Chancen. Deshalb nehmen sie kleine Fortschritte nicht wahr. Wer diese beachtet und wertschätzt, erkennt: Meine Arbeit zahlt sich aus!

Willensforscher bezeichnen die Kräfte, die den Willen stärken, als Kompetenzen der Umsetzung. Um sie zu aktivieren, müssen sie für den Geist konkret erfassbar sein. Wünsche, Motive, Absichten, Ideen sind eindeutig und klar definiert. Aus Gedankenblitzen und Träumen werden Visionen, daraus entstehen durch geistige Arbeit konkrete Ziele. „Was soll am Ende des Veränderungsprozesses sein? Wie möchte ich mich fühlen? Wie sollen sich meine Leistungsfortschritte auswirken? Welche Ergebnisse möchte ich damit erzielen?" Klare Antworten darauf stärken die Überzeugung, die Veränderung in Angriff zu nehmen.

Das Leben ist voll von Entscheidungen. Sie reduzieren mehrere Optionen auf eine einzige. Auch wenn ich sage, „ich kann mich nicht entscheiden", treffe ich damit auch eine Entscheidung. Ich wähle den Stillstand, den Status quo, weil er mir zur lieben Gewohnheit geworden ist. Täglich treffen wir Entscheidungen unbewusst. Schon auf dem Weg zur Arbeit oder zur Schule entscheidet man sich unentwegt. Um einer Idee Leben einzuhauchen, brauche ich ein Bekenntnis. Ich entscheide mich dafür! Habe ich nur eine Möglichkeit, muss ich mich nur zwischen ja oder nein entscheiden. Treffe ich eine Wahl, schließe ich Alternativen aus. Deshalb fallen Entscheidungen so schwer.

Nach meinem Entschluss gehe ich mit dem Ziel und dem Weg dahin eine geistig-emotionale Verbindung ein. Ich löse die Bindungen zu anderen Optionen auf. Wähle ich an einer Wegkreuzung, einem Kreisverkehr, eine Richtung, fälle ich damit eine Entscheidung. Möglich, dass ich an der nächsten Ecke umkehre und zurückfahre, um eine andere Richtung zu wählen. Das bringt mich aber nicht weiter. Es führt mich nur zurück zur Ausgangssituation: Ich stehe erneut vor derselben Wahl. Der Imperativ „Entscheide dich" klingt für manche bedrohlich. Nur wenige verstehen ihn als das, was er ist, ein Privileg! Das Leben bietet eine Wahlmöglichkeit, um die mich andere vielleicht beneiden. Sich entscheiden zu dürfen heißt Freiheit! Entscheide ich mich nicht oder schiebe ich die Wahl auf, zwingen mich bald die Umstände dazu. Entscheidung bedeutet ein Stück weit Ungewissheit! Was bedeutet für mich Ungewissheit? Ein Risiko? Eine Chance, die mir das Leben schenkt? Meine mentale Einstellung ist ein Signal, wie ich mit der Möglichkeit der Entscheidung praktisch umgehe. Erfahrung zu haben erleichtert mir das Entscheiden. Auch die Erfahrung anderer beeinflusst mich. Wesentlich ist, dass ich trotz aller Ratschläge in letzter Instanz selbst entscheide.

Will ich Erfolg haben, muss ich mich für Erfolg entscheiden. Ich setze Prioritäten, die Erfolg versprechen. „Prioritäten entscheiden über den Erfolg. Willst du Erfolg, wähle deine Prioritäten richtig!" Setze Prioritäten, die mit deinem Ziel in Einklang stehen, die es unterstützen und fördern, statt ihm zu widersprechen. Manchmal reichen Erfahrungen und rationale Überlegungen für die richtige Wahl. Aber auch das Bauchgefühl ist eine starke Instanz. Zukunft ist auch Herzensangelegenheit! Emotionen, die ich mit meiner Entscheidung verbinde, sind der Treibstoff für den künftigen Weg. Ich werde sie brauchen! Es wird nicht nur Sonnentage, sondern auch Hindernisse und Probleme geben.

Nach reiflicher Überlegung treffe ich die Entscheidung! Vernunft, Bauchgefühl, externe Erfahrungen ermöglichen sie. Jetzt gilt es, Fahrt aufzunehmen, das Rad zu starten und am Laufen zu halten. Was nützt ein energievoller Start, wenn nach kurzer Wegstrecke körperlich, emotional oder mental die Luft ausgeht? Fulminant begonnene Projekte verlieren manchmal an Tempo, noch ehe erste Hindernisse den Weg blockieren. Auf dem Weg bleiben, sich von Ablenkungen, von Rückschlägen, von Problemen nicht irritieren lassen. Den Kurs halten. Geht die physische Kraft aus, schwinden auch mentale Energiereserven. Erfolgreiche Marathonläufer und Triathleten wissen Rat: „Stellst du dir auf dem Weg die Sinnfrage, rufe dir die Gedanken und Emotionen in Erinnerung, die du am Start hattest!" Die Start-Emotion weckt die Stimmung, die mich auf die Reise schickte.

Warum beenden talentierte Menschen so oft ihre Reise zu früh und vergessen die Visionen, ehe sie die Früchte ihrer Arbeit genießen können? Schuld daran sind die Schattenseiten des Weges! Durchhaltevermögen und Willen sind gefordert! Der Kampf gegen innere und äußere Blockaden, Ablenkungen und Hindernisse zermürbt Körper und Geist. Willen und Ausdauer erfordern Energie. Sie muss sich ständig erneuern. Diese Energie des Willens speist sich aus Quellen, die wir in uns tragen und selbst aktivieren können. Ressourcen, die man in der Kindheit wenig beachtet. Es ist nie zu spät, die Quellen der Willenskraft zu aktivieren.

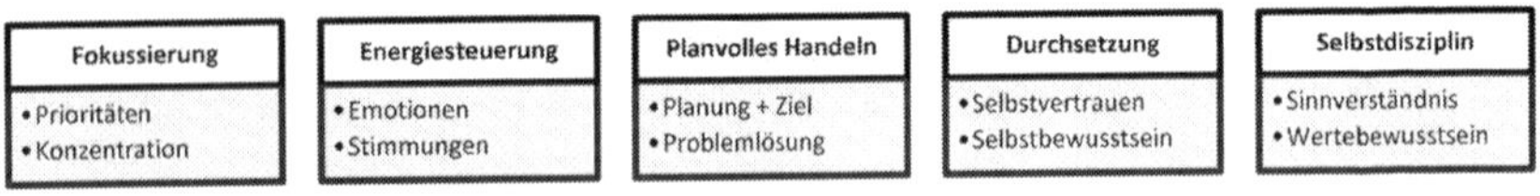

Fokussierung	Energiesteuerung	Planvolles Handeln	Durchsetzung	Selbstdisziplin
• Prioritäten • Konzentration	• Emotionen • Stimmungen	• Planung + Ziel • Problemlösung	• Selbstvertrauen • Selbstbewusstsein	• Sinnverständnis • Wertebewusstsein

Abbildung 6: Quellen der Willenskraft

Fokussieren auf das Wesentliche

Karrieren enden häufig unerfüllt, weil die Anforderungen buchstäblich über den Kopf wachsen. Menschen glauben, den hohen Ansprüchen nicht gerecht werden zu können. Ein Meer von Aufgaben und Problemen verstellt die Sicht. Das Ziel schwindet aus den Sinnen! Strukturiertes Denken und Handeln fehlt. Einfache Maßnahmen lassen die Spur wiederfinden, das Vertrauen zurückgewinnen, dass man die Probleme bewältigen und den Weg aus der Sackgasse schaffen kann.

Willensstarke Menschen wissen, worauf es ankommt. Sie haben das Gefühl und das Knowhow dafür, was in schwierigen Situationen zu tun ist. Sie behalten den Überblick. Auch ihre Intuition hilft ihnen. Sie kennen ihre Prioritäten und geben ihnen den Vorrang. Sie setzen sie bewusst und drehen an den passenden Hebeln. Sie halten sich daran, ungeachtet negativer Gedanken und Gefühle. Sie trotzen äußeren Störungen und fokussieren ihre Gedanken und Aktionen auf Wichtiges. Sie arbeiten beharrlich, Schritt für Schritt. Oft trennen Erfolg und Scheitern nur Kleinigkeiten. Willensstarke Leute setzen Prioritäten und bleiben in schwierigen Phasen auf Kurs. Der gesamte Fokus richtet sich auf die wesentlichen Dinge.

Die Steuerung mentaler, emotionaler und physischer Energien

Für das Erkennen des energetischen Zustandes gilt es, zwei Fragen ehrlich zu beantworten:

1. Wieviel Energie fühle ich?
2. Ist es positive Energie?

Viele Menschen fassen Vorsätze, die sie nie verwirklichen. In entscheidenden Momenten lassen sie sich von negativen Stimmungen in die Irre führen. Gerade auf anspruchsvollen Wegen gibt es Strecken, an denen ich mich wenigstens für kurze Momente gerne aus dem Spiel nehmen würde. Versagensangst und Furcht vor Fehlschlägen trüben Gedanken und Handlungen. Ich bin weder psychisch noch mental auf dem Weg. Emotionen rauben meine mentale Balance. Soll ich den Kopf einziehen, auf bessere Zeiten hoffen und warten, bis der Wind günstig weht?

Willensstarke Menschen wissen: Nicht immer scheint die Sonne! Auch sie spüren störende Emotionen. Doch sie lenken ihre Energien so, beeinflussen Gedanken und Emotionen so, dass sie ihren Plan trotz allem weiterverfolgen. Sie bewegen sich konsequent und Schritt für Schritt nach vorne. Sie haben gelernt, Gedanken und Emotionen zu steuern. Sie unterdrücken negative Bedürfnisse und Emotionen nicht. Sie verschieben deren Erfüllung nur auf einen fixen späteren Zeitpunkt. Das sorgt vorübergehend für Ruhe und entlastet den Geist. Er lenkt die Energie auf das im Moment Nötige. Die mentalen Energien sind dort, wo sie benötigt werden.

Zielgerechtes, planvolles Denken und Handeln

Anspruchsvolle Wege erfordern klare Pläne. Die meisten Menschen gehen einfach los und hoffen, das Schicksal würde ihnen in kritischen Augenblicken zur Seite stehen. Sie haben keine klaren Vorstellungen darüber, was kurz-, mittel- und langfristig zu tun sein wird. Diese Sorglosigkeit bewirkt, dass sie sich später auf der Reise oft hoffnungslos verrennen. Dann kennen sie nur zwei Alternativen: aussteigen oder umkehren! Mit großer Erwartung begonnen, endet der Weg mit Frustration, Schuldgefühlen und Schuldzuweisungen an Dritte.

Willensstarke Menschen haben einen Plan! Eine Richtschnur, einen roten Faden, wie sie ihre Ziele erreichen wollen und welche Anforderungen sie dafür erfüllen werden. Ihren Plan teilen sie in Etappen und Zwischenziele als Kontrollpunkte des Entwicklungsverlaufs. Jeder Schritt folgt einer inneren Logik. Erzwingen es die Umstände, davon abzuweichen und Umwege zu gehen, führt sie ihr im Kopf vorhandenes Konzept zurück auf den ursprünglichen Weg, wenn die Hürden beseitigt sind. Sie stehen zu ihren Vorhaben. Probleme behandeln sie konstruktiv und lösungsorientiert. Den Plan im Hinterkopf finden sie Lösungen, entwickeln ein Gefühl für Situationen, wenn Probleme auftauchen könnten und begegnen ihnen proaktiv.

Bewusstsein und Vertrauen als Säulen der Willensstärke

Fragen, die uns auf anspruchsvollen Lebensstrecken stets bewegen sollten: Wie gehe ich mir selbst um? Wie ist meine Einstellung zu mir selbst? Wie denke ich über mich? Selbstbewusstsein, Selbstvertrauen sind unverzichtbare Grundlagen für ein glückliches, erfolgreiches Leben. Die Wertschätzung eigener Leistungen und Fähigkeiten ist die mentale und emotionale Basis der erfolgreichen Karriere.

Die ehrliche Anerkennung der Leistungen anderer ist für viele Sportlerinnen und Sportler selbstverständlich. Eigene Leistungen und Fähigkeiten ringen schwerer darum. Das Vertrauen in eigene Fähigkeiten und Talente schwindet angesichts der Leistungen starker Konkurrenz. Der mentale Kontakt zu ihnen verblasst und damit auch die emotionale Beziehung. Niederlagen und Misserfolge dienen als die Bestätigung eigener Mängel. Sie erhalten mehr Beachtung als alle Stärken und positiven Leistungen. Die emotionale Basis, um Wettkampf und Training bestehen zu können, geht verloren. Das positive, stabile Selbstbild erhält einen Dämpfer. Erfolgreiche Menschen beziehen ihr Selbstbewusstsein aus dem emotionalen und mentalen Kontakt mit sich selbst. Sie kennen und achten ihre Gefühle, Gedanken und Bedürfnisse. Sie achten ihre Stärken, empfinden ihre Schwächen und Mängel nicht als Fehler, sondern als Potenziale, die noch auf Entwicklung warten. Diese Einstellung weckt sogar Stolz auf die Schwächen.

Spitzensportlerinnen und Spitzensportler beschreiben ihre mental-emotionale Verfassung angesichts großer Erfolge: „Ich bin heute ganz bei mir gewesen, habe Störungen und Ablenkungen nicht wahrgenommen." Im Vertrauen auf eigene Stärken, auf die Richtigkeit ihres Tuns, ihres Zieles agieren sie im mentalen und emotionalen Tunnel. Ihre Wahrnehmung gilt dem, was sie wissen, können, was sie wollen und tun. Sie glauben an die Wirksamkeit ihrer Fähigkeiten. Der Fokus der Sinne richtet sich nicht auf Mitbewerber und Konkurrenten, sondern nur auf sich selbst. Das stärkt Willen und Durchsetzungsvermögen. So überwinden sie Hindernisse, vor denen andere kapitulieren.

Selbstdisziplin als Element der Willensstärke

Jede Herausforderung, jede Lebenssituation ist eine Chance, eigene Werte zu verwirklichen, dem Leben Sinn zu geben. Eine Aufgabe wächst zur Mission.

Im Leistungssport stellen sich manche die Fragen. „Wozu mache ich das alles? Will ich das wirklich? Habe ich die Chance, das Ziel je zu erreichen?" Rückschläge nagen am Selbstvertrauen. Physische und mentale Strapazen lassen den Sinn aus den Augen verlieren. Resignation übertönt die einstigen Lebensträume.

Bei Jugendlichen drängen sich in der Pubertät Sinnfragen in den Vordergrund. Negative Gedanken über sich und das Leben überschwemmen den Geist. Was bisher als richtig galt, gerät in Zweifel. Ich fühle mich reif und dränge darauf, das Steuer in die Hand zu nehmen. Ein natürlicher und wertvoller Prozess, in dessen Verlauf sich Körper und Geist verändern. Oft ist es jedoch das Ende bisheriger Lebensprioritäten. Andere Leute bestimmten bisher, was gilt und geschehen soll. Sie meinten es gut, übersahen aber Wesentliches: den jungen Menschen selbst! Sein Innerstes, seine wahren Interessen, seine Entwicklung als selbst denkender und eigenständig handelnder Mensch. Bisherige Glaubenssätze bröckeln und mit ihnen der Wille, so weiterzumachen wie bisher.

Wirkungsvolle Motivation kommt von innen. Erfolg ist das Produkt jahrelanger mentaler und emotionaler Zuwendung an ein Vorhaben und den Weg dahin. Training und Wettkampf, jede Aktivität ist beseelt und bestimmt davon. Eine Vision konkretisiert sich zum Lebenstraum. Werte soll sie verwirklichen, den Sinn des Lebens erfüllen. Jugendliche, die eigene Visionen leben können, trotzen eher den negativen Anfechtungen. Ihr Willen nährt sich aus Gedanken, Gefühlen und Emotionen, die ihren Traum begleiten. Emotional stabil und geistig strukturiert, bewältigen sie auch schwierige Zeiten.

Die Sinnfrage stellt sich trotzdem! Aber auf andere Weise: „Macht es Sinn, dass ich das, was ich in den letzten Tagen, Wochen und Monaten getan habe, in dieser Form weitermache? Sollte ich an anderen Schwerpunkten arbeiten, um dem Ziel näherzukommen?" Werte und Lebenssinn sind wichtig und stärken den

Willen. Selbstdisziplin hält Verlockungen stand und lässt Durststrecken überstehen. Aus schwierigen Phasen entsteht Stärke. Der Sinn als Wertegerüst schürt Disziplin und Willensstärke.

Lernen als Ausgangspunkt und Wegbegleiter der Veränderung

Der Wille ist der Antrieb für Veränderungen. Ob Anfänger oder Fortgeschrittener, am Start, mittendrin oder auf hoher Entwicklungsstufe. Jeden Tag, an dem ich trainiere oder lerne, erlebe ich Neues, das mich einen Schritt weiterbringen kann. Ehe ich eine neue Fähigkeit oder Eigenschaft erwerbe, entwickle ich eine mentale Vorstellung davon. Bevor ich eine neue Entwicklungsstufe anstrebe, möchte ich wissen, was ich dafür tun will. Wissen schafft Sicherheit. Konfuzius sagte: „Zu wissen, was man weiß und zu wissen, was man tut, schafft wahres Wissen!"

Der Geist geht der Entwicklung voraus und begleitet sie. Selbstbewusstsein folgt der Beantwortung folgender Fragen: „Was will ich? Was habe ich schon? Was kann ich? Was brauche ich, um die nächste Stufe zu schaffen?" Antworten sind die Ausgangspunkte des Lernprozesses. Oft überrascht mich der mentale Zugang von Menschen zu Lernen und Training. Sie arbeiten mit hohem physischem und emotionalem Einsatz. Die geistige Beteiligung an der Entwicklung ist im Vergleich zum körperlichen Aufwand aber gering. Sie vertrauen der Fachkompetenz ihrer Trainer/innen und Lehrer/innen und hoffen, deren Wissen und Können würde ihnen das Tor zum Erfolg öffnen. Der beste Trainer, die kompetenteste Trainerin, das kreativste Umfeld, sie können nur die Helfer sein! Schülerinnen und Schüler schaffen ihr Ziel nur, wenn sie ihren Entwicklungsprozess geistig und emotional intensiv begleiten und ab einer gewissen Reife die Führungsrolle übernehmen.

Spätere Champions übernehmen diese geistige Führungsrolle früh. Sie erkennen, was sie brauchen und haben klare Vorstellungen davon was sein soll. Sie vertreten eigene reflektierte Meinungen und diskutieren sie mit dem Umfeld. Eltern und Trainer klagen sogar manchmal über ihre Sturheit. Ich bin mit solchen Beurteilungen zurückhaltend. „Brave" Jugendliche tun, was von ihnen verlangt wird. Ohne Widerspruch, ohne eigene Ansichten! Sie befolgen jede Vorschrift, erfüllen willig jede Vorgabe. Das Verhalten scheint vorbildlich, weil unkompliziert. Zumindest für das Umfeld. Am Ende landet die Karriere trotzdem im Abseits. Eigenes Denken fehlt! Das Wissen, die fachliche und methodische Kompetenz, sich aus einer Sackgasse zu befreien, den Weg weiterzugehen, sind nicht vorhanden. Die vorwärtsstrebende Energie fehlt der ist zu gering.

Wissen ist Macht, sagt man! Es gibt jedenfalls die Freiheit und Überzeugung für eigene Entscheidungen. Erfolgreiche Menschen führen! Sie sind CEO im eigenen Entwicklungsprojekt. Sie sind interessiert und lernen permanent. Sie verfügen über Insiderwissen, geben Trainern, Trainerinnen und ihrem Umfeld wertvolle Hinweise über Erkenntnisse aus Wettkämpfen. Aus der Innenperspektive ergeben sich wertvolle Aufschlüsse und Impulse für ihr Training. Sie erfahren Emotionen und Gedanken im Wettkampf. Ihr Wissen ist die Basis für die Weiterentwicklung. Sie finden als Erste Ursachen, wenn es nicht nach Wunsch läuft. Sie schlagen aus dem Wissen Kapital, gehen Problemen auf den Grund. Wissen ist das Mittel schlechthin gegen geistig-emotionales Mittelmaß. Wissen ist Folge von Interesse und die wirksame Waffe gegen geistige Oberflächlichkeit! Lernbereitschaft ist ein Markenzeichen erfolgreicher Menschen.

Können ist praktisch angewandtes Wissen

Entwicklung verläuft nicht immer nach Wunsch. Die Theorie in Form von Wissen ist geistig verankert, die praktische Umsetzung hinkt hinterher. Beispielhaft sind dafür die Wettkampfprobleme. Betroffene behaupten, im Training weltmeisterlich zu agieren, nur im Wettkampf funktioniere wenig. Trainingsweltmeister ist einer der Makel, der an Sportlerinnen und Sportlern haftet wie eine Briefmarke. Jeder meint zwar zu wissen, wie Wettkampf funktioniert. Dennoch gelingt es nicht, das Wissen einzusetzen. Die Bezeichnung „Trainingsweltmeister" trifft nur die halbe Wahrheit. Der Ausdruck „Wettkampftheoretiker" liegt den Tatsachen näher.

Zwischen theoretischem Wissen und praktischer Umsetzung stehen zwei Hürden:

1. der Wille zum praktischen Tun,
2. die konsequente Übung! Lernen durch praktisches Handeln.

Der Transfer vom Wissen zum Können erfordert Konsequenz und Beharrlichkeit. Zwei Kompetenzen, die sich in der Praxis als mentale Herkulesaufgaben erweisen! Alte Gewohnheiten legten im Laufe der Zeit durch ständige Wiederholung tiefe Spuren im Gehirn. Sie behaupten ihren Platz, leisten Widerstand gegen alles Neue. Und das, obwohl die Vorteile der Veränderung einleuchten. Wirksames Lernen braucht Überzeugung, ein starkes Bedürfnis und das Vertrauen, dass das Neue notwendig ist, um ein Ziel zu schaffen. Die Aussage „Ich kann nicht" ist das äußere Zeichen innerer Widerstände gegen das Lernen und gegen Veränderung.

Zielgerichtetes Handeln lebt von klaren Vorstellungen. Positive Emotionen sind die Basis für eine starke innere Überzeugung. Gibt es emotionale Widerstände, fehlen Hingabe und Leidenschaft. Ich kann negative Emotionen für kurze Zeit überspielen. Spätestens wenn die ersten Lernhürden auftauchen, melden sich negative Gefühle und innere Zweifel. Vernünftige Argumente verpuffen ohne Wirkung. Es macht wenig Sinn, negativer Stimmung mit Vernunft zu begegnen. Ich muss herausfinden, welche Gefühle dahinterstehen. Einfühlsamkeit und Achtsamkeit richten mehr aus als Appelle an die Vernunft. Auch äußerer Zwang räumt emotionale Hürden nicht aus dem Weg, er vergrößert sie. Empathisches Zuhören, in sich Reinhören identifiziert innere Widerstände, macht sie angreifbar. Fortschritt verlangt zielgerichtetes, effizientes Handeln mit der Vorgabe, ein Ziel mit ökonomischem Einsatz an physischer, mentaler und emotionaler Energie zu erreichen. Je mehr Energie man aufwendet, umso größer muss der Nutzen sein. Erst wenn innere Widerstände und Zweifel beseitigt sind und keine Energie mehr binden, besteht Aussicht auf optimalen Lernerfolg.

Qualität im Denken und Handeln löst Probleme wirksam und nachhaltig. Manche sind der Ansicht, nach einem gewissen Lernprozess eine Fähigkeit ausreichend zu beherrschen. Entsteht in Wettkampfsituationen oder bei Prüfungen psychischer, mentaler und physischer Druck, erweisen sich scheinbar gefestigte Kompetenzen als instabil. Erst wenn Aktionen und Verhaltensweisen ohne nachzudenken, also spontan erfolgen, ist das Können so stabil, dass es Bedingungen des Wettkampfs standhält.

Vom Können zur Umsetzung

Beherrsche ich eine Fähigkeit, setze ich sie spontan und intuitiv ein. Ich kann zu Recht behaupten: „Ich kann das!" Ich agiere und reagiere gezielt, wenn sich die Gelegenheit oder Notwendigkeit ergibt. Jetzt hängt es noch davon ab, ob ich es tatsächlich auch will. Ich erinnere mich an einen Schulkollegen, der ein außergewöhnliches Talent für Fußball besaß. Er bewies es bei Matches der Schulauswahl, sorgte für Tore am Fließband, obwohl er kaum trainierte. Er spielte einfach. Sportlehrern und Trainern blieb seine Begabung nicht verborgen. Sie empfahlen ihm, regelmäßiger zu trainieren und einem Klub beizutreten. Jeder engagierte Trainer hätte sich um diesen Jungen und sein Talent gerne gekümmert. Es gab einen entscheidenden Haken: Der Junge wollte nicht! Überredungskünsten erwiderte er lakonisch: „Nur hier macht es mir Spaß, hier spiele ich, mehr will ich nicht!" Ich weiß nicht, wie er Jahrzehnte später darüber denkt. Damals gab es die eine Hürde: Er wollte nicht! Lieber legte er sich ins Schwimmbad, kickte barfüßig mit Freunden, freute sich, wenn er den Hauptanteil am Sieg seines Teams hatte. Er wusste, wie das Spiel funktioniert und er konnte es umsetzen. Für eine erfolgreiche Karriere fehlt nur sein Interesse. Er wollte sein Können nicht durch Training weiterentwickeln. „Ich mag nicht zum Training, ich will einfach nur spielen."

Vor einigen Jahren diskutierte ich mit einem ehemaligen Spitzensportler, der sich nach seiner erfolgreichen Karriere bis zu seinem frühen Tod um die Ausbildung junger Talente kümmerte: „Glaubst du, dass auch Kinder mit durchschnittlichem Talent später im Spitzensport Erfolg haben können?" Seine Antwort ist mir heute noch in den Ohren: „Wenn das Kind will, kann es viel erreichen. Ein starker Wille und Beharrlichkeit machen einiges an Talent wett." Ohne den Willen zum Erfolg sind das Engagement und die Kompetenz des sportlichen und familiären Umfelds machtlos. Der Wille entscheidet über die Entwicklungschancen. Übermotivierte Eltern ignorieren nicht selten diese Tatsache. „Er könnte doch, wenn! Sie wäre ja schon viel weiter, wenn!" An Wenn-Sätzen scheitern Karrieren und zerschellen Träume. Besser ist die Frage: „Was kann ich tun, damit der innere Wille steigt, aus dem Talent eine Fähigkeit zu entwickeln?"

Ein Talent braucht Gelegenheiten, bei denen es sich zwanglos zeigen kann. Dazu ein motivierendes, niemals überforderndes Umfeld. Ein Kind muss eigene Träume spüren, inneren Antrieb entfalten. Die wichtigste Fähigkeit von Trainerinnen und Trainern ist die des Motivierens. Nicht durch Antreiben zum Lernen und Training! Entscheidend ist, den inneren Funken zu entdecken und anzufachen. Mit Lob und Anerkennung, auch für kleinere Fortschritte, weckt man Emotionen und schürt positive Motive. Erfolgreiche Karrieren profitieren vom starken Willen, auch dann weiterzumachen, wenn die Widerstände größer, die Luft dünner, die Konkurrenz härter wird. Wenn die Ansprüche an Geist und Körper ein Ausmaß erreichen, das weit über das gewohnte Alltagsniveau hinausgeht. Dranbleiben, wenn die Energie schwindet und Körper, Geist und Seele nach einer Pause verlangen. Erfahrene Lehrerinnen und Lehrer verknüpfen kindliche und jugendliche Grundbedürfnisse mit dem Erfolgswillen. In der Sprache erkennen wir solche Verbindungen etwa im Erfolgshunger, Wissensdurst usw.

Konsequenz, Leidenschaft, Interesse, Motivation und andere Ressourcen nützen bei der Talententwicklung. Champions reifen von innen nach außen. Eine Formel, an die erfolgreiche Menschen glauben und danach leben. In der Folge beschreibe ich die geistigen und emotionalen Elemente einer Erfolgsmentalität. Jeder trägt sie als Anlagen in sich. Es ist alles in mir, alles ist entwickelbar! Die Aufgabe ist, diese Anlagen zu entdecken, zu aktivieren, mich dazu zu bringen, zu denken und zu tun, was getan werden muss. Siegermentalitäten machen Dinge möglich, die sich die meisten Menschen nicht für sich vorstellen können.

2. Kapitel

DIE ERFOLGSMENTALITÄT

DIE MENTALITÄT DES ERFOLGS

So wie ich meinen Körper durch gezieltes, konsequentes Training in Form bringe, muss auch mein Geist für das Anspruchsniveau der Herausforderungen trainiert sein. Nicht nur die körperliche Fitness wird belohnt! Die mental-emotionale Stärke ist das entscheidende Element für herausragende Leistungen.

Jedem Verhalten, jeder Aktion, jedem Unterlassen geht eine Entscheidung voran. Der Geist trifft sie, der Körper setzt sie um. Ob der Geist einer Aufgabe gerecht wird, liegt nicht nur an seiner kognitiven Leistungsfähigkeit. Auch Emotionen und biochemisch-physiologische Vorgänge sind beteiligt. Die geistige Energie, die ich mobilisieren kann, zeigt meine mentale und emotionale Fitness. Meine Mentalität steht an der Spitze der Leistungspyramide. Sie gibt Antworten auf folgende Fragen: „Welche Eigenschaften zeige ich häufig? Welche Denkmuster, Gefühle und Verhaltensweisen offenbaren sich dabei? Wie handle und verhalte ich mich in konkreten Situationen?"

Je älter man wird, umso schwerer fällt es einem, die Mentalität zu verändern. Das individuelle Denken und Handeln eines Menschen lässt sich gut einschätzen. Man agiert und reagiert auf bestimmte Zustände und Situationen innerhalb einer vorhersehbaren mentalen und emotionalen Bandbreite. Die relative Stabilität im Denken und Verhalten erklärt die Persönlichkeitspsychologie im Fünf-Faktoren-Modell, auch als Big Five bezeichnet. Anhand von fünf Schwerpunkten beschreibt dieses

Modell das Denken, Fühlen und Verhalten von Menschen. Ich betrachte es hier etwas näher, weil es wertvolle Anhaltspunkte für die Talententwicklung gibt.

Jedes der fünf Persönlichkeitsmerkmale umfasst ein Spektrum von individuellen Eigenheiten, eingebettet zwischen zwei Extrempositionen. In dieser Bandbreite agiert und reagiert der Mensch in vergleichbaren Situationen vorhersehbar. Die Handlungen folgen vor allem unter Stress bestimmten Mustern. Die Reaktionen auf Situationen, die ihn an die Grenzen der Leistungsfähigkeit führen, lassen sich annähernd vorhersehen. Diese Verhaltensmuster sind nicht starr. Das Gehirn ist flexibel. Aber das Denken und Handeln bewegt sich innerhalb eines Rahmens.

Das Big-Five-Modell

- aufgeschlossen, offen
  vs.
  reserviert, beständig

- gewissenhaft, perfektionistisch
  vs.
  spontan, mit Überblick

- extravertiert
  vs.
  introvertiert

- verträglich, kooperativ, empathisch
  vs.
  streitbar, wettkampforientiert

- emotional labil, verletzlich
  vs.
  emotional stabil, gelassen

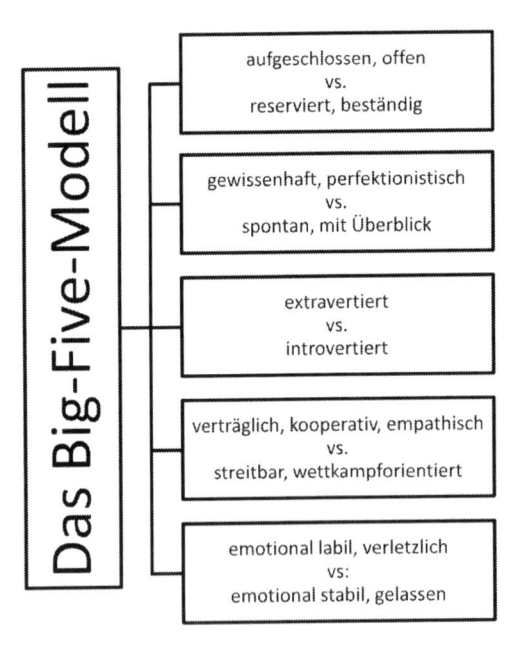

Abbildung 7: Das Fünf-Faktoren-Modell. Big-Five, OCEAN-Modell

**Aufgeschlossen und offen oder
reserviert und beständig:**

Wie interessiert und aufgeschlossen bin ich angesichts neuer Erfahrungen oder notwendiger Veränderungen? Wie ausgeprägt ist meine Bereitschaft, sich mit Alternativen zu bisherigen Gewohnheiten zu beschäftigen? Aufgeschlossenen und für Neues zugänglichen Personen sagt man eine rege Phantasie nach. Sie sind vielseitig interessiert, haben eine gute Wahrnehmung für eigene Gefühle und Emotionen. Sie sind in der Regel wissbegierig und erfinderisch. Deshalb experimentieren sie gerne. Sie sind interessiert an Kunst und an anderen Bereichen, die ihnen viele Gestaltungsmöglichkeiten anbieten. Sie hinterfragen bestehende Regeln und passen sich, wenn nötig, rasch an Neues an. Sie sind offen für neue Denkansätze und Verhaltensmöglichkeiten und dringen gedanklich tiefer in neue Themen ein. Sie lieben geistige Freiheit und Unabhängigkeit und gehen oft eigene Wege im Denken und Handeln. Familien und Freunde erleben diese Persönlichkeitstypen als unkonventionell im positiven Sinn.

Ihnen gegenüber stehen Persönlichkeiten, die neuen Ansichten und Vorhaben grundsätzlich reserviert gegenüberstehen. Gewohnheitsmenschen, die gerne an bisherigen Vorgangs- und Denkweisen festhalten, so sie funktionieren. Sie fühlen sich dabei wohl. Bewährte gesellschaftliche Normen betrachten sie als Richtlinien für ihr Verhalten und Denken, indem sie eher konventionell und konservativ sind. Sie stützen sich auf Anerkanntes und Erprobtes. Es dauert in der Regel länger, bis sie aus innerer Überzeugung an notwendige Veränderungen herangehen und ihre Zweifel und Widerstände aus dem Weg geräumt sind. Ihren emotionalen Zustand nehmen sie meistens eher gedämpft wahr.

Gewissenhaftigkeit, Perfektionismus versus Spontaneität und Überblick

Gewissenhaftigkeit und Perfektionismus sind Attribute für das Verhalten und Denken von Menschen, denen Selbstkontrolle, präzises, strukturiertes Denken und verlässliches Handeln ein Anliegen sind. Gestellte Aufgaben erledigen sie sorgfältig, mit hohem geistigem und physischem Einsatz. Sie geben sich erst zufrieden, wenn alles ihren Vorstellungen entspricht. Ihre Ziele nehmen sie mit Energie in Angriff und halten sich beharrlich an vorgegebene Pläne. Sie denken und handeln strukturiert und organisiert. Projekte sind sorgfältig durchdacht, die Arbeitsweise ist effektiv, vor allem wenn es um Ziele geht, die ihnen persönlich wichtig sind. Sie handeln zuverlässig und überlegt. Eine besondere Qualität ist ihre Liebe zum Detail. Sie bleiben an Aufgaben dran und suchen nach Auswegen, wenn andere längst resignieren. Ihr Perfektionismus ist bisweilen extrem. Er geht oft weit über ein Maß hinaus, das ihrer körperlichen und psychischen Gesundheit zuträglich ist.

Für Personen am entgegengesetzten Ende dieses Spektrums passt das Attribut Gewissenhaftigkeit weniger. Es mangelt meist an Sorgfältigkeit und Detailfokus im Denken und Handeln. Sie wirken manchmal desinteressiert und oberflächlich. Im Gegensatz zu strukturverliebten Perfektionisten können sie aber die nötige Schlagzahl der Aktivitäten spontan ändern, wenn es die Situation verlangt. Sie agieren mit Übersicht und können wirksam und gezielt agieren und reagieren. Sie fühlen sich wohl, wenn sie eine Situation, ein Projekt, eine Sache in ihrer Gesamtheit erfassen. Während sich Gewissenhafte oft in Einzelheiten verlieren und dadurch länger benötigen, um veränderte Situationen zu erfassen, reagieren Personen dieser Gruppe spontan. Sie können Veränderungen schnell beurteilen und passende Maßnahmen einleiten.

Extraversion und Geselligkeit bzw. die leise Stimme im Hintergrund

Sozialkompetenz steht hier auf dem Prüfstein. Wie aktiv ist der Mensch in seinem sozialen Umfeld? Wie sind seine zwischenmenschlichen Beziehungen? Wie verhält er sich dabei? Unter anderem geht es um die Fähigkeit, sich selbst und andere für ein Projekt, ein Ziel zu begeistern.

Menschen mit ausgeprägten kommunikativen Fähigkeiten punkten in diesem Bereich gleichermaßen hoch wie die oft beschriebenen „Rampensäue", die sich auf jeder Bühne wohlfühlen. Extravertierte Personen sind gesellig, sind aktiv und gesprächig. Sie interessieren sich für Ereignisse im sozialen Umfeld und wirken offen und herzlich. Die emotionale Grundtendenz ist optimistisch, heiter, positiv und auf Ziele ausgerichtet. Sie sind offen für Anregungen und beginnen sich zu langweilen, sobald der Alltag eintönig wird und Abwechslung fehlt.

Im Gegensatz dazu sind introvertierte Menschen in ihrem sozialen Verhalten zurückhaltender. Typische Einzelkämpfer, die gerne alles selbst in die Hand nehmen, statt Aufgaben zu delegieren. Es macht ihnen nichts aus, über einen längeren Zeitraum für sich zu sein und allein durchs Leben zu gehen. Manche empfinden sie als Träumer. Es sind aber unabhängige aber stille Vordenker im Hintergrund, die Ideen entwickeln, die andere für sie auf der Bühne umsetzen und leider oft die Lorbeeren allein ernten. Introvertierte Menschen sind genauso aktiv wie extravertierte, aber weniger gerne in Gesellschaft anderer, sondern lieber im Alleingang oder im kleinen Team.

Verträglich, kooperativ, empathisch vs. streitbar, wettkampforientiert

Hier geht es ebenfalls um das Sozialverhalten. Wer bei Kooperationsbereitschaft, Verträglichkeit und Empathie hoch punktet, gilt als hilfsbereit, manchmal bis zum Altruismus. Diese Leute zeigen sehr viel Verständnis, Wohlwollen und Mitgefühl für andere. Umgekehrt erwarten sie dieselbe Hilfsbereitschaft in ihrem Umfeld. Sie gewähren Menschen einen Vertrauensvorschuss. Wegen ihrer Bereitschaft zur Zusammenarbeit sind sie oft hervorragende, verlässliche Teamplayer. Manchmal sind sie zu nachgiebig, zu nachsichtig bei Fehlern und Nachlässigkeiten anderer.

Streitbare, wettkampforientierte Personen finden sich am anderen Ende dieses Spektrums. Sie neigen zu mehr oder minder starker Egozentrik und verhalten sich wenig kooperativ, wenn es um den eigenen Vorteil geht. Mit ihren Ansichten stehen sie oft konträr zu denen des persönlichen Umfelds. Was sie auszeichnet, ist eine ausgeprägte Wettkampfmentalität. Im Alltag erlebt man sie manchmal als unbequeme Zeitgenossen. Zeigen sie ihren inneren Wettkämpfer außerhalb der Arena, gilt ihr Verhalten als unangenehm und egoistisch. Sportlerinnen und Sportler in Einzelsportarten schaffen durch ihre Wettkampfmentalität große Erfolge, was sich aber nicht immer auf den Grad ihrer Beliebtheit niederschlägt.

Neurotizismus, Verletzlichkeit vs. emotionale Stabilität, Gelassenheit

Wir erleben und leben Emotionen auf unterschiedliche Weise. Menschen mit einem hohen Grad an Neurotizismus sind nicht emotionaler als andere. Angst, Nervosität, Anspannung, Trauer, Unsicherheit oder Verlegenheit sind bei ihnen aber nachhaltiger in der Auswirkung. Sie halten an Emotionen fest, lassen sich von ihren Stimmungen leiten, auch wenn eher Ruhe und Gelassenheit gefragt sind. Allerdings können sie mit ihrer Emotionalität den Verlauf eines Wettkampfs auch in eine positive Richtung bewegen, das Momentum auf ihre Seite holen. In Augenblicken, wenn viel auf dem Spiel steht, wenn die Weichen für Niederlage oder Sieg gestellt werden, kommen ihnen aber manchmal ihre Emotionen in die Quere, die sie schwer kontrollieren können. Sie fühlen sich ihnen ausgeliefert, statt sie zu beherrschen. Das zeigt sich oft schon, ehe die kritische Situation eintritt. Von Beginn ihrer Auftritte in der Arena an sind große Emotionen ihre Begleiter. Manche machen sich übermäßige Sorgen über künftige Ereignisse zu Themen, die womöglich gar nie für ihr Leben relevant werden.

Ihnen gegenüber stehen Menschen, die in fast jeder Situation emotional ruhig und stabil bleiben. Sie wirken gerade in stressvollen Momenten abgeklärt und agieren entspannter. Sie strahlen eine Souveränität und Sicherheit aus. Negative Emotionen erleben aber auch sie. Sie wirken sich aber geringer auf ihr Verhalten aus. Sie sind nicht weniger erregt oder positiver gestimmt als emotional labile Personen. Sie gelingt ihnen aber besser, mit ihren Emotionen umzugehen. Sie lassen sich selten von ihnen mitreißen. Umgekehrt sind sie weniger in der Lage, das Wettkampf-Momentum durch den gezielten Einsatz ihrer Emotionen zu ihren Gunsten zu drehen.

Selbstverständlich gibt es im Rahmen dieser „Big-Five" keine starren Formen und Zuordnungen. Sie beschreiben tendenzielle Neigungen einzelner Menschen für bestimmte Verhaltens- und Denkweisen in anspruchsvollen Situationen. Sie liefern Aufschlüsse für die Arbeit in der Talententwicklung und das Agieren und Reagieren in Wettkampfsituationen. Jeder Mensch erlebt Momente, in denen er zur einen oder anderen Seite des Spektrums neigt. Aber es gibt Muster, die bestimmte Verhaltensweisen favorisieren. Dadurch bieten sich die Chancen, das Verhalten und Denken in wichtigen Situationen zu optimieren.

Der Soziologe Theodor Geiger beschrieb mentale und emotionale Eigenschaften einer Person als relativ stabil. Das bedeutet nicht, dass sie für ein Leben lang in Stein gemeißelt sind. Ich verändere mich im Lauf meines Lebens, ohne dass es mir oft bewusst ist. Jeder Mensch trägt unterschiedliche Persönlichkeitsanteile in sich. Er aktiviert im Idealfall jene, die ihm in der gegebenen Situation zielführend scheinen. Im Sport und im Leben generell gelingt es nicht immer, den für einen Umstand optimalen Anteil der Persönlichkeit zu mobilisieren. Sportlerinnen und Sportler reagieren meist so, wie sie es auch im Alltag gewohnt sind. Geht ihnen etwas gegen den Strich, reagieren sie erbost. In einem Wettkampf entgleitet ihnen dadurch unter Umständen die sorgfältig geplante Erfolgsstrategie. Leider zum Vorteil der Konkurrenz, die sich über leichteres Spiel freut.

Die Mentalität bestimmt, wie ich mit Problemen und anspruchsvollen Situationen umgehe. Obwohl sie über Jahre geprägt wurde und ziemlich stabil ist, muss sie mir nicht zum Schicksal werden. Jeder Mensch ist grundsätzlich in der Lage, den Charakter zu formen, wie es die Umstände verlangen, ohne seine Persönlichkeit dafür anzutasten. Vergangene Problemsituationen, die man bewältigte, geben uns eine Denk- und Handlungsvorlage für ähnliche Situationen der Gegenwart und Zukunft. Ich trainiere die Persönlichkeitsanteile, die ich für den Weg zum Ziel benötige.

Fixierte Mentalität und Wachstumsmentalität

Die amerikanische Psychologin Dr. Carol Dweck unterscheidet in Bezug auf die Bereitschaft für Veränderungen zwei Mentalitäten. Sie entscheiden, ob und mit welcher Einstellung jemand an neue Herausforderungen herangeht.

Personen mit der starren Mentalität, „fixed-mindset", vertreten den Standpunkt, man habe Fähigkeit oder Eigenschaft oder man habe sie eben nicht. Ich kann etwas oder ich kann es in aller Zukunft nicht. Talent ist eine reine Sache der Natur. Nicht-Talent folglich auch. Lernen und sich weiterentwickeln funktioniert nur im eng begrenzten Ausmaß. Jedenfalls nicht so, dass man zumindest einen Teil des Talents durch Lernen kompensieren könnte.

Dieser Einstellung stellt Dr. Dweck die Wachstumsmentalität, „growth-mindset", die Lernmentalität, gegenüber. Der Mensch kann in jede Lebensrolle, wenigstens bis zu einem gewissen Grad, hineinwachsen. Talent ist nur eine Voraussetzung, Entwicklung und Lernen die andere, viel wichtigere. Die mentale Einstellung entscheidet, wie ich mit Herausforderungen und Problemen umgehe, wie ich an Aufgaben herangehe und inwieweit ich sie bewältigen kann.

Die Mentalität beeinflusst auch das Selbstbild. Bin ich der Ansicht „Das kann ich nicht", oder gehe ich an Aufgaben mit der Einstellung heran „Das will ich wissen und können?" Es macht auch den entscheidenden Unterschied, wie ich meine Chancen selbst sehe, meine Potenziale einschätze und ob ich mir Fähigkeiten und Eigenschaften aneigne, die meinen individuellen Wirkungskreis erweitern. Setze ich mir hohe Ziele? Bleibe ich bescheiden, wie der Schuster bei seinem Leisten? Der Arzt Dr. Albert Schweitzer sagte: „Deine größte Entscheidung im Leben ist, ob du dein Leben änderst, indem du deine Geisteshaltung änderst." Habe ich ein statisches oder dynamisches Bild von mir, meinen Möglichkeiten? Es liegt an der Einstellung zu mir selbst. Ich entscheide, welche Mentalität mein Leben bestimmt. Gebe ich mich damit zufrieden, was ich bin, kann und habe? Spüre ich Talent in mir? Setze ich alles daran, es in Fähigkeiten zu verwandeln und für mein Leben zu nutzen? Oder lasse ich sie, wo sie sind: im Verborgenen, für alle Zeiten?

Eine Wachstumsmentalität begegnet Rückschlägen, Fehlern und Niederlagen mit einer optimistischen Sichtweise. Statt Resignation setzt sie einen Lernprozess in Gang. Er führt zu neuem Wissen, Können und Verhalten. Nichts ist endgültig, weder Misserfolg noch Erfolg. Alles ändert sich, wenn ich bereit bin, meine Einstellung, mein Denken, die innere und äußere Kommunikation zu verändern. Ich setze die Prioritäten, richte Fokus und Energie darauf. Emotionen ändern sich und wirken auf meine Ausstrahlung und mein Verhalten. Veränderungen im Denken haben Folgen für meine Lebenssituation. Erfolgreiche Menschen wählen den Weg der Veränderung und geben ihrem Leben damit oft eine völlig andere Richtung. Überzeugungen wandeln sich. Im Lauf der geistigen Umgestaltung erleben sie die Welt nicht als Medium, das ihr Schicksal bestimmt und dem sie ausgeliefert sind. Sie erfahren, mehr selbst gestalten zu können, als es ihnen alte Glaubenssätze suggerierten. Sie erleben ihre individuelle Einzigartigkeit bewusst neu. Ihr Selbstbewusstsein erhält positive Impulse. Sie denken und fühlen anders. „Mensch, verändere dein Denken, und du veränderst deine Welt."

In den vorangegangenen Kapiteln befassten wir uns mit mentaler Prägung, mit der mentalen Landkarte und deren Einfluss auf das Leben, auf Erfolg und Misserfolg. In den folgenden Kapiteln betrachten wir die Erfolgsmentalität in allen Details. Wir werden erkennen, wo Sie, liebe Leserin, lieber Leser, Schwerpunkte in der Arbeit setzen können, wenn Sie es wollen, und wo es Veränderungen geben kann, damit sich Ihre Lebenspläne und Visionen verwirklichen.

Die Regionen der mentalen Landkarte

Was unterscheidet die Champions, die sich selbst durch ihre Leistungen Freude bereiten und andere damit begeistern, von allen anderen? Was haben sie, was ich nicht habe? Solche Fragen stellen sich Fans, Zuschauer, während sie das Tun der Erfolgreichen bewundern. Sie geben sich selbst aber nie ehrliche Antworten darauf! Nur sie selbst könnten sich die Antworten geben! Die meisten belassen es bei den Fragen, widmen sich wieder ihren kleinen Geschäften und Problemen. Trotzdem ist jeder, der sich solche Fragen stellt, gedanklich einen Schritt weiter als jene, die der Ansicht sind, es gäbe eben Menschen, die vom Schicksal, von der Natur oder durch Gottesgeschenk für den Erfolg auserwählt wurden. Gibt es ein Geburtsvorrecht für Erfolg? Liegt Erfolg in den Genen? Sind manche Leute zur rechten Zeit am rechten Ort? Können nur sie manche Türen öffnen, die anderen verschlossen bleiben? Treffen sie per Zufall auf Mitmenschen, die sie erfolgreich machen? Solche Gedanken tragen gar nicht wenige Menschen in sich! Sie leben im selbst gewählten Mittelmaß. Sie sind zwar selten restlos zufrieden, tun aber so, als wären sie es! Ist das ein Selbstschutz der Psyche? Manchmal, in seltenen Augenblicken, schauen sie empor zum Olymp der Erfolgreichen. „Ja, die haben es leichter, sie haben Talent. Sie sind begabt! Ich kann das nicht, mir ist es nicht gegeben! Es ist Bestimmung!" Aber wer bestimmt die Bestimmung?

Andere ahnen, wie es gehen könnte. Sie meinen sogar, die Gesetze des Erfolgs zu kennen. Sie trauen es sich nicht zu, sie mit ihren Fähigkeiten zu erfüllen. Sie bringen die Bereitschaft und Energie nicht auf, die Mühen des Lernens oder Trainings zu ertragen. Sie wünschen es, aber sie wollen nicht. Wünsche reichen zu Weihnachten oder zum Geburtstag, wenn man das Glück hat und jemand sie errät. Den meisten fehlt das Vertrauen in die eigenen Potenziale. Sie glauben, dass sie nicht reichen, um in die Fußstapfen Erfolgreicher zu treten und ihrem Lebenstraum zu folgen.

Manche entwickeln außerordentliche Fähigkeiten und Eigenschaften! Ein langer Lernprozess liegt schon hinter ihnen. Sie sind auf halber Höhe des Berges, auf dessen Gipfel der Erfolg wartet. Sie sind müde. Der bisherige Anstieg zehrte an ihren Kräften. Der Weg erwies sich als steil. Oft glitten sie aus, mussten ihre Sinne nach Niederlagen und Rückschlägen neu justieren. Ihr Geist ist erschöpft. Sie erkennen keinen Sinn, sich den

Strapazen auszusetzen, nach jedem Absturz aufzustehen und weiterzumachen. Sie merken, die Luft wird dünner, je weiter es nach oben geht. Die Quantität der Konkurrenz wird zwar geringer, ihre Qualität aber umso größer. Die Energievorräte gehen zur Neige. Sie fühlen, dass sie ihre leeren Energietanks nicht mehr befüllen wollen. Zumindest nicht so, dass eine reelle Aussicht auf Erfolg bestünde. Wissen und Können sind durch konsequente Arbeit gewachsen. Aber sie legen die Latte der Ansprüche nun tiefer, geben sich mit Beifall auf kleiner Bühne zufrieden. Sie feiern bescheidenere Erfolge auf niedrigem Niveau.

Schließlich gibt es Menschen, die viel können, es aber nicht tun. Sie haben sich viele Fähigkeiten und Eigenschaften schon erarbeitet und sind dem Leistungsziel nahe. Sie könnten zwar, beenden aber den Weg und geben sich zufrieden: „Ich könnte schon, aber!" Aber was? Wie groß das Können auch ist, es braucht neue Antriebe, neue Motive, frische Energien für nächste wichtige Schritte. Dranbleiben erfordert zumindest den gleichen Einsatz, dieselbe Kraft, wie sie der Weg bis dahin gefordert hat. Champions wissen es aus eigener Erfahrung: Der letzte Schritt vom Können zum konstanten Tun und Verhalten auf höchstem Niveau ist so anspruchsvoll wie die Schritte bis dahin. Am Ende füllen nur echte Champions die weißen Flächen der mentalen Landkarte.

Jeder zeichnet seine mentale Landkarte selbst. Man lebt zwar nach Prägungen und Glaubenssätzen, die sich im Laufe der Zeit vertieften. Doch die mentale Landkarte ist niemals fertig. Jeden Tag, jede Stunde, jede Minute verändert sie sich. Das Gehirn ist fähig und bereit. Das sollte man nutzen und es formen, statt die Arbeit anderen zu überlassen. Konstante Leistungen im Sport und in anderen Bereichen der Kultur, Wirtschaft, Politik, Wissenschaft und Kunst bieten die Chance, zum Meister, zur Meisterin zu werden. Fachliches Wissen, Können und Tun stützt sich auf mentale Ressourcen als Erfolgsfundamente! Damit befassen wir uns in den folgenden Kapiteln. Wir zeichnen die mentale Erfolgslandkarte in allen Details. Jedes lässt sich verändern. Sehen wir uns eine schematische Darstellung der mentalen Landkarte an. Sie führt uns vor Augen, woran man arbeiten kann und was es für den Erfolg für das Umsetzen der Visionen und Ziele braucht.

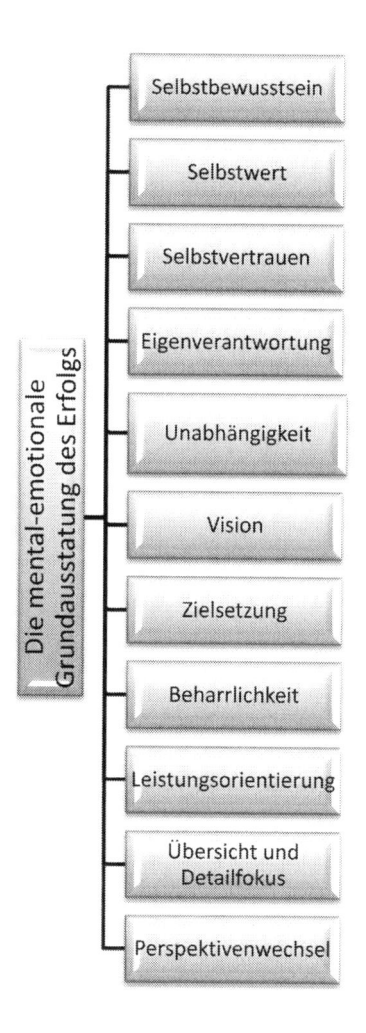

```
Die mental-emotionale Grundausstatung des Erfolgs
├── Selbstbewusstsein
├── Selbstwert
├── Selbstvertrauen
├── Eigenverantwortung
├── Unabhängigkeit
├── Vision
├── Zielsetzung
├── Beharrlichkeit
├── Leistungsorientierung
├── Übersicht und Detailfokus
└── Perspektivenwechsel
```

Abbildung 8: Die mentalen Basisfähigkeiten des Erfolgs

SELBSTBEWUSSTSEIN ALS SUMME DER SELBSTERKENNTNISSE

„Die Entwicklung von Selbstbewusstsein entfernt Barrieren, die wir im Leben zwischen uns und unserem Selbst errichtet haben."

Wie definiere ich Selbstbewusstsein? Meist verschmelzen Begriffe, die mit „Selbst-" beginnen, bei oberflächlichem Hinsehen zur Einheit. Selbstbewusstsein wird mit Selbstvertrauen, Selbstwertgefühl, Selbstbild, Selbsteinschätzung in einen Topf geworfen. Der Sinn der echten Selbstbewusstheit fehlt. Zwar sind alle inhaltlich miteinander verknüpft, geht es doch immer um den Blick auf das eigene Ich. Selbstbewusstsein steht in seiner Bedeutung über allen anderen Selbst-Begriffen. Es ist die Basis aller mentalen und emotionalen Fähigkeiten und Eigenschaften. Es ist die Grundlage von selbstbestimmtem Denken und Handeln. Ein stabiles und ausgeprägtes Selbstbewusstsein ist das Fundament mentaler Stärke. Es ist das Wissen über das eigene Ich als selbstbestimmte, individuelle Persönlichkeit. Die realistische Vorstellung über sich selbst mit der Erkenntnis aller persönlichen Stärken und Schwächen. Selbstbewusstsein ist das Resultat von Selbstreflexion und Selbstwahrnehmung. Es ist die Selbsterkenntnis, die nach einem Zitat der erste Schritt zur Besserung sein soll.

„Ihr fehlt es an Selbstbewusstsein" ist die oberflächliche, meist aber zutreffende erste Schlussfolgerung, wenn jemand nicht mehr so recht weiß, wie es im Leben weitergehen soll. Ausdruck fehlender mentaler Stärke. Im Leistungssport und in anderen Leistungsbereichen wird dieser Mangel zum beherrschenden Thema. Die Menschheitsgeschichte beweist, welch katastrophale Folgen es hat, wenn Leute viel Macht haben, für deren Erfüllung es ihnen aber am Selbstbewusstsein fehlt. Dieser Mangel verursachte im Laufe der Jahrhunderte verheerende Kriege, die Völker gegeneinander geführt haben und es leider immer wieder tun. Mangelndes Selbstbewusstsein derer, die die Macht in ihren Händen halten, sie aber nicht in ihren Köpfen haben. Sie möchten diesen Mangel durch Arroganz und fehlende Demut vor der Welt kompensieren. Eine ehrliche Selbstreflexion vieler Herrscher würde manche Kriege verhindern. Stattdessen missbrauchen sie die verliehene Macht, ihr schwaches Ego auf Kosten anderer aufzumöbeln. Sie tun das mit der Unterstützung scheinbar Getreuer, die blinde Gefolgschaft leisten und sich bis an die Zähne bewaffnen! Mangelndes Selbstbewusstsein von Herrschern kostete zahllosen friedfertigen, unschuldigen Menschen das Leben. Viele Diktatoren sind Musterbeispiele für Menschen mit schwachem Selbstbewusstsein. Sie zwingen der Mehrheit ihres Volkes ihren Willen auf. Ihre Macht erscheint zwar groß, steht aber auf tönernen Beinen. Sie beziehen sie aus der Position, die durch das Volk geduldet wird, statt aus ihrer Persönlichkeit. Sie ist ihnen auf Zeit durch andere verliehen. Derartige Beispiele zeigen eindeutig, wie wichtig Selbstbewusstsein für Menschen ist, die bedeutende Positionen bekleiden. Wer sich große Lebensziele setzt, sie durch eigene Kraft und Begabung erreichen will, wer nach Sternen greift, nach einem erfüllten Leben strebt, wer Wettkämpfe auf hohem Niveau gewinnen will, muss die mentalen Grundlagen dafür schaffen. Wer durchstarten will, muss vorher für die stabile geistige Basis sorgen, die auch dann hält, wenn Widerstände zu überwinden sind. Nicht selten fehlt es Menschen mit visionären Lebensentwürfen am nötigen Selbstbewusstsein.

Warum ist Selbstbewusstsein so wichtig für ein erfolgreiches und erfülltes Leben? Warum hilft es, politische und kriegerische Auseinandersetzungen zu verhindern? Warum brauche ich es, um anspruchsvolle Ziele zu erreichen oder mir überhaupt zu setzen? Menschen mit starkem Selbstbewusstsein stützen sich nicht auf „Ich muss", sondern auf „Ich will", „Ich kann", „Ich brauche", „Ich habe". Es heißt nicht „Ich versuche", sondern „Ich tue" oder „Ich tue nicht". Selbstbewusstsein spürt und weiß, was es will. Gedanken und Aktionen folgen eigenen Bedürfnissen und Empfindungen statt Empfehlungen oder Befehlen von außen. Selbstbewusste Personen legen sich ihre persönliche intellektuelle, mentale und emotionale Messlatte, die sie durch eigene Wertehaltungen und Erfahrungen festigen. Ein stabiles Selbstbewusstsein schützt davor, Befehlsempfänger zu sein, der widerspruchslos und gegen eigene Überzeugungen und Werte die Anweisungen anderer befolgt. Starke Führungspersönlichkeiten wollen kein Team aus ihnen bedingungslos Ergebenen, die ihnen ihre Machtposition nach außen und innen absichern. Sie sind emotional und mental gefestigt, vertreten reflektierte Standpunkte und erwarten das auch von Menschen in ihrem Umfeld. Sie ruhen emotional in sich, statt auf Zustimmung und Applaus anderer angewiesen zu sein. Ihre Selbstbewusstheit gibt ihnen die Gewissheit, dass ihr Handeln objektiv-ethischen Kriterien gerecht wird. Starke Menschen verfolgen eigene Ziele im Bewusstsein eigener Stärken und Schwächen.

Woher beziehen sie das Selbstbewusstsein, das sie in ihrer geistig-emotionalen Verankerung hält, auch wenn die Wogen hochgehen und den Grundfesten der Existenz rütteln? Welche Quellen liefern die Energie dafür? Die wertvolle Gabe Selbstbewusstsein trägt jeder Mensch als Anlage in sich. Aber wie jede Anlage braucht es Nahrung! Jeder kann sein Selbstbewusstsein bewusst trainieren und durch praktische Übung im Alltag stärken! Der Funken, aus dem es sich nährt, woran es wächst, glimmt ein ganzes Leben lang. Es ist jedoch auf mentalen und emotionalen Nachschub angewiesen. Erhält es ihn, bleibt es als inneres Feuer bis zur letzten Stunde erhalten. Die Arbeit am Selbstbewusstsein geschieht ständig und überall. Es benötigt kein zeitraubendes, anspruchsvolles Training. Mittels geringfügiger, aber wirksamer Korrekturen der Einstellung zu mir entwickle ich es. Pflege ich mein Selbstbewusstsein, bewirkt es Veränderungen, die mich für den Weg durch das Leben stärken.

Ganz bei sich sein

Eine starke Quelle für das Selbstbewusstsein heißt „Ganz-Bei-Sich-Sein". Sie ist die Basis für außergewöhnliche Leistungen. Athletinnen und Athleten führen ihre glanzvollsten Auftritte darauf zurück, dass sie „ganz bei sich" waren. Der Körper, der Geist und die Seele agieren als Einheit. Als selbstbewusster Mensch gehe ich mental, emotional und körperlich im Denken, Fühlen und Handeln auf. Was mich umgibt, was um mich herum geschieht und die Sinne ablenkt, ist unwichtig und zu schwach, um den Weg zu behindern. Es bleibt außerhalb meiner bewussten Wahrnehmung. Ich denke, fühle und agiere als geistige, psychische, körperliche Einheit. Sportler und Sportlerinnen sprechen von „Flow-Erlebnissen". Jede Aktion läuft wie von selbst, ohne gefühlten Energieaufwand. Andere beschreiben solche Momente als Tunnel, in dem sie sich vorübergehend befinden.

Und das Gegenteil? Wie fühlt es sich an, wenn es an Selbstbewusstsein mangelt? Dann lenken äußere Ereignisse und Umstände meine Gedanken und Emotionen! Ich empfinde mich als ihnen ausgeliefert. Auch der Körper kann seinen Aufgaben nicht gerecht werden, selbst wenn er dazu imstande ist. Die geistige Basis fehlt. Der Kopf gibt den Organen widersprüchliche Signale. Sie erschweren die Ausführung von Leistungen und die Bewältigung der Aufgaben.

Reflektiert sein

Die wichtigste Quelle des Selbstbewusstseins ist Selbstreflexion! Viele Menschen bekommen im Laufe der Kindheit und Jugend tausendfach gesagt, wer sie sind, wer und was sie nicht sind, was sie können, und vor allem, was sie nicht können! Sie erfahren täglich, was sie dürfen und was verboten ist. Welche Visionen und Träume sie sich aus dem Kopf schlagen oder klein halten sollen, weil sie nicht zu den Vorstellungen passen, welche

Menschen im Umfeld für sie haben. Wir lernten als Kinder, über uns selbst nicht allzu viel nachzudenken. Andere übernahmen es für uns. Wir bekamen Denk- und Verhaltensweisen vorgelebt und vorgesagt, die wir bald für Tatsachen hielten. Sie bestimmen teilweise bis in die Gegenwart die Art zu denken. Sie sind unser mentales Arsenal und folgen meist der Formel: „Du kannst nicht! Das geht nicht! Das ist unmöglich!" Bis zur Volljährigkeit hören wir etwa zweihunderttausendmal solche oder ähnliche Sätze. Danach richten wir das Denken, die Sprache, unser Verhalten und Handeln.

Nur ein kleiner Teil verbaler Erziehungsmaßnahmen beschäftigt sich in der Regel damit, dem Kind mitzuteilen, was es kann, wozu es fähig ist, was an Talenten in ihm steckt, was es selbst regeln kann, wenn es lernt und sich weiterentwickelt. Viele wachsen in einem Umfeld auf, das die Zukunftschancen danach einschätzt, ob man Fehler vermeidet und Mängel tunlichst verbirgt. Menschen zeigen gerne auf Fehler anderer. Sie speichern sie in deren geistigem Archiv. Jahre später, wenn Gras über einen Fehler gewachsen scheint und die gelebte Praxis Mängel längst widerlegt hat, erinnert man sich an alte Fehler und Mängel. Der Mensch sägt emsig an dem Ast, auf dem er sitzt! Er errichtet eigenes Selbstbewusstsein auf den Trümmern des Selbstbewusstseins anderer. Es verwundert nicht, dass sich vor allem Jugendliche als fehlerhaft empfinden. Selbstbewusstsein nährt sich aus bewusst durchlebten Erfolgsmomenten, aus positiven Erwartungen an sich, aus positiven Erfahrungen, Erinnerungen an Erfolge. Das Selbstbewusstsein stärken Erfolge, die ich reflektiere und als Pluspunkte in die Biografie einordne. Menschen erinnern sich eher an positive Leistungen anderer. Eigene Handlungen mit positivem Ausgang bleiben im Vergleich dazu unreflektiert. Es lohnt sich wirklich, einmal darüber nachzudenken, um das Bewusstsein des Ichs zu stärken.

Feedback und Selbstfeedback

Die dritte Säule des Selbstbewusstseins kam hier auch schon zur Sprache: das Feedback, das wir von anderen erhalten. Gut reflektierte Menschen kennen und erleben ihr Verhalten aus der Innenperspektive. Es ist der Blickwinkel, aus dem sie Gefühle und emotionale Zustände wahrnehmen, wenn sie achtsam sind!

Die Innensicht ist nicht die einzige Sichtweise, aus der sich Selbstbewusstsein speist. Um mein Handeln reflektieren zu können, muss ich wissen, wie es auf andere wirkt. Wie andere mich durch meine Aktivitäten und Verhaltensweisen wahrnehmen. Wie ich dabei von außen aussehe, mich anhöre und anfühle. Die Menschen haben ihre eigenen subjektiven Erwartungen und Wahrnehmungen. Feedback ist wertvoll, wenn es von jemandem stammt, der mich gut kennt und der oder dem ich vertraue. Dann bin ich bereit, das Feedback anzunehmen und wertzuschätzen. Dann ist es weder eine Beurteilung, noch stellt es Prognosen auf über meine Zukunftschancen.

Selbstbewusstsein ist Wissen über sich selbst. Welche Gedanken denke ich? Wie fühle ich? Welche Emotionen spüre ich? Wie verhalte ich mich, wie handle ich, warum handle ich in bestimmten Situationen oder in der Gegenwart anderer Menschen nicht wie üblich? Wer bin ich? Was will ich? Warum will ich es? Welche Mittel habe ich? Wie will ich sie einsetzen? Was kann ich? Was brauche ich noch? Was fehlt mir? Solche Fragen stelle ich mir häufig. Selbstbewusstheit erfordert Offenheit, Ehrlichkeit, Willen und Interesse, sich kennenzulernen und über sich zu lernen. Die Antworten verlangen Offenheit und Ehrlichkeit. Ich wechsle dabei auch die Perspektive, trete aus meinem Denken heraus und beobachte mich von außen. Ich nehme Gedanken, Gefühle, Emotionen, Verhaltensweisen und Aktionen wahr, ohne darüber zu urteilen oder sie zu werten. Hineinfühlen und hineinhören in mich selbst. Mental heraustreten aus mir selbst! Selbsterkenntnis ist das Fundament von Selbstbewusstsein.

Nicht als eine einmalige Aufgabe. Die Selbstreflexion soll eine Gewohnheit werden, die mich mein Leben lang begleitet. Ich beweise mir, dass es mir wichtig ist, mich immer besser kennenzulernen. Mit mir, meinen Gedanken und Gefühlen Kontakt aufzunehmen.

Woran erkenne ich mangelndes Selbstbewusstsein? Gibt es Anzeichen dafür? Ich trage Selbstbewusstheit als natürliche Anlage in mir. Es ist eine Lebensaufgabe, daraus eine Fähigkeit zu entwickeln und sie zur Gewohnheit zu machen, die ich dann aktiviere und zeige, wenn es mir wichtig ist. Fähigkeiten und Gewohnheiten müssen frei fließen. Behindern innere Blockaden den freien Fluss, identifiziere ich die Ursachen und leite Maßnahmen ein. Blockaden werde ich in den folgenden Kapiteln immer als mentale Engpässe bezeichnen, die ich durch Übungen beseitigen kann.

Mentale Engpässe, die auf mangelndes Selbstbewusstsein hinweisen

- Interesse an eigenen Fähigkeiten, Talenten und Begabungen und deren Entwicklung und Einsatz fehlt oder ist gering.
- Geringes eigenes Wissen zum Stand der Entwicklung und zur aktuellen Qualität eigener Fähigkeiten und Eigenschaften.
- Geringer mentaler und emotionaler Kontakt zu eigenen Fähigkeiten, wenig Wissen über eigene Stärken und bisher ungenutzte Potenziale.
- Die Reflexionsbereitschaft über sich selbst, über eigene Möglichkeiten und Chancen und über das Leben an sich ist niedrig, man agiert lieber als Empfänger von Anweisungen und Befehlen, selbst bei Themen, die einen selbst und das eigene Leben berühren.
- Keine tiefergehenden Gedanken über Ziele, Visionen und Lebensträume.

- Wenig Eigenmotivation zur Entwicklung der eigenen Potenziale, spärliches Bewusstsein über persönlichen Motive, fehlende Anreize von außen.
- Kaum Reflexion über eigenes Verhalten und Handeln, weder positiv noch negativ.
- Mangelhafter Kontakt zur eigenen Gefühlswelt und eigenen Emotionen, geringe Kontrolle über Gefühle und Emotionen. Wenig Selbstempathie.
- Empfindet konstruktives Feedback als Kritik an der eigenen Person, keine Überlegungen über mögliche positive Inhalte, nur die negativen Teile des Feedbacks oder von Kritik bleiben im Gedächtnis haften.
- Aufzeichnungen über Entwicklungsschritte eigener Fähigkeiten fehlen, die Selbstreflexion und das daraus resultierende Selbstbild sind diffus.
- Nur oberflächliche Meinungen zur eigenen Entwicklung und Lebensführung. Man übernimmt gedankenlos die Ansichten anderer Menschen über sich.

Gedanken und Verhaltensweisen, die den Aufbau von Selbstbewusstsein unterstützen, Erscheinungsformen von Selbstbewusstsein

- Starkes, positives Selbstbewusstsein zeigt sich unter anderem durch klare Zielsetzungen und entsprechend zielgerichtetes Denken und Verhalten.
- Gedanken und Handlungen zu Themen, die die eigene Person und die Entwicklung eigener Potenziale betreffen, folgen einem logischen Plan und haben eine klare Struktur.
- Handlungen und Verhaltensweisen sind reflektiert, es gibt ein detailliertes Wissen über den Stand der Entwicklung eigener Fähigkeiten.
- Man erlebt eigene Erfolge und die dafür verantwortlichen Stärken bewusst und intensiv, man reflektiert die Ursachen

von Erfolg und Misserfolg aus eigenem Antrieb und erkennt daraus die zugrundeliegenden Stärken und Potenziale.
- Das Wissen um eigene Schwächen ist klar, es besteht aber kein Mangelbewusstsein, sondern die Erkenntnis, dass es sich um ungenutzte Potenziale handelt, Schwächen, die durch Entwicklung behebbar sind.
- Das Verhalten und Handeln folgen sorgfältig reflektierten inneren Motiven, intrinsische Motivation ist der Treibstoff der Gedanken, Emotionen und Aktionen.
- Die Wahrnehmung eigener Gefühle und Emotionen ist intensiv und auch nachhaltig.
- Es besteht eine ausgeprägte Aufnahmebereitschaft für ein konstruktives Feedback, sie resultiert aus dem Interesse an solider Weiterentwicklung der eigenen Persönlichkeit, von Fähigkeiten und Eigenschaften – man bringt großes Vertrauen in die Chancen für die Zukunft ein.
- Es gibt eigene, detaillierte, schriftliche Aufzeichnungen zur Entwicklung von Fähigkeiten und Eigenschaften, dadurch befindet man sich mental auf dem aktuellen Stand und weiß bestens darüber Bescheid.
- Regelmäßige Selbstanalyse gehört zum Standardprogramm, es entsteht ein realistischer Blick auf den Stand der Entwicklung von eigenen Fähigkeiten und Eigenschaften.
- Man hat ein positives und stabiles Selbstbild und deshalb auch eine klare Vorstellung über das eigene Leistungsvermögen. Man weiß auch genau Bescheid über eigene Schwächen und über Dinge, die man noch nicht kann, aber können will.
- Man beschreibt sich selbst positiv, aber ohne jede Arroganz, die Haltung des Körpers ist aufrecht, und gerade in schwierigen Umständen hält sich der Kopf gerade und hoch, die Stimme ist sicher und fest, klingt aber trotzdem immer natürlich.
- Durch positive Emotionen entsteht eine positive Ausstrahlung, die Charisma und Kompetenz vermittelt und auf die Umwelt positiv wirkt.
- Man vergleicht die eigenen Fähigkeiten und Eigenschaften und deren Entwicklung nur mit sich selbst, man kümmert

sich auch nicht um die Schwächen und Mängel anderer, außer, sie werden beruflich oder aus anderen Gründen zum Thema gemacht. Es existiert ein klares Bewusstsein über sich als eigenständige Persönlichkeit, man drängt sich aber nicht auf oder stellt sich deshalb in den Vordergrund.

Mentale Übungen, die den Aufbau von Selbstbewusstsein fördern und unterstützen

Vorbemerkung: Sämtliche folgenden Übungen zum Aufbau und zur Stärkung der mentalen Basisfähigkeiten sind so ausgewählt, dass sie alle Gehirnregionen in die Arbeit einbeziehen: das Großhirn mit den Anteilen für kognitive Leistungen, das Zwischenhirn mit den Zentren zur Steuerung von Emotionen und das Stammhirn, das den energetischen Zustand reguliert. Jede Übung hat alle Bereiche im Blick. Mentale Trainingsübungen richten sich primär an einem der drei Bereiche aus, wirken aber sekundär auf das gesamte Gehirn. Konstruktive und zielgerichtete Gedanken liefern Impulse an den Körper für Handlungen und Verhaltensweisen. Qualität und Stärke der Emotionen haben Auswirkungen auf kognitive Funktionen wie auch auf Körperreflexe, energetischen Zustand, Körperphysiologie und die biochemischen Vorgänge im Körper. Jede der folgenden Übungen fordert vorzüglich eine bestimmte Gehirnregion, wirkt aber auf Denken, Fühlen und Körperzustand.

✓ Lernen von Selbstbeobachtung und Selbstreflexion

Ziel der Übung ist die intensive und klare Selbstwahrnehmung. Alle Sinne sind damit beschäftigt, das eigene Verhalten, die eigenen Aktionen und Reaktionen bewusst und intensiv wahrzunehmen. Anschließend prüfe ich den praktischen Nutzen oder Schaden der Verhaltensweisen auf die angestrebten Ziele. Ich frage mich: Was und wie denke und fühle ich jetzt oder in bestimmten Alltagssituationen? Als Sportlerin oder Sportler beobachte ich mich im Training und Wettkampf sehr genau. Ich ordne und analysiere meine Wahrnehmungen: Wie wirken sich die Denk- und Verhaltensweisen körperlich aus? Was machen sie mit mir mental? Welche Emotionen lösen sie aus? Welche Auswirkungen haben sie auf die Leistungsfähigkeit? Gedanken und Emotionen ziehen bestimmte Aktionen und Reaktionen nach sich. Welche Erkenntnisse ziehe ich daraus?

Sorgfalt und ausreichend Zeit sind bei der Reflexionsarbeit Voraussetzung! Welche Stärken zeige ich in der Praxis? Gibt es offensichtliche Schwächen? Hinter jeder Schwäche verbergen sich Potenziale, die ich bisher nicht oder nicht vollends entwickelt oder genutzt habe! Wie sähen meine Aktionen aus, würde ich diese ungenutzten Potenziale als Fähigkeit oder Eigenschaft zur Verfügung haben und einsetzen? Welche praktischen Folgen hätte ihr Einsatz? Häufige Selbstreflexion in ruhiger Atmosphäre schafft zunehmend Einblicke, wie ich denke, fühle, mich ausdrücke, worauf ich meine Sinne richte, wie ich auf Menschen wirke, welche Aktionen und Reaktionen ich setze, wie ich mich in wichtigen Situationen verhalte. Mein Ziel ist es, meine Gedanken, Gefühle, Emotionen, Handlungen und Verhaltensweisen kennenzulernen und daraus ein stabiles Selbstbewusstsein zu entwickeln.

Mentales Training generell, vor allem Selbstreflexion zur Entwicklung des Selbstbewusstseins, ist keine Angelegenheit, die nur Stunden, Tage oder Wochen in Anspruch nimmt. Es braucht Monate, um mental mit sich und seinem praktischen Verhalten auf gleiche Höhe zu kommen, wenn man es vorher nicht praktiziert hat. Die Arbeit lohnt sich aber bestimmt, denn es gilt: Regelmäßigkeit ist der beste Lehrmeister!

- ✓ **Lerne und behalte den Überblick über die aktuelle Situation**

Wie fühle ich mich in unterschiedlichen Rollen, die ich im Moment spiele? Welche Erwartungen verbinde ich damit? Haben auch andere Menschen Erwartungen an mich? Welche Ziele verfolge ich genau? Mit wachsender Übung in der Beantwortung solcher Fragen gelingt es mit der Zeit, eigene Befindlichkeiten, Erwartungen und Ziele für eine Aufgabe oder eine Rolle zu reflektieren, Erwartungen zu konkretisieren und Vorhaben, auch wenn sie schwierig scheinen, mit präzisen Vorstellungen anzugehen. Der Vorteil: Meinen Weg und meine Aktionen leitet konkretes, zielgerichtetes Denken. Die Folgen sind positive Emotionen und präzise Handlungsweisen.

- ✓ **Selbstreflexion in der Ruhephase**

Wie empfinde und sehe ich mich als Person? Was macht mich als Mensch in meiner individuellen Art und sozialen Rolle besonders und einzigartig? Warum befinde ich mich genau an dem Punkt, an dem ich derzeit stehe? Welche meiner Eigenschaften halfen mir bislang, erfüllende Momente zu erleben? Welche Momente waren das? In welchen Situationen zeigte ich, dass ich meine Stärken wirksam einsetzen kann? Werde ich erfolgreiche Handlungs- und Verhaltensweisen in Zukunft in derselben Art oder etwas angepasst anwenden? Gibt es Bereiche im Denken, Fühlen und Handeln, die ich optimieren will? Was ist dazu nötig? Wie sehen diese veränderten Gedanken, Emotionen, Aktionen und Reaktionen aus? Aus der Fülle von Fragen ergibt sich bei ernsthafter Reflexion eine noch größere Fülle von Antworten. Eine entspannte Atmosphäre hilft dem Geist, ohne viel Stress tiefergehend zu reflektieren und auch Emotionen zuzulassen. Das entlastet den Körper und baut psychische und physische Spannungen ab.

✓ **Tagebuch führen**

Trainings-/Wettkampftagebücher sind im Leistungssport durchaus üblich. Sie enthalten Aufzeichnungen über den aktuellen emotionalen, mentalen, physischen und technischen Zustand. In einer Extra-Spalte erinnere ich mich an die erwünschten und angestrebten Soll-Zustände als Ziele meiner Arbeit. Ich beantworte folgende Fragen: Welche sind meine Ziele auf lange Sicht? Welche plane ich mittelfristig? Was soll in den nächsten Stunden und Tagen geschehen? Worauf fokussiere ich mich aktuell? Welche Schwerpunkte und Aktivitäten setze ich dafür jetzt und in weiterer Folge? Trainings- und Wettkampftagebücher sind verlässliche Begleiter in der Talentenwicklung. Sie dokumentieren Rückschläge und deren Ursachen ebenso wie Erfolge und die dafür maßgeblichen Stärken. Aufzeichnungen gewähren Einblick in die Konsequenz und in die Präzision, mit der ich meine Ziele verfolge und was ich auf dem Weg dahin optimieren kann. Die Gliederung in die vier Entwicklungsbereiche technisch, körperlich, mental-emotional und taktisch erleichtert das strukturierte Denken und Handeln. Es vertieft das Bewusstsein über den Stand der Entwicklung. Das Schreiben im Trainings- und Wettkampfbuch wird zum meditativen Akt am Ende jeden Tages.

✓ **Ein reflektiertes Selbstbild**

Das Selbstbild repräsentiert die Meinung, die mentale Vorstellung, die man von sich selbst hat. Es beeinflusst die Qualität, wie ich über mich denke, wie ich mich fühle, mich verhalte und handle. Es ist das Ergebnis von Selbstwahrnehmung und Selbstreflexion. Ich beobachte mich selbst bei meinen Aktivitäten, kenne meine Gedanken und Gefühle, erlebe meine Aktionen, Reaktionen, mein Verhalten aus der Innenperspektive. Mein Selbstbild ist meine Antwort auf Fragen: Was bin ich? Was kann ich? Wie verhalte ich mich in unterschiedlichen Situationen? Wie fühle ich mich dabei? Welche Gedanken gehen mir durch den Kopf? Ist mein Handeln zielgerichtet? Habe ich den

Erfolg, den ich erwarte? Welche Erwartungen habe ich an mich? Benötige ich Zuspruch von mir in Form bestärkender Worte? Welche Aussagen lösen in mir welche Gefühle und Emotionen aus? Welche Worte unterstützen mich dabei, zu denken und zu handeln, damit meine Begabungen zur Geltung kommen? Was lernte ich aus bisherigen Erfahrungen? Ich bin selbst Schöpferin und Schöpfer meines Selbstbildes! Ein wertschätzendes und respektvolles Umfeld hilft mir, es zu stabilisieren. Seine Rückmeldungen versorgen mich mit Denkanstößen. Sie formen mein Selbstbild weiter. Es bleibt aber immer das geistige Werk, das ich von mir selbst schaffe! Es bildet keine Wunschvorstellung, sondern die subjektive Realität ab.

✓ Eigene Motive und Wertehaltungen kennenlernen

Welche Motive bewegen mich, das zu tun, was ich tue und wie ich es tue? Motive sind die Säulen der Motivation, ein Ziel zu setzen und zu verfolgen. Was motiviert mich für das, was ich tue? Welche Bedürfnisse regen mich an, Leistungen zu zeigen? Will ich besser sein als andere, die dieselben Ziele verfolgen? Will ich Wünsche verwirklichen und meistere deshalb die Hürden, die zwischen mir und dem Ziel liegen? Fühle ich mich im aktuellen Umfeld wohl? Was inspiriert das Denken und Handeln besonders? Welche Werte verwirkliche ich damit? Wie soll es sich in meiner Lebensrealität auswirken? Zum stabilen, umfassenden Selbstbewusstsein gehört es auch, zu wissen, was man tut oder nicht tut und warum das so ist. Oft handle ich und verhalte mich unbewusst. Die unbewussten Motive kennenzulernen kann das Streben nach einem Ziel positiv verstärken oder verändern.

✓ Erlebnisbuch

Positive Erlebnisse behalten in unseren Erinnerungen einen besonderen Stellenwert. Deshalb trage ich an jedem Abend die positiven Erlebnisse, Erfahrungen und Erinnerungen der vergangenen Stunden in ein Büchlein ein. Dazu reflektiere ich: Welche

Fähigkeiten waren dafür verantwortlich, dass ich dieses oder jenes Highlight heute erleben durfte, weil sie sich als Stärken erwiesen? Welche Erfolge machten sie möglich? Welche Potenziale erkenne ich darin? Welche Aktivitäten und Gedanken regen mich dazu an, diese Begabungen in Zukunft weiterzuentwickeln? Würden die Gedanken und Aktivitäten auch zu meiner Persönlichkeit passen? Verkörpern sie meine Werte? Durch regelmäßige Eintragungen im Buch meiner positiven Erlebnisse erhalte ich eine geschriebene Liste persönlicher Höhepunkte, von Stärken und Potenzialen, die ich anderenfalls wohl gar nicht registrieren oder gleich wieder vergessen würde. Ich habe starke Momente schwarz auf weiß, kann in schwierigen Zeiten in meinen Aufzeichnungen lesen und so meinem Selbstbewusstsein einen positiven Impuls geben.

✓ **Achtsamkeit für mich selbst**

Achtsam sein heißt, geistig im Jetzt zu sein. Ich erlebe die Gegenwart, mich selbst, meine Umgebung mit allen Sinnen. Ich höre und fühle in mich rein, spüre die Empfindungen des Körpers und registriere ihre Intensität und Qualität. Gibt mein Körper mir positives Feedback, oder ruft er nach Veränderung? Fühle ich im Moment physischen oder seelischen Stress? Was brauche ich, um ihn abzubauen, mich zu entspannen? Könnten mich gewisse Gedanken dabei unterstützen, in bestimmten Situationen aktiver zu sein? Welches Denken hilft mir, mich auch mal zurückzunehmen, wenn es mir guttut? Selbstachtsamkeit richtet die Sinne auf mich, die Gedanken, und Gefühle, das Verhalten des Augenblicks. Ich bin bei mir, bin mir meines Selbst bewusst.

✓ **Körperliche Bedürfnisse erkennen**

Wir sind manchmal so beschäftigt, dass wir angesichts unserer Aufgaben das Gefühl für unseren Energiehaushalt verlieren. Erst wenn der Körper streikt, erinnern wir uns an ihn und geben ihm, wonach er verlangt. Um solche Versäumnisse zu verhindern, wende ich eine besondere Form der Achtsamkeit an. Ich spüre in mich hinein, in welchem Energiezustand der Körper sich befindet. Fühlt sich der Körper gut an? Hat er Bedürfnisse? Welche? Wonach verlangt mein Geist? Brauche ich Aktivierung, oder sollte ich mich eher entspannen, um positive Energie zu fühlen? Positive Energie vermittelt nämlich ein positives Bewusstsein durch körperliches, geistiges und seelisches Wohlbefinden.

✓ **Körperliche Reaktionen auf Gedankengänge beachten**

Gedanken und Emotionen rufen auch körperlich Zustände hervor. Daher spüre ich in mich hinein und prüfe: Wie reagiert der Körper auf meine Gedanken und Gefühle? Welche Qualität und Stärke haben die Emotionen? Wie fühlen sie sich körperlich an? Zeige ich sie, oder unterdrücke ich sie? Wie reagiert der Körper auf die Gegenwart anderer Menschen und deren Verhalten? Wie reagiert er auf bestimmte Zustände und Situationen? Es geht um das Körperbewusstsein und damit um das Selbstbewusstsein. Ich vereine mental meine Gedanken, Emotionen und körperlichen Reaktionen und erlebe mich als einheitliches Wesen.

SELBSTWERTGEFÜHL UND SELBSTBILD

*„Wer sich selbst die Wertschätzung versagt,
findet niemanden, der diesen Mangel wettmacht."*

Mein Selbstwertgefühl drückt aus, wie ich mich in meiner Persönlichkeit, meinen Denkweisen, meinen Gefühlen, Emotionen, meiner Erscheinung, im Handeln und Verhalten einschätze und fühle. Manche nennen es auch Selbstwertschätzung, Selbstachtung oder Selbstbild. Ich erfasse und erlebe mich als Individuum aus der Innenansicht. Selbstwert ist das mental-emotionale Bild, das ich mir selbst von mir mache. Es drückt den Respekt aus, den ich mir selbst entgegenbringe.

Selbstwertgefühl ist nie objektiv und sachlich. Es ist emotional gefärbt. Niemand ist sich selbst gleichgültig, jeder steht sich am Nächsten. Ist das Selbstbild stabil, können es Meinungen und Urteile anderer wenig beeinflussen. Wie ich über mich denke, spreche und welche Gefühle ich für mich empfinde, ist schwer zu ändern. Ich pflege ein festgefügtes Bild auch dann, wenn die Tatsachen ihm manchmal widersprechen. Der Selbstwert ist instabil, wenn er von Meinungen und Urteilen anderer abhängt und ich meine Ansichten über mich selbst danach ausrichte.

Denke und rede ich positiv über mich, drücke ich damit meine Wertschätzung aus. Halte ich auch dann am positiven Selbstbild fest, wenn ich durch schwierige Lebensphasen gehe, ist der Selbstwert stabil. Misserfolge und Fehler können ihn kaum beeinträchtigen. Ist mein Selbstbild stabil, aber zugleich negativ, fällt es mir schwer, meine Erfolge anzuerkennen und sie als Zeichen von Stärken zu empfinden. Ist mein Selbstwertgefühl im Grunde positiv, aber instabil, versetzt ihm jeder Misserfolg, jede Niederlage, jede negative Äußerung einen Dämpfer. Ist mein

Selbstbild negativ, zugleich aber instabil, erfüllen mich Erfolge kurzfristig mit Stolz. Doch folgt schon beim nächsten negativen Ereignis wieder ein Rückschlag. Die Qualität des instabilen Selbstwerts hängt stark von äußeren Einflüssen ab.

Die Arbeit am Selbstbild zielt darauf ab, positive Aspekte hervorzuheben und den Selbstwert zu stabilisieren, damit er weniger von äußeren Ereignissen und den Ansichten anderer abhängt. Einen positiven und stabilen Selbstwert erreiche ich durch Achtsamkeit und Selbstachtung. Ich schenke mir Anerkennung, Respekt und Wertschätzung als Persönlichkeit. Der US-amerikanische Psychotherapeut und Autor Nathaniel Branden (1930-2014) fasste in seinem Werk „Sechs Säulen des Selbstwertgefühls" seine Erfahrungen und Untersuchungen zum Thema Selbstwert zusammen. Er nennt sechs Säulen des Selbstwerts und zählt Bedingungen auf, die einem positiven, stabilen Selbstwert zugrunde liegen.

Abbildung 9: Säulen eines positiven, stabilen Selbstwerts nach Nathaniel Branden

- Bewusstes Leben: Alle Sinne sind im Hier und Jetzt! Sie richten sich auf den aktuellen Platz, auf den Menschen, mit dem ich kommuniziere, auf die Aufgabe, die ich erledige. Multitasking ist eine Modeerscheinung, die für manche zum Ideal wird. Doch es ist eine Selbsttäuschung! Ich kann zwar mehrere Aufgaben zugleich erledigen, aber nur einer Aufgabe, einer Person oder Situation gleichzeitig meine volle Aufmerksamkeit schenken. Alltagstätigkeiten sind Gewohnheit! Der Körper hat die Abläufe längst im muskulären Gedächtnis abgespeichert. Das aktive Bewusstsein schaltet sich nur ein, wenn ein unerwartetes Ereignis den Ablauf unterbricht oder die Tätigkeit die übliche Norm verlässt. Bewusstes Leben und Multitasking sind nicht vereinbar. Alle Sinne richten sich auf ein Ziel.
- Sich selbst positiv annehmen: mit Gedanken, Worten, Gesten! So wie ich bin, ist es richtig und gut! Eine Formel, die ich mir häufiger schenken und sie täglich wiederholen sollte! Glaube ich, darauf verzichten zu können, halte ich inne und achte auf die Macht der Worte. Positive Sätze, gedacht oder laut ausgesprochen, an die eigene Adresse gerichtet, sind bewusste, positive Selbstkommunikation. Warum darauf verzichten, wenn sie den positiven Selbstwert stabilisieren?
- Selbstverantwortlich denken, fühlen und handeln: Zeitweise treiben mich tatsächliche oder vermeintliche Zwänge. Unaufschiebbare Termine und wichtige Aufgaben, vermeintliche Verantwortung für Dinge, die ich nicht beeinflussen kann und andere selbstauferlegte Pflichten halten mich auf Trab. Für ein positives, stabiles Selbstwertgefühl ist Selbstverantwortung eine wichtige Quelle. Aber nur für Aufgaben und Ziele, die ich selbst gestalten und beeinflussen, deren Ausgang ich zumindest mitbestimmen kann und will. Anstelle der Gewohnheit, andere für negative Emotionen und Gefühle verantwortlich zu machen, übernehme ich selbst das Ruder. Ich nehme Einfluss auf Möglichkeiten in meinem Gestaltungsbereich. Das sind viele mehr, als ich glaube. Ich übernehme Aufgaben, die für mich einen Sinn ergeben. Ich

plane und verantworte mein Leben oder den Lauf der eigenen Karriere selbst.
- Selbstsicheres Auftreten: „Leichter gesagt als getan!" denken jetzt sicher manche. „Wie sollte ich sicher auftreten, wenn mir genau diese Sicherheit fehlt?" Selbstsicherheit als Quelle des stabilen, positiven Selbstwerts muss Hürden überwinden. Klein beginnen, dann stetig wachsen! Situationen, die ich bisher scheute, bewusst in Angriff zu nehmen. Leuten, denen ich eher gehemmt gegenübertrete, mit aufrechter Körperhaltung zu begegnen. All die Aufgaben, um die ich bisher wegen meiner Selbstzweifel einen großen Bogen machte, bewusst anzugehen. Habe ich die Hemmschwellen erst einmal überwunden, gewinnt meine Sicherheit im Denken und Handeln an Fahrt. Tun, was ich schon längst mal tun wollte, woran mich meine Unsicherheit aber bisher hinderte. Der englische Dichter George Bernard Shaw schrieb: „Manche Menschen sehen die Dinge wie sie sind und fragen: Warum? Ich träume von Dingen, die es niemals gab und frage: Warum nicht?" Die englische Sprache kennt das Zitat: „Fake it, until you make it!" „Handle so, als könntest du etwas, so lange, bis du es kannst". Oft wundert man sich hinterher, was einem gelungen ist, sind einmal die ersten Schritte getan und die Anfangshürden überwunden. Innere Hemmnisse purzeln in sich zusammen wie Dominosteine.
- Zielgerichtet Denken und Handeln: Manchmal fühle ich mich, als befände ich mich auf einer Autofahrt im Nebel. Das Gefühl kann sich über mehrere Tage, sogar Wochen erstrecken. Ich fühle mich ziellos. Jeder Schritt fühlt sich an wie ein Tritt ins Ungewisse. Ohne Ziel bleibt die Richtung meines Weges unklar. Ich liefere mich dem Zufall aus, hoffe auf mein Glück. Ein klares, stabiles, positives Selbstbild braucht ein Ziel. Erste Schritte dahin fixiere ich gedanklich. Ich denke und handle eindeutig und zielgerichtet und stärke so meinen Selbstwert.
- Persönliche Integrität: Das Schönste an einem Ziel ist, es zu erreichen! Das beste Gefühl auf dem Weg dahin bekomme

ich, wenn ich eigene Ideale und Werte lebe! Das Internet-Lexikon Wikipedia sagt über die persönliche Integrität, es ist „denken und handeln nach eigenen Werten und persönlichen Idealen". Ich kenne meine Werte, richte meine Visionen und Ziele danach aus. Persönliche Integrität lässt mich in Gedanken, Worten und Taten zu mir stehen. Das Leben wird meinen Wünschen und Vorstellungen von Ethik und Moral gerecht. Es stützt und stabilisiert mein positives Selbstbild. Ich stehe für mein Tun und Verhalten ein, weil ich meine Vorstellungen und Werte dadurch verwirkliche.

Mentale Engpässe, die auf ein negatives oder instabiles Selbstbild hinweisen

- Geringer Respekt und wenig Achtung vor sich selbst, vor eigenen Stärken und Fähigkeiten, geringe Akzeptanz eigener Eigenschaften und Potenziale, destruktive Selbstkritik nach Fehlleistungen.
- Grundsätzlich negative Einstellung zu sich selbst, zur eigenen Person.
- Unsachliche und unspezifische Kritik an der eigenen Person.
- Jede Niederlage, jeder Misserfolg wird zum Ausgangspunkt für eine pauschale Abrechnung mit sich und eigenen Mängeln.
- Geringer Bezug, weder mental noch emotional, zu eigenen Zielen oder Visionen, schwache Willenskraft bei der Erledigung wesentlicher Aufgaben.
- Niedrige Akzeptanz und Wertschätzung für eigenes Denken und Handeln, wenig Motivation, die Einstellung zu sich nachhaltig positiv zu verändern, scheinbares Wohlfühlen mit dem negativen Selbstbild.
- Die Erledigung eigener Aufgaben und Verpflichtungen an andere Menschen delegieren oder ihnen durch passives Verhalten überlassen.
- Unsicheres, zögerliches Auftreten, defensive oder aggressive Sprachwahl, ebenso defensive Körpersprache oder Meta-Sprache.

- Geringes Bewusstsein für eigene Ideale und Werte, das Leben ist eine Reihe von Pflichten, die es abzuarbeiten gilt, kaum Antrieb und wenig emotionaler Bezug zu eigenen Zielen oder Aufgaben.
- Geringes Bewusstsein und wenig Wertschätzung für sich als Person und deren Einzigartigkeit.

Zielvorstellungen für den Aufbau eines positiven, stabilen Selbstbildes. Verschiedene Erscheinungsformen

- Unabhängig von Erfolg oder Misserfolg ist die Selbstwertschätzung stabil. Negative Resultate sind Lernerfahrungen. Negative Ansichten, destruktive Kritik anderer sind deren Meinungen. Sie offenbaren ihren mentalen Hintergrund. Ich begegne mir unbeschadet äußerer Einflüsse mit Achtung und Respekt. Ich erhalte mir den Blick für ungenützte Potenziale, die ich noch entwickeln will.
- Meine Aussagen über mich und meine Fähigkeiten sind wertschätzend und positiv. Aktuelle Schwächen erkenne ich als bisher ungenutztes Potenzial. „Ich weiß, was ich noch nicht kann, was ich noch brauche, um meine Ziele zu schaffen. Ich arbeite bewusst daran!"
- Ich kritisiere meine Leistungen konstruktiv und orientiere mich dabei an Lösungen, statt mich persönlich abzuwerten oder Probleme breitzutreten. Meine Persönlichkeit ist ein unveränderbarer, unantastbarer Wert.
- Ich kritisiere auch andere nur auf konstruktive Weise. Ist es mein Job, Leistungen, Handlungen oder Verhaltensweisen anderer zu beurteilen, betrifft mein Urteil nie ihre Person. Selbstwert schließt den Respekt und die Wertschätzung für andere mit ein.
- Ich lebe, denke, fühle, handle zielbewusst. Gedanken, äußere Einflüsse und Umstände, die mich beeinträchtigen, beachte ich nur dann, wenn sie mit meinen Zielsetzungen verbunden

sind. Kann ich Probleme und Schwierigkeiten beeinflussen, tue ich es direkt und effizient.
- Ich akzeptiere meine Schwächen als Wachstumschancen. Niemand verfügt vom Start an über alles, was zur Bewältigung aller Aufgaben notwendig ist. Leben ist Lernen. Ich wertschätze, was ich habe und arbeite an dem, was ich brauche.
- Ich übernehme Verantwortung für die Folgen meines Denkens, Fühlens und Verhaltens. Ich lehne aber die Verantwortung ab für Dinge, die ich nicht zu verantworten habe oder beeinflussen kann. Ich erkenne, was meine Handlungen und Verhaltensweisen bewirken und gebe meinen Erfolgen den Stellenwert, den sie verdienen.
- Meine Sprache und mein Auftreten sind klar, sicher, ehrlich, präzise. Ich teile mir und der Welt mit, was ich will. Ich nehme Vorhaben in Angriff, die ich durch mein Denken und Handeln beeinflussen kann. Mein Verhalten im Umgang mit anderen ist immer berechenbar. Sie wissen, was sie an mir haben und von mir erwarten können und was nicht.
- Ich lebe nach selbst reflektierten Idealen und Werten. Daran messe ich mein Tun, mein Denken, meine Pläne, Ziele und Gedanken. Ich achte meine Gedanken, mein Verhalten. So erreiche ich Wertschätzung und Respekt der Menschen im familiären und sozialen Umfeld.
- Ich weiß, was ich an mir habe. Ich anerkenne die positiven Folgen meiner Leistungen. Sie weisen mir die Richtung für mein Denken und Handeln in ähnlichen Situationen.

Übungen zum Aufbau eines stabilen, positiven Selbstwertgefühls

✓ Beachtung der Sprache und Respekt in der Wortwahl zu sich selbst

Ich achte auf die Worte, die ich im Zusammenhang mit meinem eigenen Denken und Verhalten verwende. Spreche ich respektvoll und positiv über mich? Keine Selbstbeweihräucherung, durch die manche Leute meinen, ihr Tun ins passende Licht rücken zu müssen! Meine Selbstgespräche drücken jene Wertschätzung aus, die ich auch anderen gewähre, deren Verhalten, Handeln und Einstellung ich achte und schätze. Ich verwende Worte, die mir selbst Respekt ausdrücken. Ich verfüge über einen Wortschatz, der Anerkennung und Respekt ausdrückt und übe ihn durch Selbstgespräche.

✓ Notiere starke und erfüllende Momente

Ich führe Buch über Verhalten, das meine Wertschätzung verdient. Ich nehme mir in stillen Momenten Zeit, darin zu blättern. Ich lese die Notizen aufmerksam, durchlebe geistig jene Situationen, die meinen Selbstrespekt rechtfertigen, neuerlich. Erwies sich mein Verhalten oder Denken als nicht respektwürdig, stelle ich mir dieselbe Situation rückblickend nochmals vor und imaginiere ein aus meiner Sicht ideales Verhalten. Ich rüste mich für die nächste Chance, in der ich ein Verhalten zeigen will, das den Respekt verdient.

✓ Ich schaffe ein Wertebewusstsein

Werte sind Wegweiser für das Leben. Persönliche Idealvorstellungen und Ziele, nach denen ich Denken, Handeln und Verhalten ausrichte. Sie sind geprägt durch meine Erziehung und Sozialisierung. Was ich in der Kindheit und Jugend lernte, was sich bewährt hat, wurde unbewusst oder bewusst zur Richtschnur. Manchmal konkurrieren Werte miteinander. Sie scheinen einander zu widersprechen. Nicht jede Lebenssituation ist mit allen Werten in Einklang. Ich prüfe, welche Wertevorstellung zur aktuellen Lebenslage passt und zielführend ist. Worauf kommt es mir jetzt an? Welchen Wert will ich verwirklichen? Was ist mir jetzt wichtig? Ehrliche Antworten darauf lösen zwiespältige Situationen. Ich schließe sie erhobenen Hauptes ab. Das gibt einem stabilen, positiven Selbstwertgefühl neue Impulse.

✓ **Meine Stärken in der Praxis**

Jeder Mensch entwickelt unterschiedliche Fähigkeiten und Eigenschaften. Manche davon werden Stärken, ohne einem selbst richtig als solche bewusst zu sein. Man setzt sie zwar intuitiv ein, erkennt aber ihren Wert nicht. Sie sind selbstverständlich. Jede Stärke repräsentiert einen Wert, den ich erst erlebe, wenn ich sie bewusst einsetze. Ich frage mich: Welche meiner Fähigkeiten sind verantwortlich, dass ich diese Situation, dieses Problem lösen konnte? Wann und wo hat sie mir in der Vergangenheit schon gute Dienste geleistet? Wo und wie will ich sie in Zukunft gebrauchen? Eigene Stärken nicht nur zu registrieren, sondern ihren praktischen Wert zu erkennen, ist der Zweck dieser Übung.

✓ **Wertschätzung für Fähigkeiten und Eigenschaften anderer**

Eigene Fähigkeiten erkennen und wertschätzen ist eine Seite der Medaille. Respekt vor den Stärken anderer ist eine weitere Seite. Mir fällt kein Stein aus der Krone, wenn ich Fähigkeiten anderer achte und respektiere. Wahre Meister achten und schätzen die Leistung ihrer Konkurrenten. Damit heben sie auch ihren eigenen Selbstwert. Sie wissen: Ich bin einer ihrer stärksten Konkurrenten, ich fordere sie mit meinen Stärken heraus. Wertschätzung für die Fähigkeiten anderer wirkt positiv auf das eigene Selbstbild. Wer die Fähigkeiten anderer anzweifelt oder kleinredet, offenbart oft ein negatives Selbstbild.

✓ **Eigene Schwächen als bisher ungenutztes Potenzial verstehen**

Menschen mit negativem Selbstwert empfinden Schwächen als Schmach und empfinden sie als persönliche Mängel. „Das kann ich nicht! Dafür bin ich nicht geeignet! Da bin ich zu schwach!" Solche Einwände entlasten die Psyche und schieben die Verantwortung auf persönliche Schwächen, die nicht vermeidbar sind.

Das sind Tiefschläge für das Selbstbild. Vergleiche mit anderen verursachen Minderwertigkeitsgefühle. Erfolgreiche Menschen akzeptieren dagegen eigene Schwächen, denken aber einen Schritt weiter. Sie sehen sie als nicht entwickelte Potenziale. Sie lernen, üben, trainieren und verwandeln die Schwächen in Fähigkeiten. Damit sind Schwächen nie endgültig! Der Selbstwert erhält dadurch einen positiven Rückhalt!

✓ Persönlichkeit und Handeln voneinander trennen

Auch Champions verlieren, obwohl ihre Fähigkeiten für den Erfolg reichen. Die Tagesverfassung bestimmt die Leistung! Ihr Leistungspotenzial ist fast immer größer als die gezeigte Leistung. Menschen mit positivem, stabilem Selbstbild können negative Resultate und Leistungen nicht erschüttern. Sie sagen nach Niederlagen niemals: „Ich bin schwach", sondern „Ich hatte heute einen schwachen Tag", oder „Ich habe schwach gespielt!" Die Trennung von Persönlichkeit und Leistung tastet den Selbstwert nicht an. Talente und Fähigkeiten sind vorhanden. Heute war ich nicht in der Lage, sie voll zu aktivieren. So bleibt ihr Selbstwert auch angesichts von Niederlagen oder schwachen Leistungen stabil und positiv. Für selbsternannte „Trainingsweltmeister" ist es eine Anregung. Das Übel liegt darin, dass sie sich nicht als Wettkämpfer empfinden, sondern als jemand, dessen Stärken nur im Training wirken.

✓ Kontakt zwischen Geist und Körper aufrechterhalten

Verliere ich zu Menschen oder Dingen den mentalen und emotionalen Bezug, verblasst ihr Bild im Kopf. Die Wertschätzung für mich schwindet genauso, wenn ich den Kontakt zu mir selbst vernachlässige. Hinter Burn-out steht als Grund nicht selten fehlender Selbstkontakt. Menschen, Ereignisse, Aufgaben nehmen Geist und Seele derart in Anspruch, dass der Selbstkontakt leidet. Das Gespür für eigene Bedürfnisse schwindet. Das positive Selbstbild verblasst. Man nimmt sich und seine Wünsche und

Ziele nicht mehr wahr. Man blickt morgens in den Spiegel, ignoriert dabei aber die Signale des Körpers. Das dauert so lange, bis es gar nicht anders geht, als ihnen Beachtung zu schenken. Das Ich leidet darunter, der Ruf der Seele verhallt, weil das laute Getöse der Umwelt ihn übertönt.

Die Wiederherstellung des Selbstkontakts ist jederzeit möglich, indem man ihn für wenigstens fünfzehn bis dreißig Minuten täglich bewusst herstellt. Es gibt aber bevorzugte Plätze, die sich besser dafür eignen: Badezimmer, Schlafzimmer, die Toilette, ein anderer ruhiger Ort, auch in der freien Natur, bietet sich an. Ich muss für eine gewisse Zeit allein mit mir sein, damit ich meinen Körper bewusst wahrnehme, seine Signale spüre. Ich spende ihm Wertschätzung, Anerkennung, Dankbarkeit und Achtsamkeit. Verschüttete Ressourcen erwachen aufs Neue. Der Körperkontakt, die Verbindung zur Seele, erneuert sich. Die Wertschätzung für das, was ich bin, habe, fühle und tue steigt.

SELBSTVERTRAUEN UND SELBSTWIRKSAMKEITSGEFÜHL

*„Erfahrung sagt dir, was du tun sollst.
Selbstvertrauen gibt dir Stärke, es auch zu tun!"*
Stan Smith, ehemaliger Tennis-Weltklassespieler

Die meisten Erfolge haben Selbstvertrauen als Grund. Ebenso ist dessen Mangel die Hauptursache für Misserfolge! Es ist eine mental-emotionale Ressource. Sie ist eine wesentliche Hilfe. schwierige Herausforderungen zu meistern. Geringes Selbstvertrauen drückt sich durch Selbstzweifel aus, die dem unbeschwerten, zielgerichteten Denken und Handeln Fesseln anlegen. Selbstvertrauen drückt die Überzeugung aus, Aufgaben bewältigen, Probleme lösen zu können. Vertrauen in die eigenen Fähigkeiten und Eigenschaften manifestiert sich auf zwei Ebenen. Basis ist ein Grundvertrauen, ohne Bezug zur Bewältigung aktueller Aufgaben. Kleinkinder leitet dieses Urvertrauen. Leider gehen Menschen in ihrem Umfeld oft zu sorglos mit diesem Geschenk um. Eine gut gemeinte, falsch interpretierte Erziehungskultur und jahrzehntelang geübte Gewohnheiten sind verantwortlich, dass dieses Urvertrauen unter einer Lawine von Vorschriften, Verboten und dem Anprangern von Fehlern verschüttet wird. Folgen, die später nur schwer zu korrigieren sind.

Die zweite Ebene ist das im Lauf der Jahre gewonnene Selbstvertrauen, gestärkt durch bewusste und eigenständige Aufgabenbewältigung und Problemlösung. Es basiert auf Erfolgserfahrungen. Deshalb ist es so wichtig, Erfolgen, so gering ihr objektives Gewicht gemessen an Anforderungen und Fähigkeiten auch sein mag, die Anerkennung und Wertschätzung nie zu versagen. Jeder muss bereit sein, für sein Selbstvertrauen zu sorgen. Nicht einmal, nicht manchmal, sondern täglich! Welche Möglichkeiten gibt es, das eigene Selbstvertrauen zu stärken?

Welche Gelegenheiten bieten sich dafür an? Es gibt jeden Tag genügend davon, um dem Selbstvertrauen neue Nahrung zuzuführen. Es braucht nur etwas Achtsamkeit! Selbstvertrauen speist sich vornehmlich aus den folgenden Quellen:

1. Eigene Erfolgserlebnisse: Hinter jedem Erfolg stehen individuelle Fähigkeiten und Eigenschaften. Sie sind der Stoff, aus dem Siege gewebt sind. Die Überzeugung der Wirksamkeit mentaler und physischer Ressourcen entsteht, wenn man sie wahrnimmt und anerkennt. Als Erfolge zählen nicht allein Ergebnisse oder Leistungen! Doch sie sind das Kapital, das mein Selbstvertrauen in Zukunft nährt, wenn ich jeden kleinen Erfolg dafür nutze! Ich erkenne Kompetenzen an, die hinter den Erfolgen stehen und schenke ihnen die Aufmerksamkeit, die sie verdienen. Lob, das ich von anderen bekomme oder mir selbst gebe, wird zur Quelle, die mein Vertrauen in die Fähigkeiten aufbaut und stärkt.
2. Stellvertretende Erfolgserlebnisse: Es gibt immer Personen, deren Fähigkeiten ich ähnlich meinen eigenen einschätze. Feiern sie Erfolge, sind sie auch für mich das Signal: „Ich kann es auch! Ihre Fähigkeiten sind in derselben Güteklasse wie meine." So stärken auch Erfolge anderer mein Selbstvertrauen. Sie werden zu den Stellvertretern meiner Erfolge! Ich gönne ihnen ihre Erfolge aus tiefem Herzen. Beneide ich sie, mache ich mich kleiner, als ich es in Wirklichkeit bin. „Ich könnte es auch, aber!" Hinter dem „Aber" verbirgt sich ein versteckter Zweifel, den ich mir nicht eingestehe, der aber mein Selbstvertrauen torpediert. Ich teste dieses „Aber" auf seine Stabilität. Welche Argumente trägt es in sich, die mein Selbstbild trüben? Ich spreche den Satz hinter dem „Aber" zu Ende. Den Kollegen neide ich ihre Erfolge nicht, stattdessen prüfe ich meine Einwände, warum ich sie jetzt noch nicht schaffe.
3. Ermutigungen: Ich spreche mir selbst Mut zu. Meine Wörter bestärken mich, dass ich mich einer Herausforderung stelle, mich an die Lösung eines Problems wage. Der Zuspruch

funktioniert auch durch positive Gesten. Sie regen dazu an, meinen Fähigkeiten zu vertrauen. Sie leisten dasselbe, wenn sie von vertrauten Personen kommen. Spürbares Vertrauen anderer stärkt das Selbstvertrauen ebenso. Interpretiere ich sie als Antreiber, stressen sie mich. Wollen Menschen mir durch positiven Zuspruch den Rücken stärken, müssen sie wissen, auf welche Worte und Gesten ich positiv und optimistisch reagiere.

4. Energielevel: Schwierige Herausforderungen kosten Körper und Geist Energie. Ist die Anspannung zu hoch, entsteht negativer Stress, der das Selbstvertrauen mindert und negative Emotionen auslöst. Das geistig-körperliche Energieniveau muss groß genug sein, damit ich der Aufgabe mit Zuversicht und positiven Emotionen gegenübertrete. Ist die Energie zu niedrig, dämpft dieser Mangel das Selbstvertrauen. Will ich die Aufgaben erfolgreich und überzeugend bewältigen und positive Emotionen spüren, brauche ich das ideale Energieniveau in Körper und Geist.

Mentale Engpässe, die auf ein zu geringes, instabiles Selbstvertrauen hinweisen

- Schwaches Vertrauen in die eigenen Fähigkeiten und Eigenschaften: Das Wissen, die Erfahrung, wie man mit eigenen Kompetenzen schwierige Aufgaben lösen kann, ist essenziell für das Selbstvertrauen. Erhielt ich im Lauf der Jahre wenige Möglichkeiten, mich meiner Stärken zu vergewissern, fehlt die Erfahrung dafür. Viele Menschen geben aus Gewohnheit eigenen Fehlern viel Gewicht. Sie beschäftigen sich mit ihren Mängeln und damit, sie zu beheben. Auf die Idee, sich intensiver mit den eigenen Stärken zu befassen, kommen sie selten. Dem Selbstvertrauen fehlt es an Nahrung in Form von Erfahrung und Überzeugung, erfolgreich sein zu können.
- Geringe Motivation, Herausforderungen aktiv angehen: Mangelt es an Selbstvertrauen, dämpft das die Motivation,

aus der Komfortzone heraus Grenzen zu überschreiten und mit dem Denken und Handeln neues Terrain zu erforschen. Ich lebe mit meinen Gewohnheiten in falscher Sicherheit. Es folgt Stagnation oder gar Rückentwicklung der Leistungsfähigkeit. Mein Selbstvertrauen und meine Komfortzone schrumpfen. Sogar bei Aktivitäten innerhalb der Komfortzone passieren immer öfter Fehler. Fähigkeiten, die längere Zeit ungenutzt bleiben, geben mir keine Sicherheit, wenn ich ihren Einsatz brauche. Ich muss sie neu erlernen. Sowohl Selbstverständlichkeit als auch Motivation schwinden. Das Selbstvertrauen erhält neue Dellen.

- Herausforderungen bewusst meiden: „Das kann ich nicht, will ich nicht, das kommt für mich nicht infrage!" Die Kreativität, mit der manche Leute Ausflüchte suchen, wenn es ihnen an Zutrauen fehlt, ist unerschöpflich. Ausreden erhöhen weiter das Misstrauen in die eigenen Möglichkeiten. Der Glaube an Mängel wird stärker. Immer neue Gründe für ein Aus-dem-Weg-Gehen fallen ein. Obwohl sie irrational und frei erfunden sind, gewinnen sie durch ständiges Wiederholen an Glaubwürdigkeit und Gewicht. Die mentale Festplatte programmiert sich auf Misstrauen statt Vertrauen.
- Probleme als schwieriger empfinden und darstellen, als sie objektiv sind: Mache ich mich selbst klein, erscheinen mir Hürden umso größer. Dämpfe ich das Vertrauen in meine Fähigkeiten, empfinde ich Herausforderungen als schwieriger, als sie objektiv sind. Ich sehe Berge von Problemen. Das Vertrauen, sie in Angriff zu nehmen, schwindet.
- Geringe Wertschätzung und wenig Emotion für eigene Erfolge: Menschen mit geringem Selbstvertrauen tun sich schwer, Erfolge wahrzunehmen und anzuerkennen. Die Sinne melden primär Misserfolge an das Gehirn. Weist man sie darauf hin, dass es ein Erfolg sei, was sie eben erreicht haben, sind sie überrascht: „Glaubst du das wirklich? Das ist doch normal, nichts Besonderes! Glück gehabt." So rauben sie dem Vertrauen die Basis. Die Negativspirale dreht sich. Lässt sich ein Erfolg nicht ignorieren, werten sie ihn

als Zufall: „Auch ein blindes Huhn findet mal ein Korn!" Menschen mit einer derartigen Einstellung zu sich müssen ihr Selbstbewusstsein von Grund an aufbauen, daraus ein positives Selbstbild schaffen, um aus ihm ein stabiles Selbstvertrauen zu holen.

- Destruktive Selbstkritik: Kritik ist schon in Ordnung! Vorausgesetzt, sie ist aufbauend und bietet neben Bewertungen und Beurteilungen auch einen Nutzen bzw. Lösungen an. Das gilt ebenso für Selbstkritik. Prinzipiell ist sie wertvoll. Richtet sie sich aber nicht auf Lösungen, sondern geschieht sie nur um ihrer selbst willen, hemmt sie das Vertrauen und schürt Zweifel in eigene Fähigkeiten. Sie ist destruktiv, weil sie weder Lösungen präsentiert noch Auswege aus Problemsituationen sucht. Sie hat den alleinigen Zweck, den Frust der Kritiker abzubauen, ohne Lehren für die Zukunft anzubieten. Destruktive Selbstkritik zerstört Selbstvertrauen. Der Blick für Erfolge und eigene Stärken fehlt. Sie hat nur ein Ziel: vorhandene Schwächen, Mängel und Misserfolge hervorzuheben, zu klagen und zu tadeln.
- Anerkennung und Lob kommen nicht an: Mit einer negativen Einstellung zu sich selbst fällt es schwer, Lob anzunehmen. So ehrlich es gemeint ist, es stört das vorhandene Selbstbild, an dem man über Jahre beharrlich gearbeitet und festgehalten hat. Es schmerzt, aber es fällt auch leichter, damit umzugehen, wenn Anerkennung ausbleibt. Nicht nur vom Umfeld, auch von sich selbst. Destruktive, unsachliche Kritik ist die Bestätigung des herrschenden Selbstbilds. Sie aktiviert keine inneren Widerstände. Kritik, Tadel, aufzeigen von Mängeln sind Wasser auf die Mühlen negativer Einstellungen.
- In jedem Erfolg liegt auch Negatives: Ein bekannter Einwand der Leute mit geringem Selbstvertrauen: „Ja, aber!" Selbst nach außergewöhnlichen Leistungen gibt es genügend Stoff für Tadel. Auch in der schmackhaftesten Suppe schwimmt ein Haar, das den Erfolg schmälert. Den Erfolg muss man zwar akzeptieren, weil die Zahlen nicht lügen! Wie er zustande kam, bietet allerdings eine Bühne für Kritik. Mängel

werden genussvoll abgearbeitet. Diese Einstellung zu eigenen Erfolgen ist eine starke Quelle für Zweifel und bremst das Selbstvertrauen aus.

- Erfolge hauptsächlich auf Glück zurückführen: Manche Erfolge lassen sich nicht leugnen. So sehr man sich bemüht, den berühmten Flecken auf dem makellosen Erfolgsdress zu finden. Es muss eine alternative Kategorie der Beurteilung her, damit das Selbstvertrauen nicht in den Himmel wächst: Glück gehabt! Seien es Schwächen der Gegner oder andere Umstände, die den eigenen Erfolg begünstigt haben. Göttin Fortuna hat ihr Füllhorn über mich geleert. Eine oft gebrauchte Ausrede, um das Selbstvertrauen niedrig zu halten: „Wieder mal weit über meine Verhältnisse gespielt!" Mit anderen Worten: „Normalerweise bin ich viel schwächer!" Nur kein Gefühl schüren, das das Selbstvertrauen stärkt. Immer schön klein bleiben, immer im Rahmen „meiner Verhältnisse"! Immer „realistisch"!

- Negative Emotionalität: Positive Emotionen sind ein Erfolgsfaktor. Freude, Leidenschaft, Spaß, Begeisterung, Interesse sind die Grundlage für eine Steigerung der Leistungen und Voraussetzung für Erfolge. Negative Emotionen wie Angst, Ärger, Hass dämpfen die Leistungsqualität. Spüre ich negative Emotionen, bremst das mein Selbstvertrauen. Meine Zweifel verstärken sich! Manche glauben, Leute mit geringem Selbstvertrauen sind unfähig zu positiver Emotionalität. Das stimmt nicht! Wir sind Baumeister eigener Emotionen! Jeder kann positive Emotionen in sich wecken, wenn er dazu wirklich bereit ist!

- Unsachliche Kommunikation nach Training und Wettkampf: Erfolgsquelle Analyse! Wer Leistungen im Training und Wettkampf rational und ruhig analysiert, stärkt das Selbstvertrauen. Sportlerinnen und Sportler lassen ihre Emotionen, positiv oder negativ, nach Wettkämpfen erst mal abklingen. Sie warten mit der Analyse, bis sie wieder in der Lage sind, klar und sachlich zu reflektieren. Geschehenes Revue-passieren zu lassen und es mental wie emotional zu verarbeiten.

Nach Wettkämpfen in Ruhe seine Leistungsfaktoren zu besprechen und ein realistisches Bild der gezeigten Performance zu schaffen. Die korrekte Analyse schafft den Plan für die zukünftige Arbeit im Training. Viele Athletinnen und Athleten meinen, auf Analysen verzichten zu können. Sie finden Argumente und Beurteilungen, die Sinn und Zweck des Fortschritts nicht erfüllen. Selbstkritik und wenig qualifizierte Beurteilungen sind keine Analyse. Sie verlassen den Ort des Wettkampfs mit negativen Gefühlen. Um mit Selbstvertrauen in den nächsten Wettkampf zu gehen, sind aber positive Gefühle und Emotionen notwendig.

- In der eigenen Komfortzone verharren: Viele Sportlerinnen und Sportler trainieren gerne und viel. Sie scheuen aber Wettkämpfe. Der Grund: Sie müssen heraus aus ihrer geistigen und körperlichen Komfortzone. Training findet in geschützter Umgebung statt, obwohl es manchmal ordentlich zur Sache geht, gilt das meist nur für die körperliche Leistung. Die Folgen von Fehlern sind überschaubar, verglichen mit jenen im Wettkampf. Ist das Selbstvertrauen gering, fehlt der Reiz für den Wettkampf. Niederlagen sind Dämpfer für das Vertrauen, für Selbstwert und Selbstbewusstsein. Erfolge wiegen den Schaden nur teilweise auf! Sie haben einen geringen mental-emotionalen Stellenwert. Die Komfortzone ist das Sicherungsnetz für alle Menschen mit geringem Selbstvertrauen.
- Fokus auf Nebensächliches und Unbeeinflussbares: „Wie wird das Wetter? Wie stark weht der Wind? Wie sind die äußeren Verhältnisse generell? Wie stark sind die Gegner? Welches Material haben sie?" Typische Fragen von Athletinnen und Athleten, deren Selbstvertrauen instabil ist! Nicht eigene Stärken und Pläne stehen im Vordergrund, sondern mögliche Hürden, die Erfolg verhindern könnten. Nebensächlichkeiten rücken in den Mittelpunkt. Sie werden zu potenziellen Ursachen für Misserfolge und Leistungsmängel. Solche Gedanken schützen die eigene Integrität. Dinge, die ich nicht beeinflussen kann, passen in die Kategorie Schicksal oder

ins Glück-Pech-Schema! Richtet sich ein Fokus primär darauf, liegt das Selbstvertrauen meist am Boden.

Welche konkreten Zielvorstellungen stärken das Selbstvertrauen? Welche Ausdrucksformen hat es?

- Vertrauen in eigene Fähigkeiten und Eigenschaften: Ich weiß um meine Stärken, Fähigkeiten und Erfolg versprechenden Eigenschaften. Ich respektiere sie, erkenne deren Wert an. Ich habe gelernt und bin dabei, sie weiter zu verbessern. Ich vertraue darauf, dass sie mir auf dem Weg wertvolle Begleiter sind.
- Bereitschaft und Motivation für neue Herausforderungen: Ich habe immer ambitionierte Ziele und weiß, dass anspruchsvolle Herausforderungen auf mich warten. Ich werde diese Hürden im Vertrauen in meine körperlichen und geistigen Fähigkeiten meistern. Ich bin überzeugt, dass ich den Weg bis zum Ende gehen werde. Ich spüre den inneren Antrieb, wenn der Weg steil ist und Schwierigkeiten und Probleme sich häufen.
- Aktive Suche nach Herausforderungen: Viele Menschen stellen nur geringe Ansprüche an ihre Fähigkeiten. Sie denken und handeln innerhalb ihrer Komfortzone. Sie bewundern jene, die mit großen Leistungen glänzen. Auch sie wären zu großen Leistungen imstande, wenn sie mental dafür bereit wären. Es fehlt ihnen an Vertrauen. Die Ansicht, dass nur wenige „Auserwählte" dafür geschaffen sind, wurde zur Denk- und Lebensmaxime. Menschen mit ausgeprägtem Selbstvertrauen suchen die Herausforderung. Fordern heißt für sie fördern. Wer rastet, der rostet. Sie fordern ihr Wissen und Können, erweitern ihren geistigen Horizont und entwickeln ihr Talent.
- Kreativ und lösungsorientiert: „Das geht nicht, das kann ich nicht, da kann man nichts machen!" Viele Menschen finden sich mit dem Ist-Zustand ab. Sie gehen einfache Wege,

stellen an sich und das Leben keine besonderen Ansprüche, setzen sich bescheidene Ziele. Menschen mit Selbstvertrauen suchen auch nicht aktiv nach Problemen. Ihr Leben ist anspruchsvoller und „reicher" an Schwierigkeiten. Sie setzen außergewöhnliche Energien frei. Sie betrachten Probleme aus mehreren Perspektiven, suchen deren Schwachstellen, finden Lösungen.

- Erfolge erkennen und wertschätzen: Nicht jeder Erfolg ist auf den ersten Blick als solcher wahrnehmbar. Manchmal entwickeln sich kleine Dinge mit positiven Auswirkungen im Verborgenen. Im scheinbaren Stillstand liegt aber oft der Kern späterer Erfolge: Zählen nur die Resultate, fallen solche Lichtblicke unter den Tisch. Wer auf Stärken setzt und seinen Fähigkeiten vertraut, entwickelt einen Sinn für Zukunftschancen. Kleine Schritte sind anerkannt und geschätzt.
- Ermutigung in schwierigen Situationen: „Wenn es läuft, dann läuft es!" So nannte der verstorbene Weltmeister im alpinen Schirennlauf, Rudi Nierlich, die Gründe seiner Erfolge. Nicht darüber nachdenken. Den „Lauf" dankbar akzeptieren und ihn genießen! Funktioniert es nicht nach Wunsch, packen Personen mit hohem Selbstvertrauen eine mentale Waffe aus, die andere kaum nutzen: Selbstermutigung! Sie zeigen Optimismus mit Worten und Gesten. Sie zeigen, dass Wille und Vertrauen in sich ungebrochen sind.
- Lob und Anerkennung von außen akzeptieren und als Ansporn annehmen: Manchmal brauchen auch Menschen mit Selbstvertrauen einen Push von außen. Ihr Umfeld hilft beim mentalen und emotionalen Wiederaufrichten nach Rückschlägen. Mut zusprechen, das Bemühen anerkennen gehören dazu. Kritik gibt es in solchen Momenten ohnehin genug. Aufmunternde Worte und Gesten sind wertvoll. Menschen mit Selbstvertrauen nehmen nach Niederlagen aufmunternde Worte und Gesten als Unterstützung an, um ihr Selbstvertrauen bewusst zu stärken.
- In Misserfolgen positive Signale erkennen: Auch Meister stürzen! Aber sie bleiben nicht liegen. Es gibt Zeiten, da scheint

nur wenig zu funktionieren. Das Vertrauen in sich erhält ununterbrochen neue Dämpfer, unter denen es zusammenbricht. Erfolgreiche Leute finden das Positive im Negativen und vergrößern es mental. Jede Niederlage hat ihre positiven Seiten. Die Kunst ist, sie wahrzunehmen. Der erste Silberstreif am Horizont taucht auf, wenn die Nacht am dunkelsten scheint. Bereit zu sein, diese positiven Signale dankbar zu erkennen, ist eine Gabe, die die Großen von den Guten unterscheidet.

- Erfolg ist die Folge eigener Leistungen und Fähigkeiten: Kein Erfolg fällt vom Himmel. Auch kein Misserfolg! Die Saat dafür legen die Denkweisen, Handlungen und Leistungen. Wer angesichts eigener Erfolge von Zufall spricht, irrt. Menschen mit geringem Selbstvertrauen kommen meist nicht auf die Idee, Erfolge in den Kontext zu ihren Fähigkeiten zu setzen. Mal ist es die Schwäche der Konkurrenz, dann das eigene Glück oder alle anderen möglichen günstigen Konstellationen, die die entscheidende Rolle in ihren Erfolgen spielen. Menschen mit hohem Vertrauen in sich erkennen die Zusammenhänge zwischen Fähigkeit, Leistung und Erfolg. Sie nutzen diese Erkenntnisse, um ihre Erfolgsvorstellungen in die Tat umzusetzen.
- Emotionen als Erfolgswerkzeuge: Emotionen haben im Wettkampf große Bedeutung. Aber niemand ist ihnen hilflos ausgeliefert. Man entwickelt sie zu Werkzeugen des Erfolgs. Champions lernen, Emotionen zu kontrollieren und sie gezielt für ihre Zwecke zu trainieren. Sie sind sowohl Antrieb als auch Bremse, wirksame geistige Instrumente. Selbstvertrauen hat immer eine emotionale Basis.
- Sachlich bleiben: Emotionen gezielt einsetzen heißt, sie bewusst steuern, den zur Situation passenden Emotionen-Mix schaffen! Zunächst erfasst man die Situation rational und erkennt die Hintergründe dafür. Emotionen drängen sich auf. Deshalb gehe ich mental aus der Situation heraus und prüfe sie aus geistiger Distanz. Was genau ist hier los? Was ist nötig, die Lage so zu gestalten oder zu verändern, dass ich mein

kurzfristiges Ziel erreiche? Welche Ressourcen will ich aktivieren? Was brauche ich dazu? Sachlichkeit ist der geistige Boden für mentalen Überblick. Manche lassen sich von Gefühlen und Emotionen mitreißen und opfern ihren Fokus. Es braucht Sachlichkeit in der Vorbereitung, während des Wettkampfs sowie bei der Analyse danach. Sie ist die Basis für ein stabiles Selbstvertrauen.

- Am mentalen und physischen Limit: Erfolg setzt voraus, eigene Grenzen auszureizen und seinen Wirkungsbereich zu erweitern. Menschen mit geringem Selbstvertrauen zögern, mental, emotional und körperlich ans Limit zu gehen. Es gibt eine Sicherheitszone zwischen der Intensität ihrer Aktionen und ihren individuellen Limits. Menschen, die ihren Fähigkeiten vertrauen, wagen sich an ihre Leistungsgrenzen. Sie wägen Risiko und Chancen ab, bringen sie miteinander in Einklang. Sie schieben Grenzen nach oben. Mit Optimismus, der seinen Antrieb daraus bezieht, zu denken, was man erreichen will, statt daran, was dabei passieren könnte.
- Fokus auf Wesentliches und Machbares: Abwechselnd sind verschiedene Leistungsbereiche für den Hauptteil des Erfolgs verantwortlich. Erfahrene Wettkämpfer erkennen und stärken sie und entwickeln Vertrauen in sie. Die Gewichtungen sind unterschiedlich. Was heute wichtig ist, kann schon morgen in seiner Bedeutung durch andere Fähigkeiten und Eigenschaften ersetzt werden. Prioritäten wechseln. Oft stehen technische Fertigkeiten im Vordergrund. Dann sind körperliche Leistungen gefragt. Im Leistungssport ist auch oft die taktisch-strategische Ausrichtung maßgebend für ein Ziel. Darüber steht die mentale, und emotionale Verfassung. Champions setzen Prioritäten und stimmen ihr Training gezielt auf aktuelle Erfordernisse ab. Sie nutzen ihr Vertrauen und haben das Knowhow, Pläne durchzuziehen.

Übungen die den Aufbau eines stabilen, nachhaltigen Selbstvertrauens unterstützen

✓ **Solide Vorbereitung schafft ein begründetes Vertrauen**

Kein Training geschieht zum Selbstzweck. Im Leistungssport hat niemand das Ziel, nur zu trainieren. Jedes Training hat seinen Zweck. Es braucht klare Ziele. Sie stehen als Headlines über jedem Training. Oft geht das im Trainingsalltag unter. Es scheint, dass „die Anwesenheit, das Mitmachen zählt". Jedes Training, jedes Warm-up, jedes Sparring zielt darauf ab, am Tag X die bestmögliche Leistung abrufen zu können. Training soll mich dazu bringen, die beste Leistung zu zeigen, wenn es darauf ankommt. Wer sich körperlich und mental auf das Training vorbereitet, schafft Vertrauen.

„Worauf will ich im Wettkampf vertrauen können?" Solide Trainings- und Wettkampfvorbereitung schafft einen Überblick. Welche Prioritäten setze ich in dieser Einheit? Gezieltes Training beeinflusst das Selbstvertrauen positiv. Ich traue mir mehr zu, weil ich die Fortschritte mental, emotional und körperlich erlebe.

✓ **Analyse schafft Klarheit und stärkt das Vertrauen**

Wer sich emotional und mental auf Training und Wettkampf vorbereitet, schafft nicht nur Selbstvertrauen, sondern auch die geistige Grundlage für die Analyse danach. Ich folge systematisch der geistigen Struktur. Starke Emotionen lassen keine rationale Analyse zu. Dabei erfordern Wettkampf- und Trainingsanalysen einen kühlen Kopf und Überblick. Sie folgen einem Schema: der Körper-Geist-Technik-Taktik. Es vermittelt einen klaren Überblick über die Leistungen und erarbeitet Prioritäten für das nächste Training. Sachgerechte Analysen ermöglicht beispielsweise das Sandwich-Verfahren. Die Nachbesprechung von Wettkampf oder Training beginnt mit positiven Highlights. Geist und Herz öffnen sich. Es entsteht eine positive

Stimmung. Starte ich die Analyse mit dem Aufzählen von Fehlern und verbinde sie womöglich mit Selbstvorwürfen, wecke ich negative Emotionen. Sachliches Analysieren wird unmöglich. Nach einem positiven Beginn bleibt im Laufe der Analyse noch Zeit, Schwächen zu besprechen. Für das Selbstvertrauen ist es wichtig, die Analyse mit einem positiven Resümee zu beenden! Das heißt, mental und emotional nicht an Fehlern hängenzubleiben! Lösungen zu suchen, ideale Abläufe zu skizzieren und zu betonen, dass die Skills dafür vorhanden sind und gezielt eingesetzt werden können. Sportler und Sportlerinnen gehen mit optimistischen, zukunftsorientierten Gefühlen und positiven Emotionen aus der Analyse heraus.

✓ **Gelungene Aktionen als Visitenkarte**

Training und Wettkampf offenbaren Stärken und Schwächen. Die Analyse ist ein Instrument, Athleten und Athletinnen auch Schwächen aufzuzeigen. Das Selbstvertrauen stärkt das nicht. Vor allem, wenn Fehleranalysen zum alleinigen Thema der Beurteilung werden. Fehler aufzeigen, deren Gründe zu finden, ist wichtig. Selbstvertrauen stärke ich aber, indem ich gelungene Momente hervorhebe und mit Stärken in Verbindung bringe. „Diese starke Aktion ist mir deshalb gelungen, weil!" Positive Wettkampfszenen oder Trainingseinheiten zeigen eigene Stärken. Davon lebt das Selbstvertrauen. Besonders, wenn man spontan Anerkennung erhält! Aus eigenem Munde und von Personen, denen man vertraut.

✓ **Erfolgserfahrungen mit allen Sinnen nacherleben**

Ein Sprichwort behauptet, man würde aus Schaden klug! Kommt darauf an! Schlechte Erfahrungen wecken im Rückblick auch negative Emotionen. Passieren Misserfolge, bleiben sie gedanklich und emotional haften. Gerät man später in eine ähnliche Situation, erwachen negative Emotionen aufs Neue. Sie beeinflussen Aktionen und Reaktionen und hemmen das Vertrauen in sich. Man sollte daher die positive Version des Sprichworts nutzen, indem man positive Erinnerungen wachruft. Sie stellen unter Beweis, dass man mit eigenen Fähigkeiten erfolgreich sein kann. Erinnerungen reaktivieren positive Emotionen aus der Vergangenheit als wertvolle Quellen, um mein Selbstvertrauen zu stärken. Verbinde ich sie mit künftigen Aufgaben, sind die Zukunftsaussichten optimistisch. Selbstvertrauen steigt. Ich spüre positiven Erlebnissen nach und beeinflusse meinen aktuellen und künftigen emotionalen Zustand.

✓ **Training am aktuellen Leistungslimit**

Selbstvertrauen stützt sich auch auf Erfahrungen des täglichen Trainings. Erfolgserlebnisse im Training zeigen, was ich mit meinen Fähigkeiten und Eigenschaften schaffen kann. Je höher ich die Latte der Anforderungen im Training lege, umso mehr fordere ich meine Stärken. Fordern bedeutet fördern! Ich erfahre, dass meine Ressourcen auch bei hoher Intensität funktionieren. Geringe Intensität bringt daher weder Leistungssteigerung noch Vertrauen in Wettkampffähigkeiten. Maximale Anforderungen im Training sind der Schlüssel für das Wachstum von Selbstvertrauen. Nahe am Leistungslimit zu trainieren, sich weder über- noch unterfordern. Die Talente herausfordern. Die Wahl der Trainingsübungen stellt Ansprüche an das Fingerspitzengefühl und Wissen um aktuelle Leistungsqualitäten. Training soll positive Grenzerfahrungen ermöglichen und Leistungsgrenzen nach oben verschieben.

✓ **Prognosetraining**

Prognosetraining eignet sich auch für sogenannte Trainingsweltmeister, denn es simuliert die psychologische Situation des Wettkampfes. Es ist in jeder Sportart, aber auch in vielen Lernsituationen außerhalb des Sports, etwa beim Erlernen eines Musikinstruments, anwendbar. Es besteht aus acht Schritten:

a. Vorbesprechung: Sportler/Schüler und Trainer/Lehrer besprechen die Inhalte einer Trainingsübung. Sie legen ein exaktes Trainingsziel fest. Es bildet den mentalen Hintergrund. Nicht der praktische Ablauf ist hier das Hauptthema, sondern das Ziel. Emotionale und mentale Teile der Aufgabe sind wichtige Kriterien für deren Gelingen und das Selbstvertrauen.
b. Einübungsphase: Der Sportler/Schüler macht sich praktisch mit der Aufgabe vertraut. Sie/Er entwickelt ein Gefühl für den Ablauf.
c. Prognosestellung: Dann stellt der Sportler/die Sportlerin (Schüler/in) eine Prognose, wie nahe sie/er dem erklärten Übungsziel kommen wird. Welches Ergebnis erwarte ich von mir, traue ich mir zu? Er oder sie legt selbst die Latte, die es zu überqueren gilt. Die Selbsteinschätzung, das Selbstvertrauen zeigen sich.
d. Folgen für das Erreichen oder Verfehlen des Trainingsziels bestimmen: Trainer/Lehrer und Sportler/Schüler einigen sich über die Folgen, die das Ergebnis nach sich zieht. Erreiche ich das prognostizierte Resultat, gibt es eine Belohnung. Verfehle ich es, gibt es Sanktionen. So entsteht einerseits positiver Druck, etwas erreichen zu können und dafür belohnt zu werden, andererseits aber auch negative Spannung, weil ich Sanktionen verhindern will. Welche der beiden Denkweisen den Vorrang hat, zeigt den aktuellen Zustand des Selbstvertrauens.
e. Durchführung: Chancen auf Erfolg und Möglichkeit von Misserfolg halten sich die Waage. Mentale und emotionale Anforderungen sind jenen des Wettkampfes ähnlich. Es gibt den Druck der Einmaligkeit. Passiert ein Fehler, gibt es keine Chance, von vorne zu beginnen und die Übung zu wiederholen. Was herauskommt, zählt und hat Folgen!
f. Vergleich: Nach Abschluss der Übung vergleicht man die Prognose mit dem Ergebnis oder den gezeigten Leistungsparametern.
g. Analyse: Ein entscheidender Punkt des Prognosetrainings: Die Analyse der Gründe für Erreichen bzw. Verfehlen der

Prognose. Die Chance für das Selbstvertrauen. Erfülle ich die Prognose oder übertreffe sie, sorgt dies für einen Push. Verfehle ich das Ziel, stärke ich dennoch das Selbstvertrauen. Ich analysiere die Ursachen: War die Prognose zu optimistisch? Warum? Die analytische Aufarbeitung, an der die Sportlerin oder der Sportler führend beteiligt ist, weckt ein Gefühl von Selbstwirksamkeit. Ich finde selbst die Ursachen für Verfehlen oder Erreichen. Die eigene Analyse bietet den Schlüssel für Lösungen. Eigene Denkarbeit findet Gründe für Erfolg und Misserfolg. Ich setze eigenständig Prioritäten für die weitere Arbeit.

h. Folgen einlösen: Die Folgen von Erfolg oder Misserfolg sind mentale und emotionale Druckmittel. Der Sportler/in oder die Schüler/in lernt, die Folgen positiver Leistung zu genießen oder die Sanktionen nach einem Nichtgelingen zu ertragen und zu erfüllen. Meist entsteht mentaler Druck im Wettkampf nicht durch die sportliche Aufgabe selbst, sondern durch das Denken und Vorfühlen der Folgen des Ausgangs. Die meisten der befürchteten Folgen treten auch im Falle einer Niederlage nicht ein. Das Bewusstmachen destruktiver Gedanken an Misserfolg und der Furcht vor Sanktionen ist eine Quelle des Selbstvertrauens. Der Geist forciert die rationale statt die emotionale Ebene.

UNABHÄNGIGKEIT IM DENKEN UND HANDELN

> *„Jeder Mensch hat vier Begabungen: Selbstbewusstheit,*
> *Gewissen, Willen und Vorstellungskraft.*
> *Die vier Schlüssel zur Freiheit:*
> *Sie geben die Macht, frei zu entscheiden,*
> *autonom zu reagieren und sich selbst*
> *und den Lauf der Dinge zu verändern!"*
> Stephen Covey, US-Autor

Selbstbewusstsein, Selbstwert, Selbstvertrauen kann jeder entwickeln. Anlagen dafür haben wir in uns. Wir sind Sozialwesen. Wir brauchen die Gemeinschaft mit anderen. Ich lebe, denke, handle in einem Umfeld, ich reagiere auf Mitmenschen und Situationen, denen ich begegne, die mich ein Stück des Weges begleiten. Ich lebe in der Regel in einer Familie. Sie prägt mein Denken, Fühlen und Verhalten. Mein emotionales und mentales Wachstum stützt sich zumindest in den ersten Lebensjahren auf das Wissen, die Erfahrung der Eltern, Geschwister, Großeltern oder Verwandten.

In seinem Buch „Lieblosigkeit macht krank" beschreibt der Hirnforscher Gerald Hüther zwei Grundbedürfnisse des Menschen, die von den ersten Tagen an sein Denken und Handeln bestimmen: Verbundenheit mit anderen und zugleich die Unabhängigkeit und Freiheit als denkendes, fühlendes, handelndes Individuum. Beide Bedürfnisse begleiten uns lebenslang. Versage ich ihnen über längere Zeit die Beachtung und gelingt es mir nicht, sie auf andere Weise zu kompensieren, gerate ich geistig und seelisch aus der Balance. Ich versuche, das Gleichgewicht wiederherzustellen. Ich stelle mein Denken und Verhalten auf die Situation ein, passe mich ihr an, ignoriere dabei aber eigene Bedürfnisse oder stelle sie durch Kompromisse und angepasstes

Denken ruhig. Der Geist ist der Baumeister des Körpers. Wer eigene Bedürfnisse missachtet und das Verhalten ausschließlich äußeren Erfordernissen anpasst, erfährt mit der Zeit körperliche Folgen. Es treten Krankheitssymptome auf. Über deren Ursachen wird ständig gerätselt. Die Wartesäle in Ambulanzen und Arztpraxen sind überfüllt mit Menschen, die ihr Bedürfnis nach Autonomie im Denken und Handeln unfreiwillig oder freiwillig unterdrücken. Sie richten ihr Leben nach Vorgaben anderer, gegen die eigenen Vorlieben, Werte und Ideale und damit gegen sich selbst aus.

Unabhängigkeit im Denken und Handeln ist ein Grundbedürfnis. Ob es erfüllt wird oder nicht, ist für das innere Gleichgewicht und für die physische, psychische und mentale Gesundheit entscheidend. Sie ist die Voraussetzung, dass man sich der Entwicklung seiner Talente mit voller Kraft widmen kann. Vor allem Jugendliche, genauso auch Erwachsene, streben nach Unabhängigkeit und Freiheit. Oft stehen innere und äußere Zwänge im Weg. Sie erscheinen subjektiv unüberwindlich. Es sind mentale Folgen von Anpassungen im Verlauf von Jahren und Jahrzehnten.

Gelebte Autonomie ist die Grundlage für Eigenmacht und Veränderung. Allzu viele Menschen empfinden sich als unabhängig. Die Praxis zeigt das Gegenteil. Unabhängig sein heißt, selbstbestimmt zu denken und zu handeln! Ich vertrete und regle meine Angelegenheiten! Ich denke und handle aktiv, äußere meinen Willen und lebe ihn! Ich treffe Entscheidungen und erledige meine Aufgaben auf individuelle Weise! Ich bin frei, fühle und lebe diese Freiheit auch in der Praxis! Ich gehe meinen Weg im Leben aus eigenen Motiven und eigener Überzeugung. Ich treffe Entscheidungen und trage die Folgen davon! Ich fühle mich „ganz" in dem, was ich denke, fühle und tue!

Friedrich Schiller drückt Unabhängigkeit und ihre Auswirkungen mit wunderbaren Worten aus. Er nimmt die Freiheit im Spiel als Beispiel: „Der Mensch spielt nur, wo er ganz Mensch sein kann und er ist nur ganz Mensch, wo er wirklich spielt!" Persönlichkeit drückt sich im Spiel, in der Arbeit, in sportlicher und künstlerischer und in anderen Tätigkeiten aus, wenn man sich unabhängig und frei fühlt. Das Leben in der Gemeinschaft erlegt gewisse Zwänge auf, nach denen man sich richten soll. Die Freiheit des Einzelnen endet, wo ihre Wirkungen die individuelle Freiheit anderer einengen. Es gehört zur Kunst des Lebens, das gesellschaftliche Korsett nicht als Fessel zu empfinden, sondern den Platz in sich und für sich zu finden, um den Weg größtmöglicher Autonomie zu gehen. Die Definition mentaler Stärke ist daher, „ungeachtet äußerer Umstände und innerer Zustände das Beste aus sich und seinen Möglichkeiten zu machen!" Jeder erwachsene Mensch ist für das individuelle Maß an Freiheit verantwortlich. Keine Gesellschaft sorgt in der Regel dafür, Mitgliedern mehr Autonomie zu gewähren, als der Einzelne von sich aus fordert. Manche Menschen nehmen sich mehr davon, als ihnen zusteht und guttut. Sie überschreiten den Umfang des von der Gesellschaft tolerierten Maßes und schränken die Freiheit anderer ein. Es braucht Gesetze und Normen für das gesellschaftliche Zusammenleben.

Vielfach liegt es an der Prägung der ersten Jahre, wie viel vom Grundbedürfnis nach Autonomie gelebt wird. Manche Menschen fühlen sich in dem Korsett, das andere ihnen anlegen, sogar wohl. Ob es nun von Partnern, Eltern, Lehrern, Arbeitgebern, Trainern, Ärzten oder von wem auch immer geschnürt wird. Stets sind dadurch unabhängiges Denken und Handeln unterbunden. Am Ende trägt der Einzelne die Verantwortung, wie er damit umgeht. Je früher dem jungen Menschen der mentalen Reife entsprechend unabhängiges Denken und Handeln zugestanden und ermöglicht wird, umso eher lernt er, dessen Vorzüge, aber auch mögliche Fallen zu erkennen. Freiheit bedeutet nicht nur freie geistige und physische Bewegung, sondern auch einen Verzicht auf Sicherheit und das Eingehen von Risiken. Dieser Preis ist vielen Menschen zu hoch. Sie haben nicht das Selbstbewusstsein und Selbstvertrauen, ihr Leben weitgehend unabhängig zu bewältigen. Woran erkennen wir, dass mentale und emotionale Unabhängigkeit nicht gelebt wird?

Mentale Engpässe, die auf fehlende Autonomie im Denken und Handeln hinweisen

- Passive verbale Ausdrucksweise: „Ich muss" statt „ich will": Wie oft sage ich, ohne darüber nachzudenken: „Ich muss"? „Ich muss einkaufen, ich muss den Termin einhalten, ich muss meine Aufgaben erledigen, ich muss lernen, ich muss trainieren, ich muss jemandem gratulieren!" Ich drücke Zwänge aus. Natürlich kommt es vor, dass Verpflichtungen und der Wille übereinstimmen und ich das, was ich muss, auch will. Das Wort „muss" offenbart die Gewohnheit, sich zu fügen, sich einem Plan unterzuordnen, den andere erstellten und den ich zu meinem Plan mache. „Eigentlich will ich schon!" Still und heimlich nistet sich das „Müssen" im Leben ein.
- Kampf als Ausdruck innerer Abhängigkeit: „Ich will, aber ich kann nicht!" Ist der Wille zu schwach, das vorhandene Potenzial zu nutzen, entsteht ein Zustand, der viele Karrieren begleitet. Ein innerer Kampf! Die Vernunft sagt „Ja", das Herz sagt „Nein"! Haben Kopf und Herz unterschiedliche Vorstellungen, hemmt es jede Aktion. Das innere Gleichgewicht fehlt. Was ich tue, wie ich mich verhalte, alles folgt Zwängen. Mein inneres Parlament debattiert Pro und Kontra. Widersprüche kosten Energie. Am Ende sind die Zwänge zumindest temporär Sieger. Psychische Anteile, die sich dagegen sträuben, werden vorerst missachtet oder unterdrückt. Ihre Kraft ist noch zu schwach. Sie setzen sich noch nicht durch. Wie in jeder Debatte, in der über Bedürfnisse eines oder mehrerer Teilnehmer drübergefahren wird, ist die Lösung nur vorläufig. Energien zerstreuen sich. Sinne fokussieren sich nicht. Positive Emotionen fehlen. Der Weg führt selten ans Ziel. Die innere Demokratie ist vorübergehend

ausgeschaltet. Ich werde zum Diktator, zur Diktatorin gegen eigene Bedürfnisse! Bis eine innere Revolution ausbricht und der eingeschlagene Weg endet, weil die mentalen und emotionalen Energien am Ende sind.
- Wankelmut: „Soll ich? Soll ich nicht?" Ich verschiebe Entscheidungen auf unbestimmte Zeit. Manchmal finden die inneren Stimmen für meinen Weg eine Mehrheit. Dann kommen wieder Phasen, in denen sich die innere Majorität dagegen sträubt. Es fehlt meine klare innere Stellungnahme. Der Wunsch: „Würden doch andere die Entscheidung für mich treffen!" Endlich ein Entschluss! Nicht aus eigener Überzeugung, eher durch die Umstände getrieben. Ich stehe innerlich nicht so dazu, wie es nötig wäre, um meinen Weg mit aller Konsequenz zu gehen. Die Entscheidung steht auf wackligen Beinen. Das geistige Fundament fehlt. Gibt es Einwände, bin ich bereit, über meinen Entschluss nachzudenken, ihn zurückzunehmen oder abzuschwächen. Andere treffen die Entscheidung oder beeinflussen sie.
- Rollenunklarheit: Jeder spielt im Leben verschiedene Rollen. Unabhängige Menschen spielen sie bewusst. Sie bringen ihre ganze Person ein. Rollen prägen Menschen, Menschen prägen Rollen. Geringe Autonomie im Denken und Handeln hat zur Folge, dass man sich in Rollen zwängen lässt, die nicht passen. Manche Aufgaben fordern zu stark, andere zu wenig. Beide sind unangemessen! Man fühlt sich über- oder unterfordert oder einfach fehl am Platz! Unzufriedenheit und Burn-out sind die Folgen, wenn Klarheit fehlt, welche Rolle man im System spielt.
- Hin- und hergerissen: Mangelndes Rollenbewusstsein ist auch die Ursache, wenn man sich im Leben hin- und hergerissen fühlt. Ein ständiger Versuch, mehrere Rollen gleichzeitig zu erfüllen, weil einem andere sie zuteilen oder man selbst sich in sie drängt. Die Gefahr, in ein Burn-out zu schlittern, ist real. Ein Gefühl der Unzulänglichkeit meldet sich. Man merkt, dass man die Aufgaben nicht so erfüllt, wie es eigenen Ansprüchen entspricht.

- Eigene Meinungen fehlen: Ohne Autonomie fehlen eigene Ansichten zu wesentlichen Themen des Lebens. Es ist doch bequemer, die Meinungen anderer unreflektiert zu übernehmen. Selbst zu denken und unabhängig agieren erfordert Reflexion. Sie verbraucht mentale Energie. Menschen, die geistig abhängig sind, empfinden jeden Schritt zu mehr Autonomie als mentale Grenzüberschreitung. Sie verlassen ihre geistige Komfortzone. Man benötigt innere Motivation und Energie, dieser Passivität zu entgehen.
- Planlosigkeit und Unverlässlichkeit: kein eigener Plan, zugleich auch wenig Lust, nur die Vorgaben anderer zu erfüllen? Irgendwann stellt sich selbst in geistig-emotionaler Abhängigkeit eine Aufbruchsstimmung ein. Die Rolle des Erfüllungsgehilfen für die Ziele anderer hängt einem zum Hals raus! Plötzlich wächst das Bedürfnis nach Unabhängigkeit und eigenen Zielen. Man will eigene Träume und Visionen verwirklichen. Der erste Schritt: ein Plan aus eigener Reflexion. Nur wer selbst denkt, kann seine Gedanken adaptieren, wenn es die Umstände erfordern. Handelt man nur nach Plänen anderer, fehlt die Einsicht, wie in eigener Verantwortung Änderungen vorzunehmen sind. Alibi-Aktionen erscheinen wenig sinnhaft. Geistiger Background fehlt! Man gilt als unverlässlich, in Wirklichkeit ist man eher planlos.
- Angst vor Fehlern: Wer nie lernt, autonom zu denken und zu handeln, wird unsicher und passiv. Fallen Auftraggeber weg, fühlt man sich alleingelassen. Man muss aus eigener Einsicht handeln und fühlt sich völlig überfordert. Die Angst vor Fehlern, vor dem Absturz wächst. Unsicherheit und Zweifel sind die geistigen Begleiter. Den Kopf einziehen, die Augen zu und durch, in der Hoffnung, heil davonzukommen, wird zum Ziel.
- Wenig Phantasie für eigene Fragen: Mental abhängigen Personen fehlt die Einsicht, um konkrete Fragen zu stellen. Sie sind es gewohnt, zu befolgen anstatt zu fragen. Andere übernehmen das Denken. Sie sorgen für fertige Antworten. Möchte man selbst einmal nachfragen, fehlt entweder der

Mut oder geeignete Ansprechpartner. Man fürchtet, „dumme" Fragen zu stellen und lässt den Dingen ihren Lauf. Viele Krisen blieben aus, würden die Menschen autonom denken und handeln und zur rechten Zeit fragen.

- Negatives Selbstbild: Menschen mit geringer geistiger Unabhängigkeit und wenig Freiheitsbedürfnis haben meist ein negatives, ein diffuses Selbstbild. Sie fühlen sich im Vergleich mit anderen minderwertig. Das Verhalten ihres Umfelds bestärkt sie. Geistige Abhängigkeit von Meinungen, Anweisungen, Ratschlägen, Belehrungen anderer lässt keine eigenen Erfolgserfahrungen zu. Wer aber keine Bestätigung für die Wirksamkeit seiner Fähigkeiten und Eigenschaften erhält, erfährt wenig Anerkennung als Quelle eines positiven Selbstbildes.

Konkrete Zielvorstellungen, die das Entwickeln persönlicher Autonomie unterstützen

- Innere Überzeugung: „Ich möchte, bin mir aber nicht sicher!" Große Ziele erfordern außergewöhnliche Fähigkeiten. Ich nehme den mentalen Anlauf, bevor ich mich für anspruchsvolle Ziele entscheide. Anfangs fehlt es an Überzeugung. Man zweifelt am „Ob", nicht am „Was"! Kann und will ich diesen Weg? Glaube ich daran, ihn zu schaffen? Mentale Klarheit kennt aber kein Wenn oder Aber. Pros und Kontras sind normal. Ich berate sie mit mir selbst und meinem Umfeld. Erfolge anderer machen nicht Mut, ihr Scheitern weckt Zweifel. Rahel Varnhagen von Ense, eine Vorkämpferin der Gleichberechtigung für Frauen: „Liebe ist die größte Überzeugung!" Deshalb die Frage: „Liebe ich das, was ich mir zum Ziel setze, aus tiefstem Herzen?" Es warten höchste Anforderungen an Körper, Geist und Seele. Die Überzeugung lebt von geistiger Autonomie und persönlicher Reife. Im Spitzensport und anderen Bereichen, in denen Spitzenleistungen gefordert sind, genügt es nicht, wenn körperliches

Handwerk die Anforderungen allein erfüllt. Geistig-emotionale Mündigkeit, persönliche Souveränität und Selbstständigkeit gehören dazu. Klare Gedanken schaffen positive Gefühle und unzweifelhafte Aktionen. Sie sind Grundlagen für das Überwinden von Problemen. Nur wer von seinem Vorhaben völlig überzeugt ist, hat den Willen zur Umsetzung.

- Eindeutige, positive Sprache: „Ich muss dann später noch zum Training!" „Müssen" oder doch „Wollen"? Der Wille ist Ausdruck tiefer Überzeugung, meine Aufgabe erfüllen zu wollen. In die stärkste Überzeugung mengen sich bisweilen Zweifel. Ich achte darauf, wie ich rede! Welche Worte benutze ich? Welchen Tonfall hat meine Stimme? Was drückt mein Körper aus? In Sprache und Taten zeigt sich Autonomie als geistig-emotionale Reife. Drückt die Sprache eindeutigen Willen, entschiedene Überzeugung aus? Ist sie bestimmt? Bin ich mental und auch emotional auf dem Weg? Verwende ich die Ich-Form, wenn ich meine Zukunftspläne schildere? Zeigen meine Worte eine reflektierte Meinung zu mir, meinem Tun und Verhalten? Bin ich von der Richtigkeit der Aufgaben, denen ich mich stelle, überzeugt? Habe ich eine positive Grundeinstellung zu mir? Stehe ich für eigene Fehler ein? Meine Sprache drückt Autonomie und Freiheit aus. Oder auch nicht!
- Klarer Fokus auf sich, den Weg, das Ziel: Betreuer oder Eltern kennen den hilfesuchenden Blick, wenn es im Training oder Wettkampf nicht so läuft wie gewünscht. Die Sinne richten sich nicht auf die Aufgabe. Der Blick geht bewundernd auf jene, die ihr Ziel erreicht haben. Stellen Sie, liebe Leserin, lieber Leser, sich die folgende Szene vor: Zwei Seilschaften sind auf dem Weg zum Gipfel. Die Routen sind unterschiedlich, die Schwierigkeitsgrade sind dieselben. Welche Gruppe schafft den Aufstieg sicherer und rascher? Was passiert, wenn Mitglieder einer Gruppe ihre Sinne darauf fokussieren, was die andere Gruppe tut, wenn Sichtkontakt besteht? Sie beobachten, wie sich die Konkurrenz verhält, welche Möglichkeiten sie anwendet. Der Fokus auf die eigene Aufgabe,

auf eigene Fähigkeiten schwindet. Erfahrene Sportler und Sportlerinnen, die geübt sind in der hohen Kunst mentaler Wettkampfführung, trachten danach, die Gedanken ihrer Konkurrenten zu beschäftigen. Sie gelangen mit deren tatkräftiger Mithilfe in ihren Kopf. Sie lenken deren Fokus auf sich. Weniger erfahrene Konkurrenten lassen es zu. Sie spielen das Spiel mit. Es ist das Spiel der Gegner! Die geistige Autonomie schwindet! Die Aufmerksamkeit gilt den Aktionen der anderen, während sich diese auf ihr Ziel fokussieren. Wer unabhängig fühlt, denkt und handelt, erreicht das Ziel schneller und sicherer. Es ist jene Gruppe, die ihre mentale und emotionale Autonomie auch unter den Bedingungen des Wettkampfs aufrechterhält.

- Autonomes Denken und Handeln schafft positive Emotionen: Oft finden die Zuschauer nicht nur die Leistungen der Champions bewundernswert. Auch ihre Ausstrahlung zieht sie an. Champions fokussieren sämtliche Sinne auf die Erfüllung ihrer Aufgaben. Positive Emotionen begleiten sie angesichts schwieriger Herausforderungen. Sie wirken gedanklich bei sich, strahlen Ruhe und Gelassenheit aus, wenn die Wogen des Wettkampfs hochgehen. Sie denken und agieren, als befänden sie sich im Auge eines Hurrikans. Hier herrschen absolute Stille und ein inneres Gleichgewicht. Unabhängig vom Getöse ringsum und den Emotionen auf den Rängen leben Champions die Emotionen, die sie im Moment brauchen. Sie strahlen sie auch auf die Umgebung aus und wirken souverän auf Gegner wie auf Zuschauer.
- Souveränes Verhalten: „Ich konnte tun, was ich wollte, er hatte immer eine bessere Antwort. Dabei hatte ich nicht den Eindruck, er strenge sich an!" Mental souverän agierende Menschen lassen sich weder von Meinungen noch von Resultaten beeinflussen. Sie wissen, was sie können und wollen. Sie wissen, was sie noch nicht können und was sie nicht wollen. Das gibt ihnen innere Freiheit. Ihre Aktionen und Reaktionen auf äußere Einflüsse wirken kontrolliert. Sie verlassen sich in schwierigen Wettkampfphasen auf ihre Intuition.

Störende Umstände beeinträchtigen sie weder geistig noch emotional, weil sie mit ihrem Ziel nichts zu tun haben. Sie sind autonom in jeder Hinsicht!

Übungen, die die Entwicklung von Autonomie und geistiger Souveränität unterstützen

✓ Klarer, positiver und individueller Ausdruck

Die Sprache drückt nicht nur das Thema, sondern auch die Qualität meiner Gedanken aus. Auch Gefühle und Emotionen äußern sich. Sagen sie mir, dass ich das Steuer meines Lebens fester umfassen soll, damit es in meine Richtung geht? Sind die Gedanken oberflächlich und unbestimmt, verliere ich den Faden und komme geistig vom Thema ab. Der Blick auf das Ziel wird diffus, getrübt durch Ereignisse, Erinnerungen, Zwänge oder andere Situationen. Mit Worten kann ich meine Souveränität, Unabhängigkeit und Freiheit wiedererlangen. Ich rufe mich zur Ordnung. Worte und Gesten sind Signale! Ich fordere von mir Klarheit. Wie ich das tue, liegt an meiner individuellen Persönlichkeit. Meine Worte und Gesten sind äußere Zeichen innerer Vorgänge. Je klarer und authentischer sie sind, umso autonomer und freier fühle ich mich. Je öfter ich die Sprache anderer annehme, umso mehr kopiere ich deren Ausdrucksweisen! Reden und handeln, wie es zu mir passt! Mit Worten und Gesten, die äußern, was ich denke und fühle. Die Arbeit an der klaren Sprache ist Arbeit an dem Instrument, das meine Autonomie ausdrückt.

✓ Mein persönliches Mantra

Gedanken und Verhalten drücken Werte und Einstellungen aus. Manche zeige ich bewusst, viele unbewusst. Im Lauf der Zeit verlieren Menschen den bewussten Kontakt zu ihren Werten. Sie sind aber das Fundament meiner Aktivitäten. „Die Eltern und meine Familie, meine echten Freunde sorgen dafür, dass ich trotz aller Erlebnisse nie die Bodenhaftung verliere", sagte ein Sportler nach einem großen Erfolg. Diese Worte signalisieren die individuelle Bedeutung von Werten. Manche erinnern sich in stürmischen Zeiten an ein Motto oder ein Leitbild. Wie ein innerer Kompass geben sie Gedanken und Gefühlen eine Richtung. Vor allem, wenn der mentale oder der emotionale Abflug droht. Ereignisse lösen Emotionen aus, denen man sich gerne hingeben würde. Es kostet weniger Energie, mit der Masse zu schwimmen, als auf dem eigenen Weg zu bleiben. Ein persönliches Motto, ein Wahlspruch, eine Geste, ein Leitsatz können daran erinnern, was im Leben wichtig ist. Eine kurze, klare Botschaft, die Individualität und vor allem Souveränität vermittelt!

✓ Sprachhygiene

Körperhygiene gehört zu unserem fixen Tagesablauf. Wie steht es aber mit geistiger Hygiene? Die Sprache als Ausdruck von Gedanken und Gefühlen bringt manchmal Flecken ans Licht, die man auf dem Körper nie tolerieren würde. Ich meine hier nicht Äußerungen, wie sie oft in den sozialen Medien verwendet werden. Dort glaubt ohnehin so mancher Zeitgenosse, seinen geistigen Müll deponieren zu dürfen. Unabhängigkeit im Denken vermeidet das Wort „müssen". Eine geistige Barriere, wenn es darum geht, die Zügel in eigene Hände zu nehmen. Wer muss, macht sich zum Getriebenen und fühlt sich so. Immer wieder ertappe ich mich selbst, zumindest sprachlich zu „müssen" statt zu „wollen". Eine Gewohnheit, die ich ändern kann. Es gibt auch noch andere Wörter, die meine Autonomie untergraben. Verben wie „versuchen" oder „probieren" drücken Zweifel aus. „Ich versuche es!" Nicht „tun", nur „probieren!" Wer vom „Versuchen" spricht, legt bereits die geistige Saat des Scheiterns. Nicht das Ziel rückt ins Zentrum, sondern Zaghaftigkeit und Zweifel. Solche Wörter rauben meine Autonomie. Ich tue nicht, ich versuche und probiere. Leben, denken, handeln auf Probe! Das passende verbale Programm sind starke, positive Worte. Sie drücken aus, dass ich will, dass ich tue, mein Ziel verfolge, angeleitet von Klarheit und Eindeutigkeit.

✓ **Prioritäten setzen**

Häufig diktiert uns der Alltag, womit und wie wir die Tage verbringen. Termine beschäftigen Gedanken und Emotionen. Manchmal fühlt man sich wie auf dem falschen Dampfer. Zu spät erkennt man, dass die Aktivitäten, die eigentlich wichtig sind, auf der Strecke bleiben. In ruhigen Stunden, wenn ich gedanklich endlich bei mir selbst sein kann, kommen Themen geistig hoch, die mir wichtig sind. Auf meiner To-do-Liste als „unerledigt". Unabhängig zu denken, gibt Antworten auf die Frage „Was ist mir wirklich wichtig?" Oft müssen dringende Aufgaben rasch erledigt sein. Sie stehen in Konkurrenz mit meinen eigentlichen Prioritäten. Halte ich angesichts solcher Anforderungen die Balance, bleibt weder das subjektiv Wichtige noch das objektiv Dringende auf der Strecke. Es geht um Planung und um Prioritäten. Damit gebe ich mir die Chance, unabhängiger zu leben. Viele Champions legen sich Listen zurecht, auf der Dringendes und Wichtiges vermerkt sind. Andere Aufgaben delegieren sie oder verschieben sie in die Rubrik unwichtig, unbedeutend oder Papierkorb.

✓ **Der tiefere Sinn im eigenen Tun**

Manchmal halte ich inne, um mich zu vergewissern, ob die Art, wie ich lebe, mich auch emotional befriedigt. „Ist das noch mein Ding?" Selten stellen sich Menschen diese Frage ernsthaft. Doch sie lohnt sich immer! „Was bewegt mich, zu tun, was ich tue? Stehe ich aus vollem Herzen dazu, oder mache ich mich zum Werkzeug für Ziele anderer?" Fragen nach dem „Warum?" sind entlarvend. Meine Antworten decken meine wahren Motive dafür auf, was ich täglich denke und tue. Ich schöpfe aus dem Reservoir meiner wahren Beweggründe und wecke positive Emotionen. Schritte zu mir selbst, zu Autonomie, zu Freiheit. Folgende Geschichte verdeutlicht die Kraft der ehrlichen Antwort auf die Frage „Warum?"

Drei Arbeiter verrichten auf einer Baustelle dieselbe Arbeit, in sich ständig wiederholenden Arbeitsgängen. Sie errichten die Wand eines Hauses und legen Baustein an Baustein. Reihe um Reihe, immer höher und höher. Eine fremde Person kommt vorbei. Sie fragt den Arbeiter, der ihr am Nächsten steht: „Was machst du hier?" Der Angesprochene antwortet, ohne seinen Blick zu heben: „Das siehst du ja! Ich reihe Ziegelstein an Ziegelstein, von morgens bis abends, Stunde um Stunde!" Der Fremde geht einige Schritte weiter und fragt den nächsten Arbeiter: „Was machst du hier?" Der zweite Arbeiter unterbricht seine Tätigkeit, blickt auf das bisher Geleistete: „Ich baue eine Wand, die zu einem Haus gehören wird." Gut, denkt sich der Fremde, dann frage ich noch den Dritten: „Was tust du hier?" Der Gefragte hält kurz inne und erwidert mit einem stillen Lächeln: „Ich schaffe neuen Wohnraum für Menschen!"

Dreimal dieselbe Frage, aber drei grundverschiedene Antworten, die tiefe Einblicke in die geistige Beteiligung zulassen. Der erste Arbeiter nimmt nur den sich ständig wiederholenden, monotonen Arbeitsgang wahr. Ziegel auf Ziegel. Der zweite Arbeiter hat eine gewisse Vorstellung, welche Gestalt sein Werk annehmen soll. Aber der dritte Arbeiter erkennt, was er im Moment tut, stellt sich aber schon das fertige Haus vor und erkennt den Zweck, den Sinn, den er mit seiner Arbeit verwirklicht. Stein um Stein für die Bleibe von Menschen. Jeder kann, wenn er nur will, den tieferen Sinn hinter seiner Tätigkeit erkennen. Es ist die Mühe des Nachfragens und die Zeit für die Antworten wert! Was soll am Ende daraus werden? Der Sinn, dem ich große Teile der Energie widme. Ein Blick hinter das Tun enthüllt die persönlichen Beweggründe. Ein Gefühl der Freiheit und Autonomie stellt sich ein, auch wenn man als Angestellter tätig ist. Es verschafft einen Schub an Motivation.

✓ **Innere Motivation**

„Begibst du dich auf den Weg zu großen Zielen, tue dies mit halbleerem Magen und vollem Tank", sagt ein Sprichwort. Ein nur halb gefüllter Magen sorgt dafür, dass immer Luft nach oben bleibt. Körper und Geist sind nicht durch kleine Etappenerfolge im Mittelmaß gesättigt. Hohe Ziele erreichen wir durch persönliche Beweggründe! Sie lassen mich so lange weitertun, bis ich mein Ziel geschafft haben. Motive sind ein Zeichen für autonomes Denken und Handeln. Natürlich schadet niemandem manchmal ein kleiner Schubs von außen, wenn die eigene Motivation vom geistigen Alltagsmüll verdeckt ist. Niemand verzichtet völlig auf solche Hilfe. Die Corona-Zeit, in der sportliche Wettkämpfe bestenfalls in einer sterilen Blase möglich sind, ohne Zuschauer, nahm Sportlerinnen und Sportlern das gewohnte Umfeld. Der Ansporn von außen durch Publikum fehlte. Wahre Souveränität und innere Freiheit äußern sich, wenn die inneren Beweggründe so stark sind, dass das Ziel trotz aller Widrigkeiten mit großer Energie verfolgt wird.

✓ **Unabhängige Geister haben Fragen und stellen sie auch**

„Hat noch jemand Fragen?" Zum Abschluss von Reden, Vorträgen oder Seminaren und Trainings geht der Blick in die Runde. Es gäbe Neues zu erfahren, was mich persönlich interessiert! Die häufigste Antwort ist aber Schweigen! Vielleicht doch eine zaghaft erhobene Hand ganz hinten in der letzten Reihe. Die meisten ducken sich, halten die Köpfe tief. Keine Fragen offen? Oder doch? Menschen, die selbst denken, haben Fragen! Sie denken den Schritt weiter, wo neue Fragen auftauchen. Niemandem gelingt es, ein Thema so auszuleuchten, dass alle weißen Stellen im Wissen schwinden. Jetzt offenbaren sich die Geister, die es gelernt haben, selbstständig zu denken. Ihnen ist nie alles klar. Für sie gibt es keine „blöden" Fragen, die man nicht zu stellen wagt. Für sie heißt mitdenken, eigene Vorstellungen zu haben und sie weiterzuentwickeln. Der inneren Stimme folgend, den eigenen Standpunkt auch in kontroversen Themen zu vertreten, wenn man überzeugt ist, dass er Gewicht hat. Es ist ein Markenzeichen erfolgreicher, unabhängig denkender Menschen. Sie beleuchten sogar wenig besuchte Wissensfelder durch ihre Fragen, durch Diskussion, durch aktives Zuhören, durch Suche nach Lösungen, die auf eigenem Gedankenmist gewachsen sind. Sie überlassen das Feld ihrer Entwicklung nicht anderen Menschen in der Ansicht: „Mach was aus meinem Talent!" Ihre Einstellung: „Ich selbst bin Gestalter und Vertreter meiner Sache!" Um Aufgaben lösen zu können, sind Fragen für sie das Mittel der Wahl.

✓ Bauchgefühl

Manchmal übertreibe ich es mit dem Denken. Das geht so weit, dass ich den Wald vor lauter Bäumen nicht wahrnehme. Die Zeit für Entschlüsse verstreicht. Unabhängig denkende Menschen trauen auch ihrer Intuition. Sie nutzt bisherige Erfahrungen, folgt der inneren Stimme und verzichtet auf Argumente der Logik. Besonders dann, wenn rationales Überlegen zu keinem Ergebnis führt. Intuitiv handelnde Menschen sind bereit, für die Überwindung von Stillstand Fehler zu riskieren. Der Geist befasst sich nicht damit, was dabei passieren könnte, sondern ist beseelt von den positiven Aussichten. Verfehlen sie ihr Ziel, lernen sie daraus. Sie stellen Fragen, suchen nach Lösungen, statt Problemen allzu viel geistigen Raum zu geben oder gar darüber zu klagen. Sie ignorieren sie keineswegs. Aber ihr Lernen aus Erfahrung ermöglicht es ihnen, intuitiv Lösungswege zu finden.

✓ Geistig-psychische Basisdemokratie

Unabhängige Menschen pflegen ihre geistig-psychische Basisdemokratie. Ihre Zweifel und Widersprüche bekommen die Chance, sich zu artikulieren. Innere Einwände sind nicht nur geistig-emotional, sondern auch körperlich zu spüren. „Was wollen mir meine Zweifel sagen? Gibt es innere Stimmen, die in der Planung nicht zu Wort kamen und sich jetzt dagegen auflehnen?"

Innere Widersprüche verfolgen positive Absichten. Sie zu identifizieren heißt, hinter die Kulissen der Zweifel zu blicken. Das ist eine Fähigkeit souverän denkender und handelnder Menschen. Das Ergebnis ist mentale und psychische Entlastung. Sie spüren innere Konflikte auf und vertreten ihre Standpunkte überzeugend. Sie sind reflektiert und nehmen Rücksicht auf ihre innere Ökologie.

✓ Energetisches Gleichgewicht

Äußere Ausgeglichenheit vermittelt innere Autonomie. Nervosität oder Stress sind selten. Mangelndes Engagement oder Desinteresse sind keine Themen, wenn Situationen zu klären oder Probleme zu lösen sind. Frei denkende Menschen halten Körperkontakt mit sich selbst. Sie spüren ihre Emotionen und entwickeln Mechanismen, mit denen sie ihr Gleichgewicht wiederherstellen, wenn es entgleitet. Geht es nicht anders, verändern sie für kurze Momente die Perspektive und betrachten die Unruhe schaffende Situation von außen. Sie distanzieren sich emotional. So bringen sie ihre Energien ins Lot zurück und verhalten sich der Lage entsprechend optimal.

✓ So tun, als ob

Manchmal imitieren wir andere in Sprache, Verhalten, Mimik, Wortwahl. Wir lernen durch Zuschauen und Nachahmen. „So tun, als ob" ist eine Technik, sich zielführende Gewohnheiten, Eigenschaften oder Fähigkeiten anzueignen. Menschen, die mir durch die Unabhängigkeit und ihr Charisma imponieren, werden mir zum Vorbild. Kenne ich potenzielle Idole, die sich dafür eignen? Erscheint mir das Verhalten anderer Menschen als positiv, schenke ich ihnen Beachtung. Ich ahme sie nach. Neues Verhalten zieht im Gehirn neue Spuren. Je öfter ich den Vorgang wiederhole, umso tiefer und widerstandsfähiger sind die Bahnen. Erinnern wir uns an das englische Zitat: „Fake it until you make it!" Tue etwas so lange, bis es dir zur Gewohnheit wird.

Bis die Spuren im Gehirn deutlich genug sind, dass das neue Verhalten in Fleisch und Blut übergeht, sich automatisiert. Ich denke nicht mehr darüber nach. „Tue als ob, bis du es kannst!" Spiele die Rolle der Souveränität, bis du es bist.

EIGENVERANTWORTUNG ALS WURZEL JEDER VERANTWORTUNG

„Weine nicht über Fehler der Vergangenheit! Übernimm Verantwortung dafür, dass dir die Zukunft Erfolg bringt!"

„Jetzt wird es Zeit, dass du die Verantwortung für dich selbst übernimmst!" Oft konfrontiert man vor allem junge Menschen mit dieser Aufforderung, wenn das Leben nach Selbstverantwortung verlangt. Die Verantwortung übernehmen, das klingt immer nach Verpflichtung. Stimmt natürlich! Aber auch Chancen ergeben sich. Das Gesetz beurteilt die Fähigkeit der Person, Verpflichtungen einzugehen damit, dass sie ihre Rechte aus eigener Anschauung und eigenem Verständnis wahrnehmen und die Chancen ausschöpfen können, die das Leben anbietet. Verantwortung für eigenes Denken und Handeln übernehmen bedeutet, für sich oder andere Verpflichtungen einzugehen. Es sind Schritte zu mehr Autonomie und Freiheit. Handle und verhalte ich mich innerhalb gesellschaftlich festgelegter Regeln, muss ich niemanden fragen, wenn ich etwas tue oder sage, was mich selbst betrifft. Ich handle oder unterlasse eigenmächtig.

Selbstverantwortung ist die Wurzel jeder Verantwortung, sagt der konfuzianische Philosoph Mengzi. Wie sollte jemand Verantwortung für andere übernehmen, der mit eigenen Rechten und Pflichten nicht zurechtkommt? Verantwortung ist die bewusste Verpflichtung gegen sich und andere, zu tun oder zu unterlassen, was durch eigene Fähigkeiten machbar ist, um damit ein Ziel zu erreichen. Habe ich die Fähigkeit oder Eigenschaft nicht, kann ich keine Verantwortung übernehmen. Eigenverantwortung heißt selbst bestimmen und entscheiden. Ich verantworte, wie und was ich denke und fühle, wie ich handle, was ich tue oder unterlasse, wie ich mich verhalte. Eigenverantwortliche Entscheidung setzt voraus, dass ich mehrere Optionen habe, zwischen denen ich wählen kann. Ich entscheide mich bewusst, wenn mir die wesentlichen Folgen bekannt sind. Meine Wahl folgt der inneren Überzeugung. Oft ist es eine Wahl kleinstmöglicher Übel. Das Leben hat nicht nur positive Optionen zu offerieren. Oft beiße ich in den sauren Apfel, um ein Ziel zu erreichen. Ich brauche Beweggründe, um der Entscheidung Positives abgewinnen zu können.

Eigenverantwortung bedeutet auch zuständig sein für alles, was ich unterlasse. Unabhängige Persönlichkeiten zeigen Charakterstärke. Sie übernehmen für ihr Handeln, Denken und Verhalten Verantwortung und tragen die Folgen ihrer Entscheidungen. Wer Verantwortung trägt, berührt drei Eckpunkte: Wer (1) ist wofür (2) wem (3) verantwortlich? WER fragt nach Verantwortungsträgern. WOFÜR ist die Frage nach dem Verantwortungsinhalt. Die Antwort auf die Frage WEM nennt den oder die Adressaten der Handlung oder Nichthandlung. Selbstverantwortung im Sport heißt: Der Sportler/die Sportlerin (wer?) ist für die Handlungen, Leistungen und Ergebnisse im Training und im Wettkampf (wofür?) dem eigenen Talent und den eigenen Zielen (wem?) verpflichtet! Weder Trainer noch Eltern oder irgendwelche anderen Menschen haben das Recht, sportliche Leistung zu fordern. Obwohl manche meinen, dieses Recht zu haben. Man kann Einstellungen und Handlungen einfordern, die zur Leistung führen können. „Ich verlange Leistung von dir" ist eine Forderung, die über dieses Ziel hinausschießt. Nutznießer und Adressat der Entwicklung, des Einsatzes ist immer nur das eigene Talent, die eigene Vision, das eigene Ziel, der eigene Erfolg!

In sportlichen Karrieren werden Verantwortungen bedeutsam. Vermeintliche oder tatsächliche Pflichten gegenüber Umfeld, Sponsoren oder Öffentlichkeit belasten junge Athletinnen und Athleten mental und emotional. Das kann die Aktivitäten beeinträchtigen und Leistungen blockieren. Zu Beginn der Karriere ist deshalb abzuklären, ob, welche und wieviel Verantwortung die Sportlerin, der Sportler zu übernehmen bereit und fähig ist, welche Inhalte gefordert sind und wem diese Verpflichtungen gelten. Das Ausmaß der Verantwortung muss dem Alter und der individuellen mentalen, körperlichen und psychischen Reife Rechnung tragen.

Eigenverantwortliche Entscheidungen, die spätere Anforderungen erfüllen sollen, ermöglicht nicht nur die Vernunft, sondern auch die Intuition. Entscheidungen des Herzens sind in der Regel stabiler als jene, die aus rationalen Überlegungen getroffen sind. Das Unterbewusstsein spielt mit. Manche nennen es den „weisen Anteil". Es speichert alle Erfahrungen und Erlebnisse aus dem bisherigen Leben und nutzt sie zur Entscheidungsfindung. Hinter Herzensentscheidungen liegen Bedürfnisse, die oft verborgen sind. Entscheidungen aus rationaler Überlegung sind Reflexionsprodukte. Man legt Pro- und Kontra-Argumente auf die Waage und prüft seine Motive auf ihr Gewicht. Bauchgefühl, Reflexion und manchmal ein Rat von außen ermöglichen selbstverantwortliche Entscheidungen.

Mentale Engpässe, die auf fehlende Selbstverantwortung hinweisen

- Wenig motiviert zu eigenem Denken, Handeln und Verhalten: Mangelnde Selbstverantwortung zeigt sich nicht allein darin, dass ich Entscheidungen aus dem Weg gehe und es generell scheue, Pflichten auf mich zu nehmen. Sie zeigt auch, dass ich keine eigene Meinung zur Entwicklung meiner Talente habe. Unreflektiert übernehme ich die Ansichten anderer. Das geht sogar in Themenbereiche eigener Lebensführung. „Sag du mir, was ich tun und denken soll!" Viele Menschen geben auf die Frage, wie es ihnen geht, keine ehrliche Antwort. „Danke, eh ganz gut!" Nur nicht nachdenken! Nur keine eigene Meinung äußern, auch nicht zum persönlichen Empfinden. Jugendliche blicken reflexartig auf Eltern oder Trainer, damit diese für sie die Antworten übernehmen, die sie selbst geben sollten.

- Handeln und denken nach äußeren Vorgaben: Wenig Motivation zu eigener Verantwortung zeigt sich auch durch Unwohlfühlen bei Entscheidungen. Ich verschiebe sie, bis es nicht mehr anders geht und die Umstände mich dazu zwingen. Entscheidungen, auch für das eigene Leben, delegiere ich an andere. Deren Entscheidungen akzeptiere ich und befolge sie. Tauchen Probleme auf und stellt sich Leidensdruck ein, beginne ich angesichts der Missstände zaghaft selbst nachzudenken. Ich stelle die Sinnfrage: „Was tue ich da eigentlich?" Das Umfeld verstärkt die Entschlussarmut, indem es sich Entscheidungen anmaßt, die der oder die Betreffende selbst fällen könnte und müsste. Es ist auch für das Umfeld bequemer, zu entscheiden, ohne beim Betreffenden nachzufragen, ob der Weg auch seine oder ihre Ansichten und Werte widerspiegelt. Es gibt kaum Einspruch. Die Folgen trägt der bei der Entscheidung Übergangene aber selbst.
- Resistent gegen kompetente Beratung: Menschen mit geringem Mut zur Selbstverantwortung gewöhnen sich daran, dass das Umfeld ihnen ihre Entscheidungen abnimmt. Sie binden sich auch an dessen fachlichen Rat, kümmern sich um keine zweite Meinung. Sie fühlen sich mit Ratschlägen und Vorgaben versorgt. Sie vertrauen nur wenigen Personen, übertragen ihnen aber ihre Verantwortung. Potenziell kompetentere Ratschläge Dritter bleiben tabu. Ein häufiger Grund, warum Talente in ihrer Entwicklung stocken! Zu spät erkennen sie, dass es klug wäre, fachlichen Rat auch von anderen einzuholen oder eine Entscheidung mal selbst zu treffen. „Hätte ich damals auf dich (mich) gehört, wäre es anders gekommen!" Zu späte Reue, zu späte Erkenntnis! Selbstverantwortlich denken und handeln zur rechten Zeit hätte besser getan.
- Verantwortungsloses Handeln: „Erst denken, dann handeln", empfiehlt die Volksweisheit. Geringe Selbstverantwortung hindert die Menschen nicht am Handeln. Manche sind wahre Weltmeister darin, zur falschen Zeit am unrechten Ort unangebrachte Entscheidungen zu treffen. Dieses Vorgehen

kann Geld, Zeit und Energie kosten. Nicht nur den Verursachern selbst, auch anderen. Leute im Umfeld löffeln die Suppe aus und korrigieren die Fehler. Nach Fehlentscheidungen fehlen Verantwortlichen oft Kompetenz, Willen und Vertrauen, den Lapsus auszubügeln. Sie ziehen den Kopf ein. Andere glätten die Wogen, die durch falsche Entscheidungen entstanden sind.

- Zögerliches Handeln: Zweifel äußern sich nicht nur im Handeln, sondern auch in der Sprache. Man spricht von „probieren", „versuchen", „testen", von „vielleicht" und „eventuell". Worte des Zweifels und der Unsicherheit. Zögerliches Handeln ist die Folge. Bewegungen wirken unschlüssig. Oft braucht man mehrere Anläufe, eine einfache Sache zu Ende zu führen.
- Denken an mögliche negative Folgen: Niemand weiß vorher sicher, welche Folgen ein Handeln oder Verhalten haben wird. Man handelt ein Stück weit ins Ungewisse. Fehlt der Mut, habe ich eine pessimistische Grundhaltung. Ungewissheit bedeutet subjektiv Gefahr. Ich scheue Risiken, fürchte mich vor negativen Folgen. Ich mache mir Sorgen, die Menschen mit gelebter Eigenverantwortung nicht in den Sinn kommen. Sie entscheiden sich und machen sich auf den Weg. Sie tun, was wichtig ist. Fehler sind möglich, Rückschläge passieren. Es kommt vor, dass man eine Strecke lang einem Irrweg nachgeht. Lösungen ergeben sich mit der Erkenntnis der Ursache. Der Erfinder Tomas Alva Edison soll nach einem wiederholten Fehlversuch gesagt haben: „Jetzt weiß ich, wie es nicht geht." Er startete den nächsten Anlauf mit neuem Wissen. Scheitern ist kein Gegner des Erfolgs, sondern dessen Teil. „Einmal versucht, gescheitert, gelernt, erneut versucht und wieder gescheitert, aber auf höherem Niveau!"
- Fehlende intrinsische Motive: Verantwortungsscheue Menschen folgen den Vorstellungen und Entscheidungen anderer. Eigenmotive fehlen. Jedweden Aktivitäten fehlen Begeisterung, Inspiration, innere Anteilnahme und der nötige Nachdruck. Spüren sie Gegenwind, schwinden die Ambitionen

zum Weitermachen. Sinnfragen tauchen auf. Zweifel an Fähigkeiten erwachen. Erfolgserfahrungen sind selten. Eigenes Handeln wird hinterfragt, man sucht nach Auswegen, um sich das Leben zu erleichtern und unerfüllte Bedürfnisse auszuleben. Rasch zurück in die Komfortzone, heißt das Ziel. Wertvolle Begabungen bleiben auf der Strecke.

- Andere übernehmen Aufgaben, die man selbst erledigen sollte und kann: das ist ein bedeutendes Thema im Jugendsport. Eltern lassen nicht los! Sie besorgen Aufgaben, die Jugendliche längst selbst erledigen könnten. Mentale und emotionale Reife entwickeln sich nur langsam. Die Chancen, als Persönlichkeit zu wachsen, sind reduziert! Auch in einem Team, in der jedes Mitglied eine Rolle zu spielen hat, halten sich Menschen, die es nicht gewohnt sind, eigenverantwortlich zu denken und zu handeln, eher im Hintergrund. Sie lassen Teamkollegen bei der Erledigung wichtiger Aufgaben den Vortritt.

- Keine klare innere Vorstellung über sich selbst als Wettkämpfer/in: Wettkampf ist der Lohn für das Training und ein Beleg dafür, ob und wie sich Fähigkeiten und Eigenschaften entwickeln. Um diesen Lohn ernten zu können, braucht die Sportlerin, der Sportler eine klare Vorstellung von sich selbst als Wettkämpfer/in. Jeder Wettkampf ist die Gelegenheit für gelebte Eigenverantwortung. Sportlerinnen und Sportler sind dem Wettkampfdruck mental und emotional oft nicht gewachsen. Sie scheuen die Verantwortung für ihre Leistung, ihr Handeln. Junge Menschen, die nicht auf Wettkämpfe vorbereitet sind, fühlen sich den Anforderungen hilflos ausgesetzt. Ihnen fehlen klare geistige Bilder. Was will ich in diesem Wettkampf? Warum will ich das? Womit will ich die Wettkampfziele erreichen? Welche Ressourcen aktiviere ich? Wie setze ich meine Wettkampfkompetenzen effizient ein? Wie will ich als Wettkämpfer/in nach außen hin erscheinen? Was will ich nach dem Wettkampf von mir sagen? Antworten schaffen die klare und eindeutige Vorstellung von sich als Wettkämpfer/in.

Zielvorstellungen für die Entwicklung von Selbstverantwortung

- Das Bewusstsein schaffen, weshalb ich etwas tue oder unterlasse: Du bist nicht nur dafür zuständig, was du tust, sondern auch dafür, was du nicht tust. Die Folgen von Tun oder Unterlassen trägst du, weil du aus eigenem Willen tust oder bleiben lässt. Eigenverantwortlich handelnde Personen erkennen die Folgen von Tun oder Nicht-Tun. „Wenn ich das tue, dann! Wenn ich das nicht tue, dann!" Auf Entwicklung und Leistung bezogen: Unterlasse ich bewusst eine Aufgabe, die meinem Ziel nützt, habe ich meine Gründe. Im Moment steht ein anderes Bedürfnis oben auf der Liste der Prioritäten. Es ist mir jetzt wichtiger als mein Ziel und der Weg dahin. Tue ich etwas, das ich dem Ziel zuliebe unterlassen sollte, erfülle ich mir ein Bedürfnis. Es versperrt mir im Moment die Sicht auf das Ziel, ist mir jetzt wichtiger. Ist mein Ziel wichtig genug, kehre ich zu einem späteren Zeitpunkt wieder auf den Weg zurück. Im Augenblick tue ich aber, wonach mir jetzt ist! Ein Ausdruck gelebter Eigenverantwortung. Ich handle oder unterlasse „wider besserem Wissen". Emotion vor Vernunft! Herz vor Hirn!
- Selbstbestimmt denken, fühlen und handeln: Selbstbestimmung beinhält Eigenverantwortung. Vorstellungen verwirklichen, die der Stimmung des Augenblicks folgen. Ich bestimme mein Handeln, meine Gefühle, meine Gedanken. Niemand schreibt mir vor, was ich denken, fühlen oder tun soll. Persönliche Gründe stehen hinter der Selbstbestimmung, äußere Zwänge behindern sie. Meist erschaffen Menschen und Umstände äußere Zwänge. Selbstbestimmte Personen widerlegen sie durch starke innere Argumente. Sie bevorzugen den eigenen Willen und eigene Bedürfnisse. Ihr Wille hat die Argumente dafür, stärkt sie und setzt sie in die Tat um.
- Bewusste, reflektierte Entscheidungen: Bisweilen merken Menschen nicht, wenn sie an einer Wegkreuzung ihres Lebens stehen. Entscheidungen sind erforderlich. Manche folgen

der Intuition statt rationalen Überlegungen. Andere handeln aus Gewohnheit. Dass es alternative Wege gibt, ignorieren sie. Gewohnheitsentscheidungen bedeuten nicht Eigenverantwortung. Den bewusst gefassten Entscheidungen geht immer ein Denkprozess voran. Für und Wider liefern Argumente dafür.
- Kompetente Beratung einholen: Nicht für jede Entscheidung reicht eigenes Wissen und Können. Eigenverantwortliche Menschen holen kompetenten Rat anderer, die das erforderliche Wissen haben. Sie erfahren zusätzliche Argumente und berücksichtigen sie bei der Entscheidung. Obwohl der Rat anderer in die Entscheidungsfindung mit einfließt, bleiben sie selbst letzte Instanz für Entschlüsse. Die Beratung ermöglicht zusätzliche Blickwinkel.
- Hohes Verantwortungsbewusstsein: Keine Entscheidung geschieht im Vakuum. Immer sind andere Menschen direkt oder indirekt mitbetroffen. Menschen mit hohem Maß an Eigenverantwortung hören auch auf deren Argumente. Einwände oder Zusprüche anderer haben einen gewissen Einfluss, die ultimative Entscheidungskompetenz bleibt bei der Person, die die meisten Konsequenzen trägt. Aber im Bewusstsein, dass sie damit das Leben anderer Menschen berührt und beeinflusst.
- Bauchentscheidungen auf starkem Fundament: Wie erwähnt geschehen intuitive Handlungen auf der Basis eigener Erfahrungen oder jenen von Menschen, denen man vertraut. Intuition lebt von Bewusstheit. Wir lassen Ereignisse, die uns wichtig sind, intensiv auf uns wirken. Wir erleben sie mit allen Sinnen, lassen Emotionen zu und ziehen Schlüsse. Intuition nützt Erfahrungspotenziale und aktiviert das Unterbewusstsein.
- Ungewissheit als Chance: „Diese Ungewissheit macht mich noch verrückt!" Warum wirkt Unklarheit für viele Menschen bedrohlich? Warum hat sie das Potenzial, Menschen psychisch, aber auch physisch krank zu machen? Viele Menschen lernten nie, konstruktiv damit umzugehen und sie

auszuhalten. Das Leben hat viele Ungewissheiten. Niemand weiß, was schon die nächste Stunde, der morgige Tag, das kommende Jahr bringen wird. „Wüsste ich sicher, dass ich erfolgreich werde, entschied ich mich spontan für eine Karriere im Spitzensport, in der Kunst oder wo immer!" Das Leben ist „ergebnisoffen". Nichts ist fix! Nicht allein die Risiken, sondern auch viele Möglichkeiten und Chancen gehören dazu. Selbstverantwortung sorgt für einen klaren Kopf, wodurch ich Chancen und Gefahren rechtzeitig erkenne. Viele Menschen merken ein Leben lang nicht, dass sie Dinge, die ihnen ungewiss scheinen, beeinflussen können. Dass die aktive Gestaltung vieler Situationen, denen sie sich ausgeliefert fühlen, in ihrer Macht liegt. August Strindberg schrieb: „Das Schicksal spielt mit jenen, die auch Schicksal spielen wollen." Eigenverantwortliche Menschen wissen: Nicht alles ist beeinflussbar! Aber trotzdem gehen sie aktiv und optimistisch an ihre Aufgaben. Sie erkennen im scheinbar Unbeeinflussbaren Möglichkeiten, den Lauf der Dinge aktiv zu bestimmen. Sie leugnen das Ungewisse nie, sehen die Zukunft aber eher als Chance statt als Gefahr. Sie drehen an kleinen Rädchen und verändern das große Ganze. Sie fühlen sich nie als Spielball des Schicksals oder von fremden Mächten. Eigenverantwortung ist das Instrument, das ihnen die Fäden in die Hand gibt. Sie sind erfolgreich, wo andere resignieren und die Zügel schleifen lassen und behaupten: „Da kann man nichts machen!"

- Mit aller Kraft und Energie zur Herausforderung stehen: Als Getriebene des Schicksals spüren Menschen negativen Stress. Sie schlittern sogar in ein Burn-out. Sie leben geistig und emotional nicht die Rolle, die sie körperlich spielen. Wer zu einer Aufgabe, zu einem Weg „Ja" sagt, muss vom Moment der Entscheidung an dazu stehen. Melden sich Widerstände, setze ich mich ernsthaft mit ihnen auseinander. Ich übergehe sie nicht, sondern blicke ihnen ins Gesicht. Ich spüre sie als Zweifel oder auf andere Weise. Sie rufen nach Beachtung. Erst wenn ich sie befriedigt habe, lebe ich die

Rolle mental und emotional zu hundert Prozent und kann ihr alle Energie geben. Solange sich etwas in mir gegen eine Aufgabe oder ein Ziel sträubt, bindet es wertvolle Energie. Erst wenn ich volle Verantwortung übernehme, stehe ich ganz hinter dem, was ich tue.
- Verlässliches Mitglied eines Teams: Warum sind Führungspersönlichkeiten begehrt? Sie übernehmen Verantwortung für das, was sie tun und auch dafür, wie sie sich selbst und andere Teammitglieder positiv beeinflussen und unterstützen können, um gemeinsame Ziele zu schaffen. Sie schreiten mit ihrer Verantwortung über persönliche Grenzen hinweg. Kommunikation und Körpersprache sind positiv. Ihre Emotionen beweisen Optimismus. Als selbstverantwortliche Personen steht Teamerfolg bei ihnen vorübergehend sogar über eigenen Zielen und Plänen. Selbstbewusst zeigen sie die soziale Kompetenz, eine Gruppe, ein Team zu führen.
- Genaues Bild von sich selbst: „Ich kann mir nicht vorstellen, dass ich das kann!" Nicht immer fühle ich mich den Anforderungen einer Aufgabe gleich gewachsen. Ich brauche eine geistige Anlaufzeit, eine Vorstellung, wie ich agieren und reagieren werde, um Situationen auf meine Weise bewältigen zu können „Wie werde ich auf meine persönliche Art mit dieser Situation fertig?" „Lass mich machen, ich erledige das auf meine Art und Weise!" Innere Gewissheit zeigt: Ich fühle mich der Aufgabe gewachsen und weiß, wie ich sie bewältige. In mir existiert das geistige Bild, der innere Spielfilm davon, wie die ich Abläufe im Griff habe und Hindernisse überwinde. Jede Selbstverantwortung ist das Ergebnis realistischer Selbsteinschätzung. Ein geistiges Bild von dem, was geschehen soll, gibt Ruhe und Sicherheit.

Übungen, die die Entwicklung von eigenverantwortlichem Denken und Handeln unterstützen

✓ **Selbstanalyse vor Fremdanalyse**

Ein Grund, warum Menschen Eigenverantwortung ablehnen: Sie bekamen bisher wenig Gelegenheiten dazu! Sie sind es nicht gewohnt! Sie haben nie gelernt, eigenes Handeln zu reflektieren und daraus Lehren zu ziehen. Immer war da jemand zur Stelle und hat für sie ihre geistige Arbeit erledigt. In der Schule waren es Lehrpersonen, daheim übernahmen Eltern, Geschwister und andere Menschen den Job. Im Leistungssport sind Trainer und Trainerin oder Coaches schnell mit ihren Ansichten und Analysen zur Stelle. Sei es nach dem Training oder nach einem Wettkampf. Champions wollen nach Wettkämpfen mit sich ins Reine kommen. Sie lassen das Geschehene am geistigen Auge vorbeiziehen und erleben die Wettkampfemotionen erneut. Dann bewerten sie ihre Leistungen aus zeitlicher, mentaler und emotionaler Distanz. Die Analyse erhält Struktur. Ihr Wert für die weitere Arbeit steigt. Die Ereignisse von Wettkampf oder Training wiederholen sich auf geistiger Ebene und schaffen mentale Klarheit. Durch das Nacherleben und die Selbstbeobachtung aus der Betrachter-Perspektive werden Ereignisse verarbeitet. Man übernimmt die Verantwortung und gewinnt die Einsicht, selbst die Ursachen für das Ergebnis gesetzt zu haben. Man fühlt sich nicht irgendwelchen fremden Mächten ausgeliefert, sondern hat das Gefühl, viel mehr durch eigene Leistungen beeinflussen zu können. Eigenverantwortung wird offensichtlich und ich bin bereit, sie zu übernehmen.

✓ **Folgen eigenen Handelns und Denkens bewusstmachen**

Jeder trägt selbst die Folgen seines Verhaltens, seiner Gedanken. Aber auch die Menschen im Umfeld spüren deren Auswirkungen. Ich kann negative Folgen verhindern, wenn ich mir vorher bewusstmache. „Was geschieht, wenn ich das tue? Welche Folgen hat mein Denken? Was geschieht, wenn ich weiterhin nichts oder das offensichtlich Falsche tue?" Ich reflektiere Ursache und Wirkung. Keine Horrorszenarien werden entworfen, sondern realistische Folgen bewusstgemacht. Jeder verursacht viele Probleme selbst. Daher ist es logisch, die Verantwortung dafür zu übernehmen. So entsteht ein realistisches Zukunftsbild. Die meisten Menschen befassen sich nie mit diesem Ursache-Wirkungs-Spiel. Anderenfalls würden sie in vielen Fällen anders agieren, mehr eigenverantwortlich denken und handeln. Was ist, wenn? Wer sich damit auseinandersetzt, erhält ein Gefühl für notwendige Veränderung. Jeder ist mit etwas Übung in der Lage, sein Verhalten und dessen Folgen zu reflektieren.

✓ Rollenbewusstsein

Jeder spielt im Leben unterschiedliche Rollen und erfüllt sie auf individuelle Weise. In natürliche Rollen werden wir hineingeboren. Ich bin Sohn oder Tochter, Schwester oder Bruder, Enkelin oder Enkel oder in einer anderen familiären Rolle. Zusätzlich schlüpfe ich im Lauf der Jahre in zusätzliche Rollen. Manche übernehme ich aus Überzeugung und durch eigenen Willen. Andere muss ich erfüllen, mehr oder weniger freiwillig, aktiv oder passiv. Das Leben fordert, dass ich meine Rollen nach bestem Wissen und Gewissen mit den mir zur Verfügung stehenden Talenten und Fähigkeiten erfülle. Jede Rolle ist eine Chance, Talente zu aktivieren. Manche Rollen passen nicht zu meinen Fähigkeiten. Ich fühle mich über- oder unterfordert oder bin einfach nicht daran interessiert. Jede Rolle bedingt Selbstverantwortung. Je nachdem, wie sie mein Leben oder das anderer beeinflusst und in Anspruch nimmt. Oft ändern sich die Anforderungen, die Rolleninhalte wechseln. Ich bin Schüler oder Schülerin, Berufstätiger, Freundin oder Freund, Kollegin oder Kollege, Sportler oder Sportlerin, Trainerin oder Trainer, Wettkämpfer oder Wettkämpferin. Wie sehr die Rolle der Sportlerin, des Sportlers mich herausfordert, hängt davon ab, welche

Ziele ich anstrebe. Profi oder Amateur? Sport als Freizeithobby, Gesundheitssport? Man klärt, welche Anforderungen und Ziele man konkret mit der Rolle verbindet. Selbstbestimmung braucht Klarheit: „Wer will ich sein? Was will ich tun? Welche Rolle will ich spielen? Wie lange?" Diese Fragen reflektiere ich. Ich gebe ehrliche Antworten darauf und übernehme die Verantwortung. Das eröffnet mir die Chance, nach eigenen Vorstellungen und Erwartungen zu leben.

✓ Sich in seine Rolle hineinfühlen

Ich kläre, welche Rolle ich spiele oder spielen möchte. Ich erfahre meine Ziele und Vorstellungen. Ich bin erfolgreich, wenn ich meine Rolle rational und mit dem Herzen lebe. Sie verkörpert einen geistigen Raum. Will ich mich darin für längere Zeit aufhalten, muss ich sie wie einen materiellen Raum nach meiner Vorstellung gestalten können. Dann erfülle ich sie mit Seele und Geist und fühle mich darin wohl, weil ich meine Bedürfnisse berücksichtige. Ich definiere meine persönlichen Rollenziele. Welche Wünsche verbinde ich damit? Welche Gefühle will ich spüren? Welche Befindlichkeiten und Bedürfnisse? Was brauche ich, um positive Gefühle und Emotionen zu erleben? Was ist dafür zu tun? Was tue ich aus innerem Antrieb? Richte ich eine Wohnung ein, werde ich mich bei der Ausgestaltung von Architekten und Handwerkern beraten lassen. Die letzte Entscheidung, ob ich etwas umgestalten möchte, behalte ich mir vor. Ich trage Verantwortung und bin zuständig, ob ich mich wohlfühle und in meiner Rolle die Ziele schaffe, die mir wirklich am Herzen liegen. Im Leistungssport trage ich Verantwortung, dass ich mich in der Rolle als Sportlerin oder Sportler entfalte und wachse. Ich äußere Rollenwünsche, spüre Rollen-Befindlichkeiten. Ich bin verantwortlich für die Qualität meiner Aktivitäten, für Gedanken, Emotionen und Gefühle, die ich in der Rolle erlebe.

✓ **Rollengefühle und Rollenökologie**

Welche Rollen-Prioritäten setze ich? Meine psychische Demokratie regelt das innere Zusammenleben. Kein Bedürfnis lässt sich dauerhaft unterdrücken! Wird ein psychischer Anteil zu dominant, rebellieren die anderen dagegen. Zunächst nur unterschwellig. Ich richte vor der Übernahme einer Rolle die Sinne nach innen und frage mich: Welche Gefühle und Emotionen entstehen, wenn ich an die Anforderungen und begleitenden Umstände der Rolle denke? Nicht jede Rollen-Aufgabe löst Begeisterung aus. Alles hat Sonnenseiten und dunkle Bereiche. Jede Rolle hat sowohl Glücksmomente als auch Phasen von Enttäuschung und Frust. Ich schaffe mir den Überblick über unterschiedliche Seiten der Rolle und prüfe, ob ich Vorbehalte dagegen spüre. Ich trage die Verantwortung, wie es mir geht. Manchmal auch für das Befinden anderer. Leistungssport braucht Personen, die Führung übernehmen! Man übernimmt Verantwortung für Gedanken, Gefühle, Emotionen, das Wohlbefinden von Menschen, die mich begleiten und mich mit Fachwissen unterstützen und dafür, die Rollenziele zu erreichen.

✓ **Selbstverantwortung als Chance begreifen**

Eltern, Geschwister Lehrer oder Trainer tragen in den ersten Lebensjahren junger Leute Verantwortung für deren physische, psychische, soziale und persönliche Entwicklung. Ab dem 7. bis 10. Lebensjahr gestalten Kinder und Jugendliche ihr Leben zunehmend nach eigenen Vorstellungen. Sie verlassen ihre emotionale und geistige Komfortzone, erwerben immer neues Wissen und übernehmen wichtige Aufgaben. Manche fühlen mehr Verantwortung als Last oder gar Bedrohung. Sie wollen, dass alles so bleibt. Sie pendeln einige Zeit mental und emotional zwischen Erwachsensein und Kindheit. Mit der Pubertät verändert sich ihr körperlich-hormoneller und damit der mental-emotionale Zustand. Der Drang, nimmt zu, das Leben in die eigene Hand, in den Kopf zu nehmen. Bedürfnisse nach Sicherheit weichen der

Lust nach geistiger und körperlicher Freiheit und Entfaltung. Gedanken und Gefühle betreten geistiges Neuland. Talent entwickelt sich. Junge Menschen und ihr Umfeld suchen geeignete Trainer und Trainerinnen, Lehrer und Lehrerinnen. Sie fördern die Entwicklung des Talents. Nicht nur das sportliche, auch das soziale Umfeld wird größer. Freundinnen, Freunde, Kollegen und Kolleginnen beeinflussen das Denken und Fühlen. Das irreale Anliegen mancher Eltern an die Ausbildner ihrer Töchter und Söhne ist: „Wir bezahlen dich, und du formst aus meinem Kind einen Champion!" Es funktioniert nicht! Eigenverantwortung der Sportlerin, des Sportlers kommt an erster Stelle. Diese Tatsache löst in manchen Unbehagen, manchmal Widerstände aus. Oft ist die Ablehnung von Selbstverantwortung ein Grund für ein vorzeitiges Karriereende. Entweder, weil der Jugendliche diesem Gedanken negativ gegenübersteht oder weil er sich nicht zutraut, der Aufgabe gerecht zu werden. Sie oder er wäre dazu mental und emotional in der Lage, doch wurden die erforderlichen Ressourcen bisher kaum beansprucht. Selbstverantwortung übernehmen ist ein Prozess, der Schritt für Schritt erfolgt. Je nach geistig-emotionaler Reife, weniger nach dem Datum des Geburtsscheines. Am Beginn muss die Erkenntnis stehen, dass Eigenverantwortung eine Chance ist, selbstbestimmt und frei zu leben. Wer das so interpretiert, erkennt, dass die Vorteile die Nachteile überwiegen.

✓ Lust an Eigenverantwortung wecken

Menschen bewundern Vorbilder. Erfolgreiche Sportler oder Künstler sind Idole. Manchmal übernehmen die Vorbildrolle sogar Personen aus dem Kreis der Bekannten oder der Familie. Sie haben Fähigkeiten und Eigenschaften, die attraktiv und nachahmenswert erscheinen. Wir beobachten, was sie tun, wie sie es tun, wie sie reden, sich bewegen. An Einzelheiten erkenne ich, wie sie Eigenverantwortung leben. Ihre Souveränität im Umgang mit ihren Aufgaben erscheint bewundernswert. Allmählich wächst das Bedürfnis, auch so zu sein. Ich imaginiere mich in die Rolle des Idols, versetze mich in eine zukünftige Situation, der ich mit gemischten Gefühlen entgegensehe, weil sie Selbstverantwortung von mir verlangt. Ich begebe mich mental in die Rolle des Vorbilds, übertrage die Fähigkeiten, die Ausstrahlung, das Auftreten mental auf mich. Ich schaffe mental eine alternative Realität. Ich fühle mich nicht als Nobody, sondern ich handle aus Überzeugung. Dieses neue Auftreten weckt positive Gefühle und Lust. Ich nehme mir Zeit, dass sich die Gefühle von einem inneren Zentrum aus im ganzen Körper ausbreiten. Allmählich suche ich aktiv nach Situationen, in denen ich meine Eigenverantwortung zeigen kann. Erst in kleinen Schritten. Allmählich erwacht das Bedürfnis nach mehr Verantwortung.

✓ Eigenverantwortung Schritt für Schritt

Nicht selten empfinden sich Menschen nicht dazu imstande, allein die Last der Verantwortung zu übernehmen. Sie fühlen das Gewicht von Tonnen auf ihren Schultern. Selbstverantwortung übernimmt man in kleinen Schritten. Zuerst bei Aktivitäten, die auf Bereitschaft zur Verantwortung, auf die mentale und emotionale Reife Rücksicht nehmen. Die Bereitschaft zeigt sich emotional, kognitiv und physisch. Bin ich bereit? Habe ich das Wissen und Können? Auch den Willen und die Überzeugung? Niemand darf überfordert sein. Das Gefühl des Körpers bei Veränderung gibt Aufschlüsse. Was sagt mir mein Körper? Wo spüre ich das intensivste Gefühl? Ist es positiv oder negativ? Der Wille, Verantwortung zu tragen, lässt sich nicht erzwingen, sondern erarbeiten.

DIE KRAFT DER VISION

> *„Vision ist die Kunst, Dinge zu sehen,*
> *die für andere noch unsichtbar sind!"*
> Jonathan Swift 1667-1745, irischer Schriftsteller

Ein indianisches Sprichwort sagt: „Alles Große beginnt als Vision." Die Kunst der erfolgreichen Zukunftsgestaltung beginnt mit einer Vision. Sie wächst zu einem Ziel und entwirft geistig den Weg. Ein mentaler und emotionaler Prozess. Manche Leute verwechseln die Vision mit einem emotionsgeladenen, unklaren Traum oder einer Zukunftsillusion. Das ist sie keinesfalls. Sie ist eine klare, eindeutige Zukunftsvorstellung, erfasst Gedanken und Gefühle, berührt die Sinne, fesselt emotional. Als stärkste Quelle der intrinsischen Motivation schafft sie die Motive, die mich aus meiner geistigen und emotionalen Komfortzone bewegen und mich auf den Weg bringen. Zukünftiges Leben nimmt gedanklich Gestalt an, entwickelt präzise Konturen und schafft Inhalte. Oft sind scheinbar harmlose Ereignisse die Auslöser. Sinneseindrücke, unscheinbare Empfindungen wachsen zur Vision, wenn ich sie mit meinen Gedanken und Gefühlen nähre.

Eine Vision bildet die Zukunft geistig ab. Sie enthält den Kern der Veränderung, schafft Entwürfe neuer Lebensumstände, zieht alle Sinne in ihren Bann. Ich sehe, höre, spüre, rieche und schmecke die Zukunft. Aus einem kurzen Erlebnis kann eine Vision entstehen, die das Leben verändert. Begegnungen und Erfahrungen mit Menschen, Erlebnisse mit Tieren, Eindrücke von Landschaften, das Erspüren eigener Talente, verschiedene Ereignisse können zur Quelle einer Vision werden. Ideen treffen mich unerwartet, lenken mein Leben in neue Bahnen. Durch die ständige mentale Beschäftigung erwachen Emotionen. Sie verstärken sich und präzisieren die Gedanken, so oft ich meine Vision geistig wachrufe. Je stärker die Emotionen sind, die die inneren Bilder begleiten, umso intensiver werden die Motive. Fragen tauchen auf und berühren die Persönlichkeit. Man macht sich darüber Gedanken: Was will ich dieser Welt hinterlassen? Wer will ich sein? Welche Rolle will ich verkörpern? Welchen Charakter möchte ich darstellen? Persönliche Werte klären sich, treten in den Vordergrund, sickern in das Denken und Verhalten. Will ich das, was ich jetzt mache? Wenn nicht, was will ich stattdessen? Welche Spuren hinterlasse ich der Welt? Wovon sollen Menschen später sprechen, in der Erinnerung an mich? Welche Leistungen und Werke sollen mein Lebensinhalt und zu meinem Vermächtnis werden? Solche Fragen klären und vertiefen die Vision, sofern ich bereit bin, mich eingehend damit zu beschäftigen und konkrete Antworten zu finden, die mich geistig und emotional zufriedenstellen. Eine Vision nimmt Einfluss auf vier Lebensbereiche: Lebenssinn, persönlicher Erfolg, Sozialkontakte, Körperzustand.

Lebenssinn: Welchen Sinn will ich meinem Leben geben? Worauf will ich am Ende des Lebens zurückblicken? Was will ich über mich selbst sagen können?

Persönlicher Erfolg: In welchen Bereichen will ich meine Talente verwirklichen? Wie bringe ich meine Begabungen voll zur Geltung? Welchen Weg schlage ich ein, um meine persönliche Vision zu erfüllen?

Soziale Kontakte: Wie viele soziale Kontakte will ich? Welchen inhaltlichen Bezug sollten sie haben? Mit welchem Typ Mensch fühle ich mich am wohlsten? Möchte ich viele Kontakte, oder genügen mir wenige, mit denen ich meine Vorlieben und Interessen teile und Meinungsverschiedenheiten austrage?

Körperzustand: Was empfinde ich in meinem Körper? Wie möchte ich mich körperlich fühlen? Wie soll mein Körper aussehen? Was soll er leisten können? In welchen Situationen spüre ich körperliches Wohlbefinden?

Der Jahrhundertsportler des 20. Jahrhunderts, Schwergewichtsweltmeister und Olympiasieger im Boxen, Muhammad Ali alias Cassius Clay, beschreibt die Art einer starken Vision besonders eindrucksvoll: „Champions entwickeln sich nicht in Fitnessräumen! Sie entstehen aus einer Kraft, die sie tief in sich tragen, einen Traum, eine Vision, eine Sehnsucht, ein Verlangen!" Die bekannte Moderatorin und Schauspielerin Oprah Winfrey meint: „Das größte Abenteuer des Lebens ist, seine Träume und Visionen zu verwirklichen!" Eine Vision ist eine umgekehrte Wegbeschreibung. Sie zeichnet den Weg von dessen Ende. Ihre Wurzeln liegen in Fragen, die sich immer häufiger stellen und eine präzise Beantwortung fordern. Sie lassen den Geist nicht mehr los: Was soll sein? Wer will ich sein? Was will ich haben? Wohin will ich gehen? Wo will ich leben? Was will ich hören, sehen und fühlen? Warum will ich das? Visionen sind intensive sinnliche Vorstellungen, verstärkt durch positive Emotionen. Eines der schönsten Zitate für eine starke Vision lieferte der französische Schriftsteller Antoine de Saint-Exupéry: „Willst du ein Schiff bauen, sage den Leuten nicht, sie sollten Bauholz sammeln. Erteile auch keine Aufträge für Arbeiten. Wecke in ihnen einfach die Sehnsucht nach den unendlichen Weiten des Meeres!" Visionen inspirieren, wecken Sehnsüchte und schüren Leidenschaften, präzisieren Gedanken, klären die Sprache, fokussieren die Sinne und sorgen für positive Ausstrahlung. Visionen können auch andere Menschen emotional infizieren, wenn es gelingt, sie emotional für ein Vorhaben zu begeistern.

Mentale Engpässe, die auf eine fehlende oder schwache Vision hinweisen

- Zukunftsträume fehlen: Kinder und Jugendliche haben Träume. Später, als Erwachsene, ändern sich die Träume. Je älter man ist, umso unpräziser und seltener beschäftigt sich der Geist mit Visionen. Kinder reden über Wunschträume. Oft werden sie von den Leuten in ihrem Umfeld, die aus eigener

Erfahrung sprechen wollen, in die Realität zurückgeholt. In die Realität der Erwachsenen! Sie meinen zu wissen, wie der Hase im Leben läuft. Jugendliche Visionen zerschellen an den Lebensbildern Erwachsener. „Beschäftige dich lieber ernsthaft mit deiner Zukunft, wenn du mir nicht glauben willst!" Je älter sie werden, umso zögerlicher sprechen junge Menschen in der Gegenwart Erwachsener über ihre Träume und Visionen. Sie lassen sich in ein Denkschema pressen, das die Gesellschaft vorgibt. Träume erlöschen, weil die Zufuhr an geistig-emotionaler Frischluft fehlt. Wenige leben später ihre Kindheits- und Jugendträume. Tun sie es und verwirklichen damit ihre Visionen, erinnern sie sich: „Mein Kindheitstraum erfüllte sich! Der Kreis schließt sich! Ich danke all den Menschen, die es mir ermöglichten, meinen Traum zu leben, die an mich glaubten, mich auf meinem Weg unterstützten und begleiteten." Die meisten Menschen verlernen, von der erfolgreichen und glücklichen Zukunft zu träumen, ein freies, unabhängiges Leben zu führen. Sie ergeben sich den Pflichten des Alltags, dessen Abläufe ihnen andere diktieren. Sie werden Gefangene eines visionsarmen Systems oder von Mitmenschen dazu benutzt, deren Visionen verwirklichen zu helfen.

- Vorbilder fehlen: Junge Menschen eifern Idolen nach. Ihre Bilder und Symbole schmücken die Wände der Jugendzimmer. Action-Fotos sind beliebt. Sie vermitteln Bewegung! Idole, dargestellt bei dem, was sie am besten können, am liebsten tun. Vielen Menschen fehlen Vorbilder, an denen sie sich orientieren können. Die Richtschnur für ihr Leben gibt ein Umfeld vor, das selbst keine Visionen hat. Es hat weder Zeit noch Lust und ist nicht dafür geeignet, Vorbild zu sein. In den Jahren der Pubertät nabeln sich die Jugendlichen emotional vom Elternhaus ab. Im Normalfall wächst ihr Drang nach Unabhängigkeit und Selbstverantwortung. Wer Glück hat, begegnet Leuten, die das Interesse dafür wecken, Möglichkeiten aufzeigen oder anbieten, wohin der künftige Lebensweg führen kann, welche Talente sich dafür eignen. Fehlen Idole, ist es schwer, die innere Begeisterung und Leidenschaft zu wecken, Orientierung zu finden. Der junge Mensch wird zum Erfüllungsgehilfen für Interessen und Ziele anderer, ohne sich mit eigenen Träumen und Visionen intensiv auseinandergesetzt zu haben.

- Alltagsvorbilder: Champions sind Idole. Biografien von Olympiasiegern oder Weltmeistern zählen zur Lieblingslektüre Jugendlicher. Sie lesen Bücher, sehen Dokumentationen, die die Lust auf den Leistungssport wecken und zur Vision werden können. Menschen ohne Erfolgsvisionen nehmen große Erfolge der Champions zur Kenntnis, ohne Vorbildfunktion für eigene Ambitionen zu werden. „Das kann ich nicht, dazu bin ich nicht geboren! Nichts für mich! Ich will das nicht!" Eine Vision setzt ein starkes Selbstbewusstsein, Selbstwert und Vertrauen in die eigenen Begabungen und Fähigkeiten voraus. Ohne Vision kommt niemand auf die Idee, ein größeres Ziel anzustreben, geschweige denn, für sich zu reklamieren. Man sucht sich Vorbilder auf Augenhöhe, legt die Latte tiefer. Die emotionale, mentale und physische Komfortzone bleibt überschaubar. Große Vorbilder fordern heraus. Kleine Idole haben geringe Ansprüche an sich und das eigene Leben. Sie sind keine Herausforderung eigener Talente.
- Hauptsächlich extrinsisch motiviert: Manche jungen Sportlerinnen und Sportler werden im familiären oder sportlichen Umfeld gedrängt, für ihren Erfolg wenigstens das Nötigste zu tun. Es gibt zwar Träume, sie finden aber in den falschen Köpfen statt. So wünschenswert es ist, dass Personen, die Jugendlichen nahestehen, Visionen unterstützen und bis zum gewissen Grad teilen, so ist es doch entscheidend, dass sie aus eigenen Gedanken und Gefühlen des Teenagers stammen und der Funke von dort auf das Umfeld überspringt statt umgekehrt. Sonst kommt der Großteil der Motivation von außen. In sportlichen Durststrecken sind äußere Ladestationen allein auf Dauer zu schwach. Sie können nicht jene Energie anbieten, die für die Wege aus Krisen benötigt wird.

Konkrete Zielvorstellungen, die das Wachsen einer Vision unterstützen

- Eine lebendige Zukunftsvision: Mental schwache Menschen kommen oft durch Fügungen des Schicksals in Positionen, die ihnen Macht verleihen. Sie fürchten sich vor Visionen ihrer Untergebenen. Sie spüren darin eine Bedrohung der eigenen Position. Sie ängstigen sich, dass Ideen anderer eigene Zukunftspläne durchkreuzen. Manche „Führungspersönlichkeiten" meinten daher, visionäre Menschen seien Fälle für ärztliche Behandlung! Sie bringen die Visionen anderer in Misskredit, ziehen deren Streben auf ein Leben nach eigenen Vorstellungen ins Lächerliche. Jedes Individuum, das eigene Ideen entwickelt, sollte dieses Recht nicht nur beanspruchen, sondern es aktiv ausüben. Kinder drücken ihre Wünsche meist klar aus, Erwachsene haben damit Schwierigkeiten. In frühen Lebensjahren hat man Ansprüche an die Zukunft und äußert sie auch. Sicher fehlt es kindlichen Visionen an Erfahrung und Wissen, um abschätzen zu können, wie sich ihr Leben dadurch gestalten würde. Die Grundfähigkeit, eine klare Vision zu entwickeln, ist vorhanden. Kindliche Vorstellungen öffnen aufmerksamen Beobachtern manchmal den Blick auf versteckte Talente. Visionen zeigen an, wofür der junge Mensch sich begeistert. Leider bleiben die meisten von ihnen unbeachtet. Das Umfeld reagiert nicht. Sie melden sich vielleicht erst später im Erwachsenenalter zurück: „Als Kind wäre ich gerne Pilot geworden! Es hat aber nicht sein sollen!" Die Energien der Vision flossen ins Leere. Sie verloren die emotionale Strahlkraft. Zum Glück sind Visionen altersunabhängig. Sie können in jedem Alter erwachen, wenn man ihnen den geistigen Raum dafür gibt Erwachsene sind im Denken und Fühlen gereift. Sie beachten nicht nur Vorzüge, sondern auch Nachteile einer erfüllten Vision. Ältere Menschen erfüllen sich noch Träume, die sie schon als Kind in sich trugen.

- Vorbilder und Idole: Die mentale Vorbildwirkung von Idolen beginnt im Kindesalter. Fast jedes Kind, jeder Teenager sucht sich ein Idol. Anfangs im Kreis der Familie. Später, mit geistiger und emotionaler Abnabelung, schlüpfen oft prominente Menschen aus dem öffentlichen Leben, aus dem Sport, der Musik und anderen Bereichen in die Rolle. Aber eine Kleinigkeit unterscheidet spätere Champions von allen anderen: Während die einen viele Jahre Fans ihrer Idole bleiben, ohne deren Denken und Handeln für eigene Träume zu nutzen, nehmen sich einige ihr Idol zum Lebensvorbild. Sie schwärmen nicht nur von deren Erfolgen, sondern auch von ihrer Mentalität. Sie geben sich nicht zufrieden, zu ihnen aufzublicken. Sie wollen es ihnen gleichtun, in deren Fußstapfen treten. Bedeutende Karrieren beginnen so. Eine Vision nimmt Kopf und Herz gefangen. Das kann und will ich auch! Sie konkretisiert sich, entwickelt ein Eigenleben, beeinflusst Denken und Handeln. Erste Schritte für ihre Realisierung!
- Das emotionale Feuer im Umfeld entfachen: Mancher Jugendliche scheitert mit seinem Traum am Gegenwind aus dem Umfeld. „Lass mal, es ist nichts für dich. Suche dir was Anständiges, von dem du später leben oder eine Familie ernähren kannst!" Visionen enden in der Oberflächlichkeit. Doch es gibt diese beharrlichen, diese unbequemen Sturköpfe! Sie lassen niemals locker. „Die Grenzen eures Denkens, die Limits eurer Vorstellungen sind nicht das Ende meiner Träume!" Sie ignorieren Gegenargumente. „Du bist zu klein, zu groß, zu fragil im Kopf, dir fehlt das notwendige Talent, du bist zu weit weg vom Schuss, du warst nie ein Wettkämpfer, weil du nach mir kommst und ich Wettkämpfe und Prüfungen hasse." Das sind Argumente, warum eine Vision sich nicht erfüllen kann. Aber es gibt Beweise, warum es doch gehen kann. Voraussetzung ist die Bereitschaft, alle Bedingungen, die der Erfolg fordert, anzunehmen und zu erfüllen. Die Beharrlichen, die Widerständen trotzen, sind den Zögerlichen immer um einen Denkschritt voraus.

Während sich viele noch mit den Hürden und Problemen befassen, sind Visionäre gedanklich schon viele Schritte weiter. Willst du ein Problem beseitigen, erledige es zuerst mit dem Kopf! Lass dein Herz folgen, und der Körper wird den Weg wählen, den Geist und Herz vorgeben. Hinter Visionen stehen die Bereitschaft, die Sehnsucht, Zuversicht, Leidenschaft, Begeisterung und die Liebe zum Ziel.

Übungen, die den Aufbau und die Stärkung einer Vision unterstützen

✓ **Aus einem Traum eine Vision entwickeln**

Ein Traum, der zur Realität werden soll, muss emotional tiefer gehen und präzise sein. Sonst bleibt er ein Luftschloss! Visionen, die emotionale und mentale Wirkung entfalten, brauchen eindeutige Aussagen. Das innere Parlament stimmt zu, wenn Widersprüche oder Vorbehalte ausverhandelt sind. Kein unterschwelliges „Ja, aber" stellt sich in den Weg. Visionen sind geistige Gerüste künftiger Entscheidungen und Handlungen. Sie nähren die Aktivitäten, Unterlassungen, Gefühle, Emotionen und Gedanken. Sie sind der wirkungsvollste geistige und emotionale Antrieb für ein engagiertes, auf ein Ziel ausgerichtetes Leben. Die Vision beantwortet die Frage nach dem Lebenssinn, bestimmt das Sozialverhalten, die Wahl des Berufs und beeinflusst das körperliche Wohlbefinden. Ich entwickle sie, wenn ich ein sinnerfülltes Leben will, das meine Talente nutzt. Ich halte mentalen und emotionalen Kontakt zu ihr. Sie ist die Richtschnur für Entscheidungen. Folgende Fragen und Antworten sind ihr Fundament: Wer bin ich? Wer will ich sein? Warum gibt es mich? Was kann ich? Was liebe ich? Was will ich am Ende meines Lebens rückblickend sagen? Was gewinnt die Welt durch mich? Welche Werte verwirkliche ich durch mein Denken und Verhalten? Was bleibt, wenn ich nicht mehr da sein werde? Welche Stärken, welche Talente will ich verwirklichen?

Wie lautet der Auftrag, den ich mir gebe? Wie lautet der Auftrag des Lebens an mich? Meine Vision ist Basis meiner Ziele und Entscheidungen. Sie spiegelt die persönlichen Wertehaltungen wider und sorgt für deren Verwirklichung. Sie behält auch den effektiven und effizienten Einsatz meiner Ressourcen im Blick. Sie ist das wirksamste Mittel gegen Unsicherheiten und Zweifel, das emotionale Instrument, das für den inneren Antrieb sorgt, wenn der Geist resignieren will. Erscheint das Leben schwer, weil sich Probleme und Hindernisse türmen, wirkt der geistige Kontakt mit meiner Vision wie eine emotionale Oase in der Wüste negativer Gedanken und Gefühle.

Viele Menschen sind geistig wendig, aber gerade dadurch auch leicht ablenkbar. Sie haben für ihr Leben oberflächliche Ideen. Sie geraten im Alltagsgeschehen häufig in den Hintergrund. Jede Vision braucht immer wieder frische Energie. Ich suche Vorbilder und begleite sie geistig und emotional in ihrem Denken und Tun. Ich bin Zuschauer bei Wettkämpfen oder anderen Events oder beobachte sie im Fernsehen oder Internet. Ich interessiere mich für das Geschehen am Rande des Weges nur, sofern es wichtig ist und lenke den Geist auf alles, was meine Vision energetisch auflädt. Hintergrundmusik übernimmt eine wesentliche Rolle während der mentalen Visionsarbeit. Visionen stimmen sich durch Farben, Klänge und andere Eindrücke für die Sinne emotional ein. Sind die Inhalte klar und kräftig, fasse ich sie damit in Worte und bringe sie zu Papier. Ich lege den Visions-Text für einige Tage zur Seite, lese ihn danach Wort für Wort, Satz für Satz durch, lasse Worte und Sätze auf mich wirken. Ich ergänze Stellen, an denen ich noch weiße Flecken spüre. Ja, spüre, denn die Vision ist eine Sache von Gefühlen. Den Vorgang wiederhole ich im Intervall einiger Tage. In den folgenden Monaten und Jahren entsteht ein Ritual, in dem ich mir die Zeilen in entspannter Atmosphäre durchlese, so oft ich das brauche. Es gibt kein Zuviel! Positive Visionen haben keine unerwünschten Nebenwirkungen!

✓ **Sinne und Worte geben der Vision Gestalt und Gefühl**

Erinnern wir uns intensiv an frühere Ereignisse, tauchen wir mit unseren Sinnen ein. Es fühlt sich an, als würde man alles wiedererleben. Sind es schöne Erinnerungen, ist es wünschenswert und angenehm. Positive Gefühle und Emotionen erwachen. Negative Ereignisse wecken aber beim Erinnern Gefühle und Emotionen, die wir zum Zeitpunkt des Geschehens empfanden. Das Gehirn kennt keinen Unterschied, ob wir ein Ereignis jetzt erleben oder mental nachempfinden. Es aktiviert seine Mechanismen. Das nutzen wir bei der Visionsentwicklung. Statt die Sinne in die Vergangenheit schweifen zu lassen, stelle ich mir die Erfüllung des Wunschtraums vor. Ich aktiviere die Sinne. Was sehe ich? Was höre ich? Was spüre ich? Was rieche und schmecke ich? Die Gedanken wandern in die Zukunft. Worte ergänzen Vorstellungen. Träume und Visionen verlieren an Kraft, wenn sie nicht in Worten ausgedrückt werden.

✓ **Die Vision wird zur Mission**

Menschen wollen dem Leben einen Sinn geben. Sie suchen den Sinn in den Bereichen des beruflichen Erfolgs, körperliche Gesundheit, in den sozialen Kontakten, in der individuellen Sinngebung für ihr Leben Was will ich der Welt an positiven Leistungen und Werten hinterlassen? Aus der Vision entwickelt sich die Energie einer Mission! Sie berührt das gesamte Leben. Ihre Kraft ist an keine Zeit, an keinen Ort gebunden. „Was soll sich auf der Welt durch mich positiv verändert haben, wenn ich sie verlasse? Woran sollen sich Menschen erinnern, wenn sie an mich denken? Welche Werte und Prinzipien will ich im Leben erfüllen?" Eine Vision entwickelt sich vom zeitlichen Ende her. „Was hat die Welt durch mich gewonnen?" Stellen Sie sich vor, Sie sind an Ihrem 80. Geburtstag der Mittelpunkt eines großen Festes. Menschen, die Sie durchs Leben begleitet haben, versammeln sich. Erinnerungen erwachen, jemand hält eine Laudatio. Was möchten Sie jetzt hören? Stellen Sie sich das Szenarium lebendig vor: Wer würde sprechen? Welche Inhalte hat die Rede? Woran erinnert der Redner, die Rednerin? Was bleibt, wenn die Mission erfüllt sein wird?

✓ Kreativität und Phantasie als Grundlagen der Vision

Phantasie macht den Menschen einzigartig unter den Lebewesen. Wer der Ansicht ist, phantasielos zu sein, gebraucht sie kaum oder für falsche Themen. Es gibt viele Möglichkeiten, Phantasie und Kreativität zu trainieren. Brainstorming ist eine davon. Es wurde um 1930 erdacht und in den Jahren danach seither weiterentwickelt. Brainstorming geschieht in Gruppen. Einzelne Teilnehmer lassen ihren Gedanken zu einem gemeinsamen Thema freien Lauf. Sie schalten für eine Weile den inneren Kritiker weg und sammeln, was spontan in den Sinn kommt. Sie stellen ihre Ideen der Gruppe vor. Kreative Denkkombinationen entstehen. Neue Möglichkeiten, ein Thema theoretisch und praktisch anzugehen. Phantasie und Kreativität kann man auch allein üben. Es braucht die Bereitschaft, Gedanken und innere Bilder zuzulassen, sie frei zu äußern und dann zu kombinieren. Geistige Energie regt die Phantasie an und schafft Visionen. Lasse ich meine Gedanken frei fließen und das kreative Gehirn arbeiten, wähle ich aus vielen Eindrücken, die unentwegt auf mich einströmen, jene aus, die ich spontan als wertvoll empfinde. Aus Gedankensplittern werden Ideen. Die meisten verschwinden wieder, weil ich ihnen keine weitere Aufmerksamkeit schenke. Bleibe ich an einem Erlebnis, das mich emotional berührt, geistig hängen, achte ich darauf, welche Gedanken mir in den Sinn kommen. Was mir interessant erscheint, schreibe ich auf. Dann lege ich die Notizen für einige Tage zur Seite und befasse mich später erneut damit. Durch zeitliche und räumliche Distanz ergeben sich weitere Gedanken. Das Netz spinnt sich weiter. Diese Übung hat den Zweck, Phantasie und Kreativität zu trainieren, um sie zu nutzen, wenn die Zeit gekommen ist. Daraus entsteht womöglich die Lebensvision.

✓ **Umgedrehter Gedankengang**

Eine Vision denkt und fühlt das Geschehen von seinem Ende her. Ich fasse einen künftigen Zeitpunkt ins Auge und überlege, wo ich in zehn, fünfzehn oder mehr Jahren sein will. Wie sieht dann mein idealer Tagesablauf aus? Was will ich dann von mir sagen? Ich treffe dort vertraute Menschen. Was erzählen sie über mich? Wovon berichten die Medien? Viele Perspektiven der Zukunft beschäftigen meine Phantasie. Die Vision ist eine Sicht aus der Zukunft. Vorstellungen wecken Gefühle, die eine wesentliche Rolle spielen. Wie will und wie werde ich mich fühlen? Wie fühle ich mich jetzt, wenn ich über die Zukunft nachdenke? Ich denke und fühle mich Jahre voraus, ich entwerfe Wünsche und Vorstellungen, lasse sie als Film vor meinem inneren Auge ablaufen. Ich notiere meine Eindrücke und Gefühle. Ich lese den Text regelmäßig durch oder lasse ihn mir von einer vertrauten Person vorlesen. Ich lasse jedes Wort, jeden Satz auf mich wirken, achte auf Eindrücke und Emotionen, die beim Zuhören oder Durchlesen in mir entstehen. Ist der Punkt in der Zukunft in allen Details ausgeleuchtet, wandere ich mental Schritt für Schritt zurück in die Gegenwart. Was wird ein Jahr davor sein, was wieder ein Jahr davor und so weiter. Jede Etappe erlebe ich mental. Welche Gedanken und Gefühle entstehen? Auf der Zeitlinie geht es zurück bis in die Gegenwart. Ich lasse mir die Zeit, die ich brauche. Ich denke die Vision von ihrem Ende her. Mir ist, als hätte ich alles schon erlebt. Das gibt Vertrauen in die Zukunft, in die Vision und den Weg.

✓ **Phantasie und Vision brauchen einen entspannten Geist und Körper**

Der ideale energetische Zustand beim Visionieren ist körperliche und geistige Entspannung. Ich wandere mental ins Unterbewusstsein. Der bewusste, kritische, urteilende Verstand ruht. Gehirnwellen schwingen in entspannter Wachheit. Beste Voraussetzungen für neue Kombinationen im Denken. Visionen können wachsen und ins Unterbewusstsein sickern. Ich schließe die Augen, wie ich es bei der Lösung komplizierter Aufgaben oder Probleme intuitiv mache. Stellt sich das Gehirn der anspruchsvollen Arbeit, kann ich dies an mir beobachten. Ich halte inne, um meine Gedanken und Sinne zu sammeln. Durch das Schließen der Augen bringe ich mein Gehirn in den idealen Frequenzbereich. Ehe ich mit Visionsarbeit beginne, bringe ich mein physisches und geistiges Energielevel in den Idealzustand.

✓ Wörter und Bilder als Signale

Im energetischen Idealzustand starte ich die innere Filmmaschinerie und schlage mein geistiges Wörterbuch auf. Visionen sind geistige Bilder. Ich kleide sie in passende Worte und Sätze. Dieser Prozess funktioniert auch umgekehrt. Je nachdem, welche Gehirnhälfte gerade dominiert, kommen zuerst Worte oder Bilder in den Sinn. Den Vorgang von Entspannung und kreativem Blick in die Zukunft kombiniere ich mit Hintergrundmusik, deren Metrum nicht mehr als sechzig Takte beträgt. Das entspannt. Ich lasse die Bilder und Worte auf mich wirken, wähle den Zeitpunkt, an dem die Vision Realität werden soll. Langsam und intensiv ziehen Bilder am geistigen Auge vorüber. Ich halte den inneren Film an, wenn ich an einer schönen Stelle verweilen möchte. Ich nehme mir die Zeit, die ich brauche und setze fort, wenn ich emotional bereit bin. Drängen sich spontan Worte auf, sage ich sie laut vor mich hin. Ich lasse eventuell ein Gerät zur Sprachaufnahme mitlaufen. Bilder und Worte sind die Mischung, die sich in der Visionsarbeit intensiviert. Ich mache mir nach jedem Kontakt mit der Vision Notizen, um sie schriftlich präsent zu halten.

DAS ERFOLGSGEHEIMNIS IST EIN KLARES ZIEL

Probleme und Hürden werden scheinbar größer, weil sie den Blick auf das Ziel verstellen! Nur ein klares, starkes Ziel im Kopf ermöglicht eine sichere Reise.

Ein Ziel bedeutet Sinnfindung und Sinngebung. Meine Lebensaufgabe stellt sich darin, herauszufinden und zu merken, welche Ziele ich habe. Eine schwierige Übung! Ich frage mich zur Probe gleich einmal nach dem genauen Ziel der Tätigkeit, die ich in diesem Moment ausführe. Was mache ich hier eigentlich? Und wozu? Auf den ersten Seiten des Buches fragte ich mich selbst, wozu ich mich regelmäßig an den Computer setze und meine Gedanken reintippen soll. Welchen Sinn ergibt das für mich? Macht es auch Sinn für und andere? Ein klares Ziel gibt dem Tun Richtung und Sinn. Das Ziel beschreibt einen im Vergleich zum Jetzt veränderten Zustand. Der Zeitpunkt dafür liegt in der Zukunft. Veränderung ist Bedingung die für einen erfolgreichen Weg. Anderenfalls wäre ich schon am Ziel. Dieser erwünschte, erträumte, ersehnte, angestrebte Zustand wäre schon erreicht. Ich bräuchte nichts zu verändern. Jedes mental wirksame Ziel ist daher ein Soll-Zustand, der sich vom aktuellen Ist-Zustand unterscheidet. Mein Ziel ist persönlich erstrebenswert. Wäre ich mit dem Ist-Zustand zufrieden, fehlten mir die Beweggründe, diesen Weg mit vielen Ungewissheiten auf mich zu nehmen. Das Ziel ist die Basis meiner Motivation.

Zielarbeit ist die rationale Fortführung der Visionsarbeit. Traum-Vision-Ziel! Von emotionalen Bildern zu rationalen Worten, die das kognitive Gehirn aktivieren. Ein Ziel liefert vernünftige Beweggründe, sich in Bewegung zu setzen. Der Geist denkt und lenkt, die Seele treibt an und nährt, und der Körper setzt Bilder und Ideen, die Geist und Seele ersinnen, in Taten um. Ziehen Geist, Seele und Körper in dieselbe Richtung, schaffe ich auch außergewöhnliche

Ziele. Ich denke, fühle und handle harmonisch und zielbewusst. Jeder Weg braucht eine Richtung. Karrieren scheitern, weil es ihnen an Richtung fehlt. Aktivitäten verzetteln sich, Alltagspflichten erscheinen wichtiger. Darüber gerät das Ziel aus den Sinnen. In vielen Jahren meiner Tätigkeit im Jugendsport sah ich viele erfolgversprechende Talente scheitern. Ihnen fehlte ein klares Ziel. Der Weg hatte weder Höhe- noch Endpunkte! Das Gefühl für die Erfüllung einer Vision, der Soll-Zustand in der Zukunft fehlte. „Nur wer ein Ziel hat, findet einen Weg", sagt der Philosoph Laotse. Die gelebte Praxis beweist es millionenfach.

Ein mental und emotional wirksames Ziel erfüllt bestimmte Kriterien. Das ist der Unterschied zum Wunsch. Es wirkt als geistiger Zukunftsmagnet. Ich kann das Ziel aber mit eigenen Fähigkeiten und Eigenschaften erreichen. Wunscherfüllung liegt nicht allein in den eigenen Kräften und Möglichkeiten. Sonst könnte ich mir den Wunsch ersparen und einfach das Nötige dafür tun. Wünsche äußern wir zu Weihnachten, zu Geburtstagen oder anderen Anlässen. Sie erfüllen sich, wenn wir sie an die richtigen Adressaten richten. Jeder kann sich zum Beispiel wünschen, Weltmeister zu werden. Jeder kann Leistungen mit Weltklasseniveau anstreben. Unterschiede zwischen Wunsch und Ziel liegen in der emotionalen Beteiligung, in der Präzision der Formulierung und in den realen Möglichkeiten. Kein noch so inniger Wunsch entfaltet die mentale Zugkraft eines klaren Ziels. Es schöpft Kraft und Energie aus Eindeutigkeit und Unverwechselbarkeit. Ein richtiges Ziel lässt sich nicht interpretieren. Niemand kann sagen: „Ich habe es anders gemeint!" Welche Kriterien machen das Ziel zur Quelle mentaler und emotionaler Energie? Wodurch wird es so stark, dass es mentale und emotionale Kräfte mobilisiert, die sich auf mein Handeln und Verhalten übertragen? Es sind fünf Merkmale, die es unverwechselbar und anziehend werden lassen:

Eindeutigkeit: Jeder Satz, jedes Wort der Zieldefinition ist klar und eindeutig. Ist nur eine Silbe mehrdeutig und interpretierbar, fehlt ihm die nötige Präzision. Nur klaren Worten entspringen klare Gedanken. Nachdenken und sprechen über das Ziel, aufschreiben und wiederholtes Lesen festigt es in den Gehirnwindungen. Ich lasse keine Mehrdeutigkeiten zu. Oberflächliche Aussagen sind unwirksame Ziele. Obwohl die Zielbeschreibung alle vorhersehbaren Details umfasst, reichen einige Sätze aus. Es nennt alle Prioritäten. Ein eindeutiges Ziel ist die mentale Vorlage für eindeutiges Handeln und Verhalten. Ich sage, was ich will, und ich tue, was ich sage. Klarheit statt Hoffnung auf den günstigen Zufall!

Messbarkeit: Ein Ziel ist eine Veränderung im Vergleich zur Gegenwart. Es drückt etwas aus, was es noch nicht gibt. Im Sport drücken wir die Ziele meistens durch Resultate aus. Sie sind zwar klar, aber die Folgen von Leistungen. Ich kann die Leistung allein bestimmen, aber nicht das Ergebnis, das ich damit erziele. Auch den Leistungszielen fehlt noch die Qualität exakter Messbarkeit. Sie sind Folgen von Handlungen, Verhaltensweisen oder Unterlassungen. Messbar wird ein Ziel durch Handlungen und Denkweisen, die sich durch Zahlen oder andere Einheiten exakt ausdrücken lassen und messbar sind. Schneller, höher, weiter, stärker und effizienter! Das Maß klärt das Ziel. Um Leistungen auszudrücken, braucht es im Sport Messwerte der Kategorien Körper, Geist, Technik, Taktik. Alles ist messbar, wird erfassbar. Das Ziel ist erreicht, wenn das angestrebte Maß geschafft ist.

Innere Akzeptanz: Ich habe ein klar definiertes, messbares Ziel. Ich formuliere eindeutig und als Vertrag mit mir selbst. Dem Vertragsschluss müssen aber alle Vertragspartner zustimmen. Ich spüre in mich hinein, ob ich mich mental und emotional zu jeder Silbe des Zieles bekenne. Dann unterschreibe ich den Vertrag mit einem guten Gewissen und positiven Gefühlen! Ich bin mir über die Folgen völlig im Klaren. Sie betreffen nicht nur mein Ziel, sondern auch den Weg dahin. Ich kann aber die Einzelheiten und Auswirkungen anfangs noch nicht zur Gänze beurteilen, weil mir das Wissen dafür fehlt. Will ich in die zehnte

Etage eines Hochhauses, überblicke ich zunächst aber auch nur die ersten Stufen der Treppe. Doch mit jeder Stufe, die ich nehme, eröffnen sich neue Perspektiven, bieten sich neue Ausblicke, von denen ich vorher noch nichts ahnte. Der Weg mag zu Beginn beschwerlich, möglicherweise unbezwingbar erscheinen. Im Lauf des Aufstiegs entwickle ich aus bisher ruhenden Potenzialen neue Fähigkeiten. Sie ermöglichen es mir, die nächsten Meter zu gehen, erneut innezuhalten, Bilanz zu ziehen und die nächsten Schritte in Angriff zu nehmen. Weiter, immer weiter! Manche Leute scheuen anspruchsvolle Ziele. Sie messen die Chance, sie in die Tat umzusetzen, an ihren aktuellen Fähigkeiten und Eigenschaften. Das Denken dreht sich um das mögliche, aus gegenwärtiger Sicht wahrscheinliche Scheitern. Selbstbewusstsein und Selbstvertrauen reichen für den Alltag, aber nicht für hohe Ziele. Schließe ich einen Ziel-Vertrag mit mir, umfasst er das Endziel und die ersten Schritte. Ist das, was mich am Ende des Weges erwartet, attraktiv genug für mich? Bildet das Ziel meine Vision eins zu eins ab? Ich lese den formulierten Ziel-Text durch und überlege die ersten Schritte. Ist alles so, dass ich bedenkenlos meinen Namen daruntersetzen will? Habe ich Zweifel? Spüre ich innere Widerstände? Melden sich Vorbehalte? Die Phase der Zielfindung ist meine Chance, mit mir selbst, dem Ziel und den ersten Etappen ins Reine zu kommen. Ich lasse mir Zeit, frage mein Bauchgefühl nach Einwänden. Ich denke darüber nach, stelle Argumente. Pro und Kontra, einander gegenüber. Ich frage mein Herz! Entwickle ich die Leidenschaft, die mir hilft, in schwirigen Phasen weiterzugehen? Sind Gedanken und Gefühle positiv, unterschreibe ich den Vertrag als Berechtigter und Verpflichteter in einer Person. Ich bin überzeugt, das Ziel hundertprozentig zu wollen und auch den Weg dahin mental und emotional mit Geist und Seele zu akzeptieren.

Realistisches Ziel: Ich bleibe bei der Idee des Ziel-Vertrags. Niemand kann mit Sicherheit und verbindlich zusagen, etwas zu leisten, wofür ihm die Grundlagen fehlen. Ich kann versprechen, den Flugschein zu erwerben und nach bestandener Prüfung ein Flugzeug zu steuern. Ich kann niemals versprechen, aus eigener Fähigkeit zu fliegen wie ein Vogel. Dazu fehlen mir natürliche Ressourcen. Ein Ziel ist realistisch, wenn ich die dafür benötigten Potenziale in mir trage. Ob sie reichen und ich das Durchhaltevermögen aufbringe, den Weg bis zum Ende zu gehen, zeigt die Zukunft. Ich besitze alle dafür nötigen geistigen, körperlichen und psychischen Anlagen. Ich kann Fähigkeiten und Eigenschaften entwickeln, die ich benötige. Mein Ziel ist realistisch, wenn seine Anforderungen im Bereich meiner Möglichkeiten liegen.

Zeitpunkt oder Zeitraum: Was dem Ziel jetzt noch fehlt, ist der Termin, an dem ich es erreichen will. Der amerikanische Psychiater und Psychotherapeut Milton Hyland Erickson sagte: „Ein Ziel ohne Termin ist nur ein Traum!" Ein Termin ist ein Kriterium, das mein Ziel vom Wunsch oder Traum unterscheidet. „Ich will es zu diesem Termin erreicht haben!" Der Termin legt das zeitliche Ende des Weges fest. Der Zeitpunkt, wann mein Ziel erreicht sein wird, muss nicht den Tag genau bestimmen. Der Zeitraum ist so eng wie möglich zu fassen. „Ich will am Ende des Jahres X mein Ziel geschafft haben!" Das heißt, ich will es im Laufe des Jahres X erreichen, auf jeden Fall aber bis zum 31. Dezember. Ziele, mittelfristig angelegt, brauchen enger gesetzte Termine. Kurzfristige Ziele lege ich auf den Tag oder noch genauer fest. Manche empfinden durch Termine psychischen und mentalen Druck. Er nimmt zu, wenn der Fortschritt hinter den Erwartungen und dem Plan zurückbleibt, der Termin aber immer näher rückt. Darin liegt der Wert des Termins. Er fordert Disziplin und regt zu konsequenter Arbeit an.

Mentale Engpässe als Folgen fehlender oder schwacher Zielarbeit?

- „Schauen wir mal, dann sehen wir schon!" Viele Menschen legen sich nicht auf konkrete Ziele fest. Sie fühlen und fürchten den Druck, den sie damit in sich auslösen. Sie bleiben lieber bei diffusen Aussagen. „Es ist alles möglich, aber nix ist fix", sagt man auf Österreichisch. Jedes klare Ziel legt geistige, psychische und physische Messlatten. Viele behaupten, der Weg sei das Ziel! Manchmal ist er es tatsächlich. Man genießt den Weg und überlässt die Entwicklung dem Zufall. Irgendwann endet auch der Weg mit dem größten Genussfaktor. Es bleibt die mentale und emotionale Leere. Es fehlt das Erlebnis, etwas erreicht zu haben.
- Falsche Zielsetzungen: Im Leistungssport geht es vorrangig um Resultate! Das Sammeln von Medaillen, Pokalen, Siegerschecks und Podiumsplätzen. Sieger finden Einzug in die Bücher des Sports. Sie werden zu Titelfiguren großer Stories, zu Heldinnen und Helden! Medien und Fans liegen ihnen zu Füßen. Die Zweitplatzierten sind Erste in der langen Reihe der Verlierer und mit wenigen Ausnahmen bald vergessen. Nur Insider erinnern sich, dass auch ihnen beachtliche Erfolge gelungen sind. Menschen setzen sich Ergebnisziele: dieses Turnier, das Rennen, den Wettkampf gewinnen. Einmal die Arena als Triumphator/in verlassen. Hinter jedem Ergebnis stehen Leistungen. Sie ermöglichen den Erfolg in Zahlen. Auch Leistungen sind nicht das Ende der Zielsetzung, die zum Erfolg führt! Jede Leistung bedingt körperliche, technische, taktische, mentale Aktivitäten und setzt ein emotionales Verhalten voraus! Sie bleiben beim Planen und Zielesetzen meist unberücksichtigt und scheinen nicht in der Rechnung auf. Mache ich bestimmte Arten zu denken und mich zu verhalten zu Zielen, sind sie das geistige Fundament für Resultate. In der Zielehierarchie stehen Resultate oben. Doch die Schritte, die den Prozess und die Richtung bestimmen, sind entscheidend. Ich lege sie durch Handlungs- und Verhaltensziele fest.

- Fehlende eigene Zielvorstellung: „Sag mir, was heute zu tun ist, was heute auf dem Programm steht!" Solche Aussagen offenbaren die Einstellung von vielen talentierten Jugendlichen. Für ihre Ziele scheinen andere zuständig zu sein. Oft fehlt das Interesse an der eigenen Entwicklung. Ziele machen Druck, verursachen Stress. Wo kein Ziel ist, fehlt der Weg! Wo kein Weg ist, gibt es keinen Plan! Wo jeglicher Plan fehlt, herrscht Chaos! Wo Chaos ist, zersplittern Energien in unterschiedliche Richtungen. Wenn Energien sich zerstreuen, fehlt es an Durchschlagskraft. Die Hindernisse, Probleme, sportliche Konkurrenz haben es einfach, dem ziel-, plan- und kraftlosen Menschen die Fassung zu rauben. Natürlich fehlt der Blick für Ursachen, die Chaos und Energiearmut ausgelöst haben. Alles beginnt mit dem Mangel an klaren Zielen.
- Nagende Selbstzweifel: Auf Rückschläge folgen Zweifel. Wie soll es jetzt weitergehen? Geht meine Entwicklung in die richtige Richtung? Die Zweifel werden schließlich so deutlich, dass sie nicht mehr zu ignorieren sind! Die Entwicklung stagniert. Erwartungen bleiben unerfüllt. Meist sind sie auch unrealistisch, weil der Plan fehlt. Man zieht Vergleiche mit der sportlichen Konkurrenz. „Sie ist erst 17 Jahre alt und schon viel weiter!" „In dem Alter war ich schon viel reifer!" Zweifel schwächen das Selbstbewusstsein. Die mentale Unentschiedenheit frisst Energie. Kein Ziel, kein Weg, kein Plan, an dem man sich festhalten kann.
- Kein klarer Status quo: „Wie geht's dir?" Diese Frage eröffnet häufig ein Gespräch. Eine klare Antwort erwarten wir nicht. Die Standardformel ist „Eh ganz gut", weil man die Antwort nicht weiß oder nicht geben will. Gehe ich einen klaren Weg, kenne ich den Stand meiner Entwicklung. Ich weiß, wie es mir geht! Ich habe ein Gespür für meinen emotionalen Zustand. An welcher Stelle des Weges befinde ich mich? Im Sport, aber auch in vielen anderen Leistungsbereichen soll die ehrliche Frage „Wie geht's dir?" keine Kommunikation in Gang bringen. Sie ist die Anregung zur Selbstreflexion. Ein

Kompass für den Alltag. Fehlt die Orientierung, fehlt auch das Wissen um den Ist-Zustand der Entwicklung.
- Kein innerer Antrieb: „Ich spüre keinen Druck, habe nichts zu verlieren!" So entziehen sich viele dem Erwartungsdruck vor oder in einer Situation des Wettkampfs. Die Folgen zeigen sich im Niveau der Leistung. Fehlt der Druck, fehlt der innere Antrieb, der absolute Wille. Wer nichts zu verlieren hat, traut sich wenig zu. Nichts zu verlieren zu haben bedeutet, nichts zu haben, was es zu erhalten oder beweisen gilt. Kein Ziel, dafür Lockerheit! Man reduziert die Ansprüche an sich selbst auf bloßes Tun. Nur manchmal gelingt es, aus dieser Unbeschwertheit heraus mehr von seinem Potenzial abzurufen. Viel öfter tut man nur seine Pflicht, um die Zeit hinter sich zu bringen, wenn man nun schon mal da ist!
- Geringe geistige und emotionale Beziehung zur eigenen Entwicklung: Viele Trainings fühlen sich an wie das Abarbeiten eines „Von-9-bis-5-Jobs". Zur vorgegebenen Zeit erscheinen, die Arbeit abliefern, und dann raus aus dem Thema! Pflicht getan, Tag erledigt! So geht's nicht weiter nach oben! Fehlt der mentale und emotionale Bezug zur Aktivität, fehlt das Ziel. Kein Ziel, kein Weg, keine mentale und emotionale Bindung. Wo nichts ist, was die inneren Saiten zum Schwingen bringt, geht der Schritt ins Leere, will man mentale und emotionale Kräfte mobilisieren.
- Gedankenlosigkeit, was die eigene Entwicklung betrifft: „Es ist schon ein großer Fortschritt, den Willen zum Fortschritt zu haben." Der römische Philosoph Seneca warnte seine Zeitgenossen vor den Folgen des geistigen Stillstands. Fortschritt ist kein Selbstzweck, sondern verfolgt ein Ziel. Fehlt das Ziel, verkümmern Gedanken, Wille und Interesse, sich zu entwickeln. Man verrichtet „brav" die Pflicht, die andere einfordern. Der innere Bezug fehlt. Fortschritt passiert zufällig, ohne Plan und Struktur.
- Keine strukturierte Vorstellung von dem, was sein soll: „Was mir an ihm vor allem imponiert, ist sein strukturiertes Vorgehen in jedem Bereich der Entwicklung!" Menschen im Umfeld

von Champions schwärmen, mit welch innerer Gelassenheit und Struktur diese ihre Arbeit tun. Ihrer Konkurrenz fehlt oft diese Ordnung, die sich auf Notwendiges und Wichtiges fokussiert. Vieles geschieht zufällig, notgedrungen, wenn das Feuer am Dach lodert. Während durchschnittlich strukturierte Menschen agieren, als fehle ihnen ein klares Ziel oder als hätten sie es zumindest im Moment aus den Sinnen verloren, hat jede Aktion von Champions Sinn und Zweck. Alles ist auf ein Ziel ausgerichtet.

- Kein Ziel, keine Teilziele, keine Erfolgserlebnisse: Einer der wichtigsten Treibstoffe ist die Motivation. Natürlich wird im Alltag das finale Ziel auch mal vergessen. Man verheddert sich mental und emotional in Einzelheiten des Augenblicks und müht sich ab, die Hindernisse, die sich auftürmen, zu überwinden oder zu beseitigen. In solchen Momenten liefern Motive, die den nächsten Schritt betreffen, die nötigen Energien. Der Weg zum Gipfel, soweit dieser jetzt überhaupt eine Rolle spielt, ist weit. Das Ziel verliert sich aus den Augen. Bleiben Erfolgserlebnisse aus, schmerzen Rückschläge umso mehr. Die Mühen des Alltags werden als erdrückend empfunden. Sie fühlen sich härter an, als sie sind. In solchen Phasen verlieren Menschen häufig den emotionalen und geistigen Kontakt zum Ziel und geben auf.

Konkrete Vorstellungen, die die Zielsetzung unterstützen

- Ein inhaltlich klar definiertes Ziel: Ich habe eine klare Vorstellung, einen inneren Film von dem, was sein soll, wie es sein soll, warum es sein soll, womit und wie ich es schaffen werde. Klingt beim ersten Durchlesen nach geistigem Aufwand. Aber er lohnt sich! Der Körper setzt um, was ihm der Geist vermittelt. Dazu braucht er klare Worte und Bilder als Handlungsanweisungen. Ich überwinde Hindernisse, mache Pläne, bringe Struktur in das Denken, Handeln, Verhalten.

Menschen mit klaren Zielen haben klare Gedanken. Sie erkennen da Chancen, wo für andere, die ziellos unterwegs sind, bereits Endstation ist. Ein eindeutiges Ziel aus eigener Reflexion ist die Basis für eigene Vorstellungen, Energie und Motivation.

- Zielvorstellung und vorhandenes Potenzial: Ein Ziel nennt die Chancen, die zu vorhandenen Potenzialen passen. Möglichkeiten nutzen heißt, etwas zu entwickeln, um ein Ziel zu erreichen. Die Basis ist das Talent. Ohne Talent bleibt jedes Ziel unrealistisch. Doch Talent allein ist kein Freifahrtschein zum Ziel. Erst durch Übung formt man Fähigkeiten und Eigenschaften. Durch Entwicklung wird aus dem Talent eine Chance. Die vorhandenen Potenziale und das Ziel müssen zueinander passen. Der Weg vom Talent zur Fähigkeit ist die Differenz zwischen Ist- und Soll-Zustand. Entwicklung baut eine Brücke, die die beiden Pole miteinander verbindet.
- Hingabe an das Ziel: Sich ein Ziel zu setzen, das allen Kriterien entspricht, ist der Anfang. Den Weg zu gehen, ohne viel Energie zu vergeuden, ist die Fortsetzung. Das Ziel muss emotional berühren. Nicht rationales Denken allein begleitet den Weg. Gefühle und Emotionen sind der Treibstoff, der die Entwicklung vorantreibt. Der ganze Mensch orientiert sich nach dem Ziel, wenn Herz, Geist und Körper dasselbe wollen und tun.
- Zweifel infrage stellen: Auch Champions zweifeln. Was sie von anderen unterscheidet, ist ihr Umgang damit. Befürchtungen und Skepsis haben einen positiven Kern. Sie hinterfragen, was gewiss scheint. Ich sollte ihnen die Chance geben, sich zu äußern. Anderenfalls melden sie sich exakt dann, wenn ich entschlossen denken und handeln sollte. Wer die Zweifel für sich behält oder unterdrückt, obwohl sich die Möglichkeit bietet, sie zu äußern, muss allein damit zurechtkommen. Sie werden stärker und erhalten neue Nahrung in Form negativer Gedanken. Champions stehen zu den Zweifeln. Sie besprechen sie mit vertrauten Menschen. Sie drücken sie aus, suchen nach Antworten. Wer Zweifel infrage

stellt, schwächt sie. Hinterfragte Zweifel sind leichter zu beseitigen. Ich zweifele an den Zweifeln, statt sie zu füttern.
- Überblick über Ist- und Soll-Zustand: Menschen klagen über Probleme. Sie scheinen unüberwindlich. Sie haben aber keine Vorstellungen, was sie stattdessen wollen. „Ich will, dass das Problem weg ist!" Problemlösung braucht eine konkrete Zielvorstellung. Fehlt sie, fehlen auch Phantasie und Kreativität für die Lösung. Erfolgreiche Menschen wissen angesichts ihrer Probleme, wie die Lösung aussehen soll. Passieren Fehler, kennen sie die Lösung oder suchen sie. Sie haben die Idealvorstellung als Gegenstück zum Fehler oder Problem. Sie kennen den Ist-Zustand und die Lösung als Soll-Zustand. Sie wissen, was ist und was stattdessen sein soll.
- Eigene Fristen und Termine: Zu den Merkmalen eines Ziels, das sich auf Geist und Seele auswirkt, gehört ein Erfüllungstermin. Ein Zeitpunkt oder ein begrenzter Zeitraum für die Erreichung eines Ziels übt einen gewissen Druck aus. Der Geist beschäftigt sich mit Erwartungen. Oft entschuldigen wir uns selbst mit den Worten: „Heute kann ich nicht, weil ich dieses oder jenes tun muss!" Ein klares Ziel mit einem Termin setzt die Prioritäten und bleibt geistig präsent, selbst wenn andere Aufgaben in die Quere kommen. Die Gewohnheit des „Aufschiebens" bekommt mittels fester Termine und Fristen wirksame Gegenmittel. Sie erinnern an das Ziel. Wähle ich den Termin, steigert das die mentale Wirksamkeit. Zielbewusste Menschen setzen sich Termine und halten sich daran.
- Teilziele und Leistungsmerkmale: Zwischenziele teilen den Weg zum Ziel in Etappen. Kurz-, mittel- und langfristige Ziele legen Termine fest und sind inhaltlich eindeutig determiniert. Bei der Entwicklung von Fähigkeiten und Eigenschaften bestimmen sie Leistungsmerkmale, die man sich erarbeitet. Zwischenziele bringen mentale und emotionale Ordnung. Natürlich berate ich mich mit meinem Umfeld. Die letzte Entscheidung und Verantwortung für das Ziel trage ich. Verschiedene Sportarten verlangen unterschiedliche

Prioritätensetzungen. Ich setze Fristen, an deren Ende eine klar definierte Leistungsfähigkeit erreicht sein wird. Ich setze mir auch einen Termin, an dem ich eine Materialfrage gelöst haben will. Ich gebe mir eine Frist für die physische und psychische Regeneration. Ich besetze eine vakante Position im Umfeld und gebe mir eine bestimmte Frist dafür. Ich vereinbare mit mir einen Termin, bis wann ich die Ernährungsweise den Erfordernissen des Ziels angepasst haben werde. Teilziele und Leistungsmesslatten geben dem Ziel einen Mehrwert. Erfolgreiche Athletinnen und Athleten haben ihre Zwischenziele und Termine geistig immer präsent.

- Entwicklungsabläufe wie im Schlaf beherrschen: Vielen jungen Menschen fehlt der geistige Kontakt zur Entwicklung ihrer Fähigkeiten. Dadurch fehlt die Motivation, ein hohes Ziel zu verfolgen. Sie haben wenig Ahnung, an welcher Stelle des Weges sie sich gerade befinden. Auf einer Bergtour oder auf hoher See hieße dies: akute Lebensgefahr! In der Talententwicklung geht es zum Glück nicht ums Überleben. Sonst würde manch junger und auch älterer Mensch mit viel mehr Selbstbewusstheit und Nachdruck an der Talententwicklung arbeiten. Gerät die Karriere ins Stocken, prüft man Auswege und landet beim vielzitierten Plan B. Man sucht nicht die Gründe, warum man sich in die Sackgasse manövriert hat, man weiß auch nicht, an welcher Stelle der Entwicklung man sich befindet. Solche Situationen sind wie die Fahrt in einer unbekannten Gegend ohne Navigationsgerät. Die einzige Lösung: anhalten, nach Orientierungspunkten suchen, Ortskundige fragen! Fehlen das Gefühl und die Orientierung für die eigene Entwicklung, fehlen die geistigen Anknüpfungspunkte, an welchen Rädern zu drehen ist, um die Karriere flottzukriegen. Die Lösung: Man schlüsselt die einzelnen Schritte des Weges in Teilziele und Leistungsmerkmale auf und erkennt, wo die Stellen zu finden sind, an denen man drehen kann.
- Teilziele als Genussfaktoren und Motivatoren: Eine Reise zum Ziel wird angesichts der Detailarbeit manchmal eintönig.

Bis sich Bewegungsabläufe automatisieren und durch das Gehirn so gesteuert werden, dass sie ohne nachzudenken funktionieren, braucht es unzählige Wiederholungen. Dabei kann die Motivation auch mal schwinden. Wer sich komplexe Bewegungs- oder Denkabläufe schon mal erarbeitet hat, versteht das. Abhilfe gegen Eintönigkeit und Motivationsschwund schaffen Teilziele. Sie sind farbige Punkte in jeder Karriere. Erreichte Teilziele sind wie Etappensiege im Straßenradsport. Ein Rat lautet: „Verlierst du die Motivation und die Lust, weiterzugehen, schau nicht auf das, was vor dir liegt, sondern sei stolz auf den Weg, den du bisher gegangen bist." Erreicht man Zwischenziele, hält man bewusst inne und feiert den Erfolg mit den Menschen, die als Begleiter und Unterstützer dabei sind. Jedem Beteiligten wird bewusst: Ein weiterer Meilenstein ist gesetzt, ein weiterer Mosaikstein dem Bild der Entwicklung hinzugefügt. Gelegenheit, sich zu motivieren, Geschehenes zu reflektieren und dafür dankbar zu sein, dass es möglich ist, sein Leben der Entwicklung eigener Talente zu Fähigkeiten widmen zu dürfen.

Übungen für den Aufbau eines Ziels, die Stärkung von Motivation und Zielstrebigkeit

✓ **Leistungs- und Handlungsziele definieren**

Viele Leistungs-Sportlerinnen und -Sportler orientieren sich an Ergebnissen und Zahlen. Sie wissen aber, dass Resultate Produkte von Leistungen sind. Leistungen sind Folgen von Gedanken und Verhaltensweisen, von inneren Einstellungen, von Handlungen oder Unterlassungen. Platzierungen in Ranglisten und andere Resultate unterliegen nicht nur dem eigenen Einflussbereich. Die Qualität der Konkurrenz redet ein gewichtiges Wort mit. Ich überbiete meine persönlichen Rekorde x-fach. Ist die Konkurrenz schneller, stärker, höher oder einfach besser, werde ich trotz individueller Bestleistung nicht die Platzierungen erzielen, die ich mir vornehme. Echte Ziele beeinflusse ich exklusiv durch meine Fähigkeiten und Leistungen. Jedem steht es frei, Ergebnisse als Ziele zu setzen. Doch nur Leistungs- und Handlungsziele entsprechen seriösen Zielkriterien. Als Athlet/in kann ich abschätzen, welche Leistungen ich für ein Ergebnisziel bringen muss. Mein Ziel muss diese objektive Leistungsvoraussetzung sein. Welche Aktionen muss ich setzen, um diese Leistung zu einem bestimmten Zeitpunkt zu schaffen? Welche Gedanken muss ich denken? Welche Fähigkeiten und Eigenschaften entwickeln? Welche emotionale Stimmungslage brauche ich? Ziele, deren Erfüllung allein in meiner Macht liegen, ermöglichen das Ergebnis in Zahlen. Ich definiere sie im Detail, mit allen mentalen, körperlichen, technischen und taktischen Teilzielen. Das fokussiert die Sinne. Ziele legen fest, was ich leisten will und in was davon meiner Macht liegt. Der Druck durch Nervosität und Ungewissheit verringert sich. Leistungen und Aktionen, die meinem Talent entsprechen, sind echte persönliche Ziele.

✓ **Widerstände und Hindernisse vorhersehen, sie benennen und Lösungen antizipieren**

Zwischen Ist-Zustand und Soll-Zustand liegen Hindernisse. Wäre der Weg einfach, nähme das der Herausforderung die Attraktivität und Exklusivität. Viele würden den Weg wählen und gehen. Weil er aber vor Hindernissen nur so strotzt, machen sich nur die Stärksten auf die Reise und setzen sie bis zum Ende fort. Die meisten winken von vorneherein ab. Sie halten die Hürden für überwindbar, ohne sich näher mit ihnen befasst zu haben. Es fehlt an Vertrauen in sich und meist auch an nötiger Motivation, sich der Dimension der Aufgabe zu stellen. Sie wählen für sich einfachere Wege mit geringeren Leistungsansprüchen. Menschen, die ihr Talent nutzen wollen, gehen hohe Ziele rational an. Sie erkennen vorhersehbare Hindernisse, sie antizipieren nicht nur äußere Hürden, sondern auch Widerstände in sich selbst. Bei aller Begeisterung bleiben immer gewisse Zweifel. Ignorieren wir sie, schlagen sie später in Form innerer Barrieren zurück. Sie ernst zu nehmen, sie zu hören, wird zu einer mentalen Herausforderung. Ich gebe meinen Zweifeln – denn das sind die größten inneren Hindernisse – einen Namen. Ich gebe ihnen Sitz und Stimme in meinem inneren Parlament. Ich frage mich: Was wird sein, wenn dieses oder jenes innere Hindernis akut wird? Wie will ich auf die Schwierigkeiten, die es auslöst, reagieren? Habe ich die nötigen mentalen, emotionalen und physischen Fähigkeiten, um es zu überwinden? War ich mit demselben Problem schon einmal konfrontiert? Ging ich damit konstruktiv um? Wenn ja, wie? Konnte ich es beseitigen? Welche Eigenschaften oder Fähigkeiten halfen mir? Es ist Denkarbeit, die sich lohnt, auch wenn es Zeit kostet. Ich beuge damit Problemen vor und stelle mich ihnen, solange sie nur im Ansatz vorhanden sind. Ich setze mich mit ihnen auseinander, entwickle mögliche Strategien. Meine Zweifel fühlen sich beachtet und reduzieren sich möglicherweise allein durch die Anerkennung, die ich ihnen gebe.

✓ Smarte Ziele setzen

Starke, mental wirkungsvolle Ziele erfüllen Kriterien. Sie sind zum Beispiel SMART! Anfangsbuchstaben der Attribute spezifisch, messbar, akzeptiert, realistisch und terminiert. Ein Ziel auf diese Weise zu definieren, ist vor allem für jene herausfordernd, denen mentale Arbeit bisher fremd war. Jeder Faktor von SMART löst mentale und emotionale Wirkungen aus. Worte geben Kraft, können aber auch entmutigen. Ziele brauchen klare, wirksame Formulierungen, die auch emotional berühren. Man spricht das Ziel aus, schreibt es auf, um sich daran zu erinnern, wenn es nötig wird.

✓ Zielrahmen

Ein Bild steigert seinen Wert durch einen wertvollen Rahmen. Er betont seine Vorzüge. Um die Attraktivität eines Zieles zu erhöhen, gebe ich ihm den mentalen und emotionalen Rahmen, der seinen Wert hervorhebt. Ich stelle Fragen, die beide Gehirnhälften beschäftigen. Ich rücke mein Zielbild ins rechte Licht. Was genau möchte ich erreichen? Wann, wo, in welchem Kontext bin ich am Ziel? Woran und wie erkenne ich, dass ich mein Ziel geschafft habe? Was wird sich dadurch in meiner Arbeit, meinem Leben, meinem Umfeld verändern? Was gebe ich auf? Worauf verzichte ich? Stellt der Verzicht ein Problem für mich dar? Ist das Problem so schwerwiegend, dass ich deshalb mein Ziel verändern will? Wenn ja, zurück zur ersten Frage! Ich formuliere mein Ziel neu! Wie lautet es neu formuliert? Welchen Gewinn ziehe ich, wenn ich mein Ziel erreiche? Der mental-emotionale Zielrahmen erhöht seine Attraktivität. Ich formuliere mein Ziel positiv und achte darauf, dass ich es in der eigenen Hand, im eigenen Kopf, in meiner eigenen Verantwortung und Kompetenz habe, es zu schaffen. Wichtig ist die konkrete Zielformulierung. Das Bild muss klar sein, es muss sich in mir festsetzen, in mein Gehirn meißeln. Innere Widerstände und Einwände sind ausgeräumt. Ich erblicke den individuellen Sinn meines Ziels. Ich erlebe es sinnlich. Mein Zielbild enthält Elemente für alle Sinne.

✓ Kurzfristige, mittelfristige und langfristige Ziele setzen

Der Weg zum Ziel sollte sich trotz aller vorhersehbaren und unerwarteten Schwierigkeiten attraktiv anfühlen. Ich gliedere ihn in längere und kürzere Etappen, je nach Umfang und Inhalten, die ich im Zeitrahmen bewältigen will. Ich setze Teilziele! Die Länge der Etappen reicht von wenigen Tagen über Wochen und Monate bis zu Jahren oder manchmal Jahrzehnten. Es gibt Zielsetzungen, die umfassen fast das gesamte Leben. Je nach Länge der Teilstücke unterscheide ich zwischen kurzfristig, entsprechend der Frist von Tagen bis zu wenigen Wochen, mittelfristig für einen Zeitraum von einigen Wochen oder Monaten bis zu maximal einem Jahr und langfristig für alles, was über ein Jahr hinausgeht. Teilziele ermöglichen Erlebnisse, in denen ich meinen Erfolg spüren kann. Meine Motivation erhält Energien.

Vorausgesetzt, dass ich Erfolgserlebnissen die Wertschätzung gebe, die sie verdienen. Ich setze Teilziele nach denselben Kriterien, wie ich es für das Endziel getan habe.

✓ Bestärkender Zuspruch, Affirmationen

„Du schaffst das!" Oft gehörte Worte, vor allem im Leistungssport! Sie geben Zuspruch und bestärken für das, was man tut und wie man es tut. Sie stärken das Selbstvertrauen. So wie ich einen Vertrauensvorschuss nötig habe, braucht der Glaube ans Erreichen des Ziels Zuspruch. Der Glaube bekommt Risse. Die Mühen des Alltags, mangelhafte Leistungen, Formkrisen, Rückschläge, Niederlagen setzen ihm zu. Bestärkende Worte sind sorgfältig gewählt. Sie wirken wie Wasser auf blockierte Mühlräder. Um Zuversicht zu geben, müssen die Sätze vor allem Stärken und positive Ziele hervorheben. Sie dürfen nicht antreiben, ansonsten verstärken sie den Stress, statt ihn zu dämpfen. Die Sätze sind auf die Individualität der Person und ihre Bedürfnisse zugeschnitten, um ihre optimale emotionale Wirkung zu entfalten. Affirmationen entstammen normalerweise aus dem eigenen Wortschatz und sind gelesen oder laut vorgetragen. Text und Ton geben Affirmationen ihre Wirksamkeit.

✓ Zielvorstellung mit Emotionen anreichern

Das begehrenswerteste Ziel verliert seine Anziehungskraft, wenn Mühen und Probleme die Sicht verstellen. Daher sollten wir die Zielformulierung schmücken wie den Weihnachtsbaum, damit wir ihre emotionale Zugkraft erhöhen. Befinde ich mich in einem emotionalen Tief, kann ein übertrieben positiv formuliertes Ziel die negative Stimmung überstrahlen. Ich beginne das Ausschmücken mit Fragen: „Was macht das Erreichen des Zieles mit meiner Selbstachtung und Anerkennung? Was davon liegt allein in meiner Verantwortung? Welchen Beitrag leiste ich für die Menschen im Umfeld? Welchen Nutzen bringe ich jungen Menschen, denen ich zum Vorbild werde? Was strahle ich aus, wenn mein Ziel geschafft ist?" Gut reflektierte Antworten lassen mein Ziel in einem noch helleren Licht erstrahlen. Die Zukunft imaginieren, die Umstände visualisieren, wenn ich mein Ziel erreicht haben werde. Fragen und Antworten wecken positive Emotionen. So wie etwa Marathonläufer sich ihren Zieleinlauf mental in die Gegenwart holen: Sie sehen, hören, fühlen, wie ihnen die Zuschauer zujubeln, wenn sie erschöpft, aber glücklich die Ziellinie überqueren. Das Erreichen des Ziels ist begleitet von Emotionen und Gefühlen. Sie machen jedes Ziel attraktiv und anziehend. Ich erlebe den Triumph mental und emotional im Voraus. Dann treten die Strapazen zeitweise mental in den Hintergrund.

✓ **Zum Drehbuchautor des eigenen Wunsches werden**

Auch diese Übung holt mein Ziel gedanklich in die Gegenwart und regt die Gefühle und Emotionen an. Das Ziel ist die Verwirklichung von Träumen und Wünschen. Ein Wunschfilm stellt die Verbindung zwischen dem Ziel und der Erfüllung meiner Wünsche her. Ich schreibe ein Drehbuch für den Wunschfilm. Wie fühlt sich der Moment der Zielerreichung an? Ich beziehe alle meine Sinne in die Beschreibung mit ein. Zwischendurch lege ich den Text beiseite, lese ihn nach einiger Zeit erneut oder höre ihn mir an. Ich erlebe mein Ziel vorweg, spüre Details, lasse meine Sinne daran arbeiten. Gefühle erwachen? Das Drehbuch nimmt Einzelheiten des Ziels vorweg.

✓ **Blitzlichter wahrnehmen**

Alltagsprobleme fühlen sich manchmal riesengroß und unüberwindlich an. Sie sind eine Last für Gedanken und Gefühle. Ich lenke mich davon ab, indem ich sie mental übertöne. Nur ich selbst entscheide, wohin ich meine Sinne wende. Ich steuere sie bewusst. Statt vornehmlich den Problemen Beachtung zu schenken, lenke ich die Aufmerksamkeit auf Highlights und gebe ihnen mentale und emotionale Zuwendung. Statt mich emotional in Problemen zu wälzen, drücke ich die mentale Stopp-Taste. Ich wechsle das mentale Programm. Ich halte den negativen Film oder Dialog an, lenke das Augenmerk auf ein vorbereitetes Positiv-Programm. Ich erinnere mich an positive Tagesereignisse. Nachdem die Strahlkraft des Ziels aus der Ferne nicht so stark in die Gegenwart wirkt, nutze ich die Blitzlichter, die direkt vor mir liegen. Ich setze mich am Abend hin und notiere die Highlights vergangener Stunden und erlebe sie bewusst nach. Ich beschäftige meine Sinne und wiederhole den Vorgang täglich. Jeder Tag bietet Highlights. Natürlich nehme ich auch Blitzlichter des Vortags ins mentale Programm auf. Emotionen ändern ihre Qualität. Allmählich bekomme ich das Gefühl, positive Erlebnisse intensiver wahrzunehmen. Probleme fressen Energie und binden mentale und emotionale Kräfte, die ich besser kreativ nutzen kann. Ich mache mir zur Gewohnheit, abends Highlights zu wiederholen, sie nachzuerleben und Energien zu sparen. Ich setze meine Kräfte und Energien zielgerichtet ein. Außerdem schärft die Übung den Blick für das Positive, das mich im Leben weiterträgt.

✓ Mit jedem Atemzug einen Schritt nach vorn

Der Weg zu großen Zielen erfolgt in kleinen Schritten, langsam und stetig. Oft folgen zwei Schritten vorwärts auch ein oder gar zwei Schritte zurück. Wichtig ist die Vorwärts-Tendenz. Ich verbinde jeden einzelnen Schritt mit einem bewussten Atemzug. Dabei spüre ich die Energie, die frei wird. Ich visualisiere den Weg vor dem inneren Auge als Leiter. Täglich nehme ich eine Sprosse. Jeder Atemzug bringt mich in neue Höhen, näher an mein Ziel. Geist, Seele und Körper verschmelzen im Atemrhythmus. Einatmen, ausatmen, einatmen, ausatmen, während ich im Geiste Tage und Wochen zurücklege. Der Atem als lebenswichtiges Element begleitet jeden Schritt und sorgt für frische Energie. Eine weitere Variation besteht darin, für das „Schritt-für-Schritt"-Muster ein Sinnbild zu wählen. Ein Raubtier, das sich zielstrebig nach vorn bewegt, eine Maschine, die mit jeder

Umdrehung der Räder Hindernisse überwindet. Ich übertrage die Energie der inneren Bilder auf mich, indem ich in das Wesen meiner Vorstellung schlüpfe. Ich vollziehe seine harmonischen Bewegungen nach. Meine Aufmerksamkeit richtet sich auf meine Gefühle. Ich spüre die Lust, erlebe die Motivation, mit der ich den Weg gehe. Ohne Hast, jeden Tag näher an mein Ziel.

- ✓ **Den Körper durchscannen**

Bei jeder Ziel-Übung halte ich mentalen Körperkontakt. Ich sorge dafür, dass sich die Verbindung Kopf-Körper erneuert. Jeden Schritt begleiten Körpergefühle. Sie zu spüren, indem ich in Gedanken aufmerksam durch den Körper wandere, zählt zu den angenehmsten und wirkungsvollsten Übungen. Sie messen den energetischen Zustand des Körpers. Ich spüre Freude, die ich auch körperlich empfinde, wenn ich ein Etappenziel schaffe. Ich lindere negative Gefühle, wenn Rückschläge wegzustecken sind. Ich versorge jene Körperteile, in denen ich negative Empfindungen aufspüre, mit mehr positiver mentaler Energie und atme sie in die Körperteile. Der Körperzustand als wichtige Ressource. Ich schenke ihm Aufmerksamkeit, erkenne und lindere Mängel, sobald der Körper sie mir meldet.

LEISTUNGSORIENTIERUNG UND INNERE EINSTELLUNG

> *„Deine Fähigkeit bestimmt, was du kannst.*
> *Deine Motivation entscheidet, was du tust.*
> *Deine Einstellung ist ausschlaggebend, wie du es tust!"*
> Lou Holtz, Trainer und Coach im American Football

Die innere Einstellung ist das Ergebnis unzähliger prägender Situationen, die ich im Laufe der Jahre durch Personen, Dinge und Verhältnisse erlebte. Der Geist zog seine Schlüsse und formte die Art des Denkens, Handelns und Verhaltens. Die Einstellung drückt Gefühle, Wertungen, Überzeugungen, Emotionen, Verhaltensweisen und Handlungen aus. Durch die Beobachtung von Menschen erkenne ich deren Einstellung zu bestimmten Themen oder Personen. Manchmal spielen wir uns oder anderen etwas vor. Wir behaupten, etwas gern zu tun oder jemanden gern zu mögen. „Nein, es macht mir nichts aus, ich mache das gern!" Dabei verbergen wir das wahre Denken und Fühlen, die wirkliche Einstellung. Wir unterdrücken echte Empfindungen und betrügen uns damit selbst. Wir tun, als wäre alles okay, statt zu unserer Meinung, unseren Gefühlen zu stehen, sie nach außen zu vertreten, wenn es notwendig ist.

Auch im Leistungssport geben Menschen oft an, etwas zu wollen, alles dafür zu geben. Sie beteuern, zu lieben, was sie tun. Ihre Körperhaltung, Mimik, Sprache, ihr Verhalten führen dem achtsamen Beobachter aber vor Augen, dass sie ihre Rolle mit reduziertem Einsatz erfüllen. Große Ziele schaffe ich nur, wenn ich die innere Einstellung als Energiequelle nutzen kann, weil ich damit die Chancen, den Weg zu schaffen, enorm steigere. Meine Einstellung bestimmt auch den Erfolg im Wettkampf. Unterwegs zu hohen Zielen, prüfe ich regelmäßig meine Einstellung zu mir selbst, zu den Ereignissen und Aufgaben. Ich passe sie den Erfordernissen an. Korrekturen sind schwierig. Erfahrungen und Prägungen aus der Kindheit behaupten ihren geistigen Platz. Jede Veränderung ist auch eine emotionale Aufgabe. Je intensiver die mit der Einstellung verbundenen Emotionen sind, umso tiefer gehen die damit verbundenen Denk- und Verhaltensweisen. „Deine innere Einstellung, nicht dein Äußeres legt die Grenzen deiner Möglichkeiten fest!" Die Einstellung bestimmt, ob ich meine Talente im Leben realisieren will. Ist es möglich, die mentale Einstellung nachhaltig zu verändern? Angesichts der Tiefe ihrer Spuren im Gedächtnis ist die Frage berechtigt! Sie festigen sich bei jeder Wiederholung von Gedanken, Verhaltensweisen und damit einhergehenden Emotionen. Vor allem, wenn ich damit kurzfristige Ziele erreiche. Sind Gefühle, Gedanken, Verhaltensweisen und Handlungen mein Schicksal? Werde ich zum Gefangenen meiner Einstellungen?

Die Antwort darauf gibt sich jeder Mensch selbst! Bin ich bereit, die Einstellungen zu Personen, Dingen, Zielen, Situationen infrage zu stellen? Will ich Denkweisen, Gefühle, Emotionen, Handlungen und Verhaltensweisen in Bezug auf bestimmte Umstände zumindest überdenken? Die Chance, die innere Einstellung zu ändern, ist immer da! Ob ich alt, jung, weiblich, männlich, erfolgreich oder bisher unter meinen Möglichkeiten geblieben bin: Ich bin meiner mentalen Einstellung, den Emotionen, Gefühlen und Verhaltensweisen gegenüber Menschen, Dingen oder Situationen keineswegs hilflos ausgeliefert. Ich kann sie ändern, wenn ich es will. Mein Geist hat aber enorme Beharrungskräfte zu überwinden. Das stellt höchste Anforderungen an Willenskraft und Ausdauer. Im ersten Schritt erkenne und akzeptiere, dass es so nicht weitergehen kann, wenn ich mein Ziel erreichen will. Albert Einstein sagte dazu: „Wahnsinn ist, immer dasselbe zu tun und dabei andere Ergebnisse zu erwarten." Wer ständig dasselbe tut, auf Ähnliches immer gleich reagiert, wer immer gleiche Gedanken und Emotionen zum selben Thema hat, darf sich keine Fortschritte erhoffen. Will ich meine Einstellung und damit mein geistiges Programm ändern und soll der Prozess erfolgreich sein, muss der Wandel bei meinen Gedanken und Gefühlen beginnen. Erkenntnis ist der erste Schritt! So geht es nicht weiter! Es muss sich was ändern! Ich übernehme die Verantwortung für die Veränderung. Alles beginnt bei mir selbst. Warte ich darauf, dass es für mich andere tun, warte ich vergeblich. Sogar wenn ich unter Zwang handle, braucht es die Einstellung, um ein Ziel erreichen zu können. Es geht um das Bekenntnis, das innere „Ja" zur Veränderung. Aus dem Kampf, die alte Einstellung zu verteidigen, wird das Streben nach einem neuen, veränderten „Mindset". Ich brauche Unterstützung! Trotz innerer Überzeugung und positiver Absichten kann es Rückfälle geben. Bisherige Denk- und Verhaltensmuster geben sich nicht so einfach geschlagen. Sie behaupten ihren Platz und locken mich zurück ins bequeme Nest alter Gewohnheiten. Gerne gebe ich nach, denn es ist angenehmer, wenn alles beim Alten bliebe, statt für das Neue zu kämpfen. Ich brauche Hilfe, um die mentalen Fallstricke zu überspringen und zu neuen Ufern aufzubrechen und den Weg zu gehen. Hilfe von Leuten, die mich mit Nachdruck an meine Beweggründe für die Veränderung erinnern. Je mehr Erfolg mir die neue Einstellung beschert, umso mehr Rückenwind spüre ich. Ich fühle eine neue Energie. Immer seltener wandern meine Gedanken und Gefühle zurück zu alten Angewohnheiten. Die neue Situation, durch veränderte Einstellung geschaffen, zieht mich emotional an. Als Menschen mit Raumschiffen zunächst die Erde umkreisten, später den Mond umrundeten, um auf ihm landen zu können, war es die größte Herausforderung, die Anziehungskraft der Erde zu überwinden, ihr Gravitationsfeld zu verlassen. Je mehr sich die Astronauten dem Mond näherten, umso mehr entzogen sie sich der Kraft der Erde und umso stärker wirkte die Anziehung des Mondes. Sehr ähnlich verhält es sich bei der Veränderung der inneren Einstellung: Das Alte zu überwinden kostet ebenso Kraft und Energien, wie das Neue für sich zu gewinnen.

Leute sprechen von Leistungssport, orientieren sich aber an Resultaten statt an Leistungen. Ergebnisse verbindet man mit

Leistungsfortschritt. Es fällt schwer, Entwicklung an Leistungen statt an Resultaten festzumachen. Von Kind an so gelernt, gilt es, diese Einstellung zu verändern. Leistung als alleiniges Maß des Fortschritts. Das ist die echte Herausforderung! „Schmutzige" Erfolge besitzen mehr Charme als tadellose Leistungen, die mit einer knappen Niederlage enden. Siege wie Niederlagen sind immer Folgen von Leistungen. Das Resultat in Zahlen ist ein erstes, unvollständiges Feedback über den Wert einer Leistung. Es ist viel zu oberflächlich, um allein daraus ernsthaft Konsequenzen für Wachstum ablesen zu können. Champions blicken hinter die Kulissen, orientieren sich an Leistungen und den zugrundeliegenden Handlungen. So wird manche Niederlage zu einem gefühlten Sieg. Umgekehrt wird mancher zahlenmäßige Erfolg als billiger Sieg entlarvt. Der Leistungsfokus zeigt, wo man sich in der Entwicklung befindet. Was ist eigentlich Leistung? Wie bewerte ich sie? Gibt es Parameter, oder ist ihre Beurteilung Gefühlssache?

Sprechen wir im Sport von Leistung, meinen wir damit in der Regel die objektive Qualität von Aktionen und Reaktionen. Leistung ist Energieaufwand. Sie lebt von der Qualität und dem Einsatz körperlicher, mentaler, emotionaler, technischer und taktischer Ressourcen. Schaffe ich ein Ziel mit geringem Aufwand, besitzt die Leistung psychologisch nur geringen Stellenwert. Leistung wird geschätzt, wenn sie objektiven Ansprüchen gerecht wird und an der Grenze der subjektiven Leistungsfähigkeit liegt. Erreiche ich damit mein Ziel, erfüllt mich das mit Stolz. Ich habe den Erfolg mit der Leistung geschafft, die objektiven und subjektiven Wertmaßstäben gerecht wird.

Wie bestimmt sich der Wert einer Leistung? Welche Faktoren liegen der Leistung zugrunde? Im Leistungssport haben Analysen von Wettkampf und Training große Bedeutung. Leider sind sie oft zu oberflächlich. Man beschränkt sich darauf, den physisch-technischen Aufwand zu analysieren. Selten analysiert man taktische, fast nie mentale und emotionale Leistungsfaktoren.

Gerade in ihnen liegt die Erkenntnis, ob Entwicklung stattfindet und in absehbarer Zeit Erfolge eintreten. Trainingsinhalte folgen nur selten Wettkampferkenntnissen. Sie reagieren nicht auf den Ist-Zustand, sondern folgen festgelegten Routinen. Erfolgspotenziale bleiben auf der Strecke, die Entwicklung verläuft ohne Struktur und schreitet nur langsam voran. Schenkte man dem Erfolgsfaktor Leistung mehr Beachtung, sähe manche Trainingseinheit anders aus. Wichtige Impulse für die Karrieren junger Athletinnen und Athleten fänden Berücksichtigung. Neben den körperlichen, technischen, taktischen und mental-emotionalen Faktoren bestimmen weitere aber noch Einflüsse die Leistung. Die physische Konstitution, das kalendarische und biologische Alter, die mentale Reife und Erfahrung, das Geschlecht, der Gesundheitszustand, die Qualität der mentalen wie auch physischen Ernährung gehören dazu. Denk- und Verhaltensweisen der Menschen im Umfeld und der Energiezustand von Körper und Geist haben einen wichtigen Einfluss auf die Leistungsfähigkeit. „Wir brauchen in unserem Umfeld Menschen, die uns dazu bringen, zu tun, was wir am besten können", sagte der Philosoph und Autor Ralph Waldo Emerson. In Sportarten, deren Ausübung die Unterstützung bestimmter Geräte oder anderer Materialien braucht, bestimmen diese die Leistungsqualität mit. Nicht zuletzt spielt im Leistungssport auch die materielle Gesamtsituation eine Rolle in der Prognose, ob sich Talente entwickeln und ihre Leistungsfähigkeit ausspielen.

Alle das soll zeigen, dass Leistungen zu komplex sind, um sie oberflächlich bewerten zu können. Doch gehen Menschen, die sich an Leistung orientieren, mit positiver innerer Einstellung an ihre Aufgaben. Sie wollen etwas erreichen, wollen leisten und sind bereit, das Niveau ihrer Leistungsfähigkeit in allen Bereichen zu steigern. Die Chancen steigen, wenn sie Gelegenheiten erhalten, zu tun, was ihre Talente, Interessen und Neigungen, ihre Leidenschaft und Begeisterung fördert.

Mentale Engpässe, die auf mangelnde innere Einstellung und geringe Leistungsorientierung zurückzuführen sind

- Vergleiche mit anderen: Sind Leistungen, Fähigkeiten und Eigenschaften der Mitbewerber der Maßstab für eigene Qualitäten, schwindet der Fokus auf das Eigene. Das Ausrichten der Aktivitäten am Tun anderer mindert Selbstbewusstsein und Selbstwertgefühl. Auch das Selbstvertrauen erhält einen Dämpfer. Der eigene Weg, eigene Fähigkeiten treten mental in den Hintergrund. Oft erreicht die Qualität der Leistungen der Konkurrenz nicht mal die der eigenen Fähigkeiten und Stärken. Man bemerkt es aber nicht. Andere meinen wiederum, ohnehin die Besten im eigenen Kosmos zu sein. Jegliche Motivation zur Weiterentwicklung sinkt. „Ich bin der oder die Beste in der Gruppe!" Die konsequente Arbeit bleibt aus. Die Rolle des „Dorfkaisers" genügt dem Ego.
- Ergebnisziele statt Leistungsziele: Resultate als Ziele sind verlockend. Die Leistung der sportlichen Konkurrenz ist aber am Ergebnis mitbeteiligt. Ich setze mir, beispielsweise im alpinen Skirennlauf, einen Sieg als Ziel und schaffe mit einem gefühlt perfekten Lauf die Basis dafür. Doch ich habe damit nicht zwangsläufig gewonnen. Bewältigt ein Konkurrent die Rennstrecke auch nur um eine einzige Hundertstelsekunde schneller, reicht mein Traumlauf nicht für den Sieg. Ich bestimme die Leistung, nicht das Resultat. Dasselbe gilt im Tennis: Den Turniersieg kann man sich zum Ziel setzen. Gelingt es, die volle Leistungsfähigkeit auszuschöpfen und persönliche Bestmarken in allen Leistungsparametern zu erreichen, habe ich alles für den Erfolg getan. Ist am Tag X die Gegnerin oder der Gegner stärker und entscheidet mehr Ballwechsel und wichtige Punkte für sich, werde ich trotz Topleistung den Turniersieg verfehlen. Ergebnisziele sind sinnvoll, wenn das Resultat allein von der eigenen Leistung abhängt. In verschiedenen Sportarten sind Zeiten, Weiten oder Höhen geeignete Ziele, nicht aber Platzierungen. Sie unterliegen auch äußeren Einflüssen.

- Der Begriff „Leistung" löst in manchen Menschen negative Gefühle aus: Ihnen wird schon beim Wort „Leistung" bange. Wird Leistung verlangt, verursacht schon das Wort allein Druck. Leistung zu erbringen oder von sich zu verlangen, bedeutet immer Energieaufwand und das Verlassen der Komfortzone. Gedanken und Gefühle von Anstrengung, Aufwand, Sieg oder Niederlage, Ungewissheit, Anspruch, Belastung, Vergleich mit anderen, Konkurrenz, Prüfung, Beurteilungen oder Kritik kommen hoch. Schuld sind Erfahrungen und Prägungen, Enttäuschungen und unerfüllte Erwartungen. Diese Gefühle erinnern an Frust. „Was soll ich machen, ich kann das nicht!" Situationen, die Leistung verlangen, werden so nach Möglichkeit vermieden. Die mental-emotionale Programmierung erkennt Leistung als Belastung.
- Geringe mentale und emotionale Präsenz in Training und Wettkampf: Ohne Leistungsorientierung agiert man halbherzig und wirkt geistig abwesend. Begeisterung und Präsenz sind Voraussetzungen für ein hohes Niveau der Leistung und Weiterentwicklung. Uneingeschränkte, ununterbrochene Teilnahme aller Sinne ist eine Wachstumsbedingung. Der Fokus richtet die geistige Energie auf eine Aufgabe. Schweifen die Gedanken ab, fehlen Emotionen, Intensität und Qualität. Der Körper ist anwesend, der Geist nicht. Die Einstellung ist oberflächlich, unscharf wie ein fehleingestelltes Mikroskop. Anforderungen und Bedürfnisse haben im Kopf keine scharfen Konturen. Man bleibt hinter den Möglichkeiten, weil es im Training und im Wettkampf an Präsenz und Intensität fehlt.
- Orientierung an Resultaten, oberflächliche Analysen: Wie soll es gelingen, Leistung seriös zu analysieren, wenn das Interesse nur Ergebnissen gilt? Nach Siegen ist die Qualität der Leistung zweitrangig. Umgekehrt droht im Falle einer Niederlage die Welt unterzugehen. So wird Leistung kein Maß für Entwicklung. Ich erlebe vielfach, wie Sportler und Sportlerinnen trotz starker Leistung den Ort der Niederlage mit hängendem Kopf verlassen. Allerdings kümmerte sie nach Erfolgen die Leistung wenig. Eine derartige Einstellung

bevorzugt das Ergebnis vor der Leistung. Echter Fortschritt bleibt aus.
- Wenig eigene Prioritäten: Worauf kommt es dir heute an? Was ist dir an dieser Herausforderung selbst wichtig? Woran erkennst du, ob du deine Talente weiterentwickelt hast? Welche Schwerpunkte setzt du im Denken und Handeln? Antworten setzen Wissen voraus. Wer Leistung von sich verlangt, muss eine Vorstellung davon haben, wie Leistung aussieht, sich anfühlt. Es geht um die Entwicklung von Talent und um Wachstum. Ohne Prioritäten bleibe ich Befehlsempfänger. „Vertrauen ist gut, Kontrolle ist besser!" Ich überblicke meine Entwicklung, wenn ich die Schwerpunkte setze, selbst die Kontrolle darüber behalte. Wachstum ist Ich-Sache. Ich bin Chef/Chefin in meiner eigenen sportlichen, künstlerischen, beruflichen Laufbahn und bleibe es auch.
- Wenig Energie in Training und Wettkampf: Ohne Leistungsorientierung fällt es schwer, das Energieniveau den Anforderungen anzupassen. Bin ich müde, ist für mich klar: Ich kann heute das Leistungsniveau nicht bringen. Bin ich nervös und angespannt, fehlt mir die innere Balance für Leistung. Mein innerer Kompass zeigt mir: Soll ich mein Energieniveau erhöhen oder reduzieren? Funktioniert dieses Instrument nicht, fehlt das Gefühl, ob ich entspannen oder aktivieren soll. Ich gewöhne mich an einen energetischen Zustand, den ich nicht verändern will und nach meiner Ansicht auch nicht verändern kann. Mein innerer Antrieb findet keinen festen Tritt, an dem er sich abstoßen könnte. Ich bin gefangen im energetischen Zustand. Meine Leistung wird zweitrangig. Mir fehlt die nötige Einstellung.

Konkrete Zielvorstellungen zur Entwicklung von leistungsorientiertem Denken, Verhalten und innerer Einstellung

- Ich bin das Maß meiner Leistungsfähigkeit: „Ich möchte diesen Erfolg allen widmen, die mir sagten, ich könne das nie erreichen, weil mir zu viel dafür fehlt!" Die Aussage einer Sportlerin angesichts ihres größten Triumphes! Anerkannte Fachleute prophezeiten, als sie Jugendliche mit Visionen war, ihr fehle die körperliche Basis. Im Angesicht ihres Sieges verwendete sie Sarkasmus als Mittel, um es jenen zu zeigen, die sich als Fachleute im Besitz der Wahrheit wähnten. Leistung ihre Komponenten zerlegen und sie Schritt für Schritt zu entwickeln ist der Weg, leistungsorientierte Sportler und Sportlerinnen zu begleiten. Der Vergleich mit anderen trügt! Wissen und Können von Fachleuten sind eine wichtige Hilfe. Trotzdem behalten sie Athletinnen und Athleten ihre eigenen Ansichten. Leistung ist das Ergebnis der konsequenten Erfüllung kleiner, wichtiger Details. Viele Räder greifen ineinander und schaffen Großes. Jeder Bereich braucht Aufmerksamkeit. Verantwortung selbst wahrzunehmen, statt sie anderen überlassen, ist die geistige und emotionale Einstellung von Champions.
- Leistungsziele und Handlungsziele statt Resultat-Ziele: Leistungssport ist auf Ergebnissen aufgebaut. Die Prognose der Chancen auf Erfolg richtet sich nach Resultaten. Sie sind das erste Leistungsfeedback. Ein Erfolg in Zahlen basiert in der Regel auf zumindest soliden Leistungen. Niederlagen sind dementsprechend Folgen von Leistungen unter dem Potenzial. Nach Misserfolgen besteht das Gefühl, vorhandene Ressourcen nicht zur Gänze ausgeschöpft zu haben. Resultate berücksichtigen aber nie alle Faktoren des Wettkampfs. Trotz persönlicher Bestleistung kann ich im geschlagenen Feld landen, wenn die Konkurrenz besser ist. Ziele, deren Erreichen ich ganz allein beeinflusse, sind Leistungs-, Handlungs- und Verhaltensziele. Es liegt an mir, die Trainingsleistung in den

Wettkampf zu übertragen. Ich entscheide, ob ich in den Wettkampf mit einer Einstellung gehe, die der Erfolg braucht. Ich entscheide, ob ich eine Taktik umsetze. Ich entscheide, ob ich meinen Emotionen freien Lauf lasse oder sie gezielt einsetze. Ich entscheide, wie präzise meine Bewegungsabläufe sind. Ich entscheide, ob und wie ich mich auf den Wettkampf körperlich, emotional und mental einstimme. Alles liegt bei mir selbst. Leistungsziele und Handlungsziele sind seriös. Setze ich mir Ergebnisziele, leite ich aus ihnen Leistungs- und Handlungsziele ab: Welche Leistung brauche ich für das Ergebnis? Welche Aktionen, welches Denken ist dafür nötig? Antworten geben Anweisungen für das Denken und Handeln. Ihre Umsetzung ist meine Entscheidung!
- Eine positive Grundhaltung zum Begriff Leistung: „Er tut sich leicht, er ist halt ein Leistungsmensch." Leistung ist eine Erfolgsgrundlage, die anzeigt, dass etwas aus eigener Kraft errungen ist. Basis ist eine positive mentale Einstellung. „Was hast du heute geleistet?" Eine provokante Frage nach einem anstrengenden Tag schließt die nächste Frage schon mit ein: „Was ist dir dabei gelungen?" Nicht was ich erreiche, ist ausschlaggebend, sondern was ich dafür gegeben habe. Leistung beschreibt als Wert den individuellen Beitrag für ein Ziel. Prinzipiell glauben Menschen, Leistung löse positive Emotionen aus. Meist ist es umgekehrt: Positive Stimmung ist die Grundlage für außergewöhnliche Leistung. Folgen einer positiven Grundhaltung zum Leistungsbegriff. Wer Leistung bringen will, tut gut, zuerst für positive Stimmung zu sorgen.
- Leistung durch Präsenz: Im Wettkampf sind die Athletinnen und Athleten mit allen Sinnen im „Hier und Jetzt". Das ist die Voraussetzung für Erfolg. Nicht nur physisch, sondern auch gedanklich und emotional im Training oder Wettkampf präsent sein. Alle Sinne darauf gerichtet, was jetzt zu tun ist. Das innere Spiel, Gedanken und Gefühle so weit im Griff haben, dass es die Leistung unterstützt oder zumindest nicht stört. Die Gegenwart des Geistes ermöglicht den uneingeschränkten Einsatz aktueller Fähigkeiten.

- Erfolgreiche Schauspieler gehen physisch, mental und emotional in ihrer Rolle auf. Nach einem Drehtag oder einem Bühnenstück sind sie erschöpft. Erst nach einer Auszeit sind sie wieder bereit, ihre Sinne für die Umwelt zu öffnen. Sportlerinnen und Sportler verkörpern ihre Wettkampfrolle ebenso. Sie benötigen vor dem Wettkampf Zeit, in die Wettkampfrolle zu schlüpfen und danach wiederum Zeit, aus ihr wieder herauszutreten und mental wie emotional wieder in den Alltag zurückzukehren. Persönliche Rituale leisten dabei wertvolle Hilfe.
- Korrekte Wettkampfanalyse, eine Folge konsequenten Lernens: Vor dem Wissen kommt das Lernen. Viele Menschen erfahren erst spät, wie Lernen funktioniert. Viele Sportlerinnen und Sportler begehen den Fehler, nach einem Wettkampf auf eine fundierte Analyse zu verzichten. Die Lernchance bleibt ungenutzt. Der Wettkampf ist vorbei, die Rolle abgelegt. Aber die Wettkampfeindrücke sind noch frisch und präsent. Ein Verzicht auf die Analyse ist die Hauptursache, warum Karrieren stagnieren und vorzeitig enden. Fehlende Bereitschaft zur Analyse schließt Lernerfolge aus.
- Lernen –> Wollen –> Wissen –> Wollen –> Können –> Wollen –> Tun. Erinnern Sie sich an die Glieder der mentalen Erfolgskette? „Zu wissen, was man weiß und zu wissen was man tut, ist wahres Wissen", sagte Konfuzius. Langfristig sind jene Sieger, die mehr wissen, mehr gelernt haben, mehr können und mehr tun. Grundlage fundierter Analyse sind der Wille und das Wissen, wie sie funktioniert. Was wird analysiert? Wie wird analysiert? Was will ich erkennen und erfahren? Wettkampfereignisse sind geistig geordnet, wertvolles Wissen erneuert und ergänzt.
- Klare Prioritäten: Wettkämpfe und Trainingseinheiten sind wie Reisen auf stürmischer See. Das Ziel erreichen jene, die das Ruder in der Hand, das Ziel im Kopf behalten. Sie brauchen stabile geistige Bojen in der Gestalt von Prioritäten. Mentale und emotionale Orientierungspunkte. Wer seine Wettkampfprioritäten kennt und ausreichend Motive für

ihre Befolgung hat, handelt unerschütterlich nach Plan. Wettkampfverläufe sind nie ganz verlässlich auszurechnen. Geistige Anhaltspunkte geben die Versicherung, dass man trotz Ablenkungen, trotz emotionaler Erschütterungen, trotz physischer Erschöpfung auf dem Weg bleibt und sich an den Plan hält. Prioritäten können körperliche wie auch technische Handlungen sein, die Taktik, mental-emotionale Leistungsvorgaben. Faktoren wie Fragen des Materials, Wettkampfbetreuung, Trainingsplanung sowie die mentale oder physische Ernährung haben ebenso Priorität. Der Athlet, die Athletin wählt die Eckpunkte selbst vor dem Wettkampf oder Training.

- Das Energieniveau herstellen, das die Situation fordert: „Ich bin heute so müde! Ich kann mich nicht konzentrieren! Ich kann nicht runterkommen und mich entspannen!" Viele Menschen schaffen das Energieniveau nicht, das erforderlich ist. Qualität und Dauer der Leistungsfähigkeit hängen aber genau davon ab. Qualität und Menge der geistigen, emotionalen und physischen Energie bestimmen über das Abrufen der Leistung. Fühle ich mich müde, wenn ich wach und aktiv sein sollte, suche und finde ich die fehlende Energie nur in mir selbst. Viele Situationen im Wettkampf erfordern Gelassenheit und entspanntes Handeln. Auch diese Qualitäten liegen in mir. Niemand ist im Auf und Ab völlig hilflos. Die Herstellung des richtigen Energiemaßes ist eine geistige Aufgabe. Statt mich mit meinem Energiezustand abzufinden und mich ihm hinzugeben, passe ich ihn mit einfachen Übungen den Erfordernissen an. Erfolgreiche Menschen aktiveren oder entspannen sich, je nachdem, was die Situation braucht und zulässt.

Übungen für eine zielführende und positive innere Einstellung sowie die Leitungsorientierung

✓ **Fokus auf Fähigkeiten, Eigenschaften, Leistungen richten**

Unsere Gesellschaft beklagt Fehlleistungen, beachtet dafür aber positive Leistungen weniger. Sie verdienen aber mehr Aufmerksamkeit. Das gilt im Leistungssport ebenso wie in anderen Bereichen des Lebens. Anerkennung und Wertschätzung positiver Wettkampfphasen öffnen ein geistiges Fenster, durch das ich die Potenziale und Möglichkeiten der Zukunft erkenne. Es sind die Stärken, auf die ich mich in entscheidenden Momenten stützen kann. An Schwächen erkenne ich die ungenutzten Potenziale, die in mir schlummern. Reserven für Erfolge von morgen.

Statistiken registrieren unerbittlich Erfolge und Niederlagen. Hinter Resultaten stehen aber Leistungen, Fähigkeiten und Eigenschaften. Misserfolge zeigen potenzielle Möglichkeiten auf. Die Frage ist: welche Leistungsbereiche benötigen noch Entwicklung? Mit Achtsamkeit erkenne ich Stärken und Potenziale. Ich spüre Talente auf. Misserfolge und Rückschläge sind Chancen, die ich durch Achtsamkeit wahrnehme, wenn ich die Aktionen sinnlich erlebe, Reize wahrnehme, Emotionen erkenne. Sieger sind achtsam und führen Buch über Erlebnisse, nicht Siege oder Niederlagen. Zahlen bedeuten wenig. Sie notieren Fähigkeiten und Eigenschaften, die ihnen Erfolge ermöglichen. Sie registrieren Misserfolge und Rückschläge, blicken dabei aber auf das, was sich hinter Zahlen verbirgt. Sie erkennen Talente, die sie entwickeln können, um Rückschläge zu reduzieren. Sie finden Ursachen für Resultate. Sie stoßen auf ungenutzte Potenziale. Körper, Technik, Taktik, Kopf, alles wird Gegenstand der Nachforschungen. Sie erkennen Stärken, die ihnen in herausfordernden Situationen Rückhalt bieten. Aus ihren eigenen Notizen bildet sich ihr Wissen über Leistung und Zukunftschancen. Eine positive innere Einstellung zu Weiterentwicklung entsteht.

Schriftliche Skizzen sind mentale und emotionale Stützen und spiegeln die Realität wider. Sie blicken optimistisch in die Zukunft. Keine Vergleiche mit Leistungen anderer ist das Mittel, sondern die Entwicklung durch Hervorheben eigener Talente und Potenziale.

✓ **Ziele, die ich exklusiv beeinflussen will**

Ich setze mir keine Ziele, für die meine Fähigkeiten, Eigenschaften und Potenziale noch nicht ausreichen oder die ich nicht entwickeln kann. Meine Ziele entsprechen meinem Leistungspotenzial. Diese kann ich mit meinen Möglichkeiten erreichen. Realistische Ziele richten sich auf Veränderungen im Denken, Fühlen, Handeln, Verhalten. Ich antizipiere potenzielle Hindernisse in mir. Sie kann ich aus eigener Kraft bewältigen. Ich kann äußere Probleme überwinden, sie umgehen oder ihnen auf andere Weise beikommen. Wie schon das Sprichwort sagt: „Baue aus Steinen, die im Weg liegen, die Treppe, die dich zum Ziel führt!" Ich prüfe meine Ziele darauf, ob sie allein meinem Einfluss unterliegen. Rafael Nadal, einer der weltbesten Tennisspieler der Geschichte, meinte, angesprochen auf seine härtesten Konkurrenten um die großen Titel im Tennis, den Schweizer Roger Federer und den Serben Novak Djokovic: „Sie haben an meiner Entwicklung mitgearbeitet, mich motiviert, besser zu werden, gezielter an mir und meinem Spiel zu arbeiten. Dafür bin ich ihnen dankbar!" Seine Konkurrenten äußerten sich mit ähnlichen Worten. Diese Großen des Sports erkennen in ihrer Konkurrenz zwar Hürden auf dem Weg, lassen sich aber durch sie inspirieren, gezielter an eigenen Fähigkeiten und Eigenschaften zu arbeiten. Äußere Hürden, instrumentalisiert für eigene Entwicklung und Perfektionierung. Drei Allzeitgrößen des Sports pushen sich gegenseitig in Leistungshöhen, die für folgende Generationen als Maß für absolute Weltklasse gelten. Irgendwann wird diesen drei Ikonen die Physis Grenzen setzen. Ihre Leistungsorientierung, ihre Einstellung sichern ihnen aber schon heute ihren Ehrenplatz in den Annalen des Tennissports.

Die Sportöffentlichkeit sammelt und vergleicht Zahlen, wer von den Dreien am Ende mehr Titel errungen haben wird. Hinter Erfolgen stecken Leistungen, die durch positive Einstellung, durch Orientierung an Leistung gelingen.

- ✓ **Ein ehrlicher Blick auf den mental-emotionalen Ist-Zustand**

Achtsamkeit ist eine Säule von Leistung, Entwicklung und Fortschritt. Nicht immer können Geist, Seele und Körper das gesamte Potenzial aktivieren. Im Laufe einer Karriere lernt man, sich dem psychisch-physischen Zustand bewusst zu nähern, der das Ausschöpfen der Potenziale möglich macht. Ich prüfe meine mentale Mobilität und meine emotionale Verfassung. Bin ich mit der Aufgabe mental auf Augenhöhe? Habe ich die richtige Stimmung, mich ihr zu stellen? Gehe ich mein Ziel mit Zuversicht und Vertrauen an? Besitzt mein Körper jene Spannkraft, mit der ich die anstehende Aufgabe physisch bewältigen kann? Antworten zeigen den mentalen, emotionalen und körperlichen Ist-Zustand. Ich richte die Sinne auf mich, bewerte die aktuellen Qualitäten. Mich selbst spüren, meinen geistig-mentalen Zustand erfassen, ihm eine Ziffer zwischen 0 (geistig weggetreten) bis 9 (geistig voll da) geben. Ebenso bewerte ich meine momentane Stimmungslage. Sie reicht von 0 (Weltuntergangsstimmung) bis 9 (überschwänglich). Schließlich fühle ich noch in meinen Körper und fasse auch dessen Zustand in eine Zahl von 0 (todmüde) bis 9 (ich könnte durch die Decke gehen). Die GSK-Zahl (Geist-Seele-Körper) findet die Maßnahmen, die mich auf ideales Wettkampf- oder Trainingsniveau bringen.

- ✓ **Visuell den Weg, das Ziel und den aktuellen Stand erfassen**

An welcher Stelle des Weges befinde ich mich im Moment? Wo stehe ich in der Entwicklung meiner Fähigkeiten? Körperlich, mental, emotional, technisch und taktisch? Welche Gedanken und Verhaltensweisen, welche Fähigkeiten oder Eigenschaften habe ich durch Training und Lernen automatisiert? Was ist Gewohnheit und funktioniert unbewusst? Auf anspruchsvollen Reisen ist die regelmäßige Bestandsaufnahme wesentlich für emotionale und mentale Orientierung. Ich sehe, höre und fühle, an welcher Stelle die Entwicklung steht. Ich drücke deren Stand in Worten aus und habe eine Vorstellung, an welcher Stelle ich bin bzw. welche Schritte mir bevorstehen. Das erzeugt positive Stimmung und gibt Zuversicht. Ich gehe den Weg bewusst, statt monoton Schritt vor Schritt zu setzen im Vertrauen, dass schon alles gut wird. Jeder Mensch, der sich Entwicklung und Leistung zur Aufgabe macht, weiß: Visualisierung festigt Orientierung und innere Einstellung.

- ✓ **Prioritäten erkennen und setzen**

Trainingseinheiten für Wettkämpfe bringen Erkenntnisse, wenn ich bereit und offen dafür bin. Dazu zählen Erfahrungen, die manchmal schmerzen. Die Differenz zwischen Wachstum und Stagnation liegt in der Erkenntnis von wichtigen Einzelheiten. „Der Teufel steckt im Detail!" Wer bei Training und Lernen die richtigen Schwerpunkte setzt, unterscheidet sich von anderen, denen Offenheit und Achtsamkeit fehlen. Geringe Anpassungen können eine stockende Karriere neu beleben. Der italienische Ökonom Vilfredo Pareto prägte das nach ihm benannte Prinzip. Es findet auf vielen Gebieten Anwendung. Als 80:20-Regel bekannt, besagt es, dass 80 Prozent eines Ziels durch 20 Prozent des Aufwandes erreicht werden. Für die restlichen 20 Prozent ist ein 80-Prozent-Aufwand nötig. Athletinnen, Athleten und ihr Umfeld sollten Lern-Aktivitäten erkennen, die den größten Fortschritt bringen und ihnen die viel Aufmerksamkeit, Zeit und Energie schenken. Der Schlüssel ist achtsames Beobachten der eigenen Performance. Ich finde Prioritäten, die Effektivität (was ist zu tun?) und Effizienz (wie ist es zu tun?) von Training und Lernen optimieren. Orientierung an Fortschritt und Entwicklung und damit an der Steigerung des Leistungsvermögens.

- ✓ **Komplexe Inhalte mit strukturierter Analyse verständlich machen**

Damit die Entwicklung der Leistungskomponenten funktioniert, müssen sie wie Räder eines Uhrwerkes ineinandergreifen. Fehlt ein Teil, stockt der Fortschritt. Man fühlt, dass etwas nicht stimmt, erkennt aber nicht, woran es liegt. Leistungsfähigkeit ist komplex. Man sollte man Training und Wettkampf fundiert analysieren. Analyse braucht aber einen Plan. Ich stelle Fragen: Wie war der Gesamteindruck? Was fühlte ich? Wie wurde meine Leistung von anderen wahrgenommen? Priorität hat aber die eigene Wahrnehmung! Sie hat in jeder Analyse Vorrang. Gedanken, Gefühle des Sportlers, der Sportlerin sind Grundlagen. Erst dann folgen die Wahrnehmungen aufmerksamer und fachlich versierter Beobachter. Jede Trainingsübung hat körperliche, emotionale, mentale, technische und taktische Aspekte. Analysiere ich sie einzeln, finde ich leichter die Ursachen für Schwachstellen und Stärken. Die Struktur der Analyse eröffnet mir einen Blick auf die von Pareto geforderten Prioritäten. Strukturierte Analyse ist die Basis für langfristigen Erfolg.

- ✓ **Dem Begriff „Leistung" einen neuen Verständnis-Rahmen geben**

Manche Menschen schaudern beim Ausdruck „Leistung". Leistungsdruck, Leistungszwang, Leistungsgesellschaft! Gängige Wortkombinationen, keine Einzige von ihnen klingt positiv. Alle suggerieren Druck oder Zwang! Das sind Empfindungen, die nicht nur im Sport für den Fortschritt kontraproduktiv wirken, weil sie die Leistungsfähigkeit belasten. Um den Begriff der Leistung mental in ein günstigeres Licht zu rücken, „reframe" ich ihn. Ich gebe dem negativ verstandenen Verhalten einen anderen mentalen Rahmen. Wie der Rahmenwechsel einem Bild ein verändertes Aussehen gibt, ändere ich den mentalen Bezug und damit den emotionalen Zugang zum Begriff der Leistung. Die Einstellung wandelt sich. Leistung bedeutet nicht nur

Anstrengung, Mühe, Druck oder Zwang. Leistung heißt auch, Fähigkeiten oder Eigenschaften zu aktivieren. Lenke ich die Aufmerksamkeit weg von den Zahlen, kommen die Ursachen zum Vorschein, die für die Resultate sorgen. Schon einfache Alltagsverrichtungen sind Leistung. Ich leiste täglich. Die Leistungsqualität zeigt die Einstellung. Erkenne ich Leistung als Chance, mein Talent zur Geltung zu bringen und Ziele zu erreichen, empfinde ich sie als positiv. Verbinde ich sie mit Begriffen wie Anstrengung, Mühe, Kampf, Konkurrenz, dann wird das Bild negativ. Es liegt an mir, welche Gedanken und Emotionen ich mit Leistung verbinde.

✓ Selbstwertschätzung statt Selbstverurteilung

Überlasse ich die Beurteilung meiner Leistungen nur anderen Menschen, übernehme ich kritikfrei deren Meinung. Dabei verliere ich das Gefühl für den Wert meiner Leistung. Anerkennung und Lob kommen kaum über die Lippen. Dafür Selbsttadel und Selbstkritik! Über einen längeren Zeitraum führt das zu Selbstentwertung. Gute Leistungen werden selbstverständlich. Fehlleistungen erhalten größeres mentales Gewicht. Jede Schilderung der Handlungen wird zur Aufzählung von Fehlern. Ich entwerte die Leistung, empfinde sie als durchschnittlich oder negativ. Ich spreche im Kontext mit meinen Aktivitäten über Fehler statt über positive Leistungen. Beginnen Analysen mit der Suche nach Fehlern, muss mir bewusst sein, dass ich mit derselben Einstellung in den nächsten Wettkampf, ins nächste Training gehe. Empfinde ich Leistungen grundsätzlich als kritikwürdig, bringt mir selbst intensives Training kein positives Gefühl. Nehme ich unabhängig vom Resultat ein Erfolgsgefühl mit, weil ich mich nach dem Wettkampf oder Training an Leistungs-Highlights erinnere, wird der mentale Zugang, die Einstellung zum nächsten Wettkampf positiv. Abschließende Trainingseinheiten vor Wettkämpfen sind auf Gelingen ausgerichtet. Das Gefühl stellt sich ein, etwas geschafft und deshalb die Bestätigung zu haben, es zu können. Wertschätzung für

Fähigkeiten und Eigenschaften ist das Sprungbrett zu positiver, qualitativ hochwertiger Leistung, zu positiver Einstellung.

✓ **Persönliche Präsenz**

„Lass mich mal machen, das ist eine persönliche Angelegenheit zwischen mir und der Aufgabe", sagt der Schüler zum Lehrer, als das Training zwar vorbei, das Trainingsziel aber noch nicht geschafft ist. Der Lehrer wollte dem Schüler erst im nächsten Training einen neuen Anlauf ermöglichen. Nach dem Motto: neuer Tag, neue Chance! Der Schüler schien besessen davon, das Ziel noch heute zu schaffen. Etwas unbedingt erreichen zu wollen, was man erreichen kann, setzt Energien frei, die man das nächste Mal erst neu mobilisieren müsste. Heute ist man bereit! Positive Energie ist auf Gelingen gerichtet. Positive Emotionen und Erfolgsgedanken wiegen schwerer als körperliche und mentale Müdigkeit. Der Schüler aktiviert zusätzliche Energiereserven. Er ist körperlich, emotional und mental mit der Aufgabe und dem Ziel verbunden. „Ich erledige das hier und heute!" Dagegen haben Probleme einen schweren Stand. Es gelingt ihm, sein Leistungspotenzial auszuschöpfen und zusätzliche Energien zu aktivieren. Positive Emotionen schaffen positive Energien.

✓ **Das rechte Maß zwischen Entspannung und Aktivierung**

Optimale Leistungsfähigkeit braucht den idealen energetischen Zustand. Champions schaffen ihn temporär für die Dauer des Wettkampfs. Reicht die Energie nicht aus, erschlaffen die Aktivitäten. Die Körperspannung lässt nach. Ein überhöhtes Maß an Energie überhitzt umgekehrt Körper und Geist. Ein Burnout droht. Der Aufwand an Energie verpufft. Routine sorgt für den physischen, mentalen und emotionalen Leistungszustand, den die optimale Leistung benötigt. Dafür kommuniziere ich mit meinem Körper. Ich scanne seine Regionen mental durch, spüre achtsam in mich hinein, setze gezielt entspannende oder aktivierende Maßnahmen.

ERFOLG BERUHT AUF DETAILWISSEN UND DESSEN UMSETZUNG

„Achtsame Menschen geben dem Zufall weniger Möglichkeiten als oberflächlich denkende und handelnde Menschen!"

Manchmal verirre ich mich. Der beste Plan, das klarste Ziel hindern mich nicht daran. Ich finde nicht mehr zurecht. Ich sehe den Wald vor lauter Bäumen nicht mehr. Ich verzettle mich in Aktivitäten, konzentriere mich auf Ereignisse, die nur sekundäre Bedeutung haben und den Fortschritt eher behindern als ihm zu nützen. Ich setze falsche Prioritäten zur unpassenden Zeit, verliere mein Ziel aus den Sinnen. Eigene Empfindungen und die Einflüsterungen anderer verwirren mich zusätzlich. Umgekehrt passiert es auch manchmal, dass ich zu oberflächlich denke und handle. Das Gefühl, der Blick für das Wesentliche fehlen. Ich kenne zwar den Weg und überblicke ihn, übersehe aber das im Moment Wichtigste. Ich sehe den Wald, aber nicht die einzelnen Bäume. Viele Karrieren, die optimistisch und hoffnungsvoll gestartet wurden, scheitern an solcher Oberflächlichkeit im Denken und Handeln und dem fehlenden Gefühl für entscheidende Details. Aktivitäten erfolgen zur falschen Zeit oder im falschen Kontext. Ich verliere aus dem Blick, was jetzt zu tun ist. Das Ende kommt erwartet, nahezu logisch. Ich manövriere mich in eine Sackgasse und finde nicht mehr heraus. Im neurolinguistischen Programmieren bezeichnet man die Situation, in der der Zugriff auf die eigenen Ressourcen fehlt oder eingeschränkt ist, als „Stuck State". Stressgeplagt weiß ich zwar, dass ich es kann, bin aber nicht in der Lage, es zu aktivieren. Später, mit zeitlichem und emotionalem Abstand, erkenne ich, dass ich damals zwar zur rechten Zeit am richtigen Ort war und passende Aktivitäten setzte, aber zu oberflächlich handelte und dachte. Ich fand es mühevoll und energieraubend, den roten Faden aufzunehmen, der aus der Sackgasse heraus auf den richtigen Weg zurückgeführt hätte. Viele scheuen zurück vor der oft mühsamen Suche.

„Ich war heute der Glücklichere", sagen Athleten, wenn es in Wettkampf knapp zum Erfolg reichte. Dabei sagte der römische Philosoph Seneca: „Glück ist, was eintritt, wenn der vorbereitete, achtsame Geist auf die passende Gelegenheit trifft." Körperlich gelingen Topleistungen, wenn jede Sehne, jeder Muskel, jedes Gelenk dafür bereit ist. Erfolg setzt nicht nur physische, sondern auch emotionale und mentale Höchstleistungen voraus. Der Geist hält zwar die Ressourcen bereit, die der Erfolg fordert. Doch Kleinigkeiten machen den Unterschied. Ich brauche den passenden Fokus. Oberflächlichkeit im Denken und Handeln führen mich ins Abseits, wenn ich anspruchsvolle Ziele ins Auge fasse. „Es ist eine Kleinigkeit, aber Kleinigkeiten verderben viel", schrieb der Dichter Fjodor Michailowitsch Dostojewskij. Kleinigkeiten verderben Karrieren, wenn sie unbeachtet bleiben. Die Ursachen vieler Niederlagen sind selten schwerwiegende, sondern dauerhafte Fehlleistungen. Sie entstehen dadurch, dass scheinbare Kleinigkeiten unbeachtet bleiben. Es sind meist kleine, einfache Lösungsansätze, die stockende Karrieren wieder in Gang bringen. Ziel im Sport und in anderen Bereichen ist die Entwicklung von Leistungsfähigkeit aus vorhandenen Potenzialen. Aus der Vielfalt einzelner Bereiche sollte ein funktionierendes Ganzes werden. Schwächen sind zu reduzieren, Stärken zu stärken. Auf Details bedachte Entwicklung berücksichtigt alle Leistungsbereiche. Wie bei der Wettkampfanalyse teile ich sie in geistige und körperliche Faktoren. So gewinne ich den Überblick auf den Entwicklungs- und Leistungsstand. Technische, taktische und mental-emotionale Fähigkeiten und physische Eigenschaften geben darüber Aufschluss. Jede Bewegung, jede Aktion ist Resultat der Kooperation von Geist und Körper. Erst in der Praxis zeigt sich, in welchen Bereichen die Entwicklung funktioniert und wo Korrekturen nötig sind. Die Konfrontation mit Problemen gehört zur Tagesordnung. Ihre Lösungen liegen meist im Detail. Detaillösungen sind Teile der Gesamtlösung. Je besser ich über Einzelheiten Bescheid weiß, umso eher finde ich die Ursachen, wenn die Reise stockt. Sowohl der Gesamtüberblick als auch Detailwissen sind nötig. Wie ein erfahrener Mechaniker setze ich meine Sinne ein. Er achtet zunächst auf die Geräusche des Motors, sucht nach möglichen Fehlläufen und tastet die für das Funktionieren des Ganzen wichtigen Teile ab. Er gewinnt einen Eindruck von möglichen Mängeln. Er braucht Detailwissen und ein Gefühl dafür, wie die Lösung aussehen soll, wie sie sich anhört und anfühlt. Erfahrene Trainer und Coaches im Leistungssport nehmen auf diese Weise Hindernisse und Probleme wahr. Sie handeln vorbeugend, ehe sie akut werden und den Fortschritt ernsthaft bremsen. Detailkenntnis ermöglicht proaktives Handeln, die Entwicklung zu überwachen und gezielt einzugreifen, wenn Sand ins Getriebe gerät oder über längere Zeit Stagnation herrscht.

Engpässe, die auf mangelndes Detailwissen oder fehlenden Überblick hindeuten

- Oberflächlichkeit im Denken und Handeln: Gedankliche Oberflächlichkeit ist eine häufige Ursache für unerfüllte Karrieren. Fehlende Präzision und mangelnde Konsequenz im Handeln und Verhalten sind die Folgen. Auch wenn ein Plan vorhanden ist, fehlen wesentliche Details in Theorie und Praxis. Arbeitsschritte erfolgen ungenau, weil die Vorstellungen unklar sind. Den Anweisungen in Training und Wettkampf fehlt es an Tiefe und den Aktionen an Intensität. Die Zielvorstellung wird undeutlich. Verbale Ausdrücke wie „versuchen", „probieren", „vielleicht" und „möglicherweise" sind eindeutige Zeichen dafür. „Schauen wir, dann sehen wir schon" wird zur Maxime für das Denken und Handeln. Oft fehlt das Interesse, sich mit der Materie, dem Ziel, der Praxis auseinanderzusetzen. Oberflächlich denkende und handelnde Personen sind nicht bereit und fähig, ihre Wettkämpfe

oder Trainingseinheiten mental korrekt vorzubereiten und anschließend zu analysieren. Wo Wissen fehlt, hat Können keine Chance. Interesse und Willen sind die Fundamente des Fortschritts.
- Überblick über die Entwicklung fehlt: „Wo stehe ich in der Entwicklung?" Ohne klare Antwort fehlen Übersicht und Plan, wie es weitergehen soll. Ein verirrter Wanderer hilft sich in solchen Momenten mit einem Trick: Er sucht sich einen erhöhten Platz auf einem Baum oder einem Hügel. Dort erweitert sich der Horizont. Er gewinnt an Überblick. Ich erinnere mich an Jugenderlebnisse: Wir verschafften uns auf Wanderungen so Orientierung. In einer Sportkarriere verliert man gelegentlich ebenfalls die Orientierung. Weiß ich über die Einzelheiten Bescheid, nach denen die Entwicklung läuft, habe ich eine geistige Vorstellung über den aktuellen Stand im Kopf und damit den Kompass für die nächsten Schritte.
- Planvolles und strukturiertes Handeln und Denken fehlt: Das Navigiergerät übernimmt heute in Fahrzeugen die Arbeit, die früher das Gehirn und die Sinne verrichteten. Vor Antritt einer Reise stand die Reiseplanung auf dem Programm. Lange Fahrten teilten wir in Etappen. Wir prägten uns wichtige Abschnitte besonders ein. Markante Punkte boten Orientierung. Sie fehlen oft in Karrieren. Dazu braucht es das Wissen um Details. Manche Karrieren erinnern an Ballonfahrten. Der Wind bestimmt die Richtung, die Vorräte an mentaler und emotionaler Energie die Länge der Reise.
- Andere machen die Pläne: Ohne Wissen und Überblick über Einzelheiten gibt es keinen ernstzunehmenden Plan. Zwar kann ich nicht jeden Schritt bis ins kleinste Detail vorhersehen. Es bleibt genug Raum für Kreativität und Spontaneität. Das hält die Sinne wach. Trotzdem macht man sich vom nächsten Schritt eine Vorstellung, um in wichtigen Situationen in der Lage zu sein, Entscheidungen zu treffen oder Korrekturen durchzuführen. Der Karriereverlauf mancher Sportler und Sportlerinnen lässt sogar Laien die Haare zu Berge stehen. Leichtsinnig gehen sie ihre hohen Ziele an und

vergeuden ihr wertvolles Potenzial. Es fehlt das Wissen für wesentliche Entscheidungen, die selbst zu treffen sind. Wer sie anderen überlässt, wählt die Beifahrerseite und legt das Karrieresteuer in andere Hände und Köpfe.

- Keine begründeten Zweifel: Leute, die wenig wissen, haben kaum Zweifel. Das mag für den Augenblick beruhigen. Wichtige Aktivitäten, die die Entwicklung fördern, bleiben so aber auf der Strecke. „Ich bin auf einem guten Weg", beruhigt man sich selbst und betreibt Selbsttäuschung in der Meinung, es gehe ohnehin vorwärts. Selbst wenn die Entwicklung merkbar stockt! Wer nichts oder zu wenig weiß, zweifelt auch kaum. Wer viel weiß und das Steuerrad in der Hand hält, zweifelt öfter und fragt sich: „Befinde ich mich auf dem richtigen Weg?" Selbsttäuschung, es liege sowieso alles nach Plan, verwandelt sich in Enttäuschung. Sie mündet in die späte Erkenntnis, die Entwicklung verschlafen zu haben. Man zweifelte nicht, als die Zeit reif war, zu fragen und zu handeln. Zweifel gelten als negativ. In diesem Fall sind sie ein Vorteil. Interesse an der eigenen Entwicklung registriert Stillstand und dreht die richtigen Räder, um den Fortschritt voranzutreiben.

- Keine klare Vorstellung vom Status quo: Wer interessiert und motiviert sein Ziel verfolgt, weiß: Je genauer ich die Koordinaten des Fortschritts kenne, umso genauer weiß ich über den Ist-Zustand Bescheid. Wissen um Details vermittelt ein präzises Bild, an welchem Punkt ich stehe. Kenne ich die Einzelheiten, weiß ich auch, an welchen Stellen die Hebel anzusetzen sind, mich effizient und effektiv weiterzuentwickeln. Die Vorstellung des Status quo setzt die Kenntnis wesentlicher Details voraus.

Konkrete Zielvorstellungen zur Entwicklung von Detailwissen und Überblick zur Stärkung der Konzentration auf das Wesentliche

- Bewusstes Lernen, verbunden mit seriöser Analyse: Erfolgreiches Lernen und Merken knüpfen sich an zwei Bedingungen: Übersicht über das Thema und Erfassen wesentlicher Details. Wer das Wichtige erkennt und versteht, erfasst auch die Zusammenhänge. Bewusstes Lernen bedeutet, jene Teile des Lernstoffes aufzunehmen und zu behalten, die das Wissensgerüst sind. Auf den Sport umgesetzt: merken, was für Wachstum und Fortschritt von Bedeutung ist, weglassen bzw. ignorieren, was ohne Nutzen ist oder stört. Manchmal fokussieren wir unsere Sinne und Energien über Tage, Wochen, Monate auf vermeintliche Prioritäten. Wir glauben, sie seien unverzichtbar. Zugleich ignorieren wir Details, die im selben Zeitraum und bei gleichem Energieaufwand größeren Nutzen brächten. Detailwissen und Fokus auf das Wesentliche sparen Energie und Zeit. Entwicklung verläuft individuell. Was für den einen gegenwärtig gut und wertvoll ist, mag für den anderen im Moment nicht passen. In Erfahrung zu bringen, was für das persönliche Wachstum wesentlich ist, erfordert seriöse Analysen als unverzichtbare Bestandteile von Lernen und Entwicklung.
- Überblick über die eigene Entwicklung: Geistiges Pendeln zwischen Details und Überblick vermittelt den rationalen Einblick und emotionale Sicherheit. „Körperlich bin ich dort, wo ich sein will. Auch die Technik hat mittlerweile das erforderliche Niveau, zumindest in den meisten Bereichen. Wo ich aber nachrüsten will und muss, ist meine mentale und emotionale Performance. Auch mein individuelles taktisches Konzept habe ich noch nicht gefunden." Eine Standortbeschreibung, verbunden mit einem klaren Trainingsauftrag! Es fehlen noch Details, aber die geistige Struktur des Entwicklungsstands ist vorhanden und eignet sich als Arbeitsgrundlage.

- Handeln nach aktuellen Erfordernissen oder eigenen Prioritäten: Überblick und Detailwissen ermöglichen effizientes Handeln und Denken. Effizienz spart Energie und sorgt für Fortschritt. Sie setzt richtige Schwerpunkte zur passenden Zeit! Ausgangspunkte sind das Erfassen des Ist-Zustandes, die Leistungsanalyse in Training und Wettkampf und die Prioritätenfestlegung. Motive wechseln während des Weges. Die Reflexion darüber ist daher von Zeit zu Zeit ebenfalls angebracht.
- Bedürfnisse und Werte berücksichtigen: Im Eifer des Gefechts bleiben oft fundamentale persönliche Bedürfnisse auf der Strecke. Wertehaltungen, die das Handeln lenken, kommen zu kurz. Aber Bedürfnisse und Werte wollen Beachtung. Planung ist eine Grundbedingung, soll der Weg Erfolg und Erfüllung bringen. Wer stets nach der Pfeife anderer handelt und nur vorgegebene Wege geht, verliert im Lauf der Zeit das Gefühl für eigene Bedürfnisse und Wertehaltungen. Weil die Selbstreflexion fehlt, denkt man selbst wenig. Man handelt robotergleich nach Vorschrift, auf Knopfdruck. Das geht für einige Zeit gut. Irgendwann dringen aber Bedürfnisse an die Oberfläche und fordern Beachtung. Planung nimmt darauf Rücksicht, dass individuelle Bedürfnisse und Werte regelmäßig Zuwendung erhalten.
- Zeit und Raum für innere Widersprüche und Widerstände: Besonders zäh und hartnäckig sind innere Widerstände, die lange Zeit ignoriert werden. Sie müssen sich ausdrücken können. Wer immer alles akzeptiert, erfährt im Lauf der Zeit geistige, psychische oder sogar körperliche Beschwerden. Werden mentale und emotionale Widerstände stärker und lassen sich nicht mehr verdrängen. Es wird Zeit zu handeln. Der innere Stau blockiert die Entwicklung und bremst die Leistungsfähigkeit. Sogar das Leben abseits des Sports ist betroffen. Achtsamkeit für Kleinigkeiten lässt Widerstände zur rechten Zeit aufspüren. Sie artikulieren sich meist nur verschlüsselt.
- Soll- und Ist-Zustand immer im Kopf: Wer jeden Stolperstein des Weges kennt, dem ist kein Meter der Reiseroute

fremd. Es erhöht die Motivation, zu wissen, woran ich genau zu diesem Zeitpunkt in der Weiterentwicklung aus welchem Grund arbeite. Jungen Menschen fehlt dieses Wissen häufig. Sie blicken hilfesuchend nach Rat und Unterstützung. Mentale Reife zeigt sich, wenn ich weiß, was im Training gerade jetzt passiert und wozu es so ist. Jede Sportlerin, jeder Sportler soll über eigene Trainingsinhalte und Wettkampfgeschehnisse Auskunft geben und die nächsten Schritte und Ziele erklären können.

Übungen zum Aufbau von Übersicht und Detailwissen

✓ **Zwischen Detailsicht und Überblick wechseln**

Weder Überblick noch Detailwissen reichen für sich allein, um die Abläufe einer Karriere oder eines Projektes vollständig zu erfassen. Gemeinsam bieten sie aber umfassend Orientierung und Einsicht. Erfolg ist ein Produkt beider Perspektiven. Durch beide Sichtweisen sind effizientes Lernen und Training möglich. Der Wechsel zwischen Nah- und Überblick vermittelt die Lerninhalte ganzheitlich. Im Leistungssport erarbeitet man sich die Abläufe von Bewegungen in Teiletappen. Daraus konstruiert das Gehirn einen Gesamtablauf. Umgekehrt erkennt man aus der Gesamtbewegung heraus die Auswirkung einzelner Sequenzen. Die Vorstellungskraft verbunden mit positiven Emotionen sorgt für einen gelungenen Lernprozess. Doch nicht immer verläuft das Lernen reibungslos. Perfekte Momente sind Highlights, aber nicht die Regel. Der Wechsel der Perspektiven zwischen Detail und Überblick stellt hohe Anforderungen an Sinne und Energiehaushalt. Sinne trainiert man durch spezielle Übungen. Ihre genaue Beschreibung würde die Grenzen dieses Buches sprengen. Wer regelmäßig an Details arbeitet, sollte geistig öfter einen Schritt zurücktreten, um auch das Gesamtwerk seiner Bemühungen zu prüfen und sich den Überblick einzuprägen. Durch Aufschreiben einzelner Abläufe erhalte ich eine geistige Struktur.

Sie zeigt aufeinanderfolgende Schritte der Entwicklung ebenso wie jene Schritte, die parallel stattfinden. Durch den Blick auf Einzelheiten, abwechselnd mit der Gesamtsicht, festigen sich beide Perspektiven mental zu einem großen Ganzen.

✓ **Planung in Zeitabschnitten, Prioritätensetzung**

Die vielfältigen Anforderungen in unterschiedlichen Sportarten erfordern wechselnde Trainingsschwerpunkte zu verschiedenen Zeiten. Der Stand der individuellen Entwicklung gibt die Richtung vor. Ich erfasse sie durch den Wechsel zwischen Gesamtschau und Detailfokus. Ich gliedere die Arbeit in die Einzelbereiche körperlich, mental, technisch und taktisch. Dann ermittle ich den Status quo der Entwicklung in jedem Bereich. Ich setze meine Prioritäten für den nächsten Zeitabschnitt. Am Ende erstelle ich einen Plan für Zeitpunkte und Inhalte der einzelnen Schritte. Er wird sowohl der Gesamtentwicklung als auch der Detailarbeit gerecht.

✓ **Entwicklung von Fähigkeiten und Eigenschaften visuell darstellen**

Im Hinduismus bildet man mit Mandalas das Universum ab. Die Welt erhält eine sinnlich erfassbare Gestalt. Mandalas eignen sich auch, um den Stand einer Entwicklung darzustellen. Wer negativen Stress empfindet oder im Stuck-State steht, sollte Mandalas malen. Diese Tätigkeit entspannt und fördert die Kreativität und Konzentration. Mandalas bearbeitet man von außen nach innen. Die Mitte als Abschluss symbolisiert den mythischen Berg, der zur Erleuchtung führen soll. Verwendet man ein Mandala, um die sportliche Entwicklung abzubilden, erhält jeder Bereich seinen Platz auf dem Bild als Darstellung von Fortschritt im Gesamtüberblick und im Detail. Sichtbar gemachte Entwicklung in Kombination mit dem entspannenden Zeichnen und Malen sorgt für innere Gelassenheit. Auch die Zeitlinie ist eine Möglichkeit, die Entwicklung visuell zu erfassen und temporäre wie inhaltliche Abläufe optisch dazustellen. In Phasen von Veränderung, wenn Karriere und Entwicklung im Stillstand scheinen, leistet die Zeitlinie eine wertvolle Hilfe. Emotionen der Vergangenheit dringen an die Oberfläche und wecken Energien. Sogar ehemals negative Erfahrungen bieten Hilfe für die weitere Arbeit. Rückblickend erkenne ich, welche Hürden ich mit eigener Kraft bewältigen konnte. Ich besinne mich meiner Stärken. Das weckt Kräfte und gibt mir neuen Optimismus für die Zukunft.

✓ **Der innere Ratgeber**

„Tief im Innersten wüsste ich ja, was zu tun wäre." Nicht selten wissen oder fühlen wir, wie wir uns entscheiden sollten. Dieses Wissen, dieses Gefühl, auch Intuition, Bauchgefühl oder weiser Anteil in uns genannt, zehrt von Lebenserfahrung. Uraltes Wissen, das kollektive Unbewusste, an dem sich die Menschheit im Laufe der Jahrhunderte entlanghangelte und damit ihr Überleben sicherte, ist die wertvolle mentale Ressource in jedem von uns. Handelten Menschen früher oft wider besseres Wissen, betraf das nicht nur sie selbst. Ganze Völker trugen die Folgen. Dieser weise Anteil ist oft vom lauten Getöse der Welt übertönt. Wir ignorieren diese wertvolle Gabe der Natur und folgen äußeren Zwängen. Zwar fühlen wir, wenn etwas richtig für uns ist oder auch nicht stimmig. Wir kämpfen dagegen in dem Bedürfnis, eigenen Ansprüchen zu genügen und nicht aus der Reihe zu tanzen, wenn die Gesellschaft Konformität verlangt. Gerade während der Corona-Pandemie, aber auch angesichts der immer stärker ins Blickfeld tretenden Auswirkungen des Klimawandels spüren wir, dass unser Leben so nicht weitergehen kann und wird. Es muss sich etwas ändern. Sogar im Leistungssport ziehen sich erfolgreiche Menschen in sich zurück. Naomi Osaka, die überragende japanische Tennisspielerin, Simone Biles, die großartige US-Kunstturnerin und manche andere ziehen sich temporär aus dem Hamsterrad des Spitzensports zurück. Sie zeigen damit, dass ihnen der Kontakt zu sich selbst wichtiger ist als Ruhm und Erfolg. Sie spüren, dass dieser Kontakt im Laufe der Zeit gelitten hat. Dieser mutige Schritt einiger Athletinnen und Athleten ermutigte auch Menschen in anderen Leistungsbereichen, ihrer inneren Stimme Aufmerksamkeit zu schenken. Wenn Ängste, Zweifel, Unsicherheiten vor wichtigen Entscheidungen Geist und Seele überschwemmen, bietet das innere Korrektiv einen festen Halt, wenn es die Chance dazu erhält.

Zu Beginn der Übung erhält die innere Stimme eine Gestalt. Ich begegne ihr in einer entspannenden, ruhigen Umgebung. Es bedarf weniger Worte. Die innere Stimme übermittelt Botschaften durch Gestik, Mimik, Gedanken oder Hinweise im Alltag. Ich stelle Fragen, erzähle ihr meine Anliegen. Es ist wichtig, nicht auf rasche Antworten zu drängen. Es geht primär darum, Kontakt herzustellen, sein Anliegen auszudrücken oder Fragen zu stellen.

Warum ist die visuelle Wahrnehmbarkeit der inneren Stimme so wichtig? Jeder Mensch hat eine persönliche Vorstellung, wie jemand aussieht, dem er das Vertrauen schenkt. Eine Gestalt, die Sympathie, Weisheit und Güte ausstrahlt. Diese menschliche Gestalt kann älter sein oder auch jünger, je nach persönlicher Vorliebe. Wesentlich ist, dass ich Fragen stelle, die mein Innerstes berühren. Ich entspanne mich und nehme mir Zeit, die Anliegen ruhig mitzuteilen. Manche Menschen ziehen sich dabei auf ihren religiösen Glauben zurück. Er bietet Bilder an, die einen schon als Kind mit positiven Erfahrungen begleitet haben. Andere ziehen es vor, individuelle Bilder und Gestalten zu wählen. Das Treffen mit der inneren Stimme ist weder an Zeit noch an einen Ort gebunden. Wichtig ist der entspannte Zustand von Körper und Geist. Der erste Kontakt mit seiner inneren Stimme findet geschieht meist als geführte Gedankenreise, wenn sie fachlich einwandfrei angeleitet wird.

✓ **Innerpsychische Demokratie**

Oft sagen wir Dinge, die uns scheinbar ungewollt herausrutschen. Oder wir setzen spontane Aktionen, offenbar gegen den Willen. Eigentlich wollten wir die eine oder andere Bemerkung für uns behalten, manches nicht oder anders tun. Es passiert und lässt sich weder ungesagt noch ungeschehen machen. Solche Fauxpas' sind kein Zufall. Verantwortlich sind psychische Anteile, die sich selbstständig machen und ein Eigenleben entwickeln. Genau dann, wenn wir es an wenigsten brauchen. So wie ein Kind beim Besuch eines Verwandten mit der Bemerkung herausplatzt: „Mama, ist das der blöde Onkel?" Irgendwann hat Mama oder sonst jemand unabsichtlich und nicht so gemeint den Impuls geliefert, den das Kind frei interpretierte und nun mit der aus seiner Sicht berechtigten Frage ausdrückt. Auch im Sport kennen wir solche Momente! Fehler passieren, von denen wir annahmen, dass unser Können reicht, sie zu verhindern. „Die Chance stümperhaft vergeben", heißt es dann. Ein innerer Anteil störte den Bewegungsablauf, den wir zu beherrschen glaubten. Ein taktisches Manöver, tausendfach geübt, geht schief. Wir können nicht sagen, woran es liegt. Die Ursache liegt in uns selbst. Ein psychischer Anteil verschaffte sich im unpassenden Augenblick Beachtung.

Die Psychologen Hal und Sidra Stone entwickelten mit Kolleginnen und Kollegen die Technik des „Voice-Dialogues". Das ist ein Zwiegespräch mit psychischen Anteilen. Diese Technik, im Training häufig angewandt, gibt mir die Chance, psychische Störteile zu kontaktieren. Erst will ich sie aber identifizieren und ihnen einen charakteristischen Namen geben. Sie sind an Fehlern beteiligt und beeinträchtigen die Konzentration. Sie sorgen für Nervosität, Angst und Selbstzweifel. In der Detailarbeit der Entwicklung erheben sie manchmal ihre Stimme. Sie fordern, dass ich ihre Anliegen beachte. Sie fühlen sich vernachlässigt. Sie führen niemals etwas Böses im Schilde oder wollen meinen Misserfolg. Sie lenken die Aufmerksamkeit auf verborgene Bedürfnisse, die sonst keine Beachtung finden. Leistungssport geschieht auf öffentlicher Bühne. Oft sind die psychischen Anteile meine größten Kritiker. Sie melden sich ausgerechnet, wenn die Entscheidung über Sieg oder Niederlage fällt. „Mach jetzt keinen Fehler!" Ein anderes Mal stehe ich kurz vor dem Erreichen eines Ziels. Spontan regt sich der innere Pessimist: „Das hast du bisher noch nie geschafft! Warum gerade heute?" Ich sollte handeln, um die Chance wahrzunehmen, mein Ziel zu erreichen. Da meldet sich der innere Schweinehund: „Die nächste Chance kommt bestimmt. Doch jetzt ist es gerade so bequem!" Einige Beispiele, wie innere Anteile die Abläufe stören. Sie bremsen die Aktionen, leiten sie fehl, können sie aber auch positiv unterstützen. Meine Aufgabe ist, den Teil zu identifizieren, ihn für meine Ziele zu nutzen. Ich höre achtsam in mich hinein, erkenne typische Situationen, in denen er aktiv wird. Ich gebe ihm einen Namen, der seine Aktivität beschreibt. Kritiker, Antreiber, Pessimist, Zweifler, Bremser, innerer Schweinehund usw. Der Name drückt das Aktionsbild des Störers aus. Durch die Identifikation und Benennung des unterdrückten Anteils fühle ich mich spontan erleichtert. Ich erfahre die Ursache der lästigen Störung! Ich starte einen Dialog. Wie in der Politik bewirkt Diplomatie mehr als jede Art von Gewalt. Niemals darf ich gegen meine psychischen Anteile mit diktatorischer Macht vorgehen oder sie gar bewusst unterdrücken. Ich ziehe auf Dauer mit Sicherheit den Kürzeren. Der störende Anteil ist ein Freund, der das aus seiner Sicht Beste für mich erreichen will. Der innere Dialog hilft, genau zu erfahren, welche Anliegen innere Störer haben. Dann kann man gezielt darauf reagieren und ihre Wünsche erfüllen, statt sie zu unterdrücken oder zu bagatellisieren.

✓ Der Atem als vielseitiges Instrument

Ein Nahrungsmittel, das wir ununterbrochen aufnehmen, ist die Atemluft. Wir überleben nur kurze Zeit ohne Atmung. Sie hat auch psychologische Funktion, als ein bewährtes Mittel,

Geist, Körper und Seele zu zentrieren und miteinander in Einklang zu bringen. Yoga, Meditation, autogenes Training und andere Möglichkeiten nutzen die Tiefenatmung. Ich verwende tiefes Einatmen für bestimmte Zwecke wie etwa das Aktivieren geistiger und physischer Funktionen. Das Ausatmen dient der Entspannung und dem emotionalen und mentalen Loslassen. Unser Atem unterstützt viele Aktionen. Lenke ich die Sinne auf Details, ist der Atemrhythmus wichtig. Entwickle ich Fähigkeiten und Eigenschaften, beziehe ich auch die Atmung mit ein.

✓ **Bewegungsabläufe im Detailfokus**

Beim Erlernen komplexer Bewegungsabläufe spielen neben den physischen auch die geistigen, mentalen und emotionalen Ressourcen eine gewichtige Rolle. Typische Beispiele sind die Erarbeitung von technischen Abläufen. Die Arbeit an Details ist so wichtig wie der Überblick der Gesamtbewegung. Anleitungen und Impulse für Bewegungsabläufe hole ich durch achtsame Beobachtung. Ich stelle mir komplexe Handlungen mental vor und nutze alle Sinne dafür. Ich sehe, höre und fühle mich gleichsam in die Bewegung ein, ohne mich wirklich zu bewegen. Trotzdem mache ich beim Beobachten und Einfühlen unbewusst minimale Bewegungen mit. Haben sich die Bilder der Bewegung geistig im Detail gefestigt, vollziehe ich die Abläufe ohne gleichzeitige Beobachtung aus der Vorstellung heraus nach. Ich weiß, wie es geht! Ich kann die Bewegungsabläufe verbal beschreiben. Es existiert eine mentale und eine sprachliche Version. Ich wiederhole sie so oft, wie es die Komplexität der Bewegung verlangt. Das gesprochene Wort, das mentale Bild sind die Stellvertreter der Bewegung. So präge ich mir neue Bewegungsabläufe oder Verhaltensweisen ein und werde alte Muster los. Ich überwinde Bewegungsblockaden und korrigiere Bewegungsfehler. Im nächsten Schritt setze ich die verbale, beobachtete Version in eine eigene Bewegung um. Ich lege das Augenmerk auf Leichtigkeit, Mühelosigkeit und positive emotionale Ausstrahlung. Natürlich begleite ich die inneren Bilder wieder mit Worten. Jedes

Detail erlerne ich auf diese Weise. Veränderung geschieht mit dieser mentalen Unterstützung am einfachsten. Auch innere Blockaden beseitige ich so. Ich verwende einfache Signalwörter. Damit ergänze ich den Lern- und Trainingsvorgang.

KONSEQUENZ, BEHARRLICHKEIT, DURCHHALTEVERMÖGEN ALS PRÄGENDE ERFOLGSEIGENSCHAFTEN

„Der Tropfen höhlt den Stein nicht durch Gewalt, sondern durch stetes Fallen."

Publius Ovidius Naso, genannt Ovid;
43 v. Chr. – 17 n. Chr. Römischer Dichter der Antike

Konsequenz, Beharrlichkeit, Durchhaltevermögen sind mental-emotionale Eigenschaften. Sie begleiten Karrieren großer Sportlerinnen und Sportler, Künstlerinnen und Künstler, überhaupt Menschen in Hochleistungsbereichen. In den Biografien erfolgreicher Leute ist häufig davon die Rede. Außerordentliche Werke, das Erreichen hoher Ziele sind die Resultate dieser Eigenschaften. Für sich allein sind es leere Worthülsen, für Champions aber Handlungsanweisungen und Verhaltensanleitungen! Sie sind selten explizite Inhalte in der praktischen Trainings- und Lernarbeit. Sie gelten als normal bei Menschen, die etwas wollen.

Jeder Mensch besitzt Talente, die auf ihre Chance warten. Doch vor Ruhm und Erfolg setzt die Natur den Schweiß der täglichen Arbeit. Körperlichen, geistigen, mentalen und emotionalen Schweiß. Trainerinnen und Trainern, Eltern, Sportler und Sportlerinnen, sie alle können nicht mit Worten erklären, was Konsequenz, Beharrlichkeit oder Durchhaltevermögen genau bedeuten. Auf Fragen gibt es unterschiedliche Antworten. Manche kommen der Sache nahe, liefern aber keine praktischen Anweisungen, wie man sie bewusst trainiert. Es gibt keine genauen Definitionen dafür, obwohl sie eine Hauptrolle in der Talententwicklung spielen.

Wie geht konsequentes Denken und Handeln? Wie zeigen sich Beharrlichkeit und Ausdauer? Wie funktioniert praktisches

Durchhaltevermögen? Im Folgenden will ich diese Eigenschaften näher kennenlernen. Ich möchte ihre inneren Impulse und Motive ergründen und praktisch trainierbar machen. Emotionale und mentale Eigenschaften und Fähigkeiten, die durch Übung erlernt werden, müssen zuerst ein geistiges Bild darstellen und sich sprachlich ausdrücken lassen, damit wir sie trainieren können.

Konsequenz im Denken und Handeln

Was ist konsequentes Denken und Handeln? Wie funktioniert es? Der Duden nennt einige Synonyme für „konsequent", wie zu Beispiel logisch, folgerichtig, schlüssig, beharrlich, unbeirrt, entschlossen, zäh, zielstrebig, hartnäckig, unerschütterlich. Ist Konsequenz im Denken und Handeln lernbar? Denken und Tun, das im Moment für mein Vorhaben wichtig ist, ungeachtet innerer und äußerer Einflüsse und Ablenkungen. Stein um Stein holt das Kleinkind, geistig in sein Spiel vertieft, aus seinem Baukasten. Es lässt den Turm, den es sich in den Kopf gesetzt hat, höher und höher wachsen. Das Bauwerk, kindlicher Phantasie entsprungen, nimmt mit jedem Stein mehr an Gestalt an. Ein Schritt ergibt den Nächsten. Das Kind lässt sich nicht stören. Es sei denn, man dringt gewaltsam in den Kosmos seiner Kreativität ein. Es verfolgt konsequent denkend und handelnd die Errichtung seines Werks. Ungestört und so lange, bis ein anderes Bedürfnis, zum Beispiel Müdigkeit oder eine spontane andere Idee, seinem konsequenten Tun ein Ende setzt oder wenn das Werk vollendet ist.

Unbeirrtheit im Denken und Handeln bezeichnen manche Menschen als Sturheit! Trotz Rückschlägen oder Ablenkungen unerschütterlich auf dem Weg bleibend, zu dem man sich entschlossen hat. Schritt für Schritt, den nächsten Meter im Sinn. Angetrieben von Liebe und Begeisterung für die Tätigkeit und ihr Ziel. Positive Emotionen halten die Kräfte in Schuss und lassen die Energien nicht versiegen. Wenn andere kapitulieren oder nach einer Pause rufen, denkt der konsequente Mensch bereits an den nächsten Schritt. Fehltritte und Rückschläge gehören zur Rechnung dazu. Man sucht und findet die Ursachen, startet den nächsten Anlauf auf neuem Denk- und Handlungsniveau. Scheitern, erneut scheitern, aber besser scheitern! Scheitern wird als eine vorübergehende Erscheinung verstanden, als ein Teil, der zum Weg gehört! Im zeitweisen Scheitern liegt der Kern für das zukünftige Gelingen. Vorausgesetzt man ist bereit, die Lektion zu begreifen im Sinne von geistig zu reifen. Reifung ist die Begleiterscheinung von Wachstum! „Genialität ist eine Folge von Konsequenz", sagte Buddha. Der Mensch geht mit offenem Geist, konsequent handelnd, seinen Weg. Im Lauf der Zeit lernt er, die Folgen seines Denkens, Tuns und Verhaltens vorherzusehen: tue und denke ich auf diese Weise, dann erhalte ich angestrebte Resultate! Konsequenz im Denken und Handeln sorgt für mentale Orientierung.

Beharrlichkeit im Denken und Handeln

Schwierige Hindernisse sind zu überwinden, ein weiter, beschwerlicher Weg ist zurückzulegen, ein großes Werk ist zu errichten und zu vollenden. Große Ziele erfordern Beharrlichkeit. Je nachhaltiger die mental-physische Ausdauer, umso realistischer die Chance, den Weg, das Werk zu vollenden, die Karriere zu einem Erfolg zu führen. Talent ist viel, Beharrlichkeit ist viel mehr, sagen Menschen, die große Ziele erreicht haben. Louis Pasteur, der französische Chemiker, war einer der frühen Pioniere in der erfolgreichen Bekämpfung von Infektionskrankheiten durch Impfstoffe: „Meine Stärke ist meine Beharrlichkeit. Sie hat mich zum Ziel geführt", war einer seiner Wahlsprüche. Beharrlichkeit ist eine mentale Fähigkeit. Ungeduldig und oberflächlich handelnde Leute tragen die Anlage dafür ebenso in sich. Wie bei jedem Talent geht es darum, diese Anlage zur Fähigkeit zu formen und praktisch einzusetzen.

Was ist Beharrlichkeit? Bevor ich sie zur Eigenschaft entwickle, brauche ich auch hier die exakte Vorstellung, was sie ist, wie sie funktioniert. Ich nehme zwar die Auswirkungen von Beharrlichkeit und Ausdauer wahr, muss aber mehr darüber wissen, will ich sie zum Teil meiner Mentalität, meiner Einstellung machen. Beharrlichkeit folgt Ritualen. Jeder Schritt ist im Rhythmus. Wie ein Bergführer, der die Gäste ermahnt, ihre Schritte gleichmäßig, in gleichbleibender Frequenz und Länge zu setzen. Unter Beharrlichkeit versteht mancher ein eintöniges, langweiliges Tun. Auf Außenstehende wirkt es so, wenn Sportlerinnen und Sportler immer wieder dieselben Bewegungsabläufe üben. Die Wiederholungen ziehen im Gehirn tiefe Bahnen. Sie ermöglichen das Erlernen komplexer Bewegungen bis zu dem Punkt, wenn sie sich automatisiert haben. Beharrlichkeit legt die Basis, schwierigste technische Abläufe leicht aussehen zu lassen. Geniale Spielzüge von Teams, übermenschlich wirkende Bewegungen von Tänzerinnen und Tänzern, halsbrecherische Aktionen im Geräteturnen oder blitzschnelle Reaktionen von Tischtennisspielern/innen sind keine Genieblitze. Sie sind die Ergebnisse von beharrlicher mentaler, physischer Arbeit, begleitet von positiven Emotionen. Beharrlichkeit ist für den Ausübenden selbst nie eintönig. Ausdauer ist nie langweilig. Sie schöpft die Fähigkeiten und Eigenschaften bis ans Limit aus, passt sich rasch an veränderte Bedingungen an. Beharrlichkeit lässt das tun, was jetzt nötig und wichtig ist – und ignorieren und überwinden, was sich dabei in den Weg stellt. Jeder Schritt, bedacht gesetzt, hat sein Tempo, seine Länge, sein Ziel. „Beharrlichkeit ist die Fähigkeit der Sieger", schreibt der Autor Herbert Kaufman. Gever Tulley, ein Schriftsteller, meint: „Beharrlichkeit erwirbt man sich, indem man die Chance erhält, sich durch Schwierigkeiten hindurchzuarbeiten." Man erwirbt sie nie im stillen Kämmerlein, sondern wenn man sich Problemen stellt und aus eigenem Erleben erfährt, wie es sich anfühlt, ausdauernde Schritte auch gegen starke Widerstände zu setzen. Beharrlichkeit, Ausdauer sind mentale Eigenschaften. Jeder kann sie für sich wiederentdecken.

Mentales Durchhaltevermögen

Der eiserne Wille, geistig, emotional und physisch an einer Aufgabe festzuhalten, dem Weg, der Vision, dem Ziel zu folgen, zeichnet erfolgreiche Menschen aus. Durchhaltevermögen ist kein Privileg, das die Natur Auserwählten schenkt und es anderen vorenthält. Der bedingungslose Wille, weiterzumachen und daran zu denken, was man erwartet, was man erreichen will, hat Menschen aus scheinbar aussichtslosen Situationen gerettet. Manchmal braucht es Umwege, schließlich führt Durchhaltevermögen aber ans Ziel. Konsequentes Handeln und Verhalten tut, was wichtig und nötig ist. Beharrlichkeit lässt einen Schritt vor den anderen setzen, ungeachtet innerer und äußerer Einflüsse. Das Durchhaltevermögen aber lässt uns allen Widerständen und Problemen zum Trotz den Weg gehen und ihn auch dann beizubehalten, wenn der Gegenwind ins Gesicht bläst. Katharina von Siena, Kirchenlehrerin und Patronin der italienischen Nation, sagte: „Beginnen allein wird nicht belohnt, sondern nur das Durchhalten." Es geschieht im Wissen, dass ein Weg von Hindernissen gesäumt sind, die vorhandene Unzulänglichkeiten aufdecken und uns klarmachen, dass für den nächsten Schritt die körperliche, die mentale oder die emotionale Reife noch nicht ausreicht. Menschen resignieren oft schon angesichts kleiner Hindernisse. Durchhaltevermögen verstehen viele als physische und mentale Eigenschaft. Doch ihre treibenden Elemente sind die Emotionen. Durch sie lassen sich widrige Umstände nicht nur in Kauf nehmen, sondern auch überwinden. Sie stellen die Energie zur Verfügung, um Probleme zu lösen. Weniger nach dem Motto „Augen zu und durch", sondern in der Absicht, ihnen mit offenen Augen und innerer Stärke zu begegnen. Hürden überwinden, Probleme lösen, das Maximum erreichen und sein Schicksal in positiver Weise in die Hand, in den Kopf nehmen.

Brasiliens kürzlich verstorbenes Fußball-Idol Pele beschrieb die drei Fähigkeiten Konsequenz, Ausdauer und Durchhaltevermögen:

„Erfolg ist kein Zufall, sondern das Ergebnis stetiger Arbeit, von Ausdauer und dem starken Willen, zu lernen!" Große Erfolge sind nie Resultate übermenschlicher Kräfte, sondern des Wirkens aktiver Energien. Ihre Quelle liegt in geistiger Wachheit, von positiven Emotionen begleitet. Ein Plan für sich reicht nicht. Ein fulminanter Start ist zu wenig. Die täglich gelebte Praxis bringt ans Licht, was im Leben funktioniert und was zu ändern ist. Die exakte Vorstellung von dem, was ich will, weckt in mir den Willen, dem niemand und nichts auf Dauer widersteht. Die Energien der Willenskraft bewirken die Entschlossenheit, die Quelle für Konsequenz, Beharrlichkeit und Durchhaltevermögen. Geist, Seele und Körper sind davon durchdrungen, der Mensch strebt vorwärts und drückt das durch sein Denken, Fühlen, Verhalten und Handeln aus.

Mentalen Engpässe, die Durchhaltevermögen, Beharrlichkeit und Konsequenz blockieren

- Kein emotionaler und mentaler Kontakt zum Plan, zum Weg, zum Ziel: Das Ziel ist erstrebenswert, aber der Weg, der die Basis dafür legt, ist diffus. Die innere Anteilnahme fehlt. Der Tagesablauf gestaltet sich wie ein „Nine-to-five-Job". Rückschläge schmerzen und nehmen das Vertrauen. Eigenen Stärken als Wegweiser der Zukunft fehlt die Wertschätzung. Sie gelten als selbstverständlich. Die Emotionen sind häufig negativ. Kleine Fortschritte ändern die Stimmung kaum. Meist gelangen sie gar nicht ins Bewusstsein. Die Arbeit wird zur Plage. Die Sinnfrage stellt sich und führt zum Ausstieg.
- Ablenkungen erzwingen den Ausstieg: Der Weg zu einem anspruchsvollen Ziel ist ein stetes Auf und Ab. Ablenkungen locken, Hindernisse blockieren. Manche scheinen die Karriere sogar zu fördern. Bei näherem Hinsehen und logischer Überlegung entpuppen sie sich als Stolpersteine! Ihren wahren Charakter erkennt man zu spät, um richtig zu reagieren. Man fliegt aus der Kurve und sieht zu, wie andere

vorbeiziehen, weil sie dem Wesentlichen den Vorzug geben. Für Momente waren Sinne, Gedanken, Emotionen abgelenkt, als Geistesgegenwart unverzichtbar war.
- Von Problemen und Hindernissen in die Irre geführt: Unzulänglichkeiten in der Entwicklung wachsen zu Problemen. Wie durch einen Schneeballeffekt werden sie am Ende unüberwindbar. Sie erreichen Dimensionen, denen man nicht gewachsen ist. Das Hindernis wird zur unbezwingbaren Wand. Kein Ausweg, kein Umweg. Gedanken sind festgefahren, Emotionen kippen ins Negative. Zuerst schien das Ziel attraktiv und erstrebenswert. Jetzt wirkt es unerreichbar und verliert seine emotionale Anziehungskraft.
- Entschlossenheit fehlt: Manchmal befallen mich Unsicherheit und Zweifel. Ich zaudere, zögere. „Soll ich, oder soll ich lieber nicht?" Pro- und Kontra-Argumente kommen auf die Waage, obwohl man eben noch glaubte, dem Weg bedingungslos folgen zu können und zu wollen. Was bisher stärkte, macht mich plötzlich unsicher. Es gibt Ziele, die halten Zweifeln stand. Sie behaupten sich und präzisieren sich sogar. Manchmal dämpfen Zweifel die Zuversicht. Gedanken und Gefühle werden destruktiv. Was zuvor Bestand hatte, wird ungewiss. Nur ein entschlossener Geist kennt seine Ziele und bleibt dabei. Gedanken und Aktionen bleiben zuversichtlich, zielgerichtet.
- Zögern und Unsicherheit, obwohl ein Entschluss gefasst ist: Um die Ecke lauert das Unerwartete. Jeden Augenblick gibt es Überraschungen, die eine bisher erfolgreiche Karriere unterbrechen, ihren Lauf bremsen und den Schwung erlahmen lassen. Konsequent und beharrlich bleiben ist die Lösung! Die Augen öffnen für das Nötige und Wichtige, mit klarem Kopf. Menschen verschwenden ihre Energie an Zweifel. Sie zögern, verpassen ihrem Vertrauen einen Schlag, wenn es ohnehin angeschlagen ist.
- Oberflächlichkeit im Lernen: „Das kann ich jetzt schon!" Das Kapitel wird abgehakt, das nächste beginnt! Der Geist strebt vorwärts. Weiter, immer weiter! Zeit ist Geld! Muss

ich später die Fähigkeit oder Eigenschaft im Wettkampf beweisen, scheitere ich. Der Lernvorgang erreichte nicht die geistige und emotionale Tiefe. Lernen und Merken funktioniert, wenn alle Kanäle der Konzentration mitwirken. Sie sichern das Aufnehmen und Abspeichern. Manche Lernende nehmen weiße Flecken bewusst in Kauf. Mut zur Lücke nennen sie das. Auf hohem Niveau fehlt jede Toleranz für diesen „Mut". Vorhandene Mängel nimmt die Konkurrenz mit Genugtuung zu Kenntnis. Sie deckt sie auf, nutzt sie für ihren eigenen Erfolg. Wer im Training keine Konsequenz, keine Beharrlichkeit, keinen Durchhaltewillen lernt, den lehrt die Praxis, es nachzuholen oder das Ziel abzuschreiben. Mentale Skills lernen wir im Training, wenn uns das Ziel subjektiv erstrebenswert ist.
- Lerninhalten fehlen klare Vorstellungen: Der Körper vollzieht präzise, was der Geist vorgibt. Fehlt die geistige Klarheit, fehlen dem Körper eindeutige Anweisungen. Er sucht sich Wege aus eigener Erfahrung und versucht die Aufgabe auf seine Weise zu lösen. Im Spitzensport ist Improvisation aber selten zielführend. Deshalb benötigt man ein Kontingent von Ansätzen für Lösungen, die man sich beim Lernen mental aneignet. Es sind klare Bilder als geistige Vorlagen. So kann der Körper konsequent und ausdauernd seine Aktionen setzen.

Konkrete Zielvorstellungen zur Unterstützung von Konsequenz, Ausdauer und Durchhaltevermögen

- Mit Kopf und Herz am Werk: Beobachtet man Sportlerinnen und Sportler im Training oder Wettkampf, zeigt sich, was den Lernerfolg verhindert oder fördert: Die volle geistig-emotionale Beteiligung macht das Lernen effizienter. Gedanken und körperliche Aktivitäten laufen parallel. Ist man gedanklich nur halb dabei und emotional nicht in Stimmung, bremst das den Fortschritt. Wer Fähigkeiten und

Eigenschaften entwickeln will, muss mit Kopf und Herz, mit Interesse und Offenheit, Begeisterung und Hingabe präsent sein. Dann entsteht stabiles Wissen und belastbares Können, das seine Arbeit tut, auch wenn äußere Bedingungen nicht optimal sind.

- Stabiler Fokus: Herausfordernde Umstände erfordern die anhaltende Konzentration. Gelingt es nicht, die Sinne zu sammeln und sich auf das Wesentliche zu richten, bleibt der Fokus instabil und ist anspruchsvollen Aufgaben nicht gewachsen. Die Sinne brauchen Aufhänger, damit man konsequent handelt und sich konzentriert. Der präsente Geist nutzt alle seine Mittel. Sind die Sinne und Gedanken auf das Wesentliche gerichtet und positiv motiviert, ist Leistung auf höchstem Level möglich.
- Unbeeindruckt von Problemen und Hindernissen: Es gibt Situationen, die werfen die stärkste Persönlichkeit, den durchtrainiertesten Körper, den flexibelsten Geist aus der Bahn. Die positive Stimmung weicht dem Gefühl, im dunklen Loch zu sein. Der Geist sucht Halt und Stabilität. Pessimismus muss wieder dem Optimismus Platz machen. Gezielte, beharrliche Schritte sind notwendig, um allen Problemen zum Trotz die Situation in den Griff zu behalten. Gedanken wandern zurück an den Start. Unbeeindruckt von den Ereignissen zu sein heißt nicht, eine Situation zu ignorieren oder sie falsch einzuschätzen. Es bedeutet, ihr mental und emotional Gewicht zu geben, sodass man den Lösungsweg offenhält. Positive Emotionen und positive Gedanken im passenden Moment.
- Entschlossenheit, wenn es darauf ankommt: Wichtige Entscheidungen sind rasch und folgerichtig zu treffen, soweit die Folgen überhaupt absehbar sind. Kein langes Abwägen der Argumente, die Zeit drängt. Entschließen bedeutet, sich eine Tür zu öffnen, die verschlossen ist. Den Schlüssel zu finden setzt voraus, das Schloss zu kennen, zu dem er passt und erste Folgen abzusehen, wenn die Tür geöffnet ist. Dazu muss man sich in der Materie auskennen. Entschlossenheit

in einer Krise ist meist entscheidend für ihre Bewältigung. Nicht jede Folge ist vorhersehbar. Das Wesentliche zu wissen reicht. Auch wenn der Schlüssel nicht hundertprozentig passt, öffnet sich die Tür. Alles Weitere ergeben die nächsten Schritte.

- Entschlüsse rasch umsetzen: in Blick zurück, ohne Zorn, ohne Bedauern. Die Wahl ist getroffen, der drohende Stillstand überwunden. Jetzt ist der Entschluss praktisch umzusetzen. Möglicherweise habe ich in der Hast nur die zweitbeste Option gewählt. Ist die Tür geöffnet, ergeben sich neue Perspektiven, neue Chancen, aber auch andere Probleme. Folgerichtig zu handeln heißt nicht, alles richtig zu machen, sondern nach aktuell bestem Wissen zu agieren. Jeder Entschluss hat Folgen. Im Rückblick bedauernd zu sagen: „Hätte ich – würde ich – wäre ich" macht unsicher und trübt den Blick! Darum geht es aber: den Blick darauf richten, was jetzt zu denken und zu tun ist.
- Geistige Struktur: Sind rasche Entschlüsse zu fassen, bedeutet das nicht, alles, was bisher funktionierte, zu verwerfen. In einem Restaurant las ich einen Spruch, der mir seither so manche Entscheidung erleichterte: „Lasst uns an dem Alten, so es gut ist, halten. Aber auf bewährtem Grunde, Neues wachsen jede Stunde!" Was Erfolg brachte, bleibt gültig. Verändern sich die Umstände so, dass sie die Grundlage bisheriger Entscheidungen erschüttern, sind die Gedanken und Aktionen anzupassen. Eine geistige Struktur ist beim Erlernen neuer Abläufe unter veränderten Bedingungen die Konstante und gibt ein System beim Lernen und Weiterentwickeln von neuen Bewegungsabläufen und Verhaltensweisen vor. Sie bietet Halt und Sicherheit.
- Klare eigene Vorstellungen über Lerninhalte und Lernziele: Gerade junge Sportlerinnen und Sportler legen ihre Weiterentwicklung oft in die Gehirne und Hände anderer. Sie suchen sich sogar in Dingen Ratschläge, in denen sie selbst Experten sind. Kein Mensch ist in Themen, die mich betreffen, zuständiger als ich selbst. Ich bin bereit, mich auf mich

selbst einzulassen. Es gibt Leute, die haben keine eigene Vorstellung über ihr Leben, weil sie es nicht gelernt haben! Sogar das Interesse fehlt! Entscheidungen auf der Basis eigener Reflexion zu treffen ist die wahre Aufgabe. Sicher gab es da und dort innere Einwände gegen die Vorgaben anderer. Man ignorierte sie. Später stellte sich heraus, dass die eigenen Ideen, die man verschwieg, bessere Lösungen enthielten. Man hörte nicht auf sich selbst. Wer eindeutige Vorstellungen über sich und seine Zukunft hat, wird sie an den Erfordernissen der Gegenwart messen und durchsetzen, auch wenn der Fortschritt nicht nach Wunsch ist. Handeln nach eigenen Gedanken und Gefühlen ist eine Vorgabe für jeden, der die Führung über das eigene Leben gewinnen will.

Übungen, die Konsequenz im Denken und Handeln, Beharrlichkeit und Durchhaltevermögen unterstützen

✓ **Konsequentes Denken und Handeln erfordert den klaren Überblick**

Unser Gehirn besteht aus einer rechten und einer linken Hemisphäre. Die rechte Hälfte steuert Aktionen der linken Körperseite und umgekehrt. Die Instrumente zur Steuerung der rechten Körperseite sind auch für analytisches Denken zuständig. Rechts im Gehirn liegen die Zentren, die vernetztes Denken gewährleisten und den emotionalen Zustand steuern. Im Überblick kann man sagen: Die linke Hirnhälfte analysiert, was die Sinne ihr liefern und fasst die Inhalte in Worte und Zahlen. Die rechte Gehirnhälfte entwickelt einen bildlichen Überblick, der durch intuitives Wissen unterstützt wird. Die linke Hemisphäre spezialisiert sich auf Ereignisse, die in zeitlicher Abfolge nacheinander geschehen. Die rechte Hemisphäre erfasst das räumliche Nebeneinander. Hören, Lesen, Sprechen oder Schreiben sind von links gesteuert. Sehen, Fühlen, Deuten und Verstehen vornehmlich von rechts. Das ist keine exakte oder auch nur annähernd vollständige Beschreibung der komplizierten geistigen Abläufe. Es geht vornehmlich darum, zu wissen: Wo und wie entstehen Vorstellungen? Wer konsequent handelt, muss die Details wahrnehmen. Entschlüsse sind zu fassen und die daraus entspringenden Aktionen folgerichtig durchzuführen. Das erfordert Überblick und Verständnis. Mentale Trainingstechniken, die beide Hälften des Gehirns mit einbeziehen und konsequentes und umfassendes Denken und Handeln ermöglichen, sind Mindmaps oder Lernstraßen. Sie sorgen für einen Überblick über die aktuelle Situation und behalten zugleich die zeitliche Abfolge und die Existenz von Einzelheiten im Sinn. Das gibt Sicherheit und Vertrauen bei Entscheidungen und stärkt die Fähigkeit, eigene Entschlüsse zu treffen. Über den Gebrauch und die Möglichkeiten solcher Techniken gibt es zahlreiche Publikationen für die Bereiche Lernen und Merken.

✓ **Entscheidungshilfen bei der Trainingsplanung**

Der Mensch kann seine Sinne zur selben Zeit nur auf ein Ereignis fokussieren. Auch wenn manche Sportler und Sportlerinnen und ihr Umfeld meinen, sie können mehrere Aufgaben zu selben Zeit erledigen. Ein guter Trainingsplan sorgt dafür, dass man seine Zeit- und Energieressourcen gut einschätzt und effektiv nutzt. Etwa 15 Prozent der Tätigkeiten bringen in der Regel etwa 65 Prozent des Ertrags für ein Ziel. Wir bezeichnen sie hier als A-Aufgaben. Zirka 20 Prozent, also etwa ein Fünftel der Aktivitäten, sorgen für 20 Prozent des Gesamtertrags. Es sind hier die B-Aufgaben. Schließlich sind ganze zwei Drittel der Aufgaben für 15 Prozent des Gesamtertrags verantwortlich. Wir bezeichnen sie hier als C-Aufgaben.

Wie bestimme ich in meinem Trainingsplan, in welche Kategorie welche Aufgabe passt? Antworten auf nachstehende Fragen verschaffen mir Klarheit. Sie machen es möglich, sowohl was Energiezuwendung als auch Zeitaufwand betrifft, effizienter zu arbeiten. Ich will meine aktuellen A-Aufgaben finden und sie in meiner derzeitigen Trainingsarbeit bevorzugen, weil sie im Hinblick auf ihren Effekt den Löwenanteil des Endergebnisses bewirken. Ich stelle dazu vier Anforderungen: Zielgerechtigkeit, Zeitaufwand, Effizienz, Ergebnis.

a. Gesetz der Zielgerechtigkeit: Welche Aufgaben bewirken im Hinblick auf mein Jahres-, Monats-, Wochen-, Saison- oder Tagesziel den größten Nutzen?
b. Gesetz des Zeitaufwands: An welchen Stellen setze ich im Training an, damit ich mein nächstes Ziel am sichersten und schnellsten erreiche?
c. Gesetz der größten Auswirkung: Welche Übungen ermöglichen es mir, an mehreren Rädern der Entwicklung zugleich zu drehen und so die größte Wirkung zu erzielen?
d. Gesetz des umfassenden Outputs: Welche Aufgabe bringt mehr Nutzen in Form von Wachstum, Anerkennung und Ersparnis an Zeit und Energie?

Wohlüberlegte Antworten zeigen Möglichkeiten auf, die durch Konsequenz und Beharrlichkeit große Schritte bewirken und viel Durchsetzungskraft ersparen. Ich bündle die Energien und erkenne mögliche Hindernisse frühzeitig. Ich treffe dadurch zielgerichtete, präzise Entscheidungen.

✓ **Kleine Schritte, große Wirkung**

Rom entstand nicht an einem Tag. Große Entfernungen meistert man in vielen überschaubaren Schritten. Nur wer stehenbleibt, verliert an Boden. Die Stärke erfolgreicher Menschen ist ihre Beharrlichkeit. Sie versuchen keine großen Sprünge, um sich dann länger erholen zu müssen, weil die Energie für den nächsten Schritt fehlt. Ihre Stärke ist ihre Stetigkeit. Vor einer größeren Herausforderung verschaffen sie sich zunächst einen Überblick, ein mentales Bild von dem, was sie erwartet. Sie legen vorher fest, wie sie agieren und auf absehbare Ereignisse reagieren werden. Sie beschreiben ihre Aufgaben mit Worten und notieren unterschiedliche Arbeitsschritte. Dafür eignet sich die Gliederung in technische, körperliche, mentale und taktische Bereiche. Sie strukturieren die Aufgaben nach dem Prinzip A, B und C. Schließlich arbeiten sie die Bereiche nach aktuellen Erfordernissen Stück für Stück ab. Die tägliche Kontrolle anhand ermöglicht einen verlässlichen Überblick über den Fortgang der Entwicklung. Sportlerinnen und Sportler meinen oft, der Fortschritt würde sich einstellen, wenn sie nur genug Zeit und Energie investieren. Sie verfügen über keine geistige Struktur. Leere Kilometer und Stunden kosten Zeit und Energie. Dabei brächte eine effiziente Planung System in ihre Trainingsarbeit. Klare, strukturierte Lern- und Trainingsinhalte vermitteln die Sicherheit und ermöglichen bei Bedarf rasche Entschlüsse.

✓ **Ich trage in mir, was mich erfolgreich macht**

Außerordentliche Ziele erfordern besondere Fähigkeiten und Eigenschaften. Viele Menschen winken angesichts großer Anforderungen ab. „Zu groß für mich, zu anstrengend, dafür bin ich nicht geschaffen!" Mit dieser Einstellung boykottieren sie ihre eigenen Potenziale und ignorieren ihre Möglichkeiten. Dabei würde eine Rückbesinnung auf ihre eigene Biografie aufzeigen, dass die Chancen besser sind, als angenommen. Sie bewirkt Aha-Erlebnisse. Probleme sind nur Symptome, hinter denen sich Ursachen verbergen. Ich suche und finde die Wurzeln jeden Übels, indem ich mir die Frage „Warum" so lange stelle, bis ich zum eigentlichen Kern eines Problems komme, an dem es keine weiteren Fragen mehr gibt. Anschließend überlege ich, welche Fähigkeiten oder Eigenschaften notwendig sind, um die Ursache des Übels beheben zu können. Welche meiner Fähigkeiten oder Eigenschaften eignen sich? Ich stelle den mentalen Kontakt zu meinen +Fähigkeiten her, die ich schon längere Zeit nicht genutzt habe. Ich betrachte das bisherige Leben als Zeitlinie. Wann und wo vollzog mein Lebenslauf positive Wendungen? Welche Eigenschaften oder Fähigkeiten trugen dazu bei? Würden sie auch in der gegenwärtigen Lage helfen? Ich achte auf die Signale, die mein Körper bei diesen Gedanken aussendet. Welche Gefühle kommen hoch? Passt die Fähigkeit von damals auch zur Lösung der aktuellen Konstellation? Ich lenke meine Sinne in die vergangene Situation, sehe, höre, fühle, rieche und schmecke! Was geschah damals? Wie fühlte es sich an? Was tat ich? Welche Gedanken dachte ich? Welche Worte benutzte ich? Welche Emotionen empfand ich? Welche Energie spürte ich? Diese Übung verlangt ein tiefes Hineinfühlen in jenen Zustand, als mir eigene Ressourcen über eine schwierige Situation hinweghalfen. Wo finde ich die Fähigkeit heute? Ich entspanne mich und nehme mit den Energien von damals Kontakt auf. Lange unter Verschluss gehaltene Kräfte erwachen aufs Neue. Gedanken, Emotionen melden sich. Ich erinnere mich an Worte, die mich seinerzeit bewegten, die Hürde, die Herausforderung, das Problem als Aufgabe anzunehmen. Sie helfen auch heute, ein Problem mit meinen Stärken anzugehen und zu bewältigen.

✓ Durchhaltevermögen orientiert sich an Lösungen

Probleme fesseln physisch, gedanklich, emotional. Geist, Seele und Körper beschäftigen sich mit den negativen Seiten einer Situation. Ich vergesse, wohin ich eigentlich will. Der Idealzustand entschwindet aus dem Kopf. Das Problem bindet viele geistig-emotionalen Ressourcen. Ich fühle mich wie in einem Stuck-State. Im ersten geistigen Schritt stelle ich mir vor, was jetzt geschehen muss, damit ich den nächsten Schritt tun kann. Kreativität ist gefragt! Das geistige Bild von Lösungen entsteht, wenn ich exakt weiß, was ich will. Klagen über den unerwünschten Zustand helfen nicht. Das Motto „Augen zu und durch" ist auch keine Lösung, wenn man nicht weiß, wie und wohin. Fehlt die klare Vorstellung, findet sich naturgemäß kein Weg. Was soll stattdessen sein? Wäre ich ein Magier und könnte ich die Lösung zaubern, würde sie aussehen, sich anhören, sich anfühlen? Hätte ich die berühmten drei Wünsche, die die gute Fee mir erfüllen sollte! Wie lauten sie? Wünsche sollten nicht die aktuelle Lage beseitigen, sondern den Zielzustand abbilden. Häufig manövrieren wir uns in die Sackgasse, weil wir das Ziel aus den Sinnen verlieren. Ich mache mich zum Regisseur und Drehbuchautor einer Lösung. Ich nehme mir Zeit, das Ziel in seinen Einzelheiten in die Gegenwart zu holen. Wie lauten meine Wünsche? Ich starte ein Brainstorming, dessen Ergebnisse ich in Handschrift notiere. Sind sämtliche Wünsche klar formuliert, reihe ich sie in eine persönliche Hitliste. Dabei befrage ich Geist und Herz. Dann lege ich diese Liste für einige Stunden oder Tage zur Seite und lasse das Thema in mir ruhen. Ich gebe mir Zeit, Gedanken und Gefühle zu sammeln und zu ordnen. Ich ergänze oder korrigiere bei der nächsten Durchsicht des Textes noch die eine oder andere Stelle. Passt mir alles, schreibe ich das Drehbuch für meine Reise in die Zukunft. Ich fasse Gedanken in Worte. Was will ich? Was wünsche ich mir? Wonach strebe ich? „Schicke die Gedanken voraus, und dein Körper wird folgen! Denke den Weg und erlebe ihn auch emotional vor!" Gefühle lösen Taten aus. Ich halte in schwierigen Zeiten meinen Weg.

✓ **Die ehrliche Antwort auf die Frage „Wozu?"**

Für Medien ist Leistungssport in erster Linie durch Zeiten, Weiten, Zahlen und Resultate interessant. Was hinter Ergebnissen steckt, kommt vielleicht am Rande zur Sprache, wenn es keine Berichte über Wettkämpfe gibt. Auch für Menschen im Umfeld von Sportlern und Sportlerinnen ist Erfolg in Zahlen wichtig. Wie es aber in jenen Menschen aussieht, die die Resultate „abliefern" sollen, was sie bewegt, mit welchen Zuständen sie klarkommen müssen, ist von nachrangigem Interesse. Hinter allen Rekorden, Siegen, Niederlagen, Rückschlägen stehen Persönlichkeiten, die ihren Weg suchen und vielleicht finden. Menschen, die sich täglich gegen Hindernisse durchsetzen müssen und wollen, stellen sich Aufgaben, die andere nur aus Extremsituationen kennen. Damit sie Konsequenz, Disziplin, Ausdauer und Durchschlagskraft aufbringen, braucht es Motive. „Warum tue ich mir das an? Wozu mache ich das? Was motiviert mich, täglich aus der Komfortzone auszubrechen und mich den Hürden zu stellen?" Klare Antworten auf „Warum?" und „Wozu?" Nicht im Beginn der Reise liegt die Herausforderung. Champions zeigen ihre Stärke im Weitermachen, im Durchhalten. Weiter, immer weiter! Motiviert, beharrlich, konsequent, diszipliniert! Äußeren und inneren Widerständen zum Trotz. Stellen Sie, liebe Leserin, lieber Leser, sich in einer anspruchsvollen Situation einmal die Frage: „Wozu?" Seien Sie ehrlich! Wozu leben Sie so, wie Sie es derzeit tun? Warum tun und denken Sie so wie jetzt? Geben Sie sich bitte niemals mit oberflächlichen Antworten zufrieden. Vertiefen Sie sich mit Gedanken und Gefühlen in ihre Fragen. Antworten Sie nicht spontan! Stellen Sie weitere Fragen, bis Sie an Ihre wahren Motive rühren. Dort, wo es keine weiteren Fragen mehr gibt. Dort ist der Punkt, wo der Sinn, das Ziel, die wahren Motive klar vor Ihnen liegen. Es ist nicht einfach, dorthin zu gelangen. Bin ich nicht geübt in ehrlicher, umfassender Reflexion, wird es zur mentalen und emotionalen Berg- und Talfahrt. Doch sie lohnt sich, denn sie führt ins Zentrum meines Denkens, Fühlens und Handelns. Sie klärt Bewusstes oder Unbewusstes. Ich komme mental und emotional an jene Stellen, an denen Konsequenz, Beharrlichkeit und Durchsetzungskraft ihren Ausgang nehmen, weil dort meine echten Motive liegen! Aus dieser mental-emotionalen Arbeit entspringt neue Energie, die weiterhilft, wenn ich fühle, ich bin am Ende, auch wenn es zum Ziel noch ein weiter Weg ist!

✓ **Verbale Signale als Ordnungsrufe**

Selbst konsequent handelnde und denkende Menschen müssen bisweilen daran erinnert werden, was jetzt zu tun ist. Der Geist ist flüchtig. Gedanken kommen und gehen. Es ist eine echte Herausforderung, diesem Mäandern im Fluss der Gedanken zu widerstehen. Es kostet Energie. Die Versuchung ist groß, den Gedanken freien Lauf zu lassen. Signalwörter bieten Hilfe an! Es sind positive Erinnerungen, etwas zu tun oder zu unterlassen. Ihre Inhalte sind Wörter oder Gesten. Sie lösen etwas in mir aus. Sie zeigen emotional wie mental Wirkung und berühren den innersten Kern. Es bedarf der Übung, damit sie ihre Wirkung entfalten. Dafür eignen sich auch Kurzformen der Antworten der vorhergehenden Übung: „Warum?" und „Wozu?" Begreife ich den tieferen persönlichen Sinn eines Vorhabens, ergeben sich solche sinn-vollen Worte, Gesten und Vorstellungen. Sie berühren Verstand und Herz. Sie finden den Weg zum Kern des Denkens, Fühlens und Handelns. Sie werden zu Treibstoffen und Wegweisern. Sie bewirken eine andere innere Einstellung. Ihre Signale begleiten mich und versorgen mich mit Impulsen. Negative Umwelteinflüsse verlieren ihre Macht. Ich lerne, mich auf meine eigenen inneren Signale zu fokussieren.

PERSPEKTIVENWECHSEL UND REGENERATION

„Was du erreichen kannst, ist eine Frage deiner Sichtweisen und Einstellungen!"

„Regeneration verändert nicht nur den Körper, sondern auch den Geist!"

„Ein klarer Überblick sorgt für beste Aussichten!"

Wundern Sie sich, was diese beiden mentalen Fähigkeiten und Eigenschaften in einem Kapitel verbindet? Sie ergeben gemeinsam ein wesentliches Ganzes und wirken als gemeinsame Kraft in der Entwicklung von Talenten. Wie ich denke und fühle, schulde ich nicht nur meiner Erziehung, meinem Umfeld. Es hängt auch vom Ort ab, an dem ich mich physisch befinde. Er beeinflusst meine geistige Perspektive. Ich nehme mit meinen Sinnen wahr, was von innen und außen auf mich eindringt. Ich sehe, höre, fühle, schmecke und rieche. Meine Meinungen sind Erzeugnisse der Mentalität. Was anderen als unattraktiv erscheint, empfinde ich womöglich als annehmbar, ein Dritter als verständlich oder sogar reizvoll. Jeder Kopf ist eine Insel. Wechsle ich die Perspektive, kann das meine Ansichten verändern, wenn ich offen dafür bin. Geistige Offenheit und Flexibilität sind mentale Kennzeichen von erfolgreichen Menschen. Manche bezeichnen sie als Wankelmut oder gar Entschlussschwäche. Es ist die Einstellung, sich auf Neues einzulassen, andere Ansichten kennenzulernen, zu reflektieren. Unterschiedliche Perspektiven eröffnen an verschiedenen Orten neue Einsichten. Zur rechten Zeit statt erst dann, wenn Starrsinn und mangelnde Offenheit mich in eine Sackgasse führen und Auswege verschüttet sind. Perspektivenwechsel ermöglicht differente Sichtweisen und öffnet Auswege, die anderen verborgen bleiben. Auf einer sehr anspruchsvollen, energiefordernden Reise wechselt meine physische Perspektive. Wie bei Pilgerinnen und Pilgern auf ihrem Weg zum Zielort! Jeder Schritt bringt Erfahrungen, Entdeckungen, Erlebnisse. Ich brauche Pausen zum Innehalten, weil Körper und Geist danach verlangen. Sie brauchen die Zeit, sich zu sammeln und Gedanken und Gefühle zu klären. Ich blicke auf bisherige Erfahrungen und lerne ihre ganze Bedeutung kennen. Ich nehme meinen Standort wahr, gewinne geistig wie physisch festen Boden unter den Füßen. Auf dieser Basis gehe ich in die Zukunft. Ich entscheide, wie, wann und wohin es weitergeht. Geistiges und physisches Innehalten eröffnet mir die Chance, die Energiespeicher aufzuladen, frische Kräfte zu tanken. Vergangenheit, Gegenwart, Zukunft! Soweit ich sie überblicke, bereichern sie mich mit neuen Sichtweisen. Ich gewinne Überblick, nähere mich der Realität. Perspektivenwechsel und Erholung als großes Ganzes.

Mentale Engpässe, die einseitige, starre Sichtweisen oder mangelnde Regeneration anzeigen

- Auszeiten fehlen ganz oder geschehen zur falschen Zeit: Lasse ich es zu, zwingt mich jeder Tag ins Hamsterrad! Immer derselbe Trott! Veränderung gibt es nur innerhalb enger geistiger, emotionaler und körperlicher Räume. Sie lassen wenig Flexibilität zu. Mentale Scheuklappen engen den Geist ein und fixieren Sichtweisen. Der Horizont von Denken und Handeln reduziert sich auf Bekanntes, Gewohntes, Erlebtes. Halte ich inne, erzwingt das die geistige, emotionale und physische Erschöpfung. Danach geht es weiter im selben Trott. Auszeiten sind nicht geplant, sondern durch den Zufall oder die geistig-körperliche Konstitution bestimmt. Finde ich Zeit dafür, richtet sich die Dauer weniger nach meinen aktuellen Bedürfnissen als nach dem Mindestmaß, das ich mir gebe oder andere mir zugestehen.
- Erholung Fehlanzeige: Manchmal halte ich erschöpft inne. Ich spüre, dass es ohne regelmäßige Pausen nicht mehr

weitergehen kann. Was geschieht in den ungeplanten Auszeiten? Gezielte Prozesse und Aktivitäten für aktive Regeneration sicher nicht. Aber nur durch sie erholen sich Geist, Seele und Körper. Zufällige Erholungsphasen berücksichtigen nicht die tatsächlichen Bedürfnisse. Ich haste anschließend weiter, die Energietanks sind halb leer. Sie erzwingen bald die nächste Auszeit nach demselben Schema. Das geht scheinbar gut, bis Körper, Geist oder Seele ernsthafte Schäden nehmen. Die Gesundheit, die Karriere, der weitere Berufsweg geraten in Gefahr. Bleiben Sichtweisen und Gewohnheiten dieselben, gibt es keinen Ausweg als das frühe Ende von Visionen und Träumen.

- Unflexibel im Denken und Handeln: Jeden Tag stellt das Leben Aufgaben. Sie setzen meine Bereitschaft und Fähigkeit zur Veränderung voraus. Der Beruf verlangt Flexibilität. Der Leistungssport erst recht. Dort stehen viele Faktoren in der Erfolgsrechnung. Fähigkeit zur Anpassung an wechselnde Umstände ist Voraussetzung, um Ziele zu erreichen. Denke und handle ich eindimensional, stehe ich irgendwann vor einer Wand. Sie entsteht nicht über Nacht. Sie wächst unbemerkt, jeden Tag ein Stück. Ich habe dabei nicht das Gefühl, etwas falsch zu machen. Ich denke und tue ohnehin, was der Alltag vorgibt. Zu spät erkenne ich, dass ich auf der Stelle trete oder mich vom Ziel entferne. Die Zeit vergeht, während ich auf meiner strikten Denkweise beharre. Jede Situation hat zwei Seiten, meist sogar mehrere. Fehlen Bereitschaft oder Fähigkeit, mal „ums Eck" zu denken und anders zu agieren, mündet der Weg immer wieder in die gefürchtete Sackgasse.
- Nur den nächsten Schritt im Blick: Ich soll im Augenblick leben! Ich soll die Kräfte im Jetzt konzentrieren und nutzen, was die Gegenwart bietet! Leben und Handeln in der Gegenwart. Kalendersprüche und Glückskekse sind voll davon. Was tun Menschen instinktiv, die sich auf dem Berg, im Wald oder sonst wo verirren? Sie suchen nach einer Stelle, an der sie mehr Weitblick haben. Sie versuchen zu erfahren, an welcher Stelle sie sich befinden und wie ihre Situation

ist. Pfadfinder lernen, sich an Sonne, Wind, der Natur zu orientieren, falls sie vom Weg abkommen. Menschen brauchen Fixpunkte, nach denen sie Denken und Handeln ausrichten. Geht die Orientierung verloren, ändern sie physisch und mental ihren Standort, um sich neu auszurichten. Das bedingt, weiter zu blicken als auf den nächsten Schritt. Oft ist man auf Wanderungen so vom Anblick der Umgebung gefesselt, dass man unversehens vom Weg abkommt. Denken und handeln im Hier und Jetzt ist wichtig und richtig. Manchmal braucht es jedoch den weiten Blick, um auf Veränderungen richtig reagieren zu können.
- Eindimensionale Sichtweisen: Will ich ein Problem hinter mir lassen, muss ich es lösen. Begegne ich ihm mit unzureichenden Mitteln, gelingt mir das nicht. Das geschieht, wenn ich es nur aus einer Perspektive sehe. Jedes Problem hat Schwachstellen. Ich erkenne sie nicht sofort. Ich betrachte es von mehreren Seiten, um die kleinen Details zu erkennen, an denen ich es zu fassen bekomme. Jedes Problem ist ein Geschenk, weil es eine Chance enthält. Beim Versteckspiel als Kinder erfanden wir ständig neue Kniffe, uns zu verbergen oder Verstecktes aufzufinden. Wir erkannten, dass starres und eindimensionales Denken und Tun uns nicht weiterbringt. Wir lernten, auf unterschiedliche Art Erfolg zu haben. Vielen Erwachsenen ist die kindliche Fähigkeit flexiblen Denkens verlorengegangen. Entweder ein Vorhaben funktioniert hier und jetzt, oder es geht gar nicht. Manchmal ist es von Vorteil, sich an Verhaltensweisen zu erinnern, als man Kind war.

Konkrete Zielvorstellungen für Veränderungen von Sichtweisen und das Auftanken von Energien

- Bewusst geplante, terminierte Auszeiten: Voraussetzung dafür ist ein Plan. Solange ich planlos agiere, setze ich nur einen Schritt vor den anderen und bemerke nicht, dass mich allmählich die Kräfte verlassen und ich trotzdem nicht so vorwärtskomme, wie ich möchte. Orientierung im Denken sorgt für Struktur im Handeln und spart mir physische, mentale und emotionale Energie. Champions setzen Auszeiten bewusst als Wachstumsinstrumente ein. Ohne geplantes Auftanken kollabiert die Einheit von Geist, Seele und Körper. Manchen dämmert es dann, dass sie das Wichtigste unterlassen haben: sich zuzuführen, was sie brauchen, um ihre Aufgaben erfüllen zu können. Erzwungene Auszeiten dauern länger und erfordern viel mehr Aufwand als geplante Pausen. Geplante Auszeiten dienen nicht nur dem Nachladen von Energien, sondern auch dazu, innezuhalten und zu reflektieren. Was läuft gut? Wo ist Anpassung nötig? Wer Pausen nicht nur einhält, wenn Körper und Geist danach verlangen, sondern sie bewusst festsetzt, gerät nicht in Situationen, die Auszeiten erzwingen.

- Inhalte der Auszeiten am Ziel ausrichten: Auszeiten gleichen für manche dem Stillstand, weil sie damit wenig anfangen können. Meine Oma gab mir immer den Rat: „Bub, du brauchst viel Schlaf, damit du groß und stark wirst!" Mir erschien das Ansinnen damals eher unsinnig. Ansichten einer alten Frau! Überall war doch zu hören, dass Aktivität und Bewegung zu geistigem und körperlichem Wachstum führen. Erst später erkannte ich, dass meine Oma Recht hatte. Zwar sorgt jede Aktivität für geistige und physische Reize, die Veränderungen anregen. In der Ruhestellung werden diese Impulse aber erst verwertet und verarbeitet. Kinder wachsen am stärksten im Schlaf nach der Bewegung. Im Zeitalter von Effizienz und Optimierung verlangen wir von uns, Auszeiten produktiv zu nutzen und das Wachstum nicht nur dem bedächtigen Puls der Natur zu überlassen. Bereit werden für neue Taten! Ziel ist aber nicht nur, Energien zu tanken. Impulse von Training und Lernen verwandeln sich in den Pausen in Wissen und Können. Mittlerweile entdecken Menschen die Mittel, wie sie modernen Anforderungen gerecht werden und Auszeiten optimal verwerten können. Geist, Seele, Körper bekommen Unterstützung, sich zu regenerieren und zu neuen Kräften zu gelangen.

- Abschalten als mentale Fähigkeit: Der Körper verharrt in der Ruhestellung. Aber der Geist lässt sich nicht einfach Stille verordnen. Er macht weiter, obwohl die Pause auch für ihn gilt. Ob in der Schule, im Job oder im Sport. Sogar während der Pause opfern wir unsere geistigen Ressourcen, um eine Aufgabe oder ein Projekt fortzusetzen oder zu Ende zu bringen. „Das besprechen wir beim Essen!" Ruhen kann man später! Zwar verändert der Körper den Ort, doch der Geist bleibt, wo er bereits seit Stunden aktiv ist. Ähnliche Erfahrungen habe ich im Jugendsport gemacht. Dort bespricht man Fehler aus dem Training oder Wettkampf besprochen. Analyse nennt man diese Arbeit. Irgendwann ist der Geist außerstande, dem Wortschwall an Belehrung und Kritik zu folgen, der sich als Feedback getarnt über ihn ergießt. Er sucht intuitiv nach dem, was er benötigt! Runterkommen an einem Ort der Ruhe. Doch er muss durch das rücksichtslose Verhalten des Umfelds auf Empfang bleiben. Er verschwendet wertvolle Energien statt sie zu erneuern. Abschalten heißt, körperlich, geistig und emotional die Stellung zu wechseln, die innere Beleuchtung runterzudrehen und sich die Chance zu geben, Erfahrungen in Wissen und Können zu verwandeln.
- Periodisierung als Mittel der Selbstkontrolle und Eigenverantwortung: Ein Begriff, der in der Sportwissenschaft und Trainingslehre zum praktischen Instrument wurde und Einzug in die Welt von Arbeit und Wirtschaft hält, ist die Periodisierung. Die Einteilung der Zukunft in Zeitabschnitte, die wir konstruktiv, nach dem persönlichen Bedarf, mit Inhalten füllen können. Im Sport bewährt sich Periodisierung als Mittel der Planung von Training und Wettkampf. Inhalte und Ziele des Trainings variieren nach einem Plan, um eine effiziente und effektive Entwicklung zu ermöglichen. Auszeiten und Ruhepausen sind fixe Bestandteile des Plans. Sämtliche Leistungsbereiche, Technik, Taktik, Körper und Geist, sind berücksichtigt. Der Überblick über den Fortgang der Entwicklung ist auf dem aktuellen Stand. Flexibilität und Offenheit des Geistes sind dafür Voraussetzungen.

Wettkampfphasen sind festgelegt. Nach Ablauf jeder Teilperiode erhält man einen Leistungsstand. Man erfährt, ob man im Plansoll ist oder davon abweicht. Das Drehen an unterschiedlichen Entwicklungsschrauben, das Anpassen an einen Plan ist gewährleistet. Sportlerinnen und Sportler lernen, ihre Arbeit zu bewerten und den Fortschritt zu kontrollieren.
- Ein Problem hat viele Gesichter und Ursachen: Bei einem Problem ist vor allem die rationale Gehirnhälfte gefordert. Die Situation wird in Ruhe evaluiert und geklärt. Man nimmt verschiedene Blickwinkel ein, um Art und Ausmaß des Problems zu erfassen. Man lernt sein wahres Gesicht kennen. Nur wer ein Problem in seiner ganzen Größe und Gestalt erfasst, kommt dessen wahren Ursachen auf die Spur. Ziel ist, das Übel an seiner Wurzel anzupacken. Ursachenerforschung setzt ruhige Reflexion voraus. Emotionen sind hinderlich. Sie lenken die Gedanken in falsche Richtungen, erschweren das Auffinden wahrer Gründe und vergrößern das Problem. So wie man bei der Beurteilung des menschlichen Verhaltens nicht einseitig vorgeht und viele Gründe für das Handeln oder Unterlassen berücksichtigt, sollte man über die Vorgeschichte eines Problems Bescheid wissen. Das ist zeit- und energieraubend, aber es lohnt sich, weil man so zu tragfähigen und in die Zukunft weisenden Lösungen kommt.

Übungen zur Entwicklung umfassender Sichtweisen von Flexibilität im Denken und Handeln und dem wirksamen Planen und Durchführen von Pausen und Auszeiten

✓ **Periodisierung der Entwicklung**

Wie an Beispielen gezeigt, werden komplexe und umfangreiche Aufgaben nicht in einem Zug erledigt. Die Entwicklung unterschiedlicher Fähigkeiten und Eigenschaften, die für den Weg benötigt werden, nimmt Energie und Zeit in Anspruch und erfordert einen Plan. Man lernt, Erfordernisse der Zukunft einzuschätzen. Beispielsweise stelle ich mir den Weg als Zeitlinie vor. Ich betrachte die kommenden Wochen, Monate und Jahre aus einer Meta-Perspektive. Aus der Position des Außenstehenden, der aus Distanz unvoreingenommen und emotionsfrei auf das Vorhaben blickt, lege ich alle bisherigen Ansichten zur Seite und starte im Status quo. Vor mir liegt die Zukunft, hinter meinem Rücken die Vergangenheit. Ich teile die Zukunft in Etappen. Ich fülle sie mit Arbeitsinhalten. Zeiten, in denen Entwicklung stattfindet, wechseln mit Phasen für Ruhe und Regeneration. Phasen Trainings, der Wettkämpfe und Pausen haben ihren fixen Platz. Sind alle Teilzeiten geplant, durchschreite ich geistig und emotional die geplanten Vorhaben. Ich beachte mein Körper-Echo, gebe mir die Zeit, spüre tief in mich hinein. Sind die Körpersignale positiv, festige ich diese Gefühle durch Gesten oder Worte als Anker. Gehe ich später real durch diese Zeitphasen, erinnere ich mich durch Aktivierung des Ankers an die positiven Gefühle. Die Übung ist wirksam, wenn sich Sorgen über künftige Entwicklungen und Fortschritte melden. Ist das Vorgefühl negativ, betrachte ich die Etappen näher. Ich prüfe, ob ich einer Situation Positives abgewinnen kann. Durch die Betrachtung aus mehreren Blickwinkeln verändere ich die subjektive Wahrnehmung. Meine Herangehensweise wird zuversichtlicher. Emotionen und Gefühle ändern sich. Ich begegne Problemen optimistischer. Ich achte auch darauf, dass die Zeitlinie in hellem Licht liegt und annähernd gerade verläuft.

✓ **Regeneration mit Maß und Ziel**

Das Internet-Lexikon Wikipedia beschreibt Regeneration als „Prozess mit dem Ziel, das physiologische Gleichgewicht wiederherzustellen". Sie steht im direkten Bezug zu einer vorhergehenden Belastung. Die Regeneration richtet sich nach deren Umfang und Intensität und nach den individuellen Bedürfnissen. Körperliche, geistige und emotionale Belastung durch Arbeit, Training oder Lernen stören die psychisch-mentale-physiologische Balance. Erholung soll die Speicher auffüllen.

Regenerationsmaßnahmen wirken von außen, indem ich verbrauchte Ressourcen zuführe oder sie neu aktiviere. Andere regenerative Aktivitäten wirken aus dem System Körper-Geist-Seele selbst. Es sind natürliche Prozesse wie das Dehnen der Muskeln oder Auslaufen unmittelbar nach der Belastung. Im mental-emotionalen Bereich kennen wir Meditationsübungen oder autogenes Training. Maßnahmen von innen und außen zielen auf die körperlich-mental-emotionale Balance! Die Notwendigkeit körperlicher Regeneration ist allgemein anerkannt. Was in der Energierechnung oft missachtet wird, ist, dass der Mensch auch das mentale und emotionale Gleichgewicht braucht, um Leistungen auf hohem Niveau zu bringen. Training, Wettkampf oder die Bewältigung von anderen fordernden Aufgaben stören diese Balance. Ungleichgewicht in Körper und Geist kostet Energie und Kräfte. So heißt es vor einem Wettkampf oder Training oft: „Ich möchte ja, aber ich bin heute nicht in Stimmung! Ich fühle mich mental ausgelaugt und körperlich müde. Ich bin nicht bereit!"

Um die Balance wiederherzustellen, geht es nicht nur darum, Defizite zu erkennen, die ausgeglichen werden müssen. Der individuelle Zustand muss bekannt sein. Umfassende Regeneration umfasst Körper, Geist und Seele. Sie achtet Individualität und sieht den Menschen als ein System in mehreren Dimensionen. Regeneration beginnt mit Fragen an sich selbst: Was brauche ich jetzt? Was fehlt mir am meisten? Habe ich körperliche, geistige oder emotionale Bedürfnisse? Brauche ich Entspannung oder Aktivierung? Wie will ich die Geist-Körper-Verbindung wiederherstellen? Will ich einen Überblick über das Geschehen haben und deshalb Abstand gewinnen? Worauf sollte ich den Fokus richten? Welche Teile des Körper-Geist-Seele-Systems brauchen mehr Zuwendung? Brauche ich die Auszeit, um Fähigkeiten, Eigenschaften oder erlebte Ereignisse körperlich, geistig und emotional zu verarbeiten? Will ich zu mir finden, weil ich glaube, mich durch die Anforderungen aus den Augen verloren zu haben? Suche ich Kontakt zur Ich-Rolle, oder möchte ich anderen Rollen, die ich spiele oder zu spielen habe, Zeit und

Energie widmen? Fehlen mir derzeit Motivation und Lust auf mein Ziel und den Weg dahin? Trete ich einen Schritt zurück, um zu klären, ob das, was ich tue, tatsächlich meinen Wertehaltungen und Visionen entspricht? Das innere Gleichgewicht herzustellen heißt, mit dem eigenen Ich Kontakt aufzunehmen, mich geistig, mental und physisch zu berühren. Ziel- und personengerechte Regeneration verwendet Mittel und setzt Maßnahmen, die ich von außen anwende und solche, die ich von innen bewusst aktiviere.

- ✓ **Zeitlich-räumlicher und geistig-emotionaler Perspektivenwechsel**

Wie fühle ich mich heute? Wie geht's mir hier und jetzt? Zu Beginn jeder Veränderung der Perspektive steht diese Frage! Wie ist mein Befinden, wie sind meine Gefühle, Emotionen und Gedanken? Spüre ich, dass mich etwas zu viel Energie kostet? Spüre ich ein Leck im Energietank? Vor dem Start zu einem hohen Ziel und auf dem gesamten Weg dahin ist der Energievorrat ein wesentliches Element. Die Rolle, mit der ich ein Ziel verfolge, ist nicht die Einzige, die Energie kostet. Das Leben stellt viele Anforderungen. Blicken wir einmal auf die Rolle eines Sportprofis: Neben den hohen sportlichen Ansprüchen muss die Sportlerin, der Sportler auch anderen Rollen gerecht werden. Viele Bedürfnisse und Aufgaben sind zu erfüllen, um sich innerhalb und außerhalb der Sportlerrolle wohlzufühlen.

Ein Rollenprofil zeichnet die inhaltlich sehr unterschiedlichen Seiten des Lebens auf. Manche Lebensrollen unterstützen den Weg zum Ziel. Andere widersprechen in ihren Erfordernissen und Anliegen dem Ziel und können den Weg ernsthaft behindern. Fördernde und bremsende Rollen sind als solche zu identifizieren. Die unterschiedlichen psychischen Anteile meines inneren Parlaments fordern Rücksicht auf ihre Interessen. Keiner dieser Teile will dem Gesamtsystem schaden. Jeder legt es darauf an, mentales, körperliches und emotionales Wohlergehen zu sichern. Wie in der Politik scheiden sich aber die Geister, welche Prioritäten zu setzen sind, womit und wie das Beste zu erreichen ist. Unterschiedlichste Ansichten sind unter einen Hut zu bringen. Ich kläre, was derzeit unmöglich oder unwichtig ist, was ich ignorieren und auf einen künftigen Termin verschieben kann. Der Wunsch jenes Teils, der mit seinem Anliegen vorübergehend zurücktritt, erhält einen Fixtermin, an dem sein Begehren erhört und erfüllt wird.

✓ **Rahmenbedingungen geistig und emotional ändern**

Manchmal hängt uns manches buchstäblich zum Hals heraus. Wir möchten trotz der Lust auf unser Ziel alles hinwerfen. Wir haben unsere Gedanken und Emotionen in lästige Details verheddert. Sie verderben uns wenigstens vorübergehend Laune und Lust. Viele Einzelheiten sind zu berücksichtigen, um ein Ziel zu erreichen. Sie gehen uns zeitweise gehörig auf den Wecker. Ein zeitlich begrenzter Rückzug löst die negative Stimmung. Wir treten aus der Situation heraus und stellen sie in ein anderes Licht. Manchmal genügt es, wenn man ihr einen anderen geistigen Rahmen gibt. Wir könnten etwa für ein Problem eine andere Bezeichnung finden. Eine kleine Veränderung mit großen emotionalen Auswirkungen. Der Perspektivenwechsel bewirkt ein Umdenken. Innere Konflikte lösen sich leichter auf. Energien kommen wieder in Fluss.

✓ **Ausstieg auf Zeit**

Menschen reden vom Aussteigen, tun es aber nicht. Manchmal fehlt der Mut. Äußere Zwänge, etwa die finanzielle oder soziale Situation, stehen wahren Bedürfnissen im Wege. Was heißt aussteigen? Steigen wir aus dem Autobus, aus der U-Bahn oder aus einem Zug, bevor wir am Ziel angelangt sind, wechselt plötzlich die Umgebung. Wir verlassen die soziale Gruppe, die Situation, den bisherigen Weg. Wir gewinnen ein Stück Individualität. Wir verändern bewusst das Umfeld, um uns wiederzufinden, allein zu sein, uns unserer physischen, geistigen und emotionalen Existenz bewusst zu werden, um uns wieder deutlicher zu spüren. Wir wollen selbst entscheiden, was uns wichtig ist. Wir treten aus dem sozialen oder räumlichen Umfeld. Manche Menschen verwenden dafür Rituale. So verbringen sie etwa ihren Urlaub stets zur selben Zeit am gleichen Ort in der Hoffnung, das Umfeld vorzufinden, das sie zum Ausleben ihrer Individualität, ihrer Bedürfnisse brauchen, die im Alltag zu kurz kommen. Andere befassen sich mit neuen Inhalten. Sie tauchen geistig und emotional in sie ein, lenken Geist, Seele und Körper auf etwas Neues. Es gibt unzählige Möglichkeiten für einen Perspektivenwechsel, das innere Gleichgewicht wiederzufinden oder ganz einfach auszusteigen.

3. Kapitel

DIE WETTKAMPFPERSÖNLICHKEIT

DIE MENTALE UND EMOTIONALE WETTKAMPFSTÄRKE

„Sport stellt uns auf eine Probe. Er testet die Fähigkeiten, die Leidenschaft, das Herz und die Eigenschaft, nach Rückschlägen wieder aufzustehen. Das ist die innere Schönheit von Sport und Wettkampf. Sie fordert erwachsene Sportler und Sportlerinnen!"
Peggy Fleming, Weltmeisterin und Olympiasiegerin im Eiskunstlauf

„Meine größte Herausforderung bin ich selbst!" Der südkoreanische Sänger und Schauspieler Rain bringt es auf den Punkt. „Ich versuche niemals, andere zu imitieren oder sie zu besiegen. Ich will die eigenen Grenzen kennenlernen und testen!"

DIE WETTKAMPF-PERSÖNLICHKEIT

Dieser Abschnitt, ist den psychischen und mentalen Aspekten eines Anteils der Persönlichkeit gewidmet, die jeder Mensch von Geburt an in sich trägt: den Wettkämpfer, die Wettkämpferin! Manche behaupten, für den Wettkampf nicht geschaffen zu sein. Doch es sind genau diese Merkmale in der Persönlichkeit, die der Menschheit durch alle Wirrnisse der Jahrhunderte hindurch das Überleben sicherten, obwohl sie zu manchen Zeiten auch für verbrecherische Zwecke missbraucht wurden. Wie andere Fähigkeiten und Eigenschaften hat auch die Wettkampfpersönlichkeit zwei Gesichter. Die positive Variante zeigen wir im Streben um unseren Fortbestand in einer wunderschönen, manchmal aber rauen Umwelt. Wir beweisen sie in der sozialen Gruppe und auch als einzelner Mensch. Wir wollen positive Ziele erreichen in einer fairen und von gegenseitigem Respekt und der Rücksicht auf Mitbewerber geprägten Atmosphäre. Die dunkle, negative Seite richten wir gegen uns selbst und unsere Mitmenschen. Sie richtet sich nicht auf positive Ziele, sondern darauf, eine in manchen Menschen ausgeprägte Gier nach immer mehr zu Lasten anderer zu befriedigen. Die positive Persönlichkeit der Wettkämpfer zeigt psychische und mentale Fähigkeiten, die wir als Anlagen in uns tragen und die wir im Leistungssport und in anderen Leistungsbereichen entwickeln und auf positive und konstruktive Weise nutzen. Sie offenbaren die wahre Wettkämpferin, den echten Wettkämpfer in uns.

„Meine größte Herausforderung bin ich selbst!" Das ist ein häufiges Geständnis von Athletinnen und Athleten und Menschen generell. Doch worin besteht diese Herausforderung? Warum ist es so wichtig und zugleich so schwierig, den Kampf, die Auseinandersetzung mit und für sich selbst zu bestehen? Sicher kennen Sie die Aussage: „Ich stehe mir oft selbst im Wege!" Sie provoziert die zweite Frage: „Wobei stehst du dir im Wege?" Ich stehe mir nur dann im Wege, wenn es einen Weg und damit ein Ziel gibt. Die Antworten sind vielfältig: „Erfolg haben, Glück finden, Träume und Ziele verwirklichen, das Leben zu leben, gewinnen, Stärken zeigen, gerade wenn es nötig und zielführend ist!" Fragestellern, die sich nur an Lösungen orientieren, sind die Antworten zu oberflächlich. Sie reichen nicht aus, wenn es um das Erreichen großer Ziele, um das Bewältigen der Wege dahin geht. Wir präzisieren die Fragen: „Wie kannst du deine Vorhaben erfüllen, um die Ziele zu erreichen? Was musst du dafür tun? Welche Gedanken, Gefühle, Emotionen brauchst du? Wie musst du dich verhalten, um deine Visionen zu verwirklichen, das Glück zu finden, dein Leben zu leben, das Beste aus dir herauszuholen und Erfolg zu haben?" Die Beantwortung erfordert intensive Reflexion, bei der auch das Gefühl nicht zu kurz kommt. Die Antworten klären, wonach man sucht: die Persönlichkeitsanteile, die ich hier meine. Sie beschreiben die Wettkämpferin, den Wettkämpfer in uns mit allen Fähigkeiten, Eigenschaften, die dazu da sind, im Wettkampf nicht nur zu bestehen, sondern wirklich erfolgreich zu sein. Es sind Denkgewohnheiten, Emotionen, Verhaltens- und Handlungsweisen des Erfolgs. Wirken sie gemeinsam auf ein Ziel hin, halten wir Wettkämpfe bis zu deren Ende durch. Voraussetzungen für Erfolge, für das Setzen und Erreichen großer Ziele, für die Verwirklichung von Lebensvisionen. Sie sind die Basis dafür, ein Leben nach eigenen Vorstellungen zu leben.

WETTKAMPF ALS PRÜFUNGSSITUATION

Die Anforderungen des Wettkampfs an mentale und psychische Ressourcen sind denen einer Prüfung sehr ähnlich! Trainingsleistungen stehen im Wettkampf auf dem Prüfstand. Die Reaktionen, Aktionen, Leistungen und die Resultate sind die Bewertungen und Feedbacks für meine Wettkampfperformance. Wettkampfangst hat deshalb dieselben mentalen und emotionalen Muster wie Prüfungsangst. Um im Wettkampf zu bestehen, unterwerfe ich mich seinen Regeln. Dazu aktiviere ich Fähigkeiten und Eigenschaften, die es ermöglichen, die Leistung zu zeigen, die ich objektiv beherrsche. Physische, mentale und psychische Tagesverfassung bestimmen die Leistungsqualität. Wettkampf bedeutet, seine Fähigkeiten mit jenen der Konkurrenz zu messen, Hindernisse zu überwinden, das Wissen, Können und Wollen zu beweisen. Wettkampf ist ein Sich-Stellen und Sich-Durchsetzen gegen Widerstände von außen und in sich selbst. Die größte Herausforderung bin immer ich selbst!

Training hat das Ziel, zu lernen und Erlerntes in Geist und Körper zu behalten. Durch unzählige Wiederholungen automatisieren wir die erlernten Fähigkeiten und Eigenschaften und setzen sie unbewusst ein. Lernen und Merken zieht tiefe Spuren im Gehirn. Aus Fähigkeiten und Eigenschaften werden Gewohnheiten und Teile meiner Identität. Ziel ist, mentale, emotionale, körperliche, technische und taktische Fähigkeiten für den Wettkampf so zu vertiefen, dass sie automatisch abgerufen und aktiviert werden können. Wann bin ich reif für den Wettkampf? Der Körper zeigt im Wettkampf das, was in ihm und im Geist stabil verankert ist. Der Körper führt aus, was in der Stresssituation spontan abgerufen wird. Es ist das Handeln und Verhalten, das ich im Training gewohnt bin. Automatisierte Denk- und Verhaltensweisen. Jeder Wettkampf zeigt Stärken und Schwächen auf und bestätigt Trainingsleistungen. Ziel muss es deshalb sein, in jedem Training Bedingungen zu schaffen, die jenen des Wettkampfs sehr ähnlich sind. Und zwar körperlich, mental und psychisch! Dies ist wegen der besonderen Charakteristik des Wettkampfs nicht zu hundert Prozent möglich. Fähigkeiten, die im Training funktionieren, müssen sich erst im Wettkampf beweisen. Gelingt das nicht, fehlt die Stabilität. Sie sind noch nicht wettkampftauglich. Gedanken oder Emotionen, die einer wettkampfreifen Leistung im Wege stehen, sind noch stark verankert. Sie werden aktiv, wenn es hart auf hart geht. Die Wettkampfpersönlichkeit zeigt sich in der Leistung. Hält sie der Berg- und Talfahrt im Wettkampf stand, ist sie stabil genug. Sie hält sowohl geistig wie auch emotional das Gleichgewicht und verfolgt nachdrücklich das gesteckte Ziel. Wer hohe Ziele ins Auge fasst, ist im Training von sich aus bestrebt, psychische und mentale Wettkampfqualitäten zu erarbeiten. Die Trainingsarbeit ist erfolgreich, wenn aus Trainingsweltmeistern echte Wettkampfpersönlichkeiten geworden sind. Körper und Technik liefern das Handwerk, das der Kopf mit seinen mentalen und emotionalen Fähigkeiten zur Wettkampfkunst erhebt.

GLÜCK TRITT EIN, WENN DER VORBEREITETE GEIST AUF DIE PASSENDE GELEGENHEIT TRIFFT = DIE GLÜCKSFORMEL DES SENECA!

Ich wiederhole dieses Zitat des römischen Philosophen Seneca immer gern im Zusammenhang mit Wettkämpfen. Im Leistungssport strapaziert man das Glück besonders häufig wie auch das Pech, das einem an den Fersen zu kleben scheint. Niemandem scheint aufzufallen, wie man sein Glück selbst mit Füßen tritt. Man will nicht wahrhaben, dass es ziemlich simpel ist, Fortuna günstig zu stimmen. Die römische Mythologie kannte sie als Glücksgöttin und als Gebieterin über das Schicksal. Training und Lernen verfolgen das Ziel, Fähigkeiten und Eigenschaften reif für den Wettkampf, die Prüfung, also bereit für den Einsatz im Ernstfall zu machen. Sie sind wettkampffest, wenn wir sie unbewusst aktivieren und intuitiv einsetzen. Wettkampfbereit zu sein ist Kopfsache und Bauchsache. Wettkampf- oder Prüfungsvorbereitung sollen diese Ressourcen aktivieren. Der Fokus der Sinne engt sich darauf ein, was zu tun ist. Mental vorbereitete Sportlerinnen und Sportler lassen sich weniger von Aktivitäten und Gedanken ablenken, die sie auf später verschieben können, weil sie irrelevant für die Leistung im Wettkampf oder bei der Prüfung sind. Wettkampfvorbereitung sammelt die Sinne und richtet sie auf das Wesentliche. „Fokussiere dich auf dich selbst, dein Ziel, statt auf die Gegner und andere Äußerlichkeiten!" Für erfolgreiche Wettkämpfer wir dieser Rat zum ehernen Gesetz.

„Wir haben lange nicht ins Spiel gefunden!" Die Klage weist auf eine mangelnde mental-emotionale Wettkampfvorbereitung hin. Die Fähigkeiten sind vorhanden, wurden aber nicht genügend aktiviert. Sie benötigen eine Anlaufphase, damit sie mental und emotional Wettkampfniveau erreichen. Training ist der Lernvorgang, in dem wir Fähigkeiten ausbilden. Ihrer Aktivierung vor dem Wettkampf widme ich später einen eigenen Abschnitt. Die mentale und emotionale Vorbereitung auf einen Wettkampf dient dem Zweck, Sportlerinnen und Sportler bereit zu machen, vier

Anforderungen erfüllen zu können: richtig denken, richtig handeln, sich richtig verhalten, wettkampffremde Dinge unterlassen.

Mentale Wettkampfvorbereitung aktiviert nicht nur die kognitiven Ressourcen, sondern auch wettkampfbereite Emotionen. Wer sich erst im Wettkampf oder durch dessen Verlauf emotionalisieren muss, verschläft womöglich den Start, verschenkt Zeit und auch Freude. Nicht immer ist die Liebe zum Wettkampf so stark, dass man von Beginn an mit Enthusiasmus und Leidenschaft dabei ist. Zu wenig Schlaf, nur als Beispiel, senkt die Stimmung. Äußere Einflüsse sind nicht immer dazu geeignet, die Laune vor und im Wettkampf zu heben, wenn sie im Minus liegt. Nicht jeder Wettkampf verläuft so, dass das Stimmungsbarometer gleich nach oben schnellt. Oft braucht es eine gewisse Zeit, die Stimmung auf Wettkampfniveau zu schrauben. Daher sagt die Bezeichnung „mentale und emotionale Wettkampfvorbereitung" klar, worum es geht: Neben dem Körper sollen Kopf und Herz auf ein Leistungslevel kommen, das den Anforderungen des Wettkampfs gerecht wird.

Wie funktioniert mentale und emotionale Wettkampfvorbereitung? Was muss ich tun, um Körper, Geist und Seele wettkampfbereit zu machen? Wie ich den Körper auf Wettkampflevel bringe, zählt zum Allgemeinwissen im Spitzensport. Sogar die mentale Vorbereitung findet schon statt. In Ansätzen, aber meist ohne System, auf individuelle Art und Weise. Die folgenden Zeilen beschäftigen sich mit der mental-emotionalen Wettkampfvorbereitung, die den Geist wie auch die Seele, Gedanken, Gefühle und Emotionen auf Wettkampfreife hebt. Einmal darin geübt, nimmt die Vorbereitung einen Zeitraum von etwa 20 Minuten in Anspruch. Eine knappe halbe Stunde strukturierter Einstimmung von Kopf und Herz auf die kommenden Aufgaben und Herausforderungen.

MENTAL-EMOTIONALE WETTKAMPFVORBEREITUNG ALS FRAGE-UND-ANTWORT-SPIEL

„Alle Kunst mag ein Spiel sein, aber sie ist ein ernstes Spiel", befand der Maler und Zeichner Caspar David Friedrich vor 200 Jahren. Die Kunst des Wettkampfes ist ein Spiel, das mit der Seriosität von Leistungssportlern angegangen wird. Ich starte die mental-emotionale Vorbereitung mit der Absicht, meine Sinne auf das bevorstehende Ereignis zu fokussieren und ablenkende Ereignisse auszublenden. Mentale und emotionale Wettkampfvorbereitung ist ein Frage–Antwort-Spiel! Ein mental-emotionales Vor-Spiel, das ins Haupt-Spiel hineinführt und Gedanken wie Emotionen durch vier Fragen einstimmt.

Die erste Frage stellt das WAS? ins Zentrum: „Erfolg haben heißt, zielorientiert sein. Trittst du zu einem Turnier an, willst du es gewinnen. Viele wollen ein, zwei Runden überstehen. Mit dieser Mentalität gewinnst du kein Turnier. Setze dir ein großes Ziel!" Der bisher jüngste Sieger des Tennisturniers von Wimbledon, Boris Becker, verließ den „heiligen" Rasen des Center Courts in London 17-jährig als Sieger. Er beschreibt die Mentalität, mit der er das schaffte, was die meisten Insider damals für unmöglich hielten. Mit zielorientiertem Handeln! Es verlangt ein klares Ziel. Die eindeutige Antwort auf die Frage: „WAS will ich hier erreichen?" Eine klare, positive Ansage statt des oberflächlichen „Mal sehen!" Um die Präzision zu steigern, frage ich noch: „Was will ich nach diesem Wettkampf über meinen Auftritt behaupten können?" Die Antworten fasse ich in ein bis zwei kurze, aber eindeutige Sätze. Sie sind die geistig-emotionalen Wegweiser für den Wettkampf. Sie zeigen ein klares Bild, wie meine mental-emotionale Welt im und nach dem Wettkampf, während und nach der Prüfung aussehen, sich anhören und anfühlen soll. Ich habe ein realistisches Ziel! Wettkampf ist eine Herausforderung, keine Wunscherfüllung. Die Latte meiner Leistungs- oder Handlungsziele lege ich an die obere Grenze der aktuellen Fähigkeiten. Sie ist eine Hürde, die ich mit meinem derzeitigen Leistungsvermögen überspringen kann, die mich weder über- noch unterfordert. Sie drückt aus, was ich aktuell zu leisten imstande bin. WAS will ich nachher sehen, hören, fühlen, empfinden? Das Ziel zeichnet eindeutige Bilder im Kopf. Anschließend setzt sich das Frage-Antwort-Spiel fort mit der nächsten Frage: WARUM? oder WOZU? Warum liegt mir mein Ziel so am Herzen? Dass es mir wichtig ist, steht hoffentlich außer Zweifel! Im Wettkampf will ich dieses starke Verlangen in mir spüren, es unbedingt schaffen zu wollen. Ich präzisiere das „Warum?" noch mit einigen Zusatzfragen. Was ändert sich für mich und mein Umfeld, wenn ich das Ziel erreiche? Welche positiven Folgen wird mein Erfolg haben? Welche Fähigkeiten und Eigenschaften in mir wird er stärken? Welche Gefühle werde ich spüren? Ich versetze mich mental und emotional in die Situation danach, wenn ich mein Ziel erreicht haben werde. Ich stelle mir das Erfolgserlebnis mit allen Sinnen vor. Ich denke an meinen Erfolg. Darin liegt der Wert der Frage „Warum?". Während viele Sportlerinnen und Sportler sich mit Gedanken an die Folgen eines möglichen Scheiterns herumquälen, denken Siegesorientierte in der Dimension des Erfolgs. „Welche Folgen wird mein Erfolg haben?" Ein positiver Gegensatz zu den negativen Gedanken von der Art: „Was wird passieren, wenn ich mein Ziel nicht erreiche? Was ist, wenn ich verliere?" Der Geist stimmt sich auf Erfolg und auf Erfolgsgefühle ein. Diese Fokussierung zeigt Wirkung, wenn man sich später an die Antworten auf das „Warum" in schwierigen Wettkampfsituationen erinnert. Sie wecken Emotionen, eröffnen Auswege, wenn es nicht nach Wunsch läuft. Gedanken drehen sich ins Positive. Ich schaffe ein optimistisches Denk-Level und verdränge das Problemdenken. Schwierigkeiten überwinde ich mit Ruhe, Kreativität und in positiver Stimmung. Manchmal gleicht es einer Kunst, verloren scheinende Wettkämpfe zum eigenen Vorteil zu drehen. Die Kunst des Sieges besteht aus kreativen Gedanken und positiven Emotionen.

Die Antworten auf das „Warum" verstärke ich eventuell durch die Zusatzfrage „Wozu". Man blickt über die Gegenwart hinaus, lenkt Gedanken und Emotionen auf einen Zusatzgewinn, definiert durch das „Wozu". Wozu wird mein Erfolg gut sein? Wozu verhilft er mir? Wozu kann ich ihn brauchen?

Nächster Punkt im Frage-und-Antwort-Spiel vor dem Wettkampf: Ich weiß nun, WAS ich hier will und WARUM ich dieses Ziel habe! Die nächste Frage: WOMIT? Womit will ich, wollen wir das Ziel, das WAS-Ziel schaffen? Schließlich fordert es die Ressourcen bis an die Grenzen. Die Vorstellung eines anspruchsvollen Zieles wirft Samen aus, in dem die Saat von Selbstwert und Selbstvertrauen aufgeht. Selbstbewusstsein ist die Bedingung für Selbstwert und Selbstvertrauen. Dieses Selbstbewusstsein stärke ich durch die Frage „WOMIT". Womit kann ich das Ziel erreichen? Was muss geschehen, damit ich meine Leistungsfähigkeit ausspiele? Welche meiner Fähigkeiten und Eigenschaften will ich ins Spiel einbringen, die meine Leistung bestimmen und mich zum Erfolg führen? Ich vertiefe das Spiel mit den Gedanken und scanne alle Leistungsbereiche durch. Die auf die positiven Ressourcen gerichtete Arbeit stärkt das Selbstbewusstsein. Ich erhalte von mir vor dem Wettkampf genau die richtige Portion an Zuspruch! Ich reflektiere meine Stärken und meine Identität als Sportlerin oder Sportler, als Wettkämpferin oder Wettkämpfer. Positive Emotionen stärken das Gefühl, dass das Ziel für mich hier und jetzt zu schaffen ist. WOMIT will ich mein Ziel erreichen? Welche mentalen, körperlichen, taktischen und technischen Werkzeuge erlauben es mir, dieses Ziel zu wählen? Was erhöht meine Zuversicht, hier Erfolg zu haben? Meine Gedanken kreisen wie der Leitstrahl auf dem Radarschirm eines Fluglotsen. Ich denke an frühere Erfolge, vorhandene Stärken. Highlights der Vergangenheit ziehen am inneren Auge vorbei. Geistige Schubladen öffnen sich. Sie konzentrieren meine Sinne auf Erfolg. Sie bringen den Beweis meiner Stärken. Versuchen Sie es doch mal! Tauchen Sie mental und emotional in die Vergangenheit.

Begeben Sie sich auf die Suche. Frischen Sie das Wissen über sich, ihre Stärken und Fähigkeiten auf. Egal welche Prüfung, welcher Wettkampf oder anderes, wichtiges Ereignis bevorsteht. Sie lassen die Emotionen aus der Vergangenheit erneut zu. Jeder kann auf vergangene Highlights zurückblicken. Sie genießen die positiven Momente, schenken sich diese positiven Gefühle, Emotionen und körperlichen Empfindungen. Sie spüren, wie wertvoll die Frage „WOMIT?" für die positive, zuversichtliche Stimmung und das Gefühl von eigener Stärke ist.

Schließlich folgt der letzte Schritt der mentalen und emotionalen Vorbereitung. Ich weiß, was ich will, warum ich es will, mit welchen Stärken ich es schaffen werde. Jeder Wettkampf, jede Prüfung entwickelt einen besonderen Verlauf. Erfahrene Wettkämpfer wissen, dass man bestimmte äußere Umstände nur bedingt beeinflussen kann. Man kann aber immer Herr der inneren Zustände sein. Meine Gedanken und Emotionen erschaffe ich ganz allein. Dieses Wissen entlastet. Innere Zustände sind verantwortlich, ob und wie ich meine Stärken im Wettkampf zur Geltung bringe. Ich weiß nicht nur, was ich habe und kann! Ich entwickle auch die Vorstellung davon, wie ich meine Fähigkeiten einsetzen will. Deshalb noch die abschließende Frage: WIE will ich meine Stärken einsetzen? Meine Stärken nutzen mir nur, wenn ich weiß, wie ich sie anwenden kann. Ich konzentriere mich auf Situationen, die ich aus Trainings und Wettkämpfen aus der Vergangenheit kenne und die ich erfolgreich bewältigen konnte. Ich erlebe typische positive Aktionen nach. Ich genieße das Gefühl, wie sie zum Erfolg führten. Sind im Wettkampf äußere Umstände nicht ideal, schaffe ich durch den Fokus auf das Gelingen eine Stimmung, die negative Einflüsse ausblendet und die Sinne immunisiert. Positive Stimmung und Gedankenfokus schaffen die Voraussetzungen für einen Flow-Zustand. Geht der Geist ganz in dem auf, was er jetzt tut, ignoriere ich alles um mich herum. Antrainierte Automatismen funktionieren, weil ablenkende Gedanken und negative Emotionen ausbleiben.

Nochmals eine Zusammenfassung der mentalen Wettkampfvorbereitung: Ich begebe mich etwa eine Stunde vor dem Wettkampf an einen ruhigen Ort, an dem ich ungestört meine Gedanken sammeln kann. Dann stelle ich mir in der Reihenfolge die Fragen:

- Was will ich (Ziel)?
- Warum will ich das (Motive)?
- Womit will ich das erreichen (Stärken)?
- Wie schaffe ich das (Vorgehensweise)?

Ich lasse mir vor allem am Anfang, wenn ich noch nicht so versiert in mentaler Wettkampfvorbereitung bin, Zeit für die Antworten. Es ist wichtig, sich genügend Zeit dafür vor dem Wettkampf zu reservieren. Zu einer Wettkampfvorbereitung gehören aber auch Gedanken über die Möglichkeiten, äußere Umstände bedingt zu beeinflussen. Nicht alles davon ist unbeeinflussbar. Ich kann mir manche äußere Bedingung zunutze machen, wenn ich mich vor dem Wettkampf darauf einstelle. Witterung, gegnerisches Verhalten und andere Umstände tragen zum Erfolg bei, wenn ich richtig damit umgehe. Ich wähle mir Personen aus, die mich vor, während und nach dem Wettkampf unterstützen, die mich als Umfeld begleiten sollen. Ich prüfe Geräte und Materialien für den Wettkampf. Ich achte auf meine physische und psychische Ernährung. Erinnern wir uns an die drei Siebe des Sokrates: Was ist wahr, was ist wichtig, was tut mir gut! Nur diese Gedanken lasse ich an mich ran. Abschließend scanne ich achtsam meinen körperlichen, emotionalen und mentalen Zustand. Das mag unmittelbar vor dem Wettkampf als spät erscheinen. Trotzdem ist es vorteilhaft, die Qualität und Menge der körperlichen, geistigen und seelischen Energien zu überprüfen und zu überlegen, wo ich durch gezielte Maßnahmen noch rasch korrigieren will. Dazu bediene ich mich der „magischen Zahl" für den aktuellen Energiezustand. Ich bewerte die drei Dimensionen, Geist, Seele und Körper in einer Skala von 0 (völlig am Boden) bis 9 (optimal). Ich zentriere die Gedanken, ehe Wettkampf oder Training losgehen.

WETTKAMPF ALS NATÜRLICHES ELEMENT DES LEBENS

Denken wir an Wettkampf, denken wir spontan an Leistungssport. Wettkampf ist sein definierendes Element. Training im Leistungssport ist das Vorspiel dazu, das früher oder später in einen Wettbewerb mündet. Ausnahmen sind Sportarten, die ich ausschließlich zur Erhaltung oder Erlangung körperlicher oder psychischer Gesundheit wähle. Natürlich gibt es Wettkämpfe auch in anderen Bereichen des Lebens. In der Kunst, der Kultur, der Politik, in der Wirtschaft, sogar in der Wissenschaft geht es oft darum, der Konkurrenz einen Schritt voraus zu sein. In letzter Zeit lieferten sich Wissenschaftler und andere Experten einen Wettlauf, wer als Erster einen schützenden und nebenwirkungsarmen Impfstoff gegen das Covid-Virus auf den Weltmarkt bringt, der Leben retten und die Auswirkungen der Covid-Pandemie eindämmen hilft. Manche empfinden ihr ganzes Leben als einen Wettkampf. Zum Teil gibt die Natur ihre Regeln vor, zum Teil schaffe ich sie selbst, und zum Teil lasse ich sie mir von anderen diktieren. Nehme ich an einem Wettbewerb teil, akzeptiere ich dessen Regeln und Bedingungen. Für ihr eigenes Dasein haben die meisten Menschen das Ziel, es so zu bewältigen, dass sie am Ende der Tage halbwegs glücklich und zufrieden darauf zurückblicken können. Über Jahrhunderte hinweg empfand die Menschheit Wettkampf als wichtigen Teil der Entwicklung menschlicher Potenziale und sogar als Element der Erziehung. Wettkämpfe hatten ein positives Image. Man erkannt darin die Chance auf Vervollkommnung menschlicher Fähigkeiten und Eigenschaften. Ab dem 20. Jahrhundert gewann im sportlichen Wettkampf immer häufiger das Prinzip von Sieg und Niederlage die Oberhand. Gewinner machen vieles gut und richtig, Verlierern werden die Mängel und Schwächen gnadenlos vor Augen geführt. Nur einer kann gewinnen. Zweite gelten als erste Verlierer. Im Sport tummeln sich daher in unserer Empfindung viel mehr Verlierer als Sieger. Die Zahlen auf dem Ergebnisblatt werden zum Beleg für Erfolg oder Misserfolg. Der olympische Gedanke vom Dabeisein tritt in den Hintergrund. Die eigentliche Bedeutung, die ursprüngliche Philosophie hinter dem Wettkampf, nach der jeder Teilnehmer, jede Teilnehmerin sich als Sieger fühlen kann, wenn er sich richtige Ziele setzt, ging in vielerlei Hinsicht verloren.

DIE PERSÖNLICHKEIT DER WETTKÄMPFERIN, DES WETTKÄMPFERS

*„Wenn ich mich aus dem Starthaus abstoße,
geht alles wie von selbst!"*
Marco Odermatt, schweizerischer Alpin-Skirennläufer

Wettkampf gehört zum Leben. Deshalb ist anzunehmen, dass jeder Mensch von der Natur mit allen Anlagen dafür ausgestattet ist. Daraus formt er, wenn er es will, Fähigkeiten und Eigenschaften, die er im Extremfall zum Überleben braucht. Die Hardware davon sind Körper und Kopf, mit all ihren Organen, Gliedmaßen, Knochen, Bändern, Sehnen usw. als physische Basisausstattung. Was ich daraus mache, liegt an mir selbst. Der wesentlichste Bestandteil dieser Hardware ist das Gehirn. Jede Hardware braucht eine Software, um aus Potenzialen Fähigkeiten zu entwickeln. Sie enthält die geistigen Steuerungselemente. Das sind Programme, zum Teil von der Natur, viel mehr aber vom Leben, durch Erziehung, Erlebnisse und Erfahrungen „programmiert". Sie bestimmen, ob und auf welche Weise der Körper funktioniert, wie ich denke, fühle, mich verhalte und handle. Viele geistig-körperliche Abläufe sind durch äußere und innere Reize bedingt. Die geistigen Programme entstehen im Lauf der Jahre. Der Geist reagiert auf Reize immer auf ähnliche Weise. Geistige Programme passen sich an Umweltanforderungen an und entwickeln sich weiter. Das psychisch-geistige Programm der Wettkämpferin, des Wettkämpfers ist mit einer Software vergleichbar. Es ist alles vorhanden, was ich benötige, um die Wettkämpfe, zu denen mich das Leben herausfordert, zu bestehen: Hardware und Software stehen im ständigen Entwicklungsprozess. Ob dabei Anteile forciert werden, die den Wettkämpfer in mir wachsen lassen, liegt an der Programmierung in den frühen Lebensjahren und auch später. Die Erziehung spielt eine bedeutende Rolle. Wie zeigen sich die physisch-psychisch-mentalen

Anteile des Wettkämpfers oder der Wettkämpferin? Was kann ich tun, um sie zu aktivieren, sie zu stärken und weiterzuentwickeln? Es geht nicht allein um den sportlichen Wettkämpfer. Viele Rollen, die ich täglich erfülle, erfordern zeitweise Denk- und Verhaltensweisen, die die Wettkämpferin, den Wettkämpfer in mir aktivieren. Momente, in denen ich Herausforderungen bewältige und die Zukunft gestalte, um das Bestmögliche für mich und nahestehende Menschen zu schaffen.

DIE ANATOMIE DER GEISTIG-EMOTIONALEN WETTKAMPFPERSÖNLICHKEIT

*„Wettkämpfer suchen den Wettkampf!
Sie wissen, dass er sie stärker macht."*
Andrew Withworth, American-Football-Spieler

Ein Hauptargument, das den Wert des Wettkampfs für das Leben hervorhebt: Er fördert individuelle Stärken und deckt Schwächen als bisher unterentwickelte Potenziale auf. Schonungslos, ohne Augenzwinkern, ehrlich! Wettkämpfe und andere Prüfungssituationen geben ein zuverlässiges Feedback über den Zustand der Leistungsfähigkeit. Wer bereit ist, dieses Feedback anzunehmen und es zu verstehen, profitiert davon mehr als von den Massen an guten Ratschlägen. Der Wettkampf enthüllt den Ausbildungsstand der Wettkämpferpersönlichkeit. Er fordert sie heraus, entwickelt sie weiter. Wie man Schwimmen im Wasser erlernt, Radfahren auf dem Rad, so entwickelt sich der Wettkämpfer durch Wettkämpfe. Intensives Training kann die Bedingungen des Wettkampfs zwar simulieren, aber die echten Anforderungen stellt nur der Wettkampf selbst. Nur im Wettkampf treten die Fähigkeiten und Eigenschaften zutage, die die Wettkampfpersönlichkeit ausdrücken. Im normalen Alltag bewegt man sich in einer mentalen, emotionalen und körperlichen Komfortzone. Wettkampfkompetenzen benötige ich kaum. Höchstens dann, wenn mich eine Situation dazu herausfordert. Dann wecke ich sie intuitiv, um Probleme zu lösen, Hindernisse zu überwinden, Situationen zu bereinigen. Würde ich diesen Anteil ohne Grund aktivieren, würde mein Umfeld verständnislos reagieren. Im Umgang mit Menschen sind soziale Kompetenzen gefragt. In Wettkampfsituationen, wenn Denken, Fühlen und Verhalten zu den entscheidenden Ressourcen im Hinblick auf den Erfolg werden, mobilisiere ich die mentalen und emotionalen Instrumente des Wettkämpfers in mir.

Welche Merkmale prägen denn die Persönlichkeit erfolgreicher Wettkämpfer und Wettkämpferinnen? Welche Gedanken liegen ihnen zugrunde? Welches Verhalten zeigt sich? Ajith Kumar, indischer Autorennfahrer und Schauspieler, erteilt dem Konkurrenzverhalten als Merkmal erfolgreicher Wettkämpfer eine Absage: „Ich fühle mich nie als Konkurrent. Ich will einfach produktiv sein!" Wettkampf als Akt der Verwirklichung seiner selbst. Wettkampf erfordert kein Verhalten, das sich gegen jemanden richtet. Es ist vielmehr ein kreativer Akt, der ein Ergebnis anstrebt und im Gegenzug Leistung anbietet. Dieses Denken zeichnet Champions aus. Welche mental-emotionalen Fähigkeiten die Leistung ermöglichen, sehen wir uns nun im Einzelnen an.

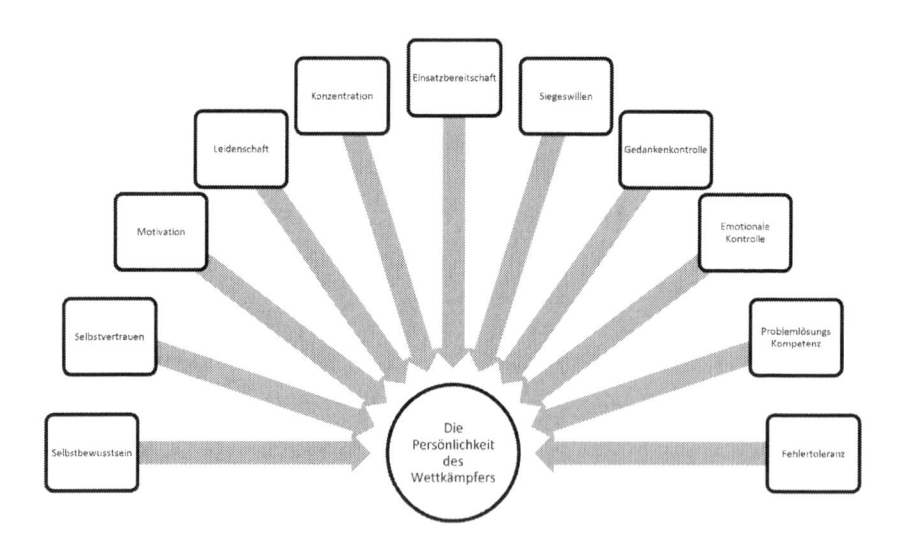

Abbildung 10: Die Anatomie der Wettkampfpersönlichkeit im Überblick

Die grafische Darstellung der Wettkampfpersönlichkeit zeigt, dass jeder Mensch bewusst oder unbewusst Elemente des Wettkämpfers mobilisiert und einsetzt, um schwierige Lebensphasen und anspruchsvolle Situationen zu bewältigen. Man setzt sich ein positives Ziel, fasst es in Worte und fokussiert alle Sinne darauf. Es versetzt mich in Aufbruchsstimmung, sammelt und aktiviert Energien und passt das Denken und Verhalten dem Vorhaben an. Erreichen Gedanken, Emotionen, Handlungen und Verhaltensweisen das Niveau der Zielanforderungen, öffnet sich die Chance, es zu erreichen. Es sind die Voraussetzungen für Erfolg: Man passt die physischen, mentalen und emotionalen Ressourcen dem Ziel an. Solange das nicht geschieht, bleibt es außer Reichweite.

Befassen wir uns nun ausführlich mit den einzelnen Faktoren der Persönlichkeit des Wettkämpfers. Nochmals zu Erinnerung: Jeder Anteil ist in jedem von uns als Anlage vorhanden und somit entwickelbar! Sind die Verhaltens- und Denkweisen trainiert und zur Gewohnheit geworden, setze ich sie automatisch ein, wenn es eine Situation erfordert. Basis dafür ist wieder das Selbstbewusstsein als Wissen, für mein Ziel gerüstet zu sein!

SELBSTBEWUSSTSEIN IM WETTKAMPF

„Wettkampf ist der Blick in den Spiegel der Realität. Er zeigt dein wahres Ich statt des Ichs, das du dir einbildest oder andere dir einreden wollen!"

Selbstbewusstsein ist das Ergebnis seriöser, konsequenter Selbstreflexion. Will ich erfolgreich im Wettkampf sein, befassen sich Gedanken und Gefühle mit der Qualität meiner Emotionen und Verhalten in den entscheidenden Momenten des Wettkampfs. Die Ergebnisse der Beobachtungen bestimmen die Trainingsinhalte. Wertfreie Selbstreflexion ist eine Bedingung, um Ziele zu erreichen. Der mentale und psychische Zustand im Wettkampf braucht einerseits Stabilität, andererseits auch Flexibilität. Gedanken und Verhalten müssen sich wechselnden Umständen rasch und exakt anpassen. Zielgerechte, schnelle Aktionen und Reaktionen sind begleitet von Gelassenheit und Ruhe, weil es der Wettkampfverlauf so erfordert. Jeder Wettkampf bietet Zeitfenster, die ich für eine kurze, aber gezielte Reflexion nutzen kann. Mein Handeln und Verhalten bieten die Chance für ein blitzschnelles Resümee. Was lief und läuft zielgerecht? Was ist zu ändern? Welche Veränderung ist nötig? Was funktioniert wie geplant? Welchen Stärken verdanke ich das? Wie kann ich sie weiter forcieren? Was kann ich zusätzlich aktivieren? Was muss ich reduzieren oder unterlassen? Fragen führen zu Antworten und ermöglichen mir präzise Reaktionen auf aktuelle Umstände. Denken, Handeln, Verhalten passen sich den Gegebenheiten an. Im Teamsport haben selbstbewusste Athletinnen und Athleten Führungsrollen inne. Sie sind bereit und fähig zu reflektieren, und sie bewahren auch in der größten Hitze des Gefechtes den Überblick. Sie helfen den anderen Teammitgliedern mit Ratschlägen und Anweisungen und erhöhen so die Effizienz des Teams.

Selbstbewusstheit im Wettkampf schließt Lernbereitschaft mit ein, um mehr über sich zu erfahren, die Erfahrungen einzuordnen und zu verarbeiten. Es bedeutet, wachsam sein für das, was im Moment geschieht und auf der Basis gewonnenen Wissens richtige Schlüsse zu ziehen, danach zu agieren und zu reagieren. Die ehemalige italienische Tennisspielerin und Grand-Slam-Siegerin von Paris im Jahr 2010, Francesca Schiavone, resümierte nach einem erfolgreich beendeten Spiel: „Meine Gegnerin spielte plötzlich immer stärker. Ich überlegte: Wenn sie so weiterspielt, werde ich mich auch steigern müssen. Besiegt sie mich trotzdem, ist es okay. Ich dachte nicht daran, das Match zu verlieren. Ich fokussierte mich auf jede Aktion und dachte weder an die Zukunft noch an die Vergangenheit." Nick Heidfeld, der ehemalige deutsche Formel-1-Pilot, schwärmt vom enormen Selbstbewusstsein seines großen Rennfahr-Kollegen und 7-fachen Weltmeisters Michael Schumacher: „Er konnte sich auf jede Situation einstellen und das Beste aus ihr machen. Darum ist er siebenmal Champion geworden." Sich auf äußere Umstände einzustellen und zu erkennen, wie man reagieren muss, um sein Ziel zu erreichen, erfordert die exakte Kenntnis eigener Fähigkeiten und das Wissen um die Gesetze des Wettbewerbs. Einer der Gründe, warum Weltmeister ganz oben stehen, ist ihr Selbstbewusstsein in den Wettkämpfen. Nach dem holprigen Start von Fußball-Rekordmeister Bayern München in die Saison 2007/2008 mahnte der damalige Bundestrainer Joachim Löw zu Geduld: „Das Team muss sich erst einspielen und harmonisieren. Viele Abläufe sind zu automatisieren!" Abläufe, die Spieler und ihr sportliches Umfeld beobachten und reflektieren. Sie ziehen daraus Erkenntnisse und erarbeiten Automatismen, die der Gewinn des Meistertitels als Leistungen voraussetzt. Einer der erfolgreichsten Tennisspieler aller Zeiten, der Schweizer Roger Federer, bezeichnete sich nach einem seiner frühen Erfolge als Instinkt-Spieler. „Deshalb brauche ich nur kleine Tipps von einer guten Betreuung." Tipps, die der 20-fache Grand-Slam-Sieger in sein reichhaltiges Wissen einordnete und die Instinkte verfeinerte. Die Konkurrenten bewunderten, wenn er in entscheidenden Matchphasen zur Topform auflief und sein Selbstbewusstsein demonstrierte. Selbstbewusstsein ist Wissen über sich selbst und das, was man tut. „Den Schwimmern fehlen Strategien, wie sie mit sich umgehen und sich verhalten sollten, wenn sie Druck spüren", diagnostizierte der norwegische Schwimmtrainer Örjan Madsen in den Diensten des deutschen Schwimmverbandes. Er spielte auf das unzureichende Selbstbewusstsein seiner Schützlinge im Wettkampf an. Der frühere Fußball-Welt-Torhüter und langjährige Keeper von Bayern München, Oliver Kahn, sagte in einem Interview: „Es gibt innere Voraussetzungen, die ein Wettkämpfer haben muss, weil nur diese ihn erfolgreich machen. Dazu zählt die innere Einstellung!" Kahn meinte damit wohl nicht nur die Einstellung zum Sport als Job, sondern auch die Einstellung zu sich selbst als Sportlerin, als Sportler. Wer angesichts großer Herausforderungen den Kontakt zu sich selbst, seiner Vision, seinem Ziel verliert, weil sich Probleme in den Weg stellen, vergisst die Selbstverantwortung, die für starke Wettkämpfer ein Mittel zum Erfolg ist. Nur ich selbst kann die aktuelle Situation verändern. Sogar in aussichtsloser Lage finden Menschen mit starkem Selbstbewusstsein die Mittel und Wege, das relativ Beste für sich herauszuholen, wenn andere längst resignieren. „Ich liebe die Match-Situationen, in denen es um viel geht. Dann ist der Moment gekommen, in dem ich meinen Charakter zeigen kann", beschrieb die fünffache russische Tennis-Grand-Slam-Siegerin Maria Scharapowa ihre Wettkampf-Einstellung. Selbstverständnis verleiht die innere Kraft und bewahrt die Stabilität, um auch in den Stürmen eines Wettkampfes auf höchstem Level zu bestehen.

Es gibt zahllose Beispiele, wie Sportlerinnen und Sportler, aber auch Menschen im normalen Alltag ihr Leben bewältigen, Hindernisse und Probleme in Angriff nehmen. Sie wissen, was sie wollen, was sie können und wie sie ihre Ziele erreichen. Sie wissen, warum sie etwas wollen. Ihr Selbstbewusstsein lässt sie nicht im Stich, wenn andere das Handtuch werfen und sich von ursprünglichen Träumen und Zielen abwenden.

10 Fragen, mit denen ich mein Selbstbewusstsein im Wettkampf teste

1. Kenne ich meine Stärken und Wertvorstellungen so genau, dass ich sie auch in herausfordernden Situationen abrufen kann?
2. Ist mir in jedem Moment bewusst, worum es mir im Wettkampf geht?
3. Drehen sich meine Gedanken im Wettkampf in erster Linie darum, wie ich meine Ziele mit meinen Fähigkeiten und Eigenschaften erreichen kann?
4. Weiß ich in jeder Phase eines Wettkampfes genau, was ich will? Suche ich in problematischen Situationen gezielt nach Möglichkeiten, auftretende Probleme mit meinen Fähigkeiten und Stärken zu bewältigen?
5. Erinnere ich mich selbst in entscheidenden Phasen mit Worten und Gesten daran, was ich hier schaffen will und womit ich es erreichen kann?
6. Drückt meine Körpersprache klar aus, dass ich weiß, was ich will, was ich kann und warum ich mein Ziel unbedingt erreichen will?
7. Fokussiere ich meine Sinne und meine Handlungen stets auf Lösungen statt auf Probleme?
8. Lenke ich in schwierigen Situationen meine ganze Energie wie einen Laserstrahl auf Auswege, statt mich von Unwichtigem und Belastendem ablenken zu lassen?
9. Behalte ich trotz Schwierigkeiten eine positive innere Einstellung zu mir selbst, zur Aufgabe und zum Ziel?
10. Drückt mein Verhalten Ruhe und Überblick aus, statt sich in hektischem Handeln und in nebensächlichen Einzelheiten zu verlieren?

Beobachten Sie sich selbst in Wettkampfsituationen. Seien Sie ehrlich! Bleiben Sie wertschätzend, auch wenn Ihnen manche Antworten auf die zehn Fragen nicht gefallen. Holen Sie das Feedback einer Vertrauensperson ein, die Sie im Wettkampf beobachtet. Die Summe aus beiden Wahrnehmungen ergibt zwei Bilder. Ihre Innenansicht, wie sie selbst sich empfinden und die Sichtweise einer vertrauten Person, die Ihnen eine wertfreie Rückmeldung gibt, wie Sie nach außen wirken. Vergleichen Sie beide Ergebnisse mit den zehn Fragen. Erkennen Sie noch ungenutzte Potenziale in Bezug auf Ihr Selbstbewusstsein? Wo wollen Sie ansetzen, um positive Veränderungen zu bewirken?

Übungen, die das Selbstbewusstsein im Wettkampf und für andere herausfordernde Aufgaben stärken

- **Selbstbewusstsein aus bewusster Reflexion der Wettkämpfe**

Ich analysiere die Wettkämpfe und schenke dabei auch scheinbar kleinen Details Beachtung! Hinter Aktionen, die mir womöglich gar nicht bewusst sind, verbergen sich Stärken. Sie geben wertvolle Aufschlüsse und bieten Unterstützung, wenn es um die berühmte „Wurst" geht. Ich starte meine Analyse mit etwas zeitlichem Abstand zum Wettkampf. Meine Emotionen brauchen ihre Zeit zum Abklingen. Nur ein ruhiger Kopf bietet klare Sicht. Ich erinnere mich an starke Wettkampfszenen. Es gibt sie, auch wenn ich danach manchmal mit der Lupe suchen muss! Ich erlebe diese positiven Momente mental und emotional nochmals nach. Was fällt mir auf? Welche meiner Eigenschaften und Fähigkeiten waren dafür verantwortlich, dass ich die Aktionen setzen konnte? Ich notiere mir meine Erfolgsinstrumente und suche weiter nach positiven Erinnerungen. Ich benutze immer dasselbe Schema der Analyse und merke mir Einzelheiten. Ich lese meine Notizen, vergleiche sie mit Wettkampf-Highlights früherer Wettkämpfe. Erkenne ich Trends?

Zeigen sich Stärken im mentalen, taktischen, körperlichen oder technischen Bereich? Ich notiere Parallelen, die ich entdecke. Sie sind mentale und emotionale Reserven, an die ich mich erinnere, wenn ich es brauche. In stillen Momenten reflektiere ich darüber. Abends vor wichtigen Wettkämpfen ist ein idealer Zeitpunkt, Ein Gefühl von Stärke kommt auf. Selbstbewusstsein wächst durch mentales Auffrischen starker Erlebnisse.

- **Mentale Wettkampfvorbereitung als Richtschnur für die Gedanken im Wettkampf**

Wie waren noch die Details mentaler Wettkampfvorbereitung? Sind sie mir mittlerweile in Fleisch und Blut übergegangen? Mentale Vorbereitung gibt das geistige Schema vor für die Analyse danach. Ich erinnere mich danach wieder an meine Antworten auf die vier Fragen: Was will ich hier schaffen? Warum oder wozu will ich das? Womit werde ich das erreichen? Wie werde ich meine Stärken einsetzen? Im Idealfall habe ich die Antworten notiert. Befasse ich mich im Wettkampf mit Nebensächlichkeiten, verlasse ich den mentalen und emotionalen Pfad durch den Wettkampf. Ich stoppe bewusst den abschweifenden Gedankenfluss und rufe den Geist zur Ordnung. Ich lese meine Notizen aus der Wettkampfvorbereitung durch oder rufe sie mir in Erinnerung! Sie sind eine Auffrischung des Selbstbewusstseins, wenn es im Wettkampf kompliziert wird.

- **Mein eigener Coach oder noch besser: mein bester Freund sein**

Kein ernstzunehmender Wettkampf verläuft ohne Probleme! Der erste Reflex, dem ich nachgebe: darüber ärgern, dass es nicht so läuft, wie ich es mir vorstelle. Reagiert eine Mitspielerin oder ein Mitspieler in meinem Team so, bin ich gleich mit wertvollen Tipps zur Stelle. „Ruhig bleiben, sich auf Wesentliches konzentrieren." Wenn ich selbst im emotionalen Morast stecke, fehlt mir jegliche Phantasie. Ärger über mich oder den Verlauf des Wettkampfs ist meine Reaktion. Daher überlege ich: Was würde ich der Freundin, dem Freund, einem Mitspieler raten, damit sie/er möglichst unbeschadet durch die Situation kommt und das Ziel des Wettkampfs weiterverfolgen kann? Welche Worte würde ich benutzen? Instinktiv greift jeder auf den Wortschatz zurück, der bei einem selbst die positive Wirkung auslöst. Daraus bediene ich mich nun, als mein Ratgeber, mein Coach.

- **Wettkampfprobleme aus anderer Sicht betrachten**

Sogar routinierte Sportlerinnen und Sportler sind trotz reicher Erfahrung im Wettkampf manchmal ratlos. Sie resignieren aber nicht oder ärgern sich zu heftig. Sie empfinden solche Situationen als Herausforderung, als Test ihrer Stärken und Wertehaltungen. Was verlangt die Situation von mir? Welchem Test unterzieht sie mich? Welche Fähigkeiten, emotional, mental, körperlich, taktisch oder technisch stehen hier auf dem Prüfstand? Sie nutzen Sekunden, um sich mental und emotional auf den Boden der Realität zu holen. Natürlich erfordert diese Vorgangsweise Erfahrung. Sie stammt aus bewusst gelebten Wettkämpfen der Vergangenheit. Daraus beziehen sie Selbstbewusstsein, das ihnen bei der Bewältigung künftiger Aufgaben nützlich ist. Sie wissen, dass sie derartige Probleme schon mal durchlebt und bewältigt haben.

- **Probleme und Fehler als Lehrmeister betrachten**

„Mach keinen Fehler! Sei perfekt!" Forderungen, meist an Jugendliche und sogar an Kinder gerichtet, aber auch an Erwachsene im Berufsleben! Viele empfinden Fehler als Makel. Man sollte sie im Wettkampf vermeiden! Eine derartige Einstellung unterdrückt die wertvollste Funktion, den größten Mehrwert, den Fehler haben: Sie zeigen, was NOCH NICHT funktioniert, wie man dem Ziel NOCH NICHT näherkommt. Sie legen offen, woran noch zu arbeiten ist, was noch zu lernen ist, um dem Ziel näherzukommen. Fehler zu vermeiden ist Selbsttäuschung! Wer sie vermeiden will, fürchtet das Verlassen der Komfortzone und misstraut den eigenen Stärken. Angst blockiert aber jede Weiterentwicklung. Wer seine Grenzen nicht auslotet, wächst nicht! Fehler sollen zum Nachdenken anregen. Als Lohn winkt die Selbsterkenntnis. Reflexion ist die Basis für das Selbstbewusstsein! Die Änderung der Einstellung zu Fehlern ist Voraussetzung, um sowohl das Selbstbewusstsein zu stärken als auch Vertrauen in die eigenen Potenziale zu wecken. Ich erkenne jene Bereiche, in denen noch Wachstum möglich und nötig ist. Fehler sind großartige Lehrmeister. Ich gebe ihnen einen anderen Namen, um ihnen den negativen Ruf zu nehmen. Gibt es ein Synonym? Welchen positiven Ausdruck finde ich für Fehler? Welche Bedeutung haben Fehler für mich? Welchen Nutzen halten sie für mich bereit? Was sagen mir meine häufigsten Fehler? Kritisiere ich Fehler nicht, verstehe ich sie nicht als Schande, erkenne ich dafür ihren wahren Wert. Der Weg zum unverkrampften Umgang damit wird frei. Champions sehen in Fehlern sogar Geschenke, die Wegweiser zu ihren Zielen sein können.

SELBSTVERTRAUEN, MUT UND RISIKOBEREITSCHAFT IM WETTKAMPF

„Vertraue ich meinen Fähigkeiten, finde ich den Spaß und die Freude an dem, was ich tue. Habe ich Spaß und Freude, schaffe ich außergewöhnliche Ziele!"

Die wichtigste Quelle für Selbstvertrauen ist die Selbsterfahrung, dass meine Fähigkeiten und Eigenschaften sich dafür eignen, meine Ziele zu erreichen. Der amerikanische Psychologe Albert Bandura bezeichnet Selbstvertrauen auch als Selbstwirksamkeitsgefühl. Es begründet die Überzeugung, dass man einen Weg, eine Herausforderung, eine Aufgabe oder eine schwierige Situation mit eigenen Fähigkeiten und Eigenschaften bewältigen kann. Menschen mit Selbstvertrauen rufen ihre Leistung ab und steigern sie, wenn es darauf ankommt. Die Erfahrung, das Erlebnis, dass eine Fähigkeit einsetzbar ist und sogar zum Erfolg führt, ist die stärkste Quelle für das Selbstvertrauen. „Harte Matches formen den Charakter. Selbst wenn es nicht optimal läuft, glaube ich immer an mich", erklärte die 7-fache Grand-Slam-Siegerin im Tennis, Venus Williams. Wie alle Champions erntet sie ihr Selbstwirksamkeitsgefühl aus der Auseinandersetzung mit der Konkurrenz und der Erfahrung, niemals aufzugeben, für ihren Erfolg alles zu geben, wozu sie imstande ist. Auch die ehemalige kroatische Tennisgröße Ivan Ljubicic wusste, woher er das Vertrauen in seine Fähigkeiten gewinnen konnte: „Ich gehöre zu den Besten der Welt. Jeder erwartet, dass ich vorne mitspiele. Darum stecke ich mir hohe Ziele und hole mir aus meinen Erfolgen Selbstvertrauen!"

Erfolgserlebnisse von Kolleginnen und Kollegen, mit denen man sich auf gleicher Leistungshöhe fühlt, geben dem eigenen Selbstvertrauen ebenfalls einen Push. Der französische Tennisprofi Jo Wilfried Tsonga meinte dazu sinngemäß: „Egal, ob mein Gegner Federer, Nadal oder Djokovic heißt, er hat auch nur zwei Arme und Hände, zwei Beine und Füße, so wie ich!" Das bedeutet: Ich habe dieselben anatomischen Voraussetzungen, ich trainiere auch wie ein Vollprofi, also sind mir ähnliche Erfolge möglich, wie sie die drei Größten des Tennis der letzten zwanzig Jahre schaffen. Christina Obergföll, deutsche Weltmeisterin im Speerwurf von 2013 in Moskau, zeigte ihre Einstellung zum Wettkampf und zu ihren Fähigkeiten schon einige Jahre vor ihrem größten Triumph: „Ich kenne niemanden, den ich nicht besiegen kann. Ich fühle mich stark!"

Natürlich sind auch Aussagen und Verhaltensweisen der Menschen im Umfeld vor allem für junge Menschen eine Quelle des Selbstvertrauens. Umgekehrt können sie die Ursache dafür sein, wenn das Grundvertrauen in sich fehlt. Menschen, die die Aufmerksamkeit des Publikums genießen, haben Vertrauen in ihre eigenen Stärken. Sabine Lisicki, deutsche Wimbledon-Finalistin 2013, sagte am Höhepunkt ihrer Karriere: „Ich genieße es, im Mittelpunkt zu stehen! In diesem Job brauchst du Aufmerksamkeit! Fürchtest du dich davor, fange lieber gar nicht damit an!" Ähnlich äußerte sich ihre Kollegin Marina Müller bei einem Turnier in Berlin: „Ich genieße hier das Interesse des Publikums. Das fehlt oft bei anderen Turnieren!" Schließlich bestimmen Emotionen, ob man mit Selbstvertrauen einen Wettkampf oder eine vergleichbare Leistungsaufgabe in Angriff nimmt. Selbstvertrauen hat Folgen für das Denken, Fühlen und Verhalten. Je größer es ist, desto höher werden Qualität und Konstanz der Leistungen. Das Niveau der Anspannung ist niedriger im Vergleich zu Menschen, die mit einem geringen Selbstvertrauen an ihre Aufgaben herangehen. Zweifel sind die Gegenspieler des Selbstvertrauens. Sie verstummen nie ganz, ziehen sich aber zurück, je stärker das Selbstvertrauen ist. Die Bereitschaft und der Mut, sich auf neue, schwierige Aufgaben und Herausforderungen einzulassen, ist größer als bei Menschen mit wenig Selbstvertrauen. Es erfordert eine gehörige Portion Courage, sich nicht nur im Training, sondern auch im

Wettkampf bis an die Grenzen seiner Leistungsfähigkeit zu wagen und Fehler zu riskieren. Die Motivation, eigene Stärken zu erkennen, sie bis an ihr Limit auszureizen, wächst mit der Stabilität des Selbstvertrauens.

Selbstvertrauen verändert auch die grundsätzliche Einstellung zu Fehlern. Die Basketball-Legende Michael „Air" Jordan erkannte in seinen schwersten Fehlern auch seine Lehrmeister und machte sie zu Quellen seines Selbstvertrauens: „Im Laufe meiner Karriere habe ich über 9000 Würfe verfehlt, 300 Spiele verloren und in 26 entscheidenden Momenten den Ball nicht im Korb versenkt. Ich habe in meinem Leben viele Misserfolge erfahren. Sie sind der Grund, warum ich am Ende erfolgreich wurde!" Sportlerinnen und Sportler mit Selbstvertrauen haben einen positiven mental-emotionalen Zugang zu Herausforderungen generell. Sie erobern neue sportliche Dimensionen, testen ihre Fähigkeiten und Eigenschaften bis an die Grenzen.

Der Tübinger Sportpsychologe Professor Dr. Oliver Höner beschreibt die Folgen von Selbstvertrauen und Selbstzweifeln wie folgt: „Ein Sieg gibt Selbstvertrauen. Man wird sich seiner eigenen Fähigkeiten bewusst. Man kann Rückschläge besser wegstecken. Dadurch entsteht ein ‚Lauf'. Ein ‚Anti-Lauf' stellt sich ein, wenn das Zutrauen in sich selbst gering ist. Passiert Negatives, ist man in seinen Zweifeln bestätigt, die Spirale nach unten dreht sich weiter und schneller." Timo Boll, der mehrfache deutsche Tischtennismeister und ehemalige Nummer eins der Weltrangliste, bringt es auf den Punkt: „Ich muss selbst überzeugt sein, dass ich gut gespielt habe!" Selbstüberzeugung ist eine Möglichkeit, Selbstvertrauen nach Wettkämpfen aufzubauen. Selbst angesichts von Niederlagen stärkt der richtige mentale Umgang mit ihnen die Selbstwirksamkeitserwartung.

Fragen zum Thema Selbstvertrauen im Wettkampf

1. Glaube ich in anspruchsvollen Momenten an die Wirksamkeit meiner Fähigkeiten und Eigenschaften?
2. Bin ich bereit, auch mal kontrolliert riskante Aktionen zu setzen, weil ich etwas unbedingt will?
3. Bin ich davon überzeugt, anspruchsvolle Ziele erreichen zu können, wenn ich meine Potenziale entwickle und meine Fähigkeiten einsetze?
4. Bin ich dankbar für meine Fähigkeiten und Talente, weil ich deren Wert erkenne und begegne ich ihnen mit Selbstachtung?
5. Agiere ich gerade in herausfordernden Situationen mit innerer Überzeugung?
6. Kann ich meine Stärken und Talente spontan aufzählen und kommuniziere ich positiv mit mir selbst?
7. Erlebe ich gelungene Aktionen bewusst und freue mich wahrnehmbar darüber?
8. Übe ich Selbstkritik immer konstruktiv und aufbauend?
9. Gehe ich meinen Weg, ohne meine Entwicklung stets mit den Leistungen anderer zu vergleichen?
10. Habe ich ein Umfeld, das an mich glaubt und es auch mit Worten und Gesten ausdrückt? Lasse ich nur Äußerungen anderer an mich heran, die mich stärken und positiv beeinflussen?

Prüfen Sie Ihr Selbstvertrauen, Ihren Mut und Ihre kalkulierte Risikobereitschaft in herausfordernden Situationen. Seien Sie ehrlich und wertschätzend, wenn Sie die Ergebnisse Ihrer Beobachtungen reflektieren. Holen Sie, wenn möglich, auch das Feedback einer Vertrauensperson ein, die Ihr Verhalten, Ihre Ausstrahlung beobachtet hat. Die Resultate beider Beobachtungen liefern Ihnen ein Bild, das Ihrer Innenansicht entspricht und die Sichtweise des vertrauten Menschen, der Ihnen mitteilt, welche Eindrücke Sie bei Zusehern hinterlassen. Sie vergleichen die Resultate beider Beobachtungen wieder mit den zehn Fragen. Erkennen Sie ungenutzte Potenziale in Bezug auf Selbstvertrauen, Mut und Risikobereitschaft?

Übungen zur Stärkung von Selbstvertrauen, Risikobereitschaft und Mut im Wettkampf und bei anderen anspruchsvollen Aufgaben

- **Exzellente Momente bewusst erleben und mitnehmen**

Erzählen Menschen aus ihrem Leben, geben sie Erfolgsstorys in der Regel viel Raum. Das geht manchmal sogar so weit, dass Tatsachen und Fiktion sich miteinander vermischen und Highlights zeitlich gedehnt werden. Situationen, in denen man nach eigenem Gefühl unglücklich agierte, haben in der Erinnerung weniger Bedeutung. Ein natürliches Verhalten, das ich zu einer mentalen Übung nutze. Ich blicke zurück auf vergangene Wettkämpfe und durchlebe positive Aktionen und Erlebnisse im Geiste. Das Selbstvertrauen bekommt neue Nahrung. Wir sollten positive Momente bewusst erleben und die Emotionen zulassen. Ich nehme sie mit allen Sinnen wahr und freue mich. Emotionale Momente hinterlassen im Gedächtnis tiefe Spuren. Leider gilt das ebenso für negative emotionale Erfahrungen. Wir sollten gelungene Momente des Lebens bewusster erleben und sie genießen. Ich wähle drei Erlebnisse aus der Vergangenheit, die mich bis in die Gegenwart mit Stolz erfüllen. Ich suche davon jenes aus, das mich emotional besonders berührt. Ich begebe mich mit allen Sinnen in die vergangenen Geschehnisse. War ich damals mutig? Agierte ich voll Selbstvertrauen? Worauf vertraute ich besonders? Riskierte ich etwas, das sich am Ende lohnte? Kann ich alle Fragen bejahen, kopple ich sie mental mit einem Wort, einem Laut, einer Geste, typisch zur erlebten Situation. Dazu setze ich einen körperlichen Anker. Er hilft mir, in künftigen Situationen, in denen ich Selbstvertrauen, Mut, Risikobereitschaft brauche, diese Fähigkeiten zu aktivieren. Den Anker festige ich mental durch tägliche Wiederholung und

Koppelung mit dem physischen Reiz. Ich wiederhole das Wort, den Laut, die Geste und spüre nach, ob mir das Koppeln mit Gefühlen und Emotionen aus der Vergangenheit gelingt. Stehe ich vor einer Aufgabe, die Selbstvertrauen und Mut herausfordert, hole ich sie mental in die Gegenwart. Ich setze den physischen Anker und prüfe dessen Wirkung. Ich erlebe mental, wie ich voll Vertrauen in meine Fähigkeiten und mutig agiere. Bei jeder Mentalübung ist es wichtig, jedes Mal, wenn ich an die künftige Aufgabe denke, den Anker zu setzen und die mentalen Spuren zu vertiefen.

- **Mental die Stärken forcieren statt die Schwächen hervorzuheben**

Menschen beklagen Probleme. Sie suchen keine Lösungen, sondern bedauern sich und ihre negativen Erlebnisse, die sie immer wieder in allen Einzelheiten durchleben. Als Mentalcoach erfahre ich, dass Leute vermeintliche Schwächen fast lustvoll vor sich hertragen. Frage ich sie, welche Lösung sie sich dafür vorstellen, blicke ich meistens in überraschte, ratlose Gesichter. Sie sind geistig und emotional so mit der Schilderung ihrer Probleme beschäftigt, dass sie den möglichen Lösungsweg geistig verschütten. Nur wer in Lösungen denkt, findet Auswege. Damit haben viele Menschen ihre Not. Ihre Stärken liegen gut sortiert bereit, werden aber mental nicht aktiviert. Von ihrem Selbstvertrauen, Mut und ihrer Risikobereitschaft sprechen sie ungern, lieber über Zweifel, Unsicherheit und Zögern. Jeder Mensch erlebt Momente, in denen er spontan seine Stärken einsetzt, die er braucht. Jeder hat sie! Viele packen sie aber nur in höchster Not aus. Sie sind aus der Übung damit. In Lösungen zu denken, aktiviert die Stärken mental und emotional. Ich gebe meinen Lösungsressourcen eine eigene Persönlichkeit. „Wie sah damals der oder die Mutige in mir aus? Welche Aktionen setzte er/sie? Welche Sprache benutzte er/sie? Welche Emotionen zeigte er/sie? Wie verhielt er/sie sich? Worauf konzentrierte er/sie die Sinne?" Stärken Persönlichkeit verleihen, löst Emotionen aus.

Manche Menschen erleben das Wiederfinden einer Stärke wie ein Wiedersehen mit einem Freund, den man lange nicht gesehen hat und an den man sich jetzt wieder erinnert.

- **Die Einstellung zu sich selbst überprüfen**

Haben Sie sich schon mal selbst zugehört, wie Sie mit und über sich selbst vor und während eines Wettkampfes oder einem für Sie wichtigen Ereignis sprechen? Wie beschreiben Sie sich selbst? Stapeln Sie tief? Sind Sie in der Selbstbewertung „realistisch"? In vielen Köpfen, auch in meinem, rumoren Ratschläge, Ermahnungen oder Tadel aus der Kindheit herum. „Eigenlob stinkt!" Sich selbst Anerkennung zu schenken, war verpönt und ist es teilweise immer noch. Wer positiv über sich selbst spricht, gilt als Angeber. Da gibt es aber noch ein anderes Sprichwort: „Ehre, wem Ehre gebührt!" Meist fällt es mir leichter, über Mitmenschen, vor allem über Freunde, gute Bekannte oder Familienmitglieder, positiv zu reden. Ist es so schwierig, sich selbst ebenso privilegiert zu behandeln? „Liebe Deinen Nächsten wie Dich selbst", sagt die Bibel. Dieser Satz in die Praxis übertragen könnte lauten: „Gib du dir selbst für gleiche Leistungen dieselbe Anerkennung, wie du sie anderen zukommen lässt!" Ich sollte mich selbst bei positiven Aktionen aus einer Meta-Position betrachten. Die Perspektive wechseln, um zu erkennen, dass auch meine Leistungen der Anerkennung würdig sind. Ich sollte meinen Fähigkeiten dasselbe Vertrauen schenken wie den Leistungen anderer. Mein Selbstvertrauen wird es dankbar annehmen, weil es ihm guttut. Meine Selbstzweifel werden schrumpfen. Ich will den Schalter im eigenen Kopf umlegen, auch wenn es schwerfällt.

- **Konstruktiv statt destruktiv in der Selbstkritik**

Jeder trägt in sich zwei besondere mentale Anteile. Sie stützen und nähren sich gegenseitig. Der innere Kritiker und der innere Zweifler. Der eine treibt mich in die Arme des anderen. Manche meinen, realistische Kritik sei ein rascher, zielführender Weg zu Entwicklung und Fortschritt. Dem stelle ich entgegen, dass ich dem Selbstvertrauen damit einen kräftigen Schlag versetze und ihm sogar nachhaltigen Schaden zufüge. Bitte missverstehen Sie mich nicht! Kritik ist an sich nichts Schlechtes! Es geht darum, wie sie sich anfühlt und anhört. Nach Misserfolgen ihrer Schützlinge verspüren manche Trainerinnen und Trainer das Bedürfnis, rasch ihren eigenen Frust durch eine sogenannte „Analyse" loszuwerden. Das mag menschlich verständlich sein. Manchmal ist der Unterschied zwischen der Darbietung im Training und im Wettkampf groß und oberflächlich betrachtet schwer verständlich. Manche Betreuer fühlen sich durch Niederlagen oder schwache Leistungen ihrer Sportlerinnen und Sportler persönlich in ihrer Ehre getroffen. Mit negativen Emotionen gibt es keine konstruktive Kritik. In den Analysen der Wettkämpfe gibt es oft Tadel, der nicht auf die Leistung an sich abzielt, sondern die Sportlerin, den Sportler in der Persönlichkeit trifft und verletzt. Konstruktive Kritik lässt Emotionen draußen. Sie bezieht sich nur auf Leistungen. Sie hat nicht Probleme, sondern Lösungen im Sinn. Auch im längsten und dunkelsten Tunnel muss die Hoffnung spürbar sein. Woher sollte das Selbstvertrauen nach Niederlagen und negativen Erfahrungen sich sonst stärken als aus den Pluspunkten, die selbst in der Negativität des Misserfolgs erkennbar sind? Destruktive Kritik stellt die Pluspunkte bewusst oder unbewusst in den Schatten. Sie wälzt sich in Problemen, statt Lösungen in den Vordergrund zu stellen. Kritik ist gut, konstruktive Kritik allemal. Sie zeigt Möglichkeiten für die Zukunft. Wer diese Chancen erkennt, schöpft Mut und Selbstvertrauen und wird diese mentalen Fähigkeiten und Eigenschaften im Wettkampf zeigen.

- **Fehler als Lernchance**

Im Leistungssport existiert oft eine Einstellung, die Fehler als Niederlagen einstuft. Wer im Training und in Wettkämpfen fehlerhaft agiert, kommt in den Ruf, untalentiert und wenig geeignet für Erfolg zu sein. Das geht so weit, dass Sportlerinnen und Sportler selbst resignierend zu dieser Ansicht kommen: „Ich bin einfach zu blöd dafür, nicht für den Erfolg geschaffen!" Später erholen sie sich zwar, wenn negative Emotionen abgeklungen sind. Irgendwie müssen sie doch weitermachen, wollen sie im Sport bleiben. Doch der geistige Samen des Zweifels ist gesät. Auch wenn sie sich später beruhigen und die negative Beurteilung, die im spontanen Ärger erfolgte, in den Hintergrund rückt. Spätestens der nächste Fehler haucht den destruktiven Ansichten neues Leben ein. Eine andere Einstellung zu Fehlern ist nötig! Sie beginnt damit, sie einmal als Fehler anzuerkennen! Der Fehler ist passiert, ich bekenne mich dazu! Ja, ich habe den Fehler gemacht und übernehme die Verantwortung. Offenheit bringt in der Hitze des Wettkampfes emotionale Entlastung. Das ermöglicht es mir leichter, die Lernchance zu erkennen, die der Fehler anbietet. Jeder Fehler ist menschlich! Er lässt sich nicht wegzaubern und nicht wegkritisieren oder wegjammern. Wichtiger sind die Konsequenzen: Was teilt mir der Fehler mit? Worauf lenkt er die Aufmerksamkeit? Wer sich diese Fragen ernsthaft und in Ruhe stellt und bereit ist, gewissenhaft und ehrlich darauf zu antworten, entfernt den mentalen Ballast. Das Vertrauen erholt sich. Ich spüre, ich verfüge über mentale Werkzeuge, die mir Lösungen in die eigene Hand, in den eigenen Kopf geben. Ich fühle mich dem Schicksal nicht mehr hilflos ausgeliefert, sondern fähig, fehlerhaftes Denken und Verhalten zu korrigieren. Ich erkenne die Chance, weitere Fehler zu machen und daraus zu lernen, auf höherer Stufe, auf anderem Niveau. Mit jedem Schritt der Entwicklung wächst das Vertrauen in die eigenen Fähigkeiten und Eigenschaften.

MOTIVATION FÜR DEN WETTKAMPF, LUST UND KREATIVITÄT IM WETTKAMPF

> *„Deine Fähigkeit bestimmt, was du kannst,*
> *deine Motivation bestimmt, was du tust,*
> *deine Einstellung bestimmt, wie du es tust!"*

So schildert der US-Football-Trainer Lou Holtz die Bedeutung von Motivation. Sie ist die mentale und emotionale Basis dafür, was man tut. Natürlich tue ich auch Dinge, für die die Motivation nicht reicht. Dahinter verbergen sich Beweggründe, deren Ursprung nicht in mir selbst liegt. Sie bewegen mich dazu, etwas zu tun, was ich nicht aus eigener Einsicht und eigenem Antrieb will. Motivation zeigt sich in verschiedenen Gesichtern. Auch Motive für den Wettkampf sind vielfältig. Anlässlich eines 7:0-Kantersieges von Bayern München gegen seinen Ex-Klub VfL Bochum in der deutschen Fußball-Bundesliga im September 2021 beschrieb der Bayern-Spieler Leon Goretzka seine Beweggründe und die seiner Mannschaft so: „Wir haben einfach Bock, Fußball zu spielen. Wir wollen uns weiterentwickeln von Spiel zu Spiel. Wir wollen Stück für Stück die Philosophie des neuen Trainers verinnerlichen. Heute hat es viel Spaß gemacht!" „Bock" zu haben auf etwas! Mit innerer Überzeugung, aus vollem Herzen „ja" zu sagen, das ist innere Motivation. „Wenn du etwas wirklich willst, bist du auch bereit, zu tun, was dafür nötig ist." Sir Edmund Hillary gelang am 26. Mai 1953 gemeinsam mit seinem Begleiter, dem nepalesischen Sherpa Tenzing Norgay, die Besteigung des Mount Everest, mit 8882 Metern der höchste Gipfel der Welt. Um ihr Ziel zu erreichen, nahmen die beiden gemeinsam mit allen anderen Teilnehmern ihrer Expedition sämtliche Risiken und Strapazen in Kauf, die das Unternehmen erforderte. Manche hatten es vor ihnen versucht, wie viele andere Bergsteiger in den Jahrzehnten danach. Manche bezahlten den Versuch mit dem Leben. Jeder von ihnen war sich wohl der

Risiken und Gefahren bewusst. Um innerlich motiviert zu sein, braucht es Bedürfnisse, die durch die Tätigkeit oder das Erreichen des Zieles befriedigt sind. Das ist das Wesen intrinsischer Motivation. Wesentlich ist ein motivatorischer Grundimpuls. Er entwickelt die Energie, eine Aufgabe mental und emotional anzunehmen, das Trägheitsmoment, das in jedem existiert, zu überwinden, die Komfortzone zu verlassen und sich einer Sache zu stellen. Im Leistungssport heißt das, sich für eine Karriere im Spitzensport mit allem, was dazugehört, zu entscheiden. Wettkämpfe sind Herausforderungen, die spezielle Motive brauchen. Oft ist schon die monatelange Vorbereitung darauf Ansporn genug. Sportler und Sportlerinnen, die sich auf Olympische Spiele, Weltmeisterschaften oder andere Großereignisse vorbereiten, richten jede Trainingseinheit auf den Tag X aus, an dem der Wettkampf in Szene gehen wird. Wie es ein Sportler bezeichnete: „Du nimmst die 90 Prozent an qualvoller Arbeit in Kauf, um für kurze Momente die 10 Prozent des Ruhmes zu genießen!" Ruhm besteht für viele darin, dabei zu sein. Für andere ist es aber die Aussicht, auf dem Siegerpodest zu stehen.

Die Motivation für eine volle Wettkampfdauer lebt meist nicht vom Grundimpuls allein. Irgendwann im Laufe der Minuten, Stunden, oft Tage wird die physische und mentale Ermüdung so stark, dass das stärkste Motiv verblasst, das dazu anregt, dranzubleiben, weiterzumachen. Oft läuft der Wettkampf nicht so, wie ich es mir vorgestellt habe. In solchen Momenten ist es für die Motivation vital, sich der Beweggründe zu erinnern, die mich zum Start bewogen. Der mentale und emotionale Schutt der bisherigen Wettkampfereignisse ist zu beseitigen. Daher blicke ich mental zurück: Welche Ziele, Bedürfnisse, Werte waren Hauptmotive, sich auf dieses Unternehmen einzulassen? In der Hitze des Gefechtes sollte man sich an diese Grundimpulse erinnern und sie mental präsent halten. Wirksamstes Mittel, hinter die Kulissen der Motive zu blicken, ist die Frage „Warum?". Warum bin ich hier? Warum setze ich mich dieser Aufgabe aus? Was erwarte ich von mir? Was soll am Ende herauskommen? Wichtig ist, sich nicht mit der ersten Antwort zufriedenzugeben. Oberflächlichkeit ist generell, vor allem aber bei Fragen nach der Motivation, fehl am Platz. Ich grabe tiefer bis an den Kern der Beweggründe. Er berührt fast immer die eigene Identität. „Als was sehe und fühle ich mich?" Ehrliche Antworten darauf wirken auf das ursprüngliche Ziel zurück und erklären seine mentalen und noch mehr dessen emotionale Wurzeln.

Dwight D. Eisenhower, der 34. Präsident der Vereinigten Staaten von Amerika, beschrieb Motivation sinngemäß: „Motivation ist die Kunst, Menschen dazu zu bringen, zu tun, was man will und ihnen das Gefühl zu vermitteln, sie wollen es selbst!" Auch extrinsische Motivation, der äußere Motive zugrunde liegen, spricht innere Beweggründe an. Sie wird bedeutsam, wenn ein gewünschtes Verhalten zwingend zum Ablauf einer Kette von Handlungen dazugehört. Wettkampf gehört zur Leistungssportkarriere, wie Prüfungen zum Bildungsweg. Training bereitet auf den Wettkampf vor, Lernen auf die Prüfung. Training gehört zum Leistungssport wie der Wettkampf. Lernen ist Bestandteil einer Karriere, die hohe Qualifikation bei Prüfungen erfordert. Nach dem Motto. Wer A sagt, muss auch B sagen! Die gewünschten Verhaltensformen und Denkweisen werden zu Bestandteilen des natürlich erscheinenden, vorgegebenen Gesamtablaufs. Es erscheint notwendig und folgerichtig, obwohl man selbst keine beständige Lust dazu spürt. Extrinsisch Motivierte geben äußerem Druck nach, um ihre Schuldgefühle oder sogar Strafen zu vermeiden oder auch Belohnungen für ihr Handeln zu bekommen und dadurch eigene Bedürfnisse zu befriedigen. Um Menschen zu bestimmtem Verhalten oder Handeln anzuregen, setzt man Beweggründe, denen sie nicht widerstehen wollen und können. Reize, die Wünsche, Werte, Ziele und Bedürfnisse ansprechen und deren Erfüllung in Aussicht stellen. Neugier, Interesse, innere Motivation sind die Folge. Extrinsische Motivation zielt immer darauf ab, innere Motive zu aktivieren. Geschickt agierende Trainer/innen und Lehrer/innen stimulieren eine Lust, die zunächst nicht ausreichend vorhanden war.

Kreativität wird angeregt, die jedem Menschen innewohnt. Im Wettkampf wirkt ein Gefühl von Gestaltungsfreiheit und Eigenverantwortung motivierend. Sportlerinnen und Sportlern sollte man in der taktischen Gestaltung eines Wettkampfs Freiräume einräumen, damit sie ihre Kreativität einbringen. Im Hinblick auf Motivation in Sportmannschaften führt man den Athletinnen und Athleten die Bedeutung ihrer Rolle vor Augen, die sie innerhalb des Teams spielen. Man zeigt ihnen in Analysen von Wettkämpfen den Beitrag, den sie für den Teamerfolg durch ihre Fähigkeiten leisten.

Fragen zum Thema Motivation im Wettkampf

1. Kenne ich meine Ziele in allen Einzelheiten? Sind sie mir in Gedanken, Worten, Bildern und Gefühlen präsent?
2. Habe ich täglich gleichbleibende Gewohnheiten und Routinen, die diese Ziele und den Weg dahin widerspiegeln und ihn unterstützen?
3. Kenne ich die Bedeutung meiner Ziele und jedes Schrittes dahin?
4. Ist die Frage „Warum?" durch die mentale Wettkampfvorbereitung für mich klar und umfassend beantwortet?
5. Sorge ich dafür, dass meine täglichen Schritte zum Ziel von positiven Gedanken begleitet sind?
6. Haben meine Ziele ein Datum oder einen Zeitraum, in dem ich sie erreicht haben will?
7. Sind meine Beweggründe positiv, weil ich etwas erreichen will? Oder sind sie eher negativ, weil ich damit etwas verhindern will?
8. Kommen meine Ziele und der Antrieb auf dem Weg dahin aus meinem Innersten, oder fühle ich mich oft von außen getrieben?
9. Weiß ich, welche Bedürfnisse und Werte durch das Erreichen meiner Ziele erfüllt werden? Kenne ich den Wert und den Sinn meiner Arbeit für mich und andere?

10. Schätze ich die Wahrscheinlichkeit, meine Ziele zu schaffen, hoch ein, oder bin ich eher skeptisch? Liebe ich das, was ich mache, und habe ich wirklich Spaß daran?

Beobachten Sie sich selbst in herausfordernden Wettkampfsituationen. Seien Sie ehrlich und wertschätzend, wenn Sie die Ergebnisse feststellen und diese nicht Ihren Vorstellungen entsprechen. Holen Sie, wenn möglich, das Feedback einer anderen Person Ihres Vertrauens ein, die Ihr Verhalten, Ihre Ausstrahlung im Wettkampf beobachtet. Anhand beider Beobachtungen erhalten Sie ein Bild, das Ihrer Innenansicht entspricht und auch der Sichtweise eines anderen, vertrauten Menschen. Stellen Sie die Resultate den zehn Fragen gegenüber. Erkennen Sie noch Potenziale in Bezug auf Ihre Motivation und Ihre Kreativität im Wettkampf?

Übungen zur Steigerung von Motivation und Kreativität im Wettkampf und bei anderen fordernden Aufgaben

- **Ziele für jeden Tag gedanklich und schriftlich festlegen**

Ein fernes Ziel anzustreben ist schon eine Herausforderung. Marathonläufer, Triathleten, Straßenradrennfahrer, Rallyepiloten und andere wissen es aus eigener Erfahrung. Besonders wenn im Laufe des Weges das Ziel, das am Start attraktiv schien, seinen Glanz verliert und man sich in den Kämpfen des Alltags verstrickt. Physische Schmerzen, Pessimismus, ausgelöst durch viele Rückschläge, Selbstzweifel, negative Emotionen blockieren den Schwung des Anfangs. Probleme verstellen den Blick auf das Ziel. Gedanken ans Aufgeben wachsen. Wettkämpfe sind zeitliche Minischritte in einer Karriere. Ich erlebe dabei aber alle Hochs und Tiefs komprimiert. Neben inneren Kämpfen sehe ich, wie die Konkurrenz punktet, während ich gefühlt stagniere. Was ich nicht weiß: Der Konkurrenz geht es nicht selten ebenso dreckig. In solchen Phasen setze ich physisch und gedanklich nur einen Schritt vor den Nächsten. Statt zu grübeln, welch weiter Weg noch vor mir liegt, habe ich nur die nächsten Meter, Sekunden, Minuten, Stunden oder Tage im Kopf. Sind sie bewältigt, beginne ich geistig die nächste Etappe. Ich visiere das nächste kleine Ziel an. Das ermöglicht mir Erfolgserlebnisse in kurzen Zeitabständen. Positive Impulse für das Gehirn. Es antwortet mit der Ausschüttung von Glückshormonen. Die körperlichen, geistigen und seelischen Schmerzen treten für Augenblicke in den Hintergrund. Erreichbare, attraktive, in überschaubarer Zeit realisierbare Ziele heben die Motivation. Das brauche ich jetzt. Der Weg zu hohen Zielen gleicht einem Marathon. Daher passen mentale Anleihen bei Marathonläufern über kurzfristige Ziele für einen Wettkampf wie für eine Karriere.

- **Fragen nach Sinn und Wert stellen**

Vielen Menschen fehlt die klare Antwort auf die Frage nach dem „Warum?" Andere Gedanken stehen im Vordergrund. Ich gebe mir keine Zeit für eine Antwort. Doch sie ist wichtig für meine Motivation. Schließlich begann ich den Weg mit Erwartungen, Träumen und Zielen. Jetzt bin ich schon mittendrin im Geschehen. Die tägliche Arbeit fordert die psychische, physische und mentale Energie. Ich brauche kleine Auszeiten, um mich an den Sinn, den Wert der Unternehmung zu erinnern. Ich will die Energie des Starts wieder spüren. Die vorhergehende Übung lenkte den Fokus auf nächste Schritte. Jetzt richte ich meine Sinne auf das Ziel. Ich erinnere mich an die Werte, die ich mit dessen Erreichen verwirklichen will. Welcher Sinn ergibt sich für mich, mein Leben und das Leben nahestehender Menschen? Ein kräftiger Schub an Motivation kann sich einstellen, wenn ich den Sinn hinter dem Tun neu entdecke. Der Blick richtet sich auf das Ziel, angereichert mit Erfahrungen, die ich dem Weg dahin bisher verdanke. Der österreichische Neurologe und Psychiater Viktor Frankl meinte: „Der Sinn des Lebens ist, dem Leben einen Sinn zu geben!" Egal, was ich tue oder denke, alles hat einen Sinn. Ihn zu erkennen ist meine Aufgabe, solange ich nach Höherem strebe.

- **Wie schätze ich die Aussichten ein, mein Ziel wirklich zu erreichen?**

Eine kleine Geschichte aus dem Reich der Fabel: Frösche planten einen Wettlauf. Das Ziel war die Spitze eines hohen Turms. Sie setzten den Termin fest. Jeder bereitete sich darauf vor. Am Tag X säumten viele Zuschauer aus dem Tierreich die Rennstrecke. Niemand glaubte, dass auch nur ein einziger Frosch das Ziel erreichen würde. Die Anstrengung sei zu groß! Der Turm zu hoch! Frösche seien von Natur aus nicht dazu geboren, auf Türme zu klettern! Zurufe dieser Art hörten die Wettkämpfer. Ein Frosch nach dem anderen ließ sich davon und von den Strapazen entmutigen und gab vor dem Anstieg auf. Ein einziger Frosch kletterte unverdrossen weiter. Er missachtete die Zurufe vom Rand des Weges. Mit großer Anstrengung und enormem Aufwand an Energie erklomm er die Spitze des Turmes. Dort ruhte er sich aus, genoss den Blick in die Weite und die Stille fernab des Spektakels. Langsam erholte er sich wieder. Als er später auf festem Boden stand, stürmten andere Frösche und neugierige Zuschauer auf ihn ein: „Wie ist dir das gelungen? Wie hast du das geschafft? Alle anderen scheiterten! Woher nahmst du diese Energie? Die Frösche können so etwas normalerweise nicht!" Der Sieger blieb stumm! Er konnte keine Antwort geben! Er vernahm die Fragen nicht. Er war von Geburt an taub!

Eine meiner Lieblingsfabeln! Sie behandelt die Frage: Wie schätze ich selbst, ohne Einfluss anderer Menschen, meine Erfolgschancen ein? Je härter ein Weg ist, umso häufiger und eindringlicher kommen Einwände von Leuten, die mein Bemühen aus mehr oder weniger Distanz verfolgen. Sie verstehen nicht, dass jemand aus ihren Reihen, einer wie du und ich, nach derart hohen Zielen strebt. Die Kunst ist, sich nicht beeinflussen zu lassen, und die Meinungen anderer zu ignorieren! Sich taub zu stellen, wenn man so will! Stattdessen schätze ich die Chancen der Realisierung meiner Träume rational ein. Von Zeit zu Zeit beurteile ich den Stand der Entwicklung. Bin ich im Plan, den ich mir selbst vorgebe? Bin ich weiter als geplant? Liege ich zurück? Im letzteren Fall richte ich mein Denken und Handeln präziser auf mein Ziel aus. Ich bin flexibel und passe mich den Verhältnissen an. Menschen verlieren viel zu rasch die Lust und die Motivation. Sie lassen sich davon beeindrucken, weil sie Zwischenziele verfehlen. Sie verlieren die Orientierung, weil ein Plan fehlt. Sie geben auf! Sie verändern nicht den Weg, sondern das Ziel! Sie lassen sich im Urteil über ihre Chancen durch andere beeinflussen. In schwierigen Situationen taucht der Frust auf. Genau dann präzisiere und festige ich das Ziel. Es stärkt meine Überzeugung. Motivation folgt der Überzeugung, nicht dem Zweifel. Sie sucht und findet Argumente, warum ich es schaffen werde. Champions überwinden Zweifel. Sie überzeugen sich vom Ziel und halten ihre Motivation hoch.

- **Hin-zu- statt Weg-von-Motivation**

Jeder Schritt ins Unbekannte erfordert Veränderungsbereitschaft, verlangt das Aufgeben des Ist-Zustandes zugunsten eines Soll-Zustandes. Veränderungen in den Lebensumständen ereignen sich selten von heute auf morgen. Sie sind ein Prozess, der Monate, oft gar Jahre dauert. Jeder Schritt ist ein Loslassen von Gewohntem, verbunden mit dem Erlernen, Zulassen und Annehmen neuer Umstände. Das provoziert Widerstand und Zweifel. Veränderung ist auch das Thema in jedem Leben, innerhalb oder außerhalb des Leistungssports. Immer geht es um das mentale und emotionale Abwenden von alten Gewohnheiten und Bräuchen hin zu neuem, zielführendem Denken und Verhalten. Sind die inneren Widerstände, das Klammern an bisherige Gewohnheiten stärker als die Vorfreude, die Kraft der Vision für neue Lebensverhältnisse, gleicht der Prozess dem Bemühen, einen Fluss davon zu überzeugen, bergauf zu fließen. Motive, die das Festhalten favorisieren erschweren das Loslassen. Sie wirken stärker als der Zug zu Neuem. Alte Bedürfnisse überstrahlen die Leidenschaft für das Ziel. Ziel dieser Übung ist, die Motive für das Beharren und Festhalten an Altem zu schwächen und jene für die Bewegung hin zu Neuem zu stärken. Ich lenke meine Emotionen auf die Attraktivität des Zieles. Ich passe die Anforderungen, die die nächsten Entwicklungsschritte benötigen, an aktuelle mentale, emotionale und körperliche Möglichkeiten und Leistungsfähigkeiten an. Mein Fokus richtet sich auf das jetzt Machbare statt auf das, was ich jetzt kann. Ich vergleiche meine Fähigkeiten nicht mit den Anforderungen des noch fernen Ziels. Natürlich schwindet die Begeisterung, wenn ich merke, wie weit ich noch davon entfernt bin. Die Veränderungsbereitschaft wächst mit der Überzeugung von der Machbarkeit. Das Tempo der Entwicklung und die Länge der Schritte zum Ziel sind unterschiedlich. Es geht um den passenden Grad an Fokussierung und das Maß der Anforderungen im Augenblick. Die Sehnsucht nach dem Neuen muss größer sein als Bedürfnisse, die am Althergebrachten und Gewohnten festhalten. Veränderung ist ein Prozess von Loslassen und Anstreben. Diese Übung lenkt den Fokus weg von der sehnsuchtsvollen Erinnerung auf das Bequeme von gestern hin zum vertrauensvollen Blick nach vorne zu dem, was ich als Nächstes will.

- **Eine positive Sprache und Körpersprache wirken positiv auf Gedanken und Emotionen**

Motivation zeigt sich im verbalen und nonverbalen Ausdruck. Wer achtsam beobachtet, erkennt die Stärke der inneren Motivation auch bei anderen. Oft ändern sich Selbstzweifel und schwache Motive allein durch Veränderung der Ausdrucksweise. Anstelle „Ich muss" tritt ein energisches „Ich will". Statt „probieren", „versuchen", „vielleicht" oder „eventuell", gewöhne ich mich an starke, positive Worte, die etwas Bestimmtes aussagen. Ein entschlossenes Tun, Denken, Verhalten oder Handeln ist dadurch signalisiert. Es geht um Aktion, Aktivsein, die Initiative ergreifen, sich einsetzen, etwas durchführen. „Vielleicht" oder „eventuell" verwandeln sich in positive Aussagen, die einem selbst und dem Umfeld Sicherheit und Überzeugung vermitteln. „Auf jeden Fall, hundertprozentig, gewiss, freilich, ja, bestimmt, ohne Frage" drücken eine solche Überzeugung aus. Die Worte stärken die innere Motivation. Sie unterstützen Motive, die dem inneren Zögern entgegenwirken.

LEIDENSCHAFT UND BEGEISTERUNG IM WETTKAMPF

„Was immer du tust, mach es aus Überzeugung. Du lebst nur ein Leben. Mache das, was du tust, mit Leidenschaft und gib dein Bestes. Dann bekommst du die Ergebnisse, die du willst."

Alia Bhatt, indische Schauspielerin und Sängerin

„Ohne Leidenschaft gibt es keine Genialität", sagte der deutsche Historiker und Wissenschaftler Theodor Mommsen. Und der Philosoph Georg Wilhelm Friedrich Hegel meinte: „Niemand schafft ohne Leidenschaft Großes!" Emotionale und rationale Gründe lassen uns eine Karriere, ein Unternehmen, einen Prozess oder einen Wettkampf starten und zu Ende bringen. Hinter unseren Emotionen und Gefühlen steht Leidenschaft. Bin ich von einer Sache begeistert, verfolge ich den Weg mit positivem Gemüt und hoher Intensität. Sie zeigt sich auch im Alltag und drückt die Stimmung aus, mit der ich meine Aufgaben erledige. Ist mein Job für mich eine „Nine-to-Five"-Angelegenheit, die es eben abzuarbeiten gilt, bin ich meist nicht mit ganzem Herzen, positiven Emotionen und Gefühlen dabei Die Leidenschaft zählt zu unseren stärksten Antriebskräften. Ich spiele meine Rolle leidenschaftlich und verfolge mein Ziel mit Feuereifer, bekämpfe unerwünschte Situationen mit Enthusiasmus und brenne für eine Sache. Leidenschaft ist das innere Feuer.

Ehrgeiz begleitet die Leidenschaft. Er speist den Willen zu leisten und Erfolg zu haben, Anerkennung, Einfluss oder Macht zu erlangen. Treibende Kräfte sind die Befriedigung starker Bedürfnisse und Eigennutz. Leidenschaftliche, ehrgeizige Menschen versprühen Energie, zeigen Entschlossenheit, Engagement und Fleiß. Nicht immer stehen nur positive Emotionen dahinter. Oft dominiert die Absicht, belastende Situationen zu beseitigen oder zu beenden. Manche Leute schaffen große Werke, obwohl sie sich in belastenden Umständen befinden oder ihr Talent nicht herausragend ist. Oft sind sie getrieben von ihrer Furcht vor dem Verbleib in unerwünschten Verhältnissen, denen sie durch ihre Leistungen entkommen wollen.

Grundsätzlich hat die Leidenschaft positive Wurzeln. Herz und Geist streben in dieselbe Richtung. Ich bin von einem Vorhaben inspiriert. Eine der besten Kunstturnerinnen der Geschichte, die Rumänin Nadia Comaneci, fünffache Olympiasiegerin bei den Spielen 1976 und 1980, empfiehlt: „Genieße den Weg, gib alles, um jeden Tag besser zu werden. Verliere nie Liebe und Leidenschaft für das, was du tust!"

Erfolg im Wettkampf beruht auch auf Leidenschaft, Ehrgeiz und Begeisterung für den Wettbewerb. Leuchtende Augen zeigen inneres Feuer. Die Liebe zu sich, zu den eigenen Fähigkeiten, zum Spiel, unabhängig von Sieg oder Niederlage, zur hohen Qualität eigener Leistungen ist der Antrieb. Niemand drückt es schöner und treffender aus als der große Nelson Mandela, der sein ganzes Leben dem von Leidenschaft getragenen Widerstand gegen die Apartheid in Südafrika widmete und diese mit Ausdauer, Ehrgeiz und Begeisterung schließlich zu Fall brachte: „Du findest keine Leidenschaft in Menschen, die sich damit zufriedengeben, ein Leben zu führen, das weit unter ihren wahren Möglichkeiten liegt!"

Fragen zum Thema Leidenschaft, Ehrgeiz und Begeisterung im Wettkampf

1. Bin ich bereit, das tägliche Training oder Lernen auch mal zeitlich zu überziehen, damit ich mein selbstgesetztes Tagesziel erreiche?
2. Fehlt mir die Beschäftigung mit meinem Sport oder meiner Tätigkeit schon nach einer kurzen Auszeit?

3. Will ich weitermachen, auch wenn die Vernunft sagt, es sei Zeit für eine Pause?
4. Lebe ich meinen persönlichen Traum, und blühe ich im Wettkampf so richtig auf?
5. Bin ich bei jedem Training mit Herzblut dabei und reiße mit meiner Begeisterung sogar andere mit?
6. Behalte ich trotz Begeisterung und Ehrgeiz den Blick für die anderen wichtigen Bereiche meines Lebens?
7. Sporne ich auch meine sportlichen Kolleginnen und Kollegen immer wieder mit Worten und Aktionen dazu an, ihre Talente zu verwirklichen?
8. Kann ich die positiven Erlebnisse, die mir der Sport vermittelt, als meine Erfolge einordnen und auch emotional genießen?
9. Verfolge ich meine Ziele mit positiven Emotionen und Gefühlen?
10. Liebe ich meine Tätigkeit über alles, und inspiriere ich mich selbst und andere?

Beobachten Sie sich wieder selbst in einer herausfordernden Situation. Seien Sie ehrlich, bleiben Sie wertschätzend, auch wenn die Ergebnisse Ihrer Beobachtung nicht Ihren Wünschen entsprechen. Holen Sie das Feedback einer Vertrauensperson ein, die Ihr Verhalten, Ihre Ausstrahlung in dieser Situation konzentriert verfolgt. Anhand der Ergebnisse beider Beobachtungen erhalten Sie Ihre Innenperspektive und die Sichtweise eines anderen, vertrauten Menschen zu Ihrer Außenwirkung. Prüfen Sie die Resultate durch Vergleich mit den zehn Fragen. Wo erkennen Sie ungenutzte Potenziale in Bezug auf Leidenschaft und Ehrgeiz im Wettkampf?

Übungen zur Stärkung von Leidenschaft, Begeisterung und Ehrgeiz im Wettkampf und bei anderen anspruchsvollen Aufgaben

- **Begeisterung anderer für sich nutzen**

Begeisterung und Leidenschaft kommen von innen. Die Liebe zur Tätigkeit und zu sich selbst sind ihre Quellen. Trotzdem schaden manchmal Impulse von außen nicht. Sie helfen, das Feuer wachzuhalten. Ich wähle Vorbilder, vorzüglich die Besten meiner Zunft, und beobachte sie. Was führte sie in ihre heutige Position? Emotionen hatten einen enormen Anteil. Sie gaben ihnen in schwierigen Momenten psychische und mentale Energie. Mit ihrer Hilfe überwanden sie die Hürden und Blockaden. Ich beobachte vor allem erfolgreiche Sportlerinnen und Sportler oder andere Größen. Ich sehe ihre Aktionen, fühle ihre Ausstrahlung. Ich wiederhole meine Beobachtungen in meiner Vorstellung und spüre das Gefühl in mir selbst. Wie verhalten sich Champions? Wie zeigen sie Begeisterung, Leidenschaft, Ehrgeiz? Sind diese Ressourcen bei mir so tief verschüttet, dass mir die Erinnerung, das Gefühl dafür fehlen, kann das Verhalten der Champions in mir das Feuer erneut entfachen. Ich achte besonders auf die Ausstrahlung, die die Besten in ihrem Job an den Tag legen. Ich spüre deren Emotionen. Ihre Augen sind die Fenster zur Seele. Ich achte auf deren Glanz, die Entschlossenheit, den Ehrgeiz, die Begeisterung, die sie ausdrücken. Auch ihre Körpersprache ist ein Indikator dafür. Ich achte auf ihre Mimik, die den Ehrgeiz nach außen trägt. Ich lasse diese Bilder intensiv wirken, nehme sie in mich auf. Dann trete ich in meiner Vorstellung an ihre Stelle. Wie in einem Teamsport wechsle ich mich von der Ersatzbank ein und übernehme emotional und mental ihren Platz. Ich zeige ihre Haltung, Gestik, Mimik, Ausstrahlung und übernehme die Rolle als ehrgeiziger, leidenschaftlicher Wettkämpfer. Das kann die Initialzündung sein, aus den inspirierenden Erlebnissen der eigenen Vergangenheit Empfindungen neu zu wecken. Ich spüre Gefühle und Emotionen von damals. Ich nehme sie physisch auf, speichere sie ab, trage sie in den nächsten Wettkampf.

- **Momente nutzen, die Leidenschaft wecken**

Emotionen verbrauchen Energie, setzen aber auch Energien frei. Darauf bauen viele Wettkämpferinnen und Wettkämpfer. Nicht selten löst eine falsche Schiedsrichterentscheidung oder eine als unfair empfundenes Gegnerverhalten eine „Jetzt-erst-recht"-Stimmung aus. Emotionen ändern den Verlauf und Ausgang von Wettkämpfen. Positive Emotionen inspirieren das Momentum. Liebe ist die intensivste positive Emotion. Ebenso intensiv ist ihr Gegenspieler, der Hass. Beide entfachen Leidenschaft und Ehrgeiz. „Ich hasse es, zu verlieren" – Motive dafür, Emotionen zu schüren. Oft löst der Verlauf des Wettkampfes derartige Emotionen aus, wenn er in einen leidenschaftlichen Kampf gegen die Niederlage oder für den Sieg mündet. Erfolgreiche Athletinnen und Athleten erzeugen bewusst die Stimmung, die sie brauchen, um ihre Leistung in die Höhe zu pushen. Sie emotionalisieren sich! Ehrgeiz und Begeisterung können den Lauf einer Trainingseinheit oder eines Wettkampfes um 180 Grad drehen. Sie nutzen kleine Ereignisse, die weder das Umfeld noch Zuschauer oder Coaches registrieren. Im Sportler, in der Sportlerin setzen sie aber frische Kräfte und positive Energien frei.

- **Körperliche Intensität als Auslöser von Begeisterung**

Die Kraft der Emotion ist häufig unterschätzt. Auch intensive Körperarbeit mobilisiert mentale Kräfte und löst Emotionen aus. Die Intensität zeigt sich in der Mobilisierung der Energien. Oft liefern sich zwei Mannschaften oder auch Einzelsportler den ganzen Wettkampf lang einen leidenschaftlichen Schlagabtausch. Schwinden in der Schlussphase physische und mentale Kräfte, werfen sie die Reste an Energien ins Spiel. Der begeisternde Kampf hat schon manche sicher scheinende Niederlage in einen Erfolg verwandelt und einem Gegner, der nicht fähig und bereit war, den Erfolg gekostet.

Manchmal sind Ersatzspieler dafür verantwortlich. Ihre Motivation, mit der sie dem Trainer beweisen wollen, dass sie mehr als nur Ergänzungsspieler sein wollen, facht im Rest des Teams Begeisterung und Ehrgeiz an. Wie oft hören wir: „Mit der Einwechslung von XY geschah ein Ruck in der Mannschaft!" Ein Beweis, dass der Geist auch dem Körper folgt und durch Körpereinsatz inspiriert werden kann. Körperliche Intensität inspiriert die Emotionen, die Leidenschaft und Intensität anregen. Hier geht der Körper voran, und der Geist folgt.

- **Affirmationen als Quellen von Leidenschaft und Ehrgeiz**

Mentales Training verwendet Affirmationen. Das lateinische „Affirmare" bedeutet „bekräftigen" oder „bestätigen". Bestärkende Sätze und Worte, die suggerieren, dass ich etwas weiß, kann, will und auch tue. Positive Affirmationen, an sich selbst gerichtet, regen an, verbreiten Optimismus, geben Anerkennung und Selbstbestätigung. Häufig verwenden wir leider negative Affirmationen. Sie hemmen und bremsen die Entwicklung. Dabei sind positive Affirmationen, angewandt zur rechten Zeit und in richtiger Form, wirksame mentale und emotionale Hilfen in Situationen, in denen die Energie schwindet und Emotionen ins Negative zu kippen drohen. Um ihre Wirkung entfalten zu können, müssen sie zur Situation passen und den Menschen direkt ansprechen. Jeder weiß selbst am besten, welche Worte er in schwierigen Momenten wünscht und nötig hat. Deshalb sind gezielte Selbstaffirmationen ein wirksames Instrument, die Leidenschaft und den Ehrgeiz anzufachen. Sie stärken, wenn sie passend formuliert sind, das Selbstbild und beeinflussen es positiv. Die Wirkung von Affirmationen liegt jedoch nicht nur in der Formulierung, sondern auch in der Wiederholung. Je öfter ich sie höre, je exakter sie zur aktuellen Situation passen, umso stärker entfalten sie ihre Kräfte. Routinierte

Sportlerinnen und Sportler und Leute in anderen Leistungsbereichen legen sich eine Sammlung persönlicher Affirmationen an, die sie in schwierigen Momenten einsetzen und im normalen Alltag trainieren und anwenden. Wie effektiv eine Affirmation auf Leidenschaft und Ehrgeiz wirkt und wie sehr sie Begeisterung entfachen kann, hängt von den geistigen Bildern und Gefühlen ab, die sie auslöst. Zielgerichtete, spezifische Affirmationen in Ich-Form erhöhen die Wirkung. Positive Sätze, die das Ziel oder den angestrebten Zustand beschreiben, sind täglich zu wiederholen, nicht nur dann, wenn es die Situation erfordert. Häufige Wiederholung festigt sie im Unterbewusstsein. In Schriftform verstärkt sich ihre Wirkung. Es gibt kein „Zuviel" oder „Zu oft". Anfangs können Affirmationen auch innere Widerstände auslösen. Sie rühren von alten Denkweisen und Glaubenssätzen her. Daher gilt auch hier das Gesetz: „Wiederholung ist die Mutter allen Wissens und Könnens!"

- **Metaphern der Leidenschaft**

Innere Bilder wirken intensiver als Worte. Die Leidenschaft steigert sich, wenn ich mich in die Szenerie „hineinsteigere". Sie kann aber in Lethargie umschlagen, mir Energie rauben, wenn mich die Ereignisse emotional überwältigen. Die Kraft geistiger Bilder erlebte ich als Kind oft selbst. Als Sportfan lag ich meinen Eltern ständig in den Ohren, endlich ein TV-Gerät zu kaufen. Ich wollte bei berühmten Sportereignissen live dabei sein. Neidisch folgte ich den Schilderungen meiner Schulkollegen, die von Liveübertragungen erzählten. Damals war der Besitz solcher Geräte noch ungewöhnlich und ein Luxus. Vor allem für Bergbauern, die von ihrem kleinen Einkommen lebten. Riesengroß war die Freude, als unsere Eltern die Geschwister und mich kurz vor Weihnachten mit einem Fernsehgerät überraschten. Gerade rechtzeitig zu Beginn der Wettkampfsaison im alpinen Skirennsport! Wie gebannt saß ich bei jedem Rennen vor dem Kasten. Keine Läuferin, kein Läufer entging mir. War das Rennen zu Ende, eilte ich an die frische Luft, schnallte meine alten Holzbretter an und tat so, als begänne das Rennen neuerlich. Mit mir als einzigem Darsteller! In meiner Vorstellung war ich ein Spitzenläufer auf einer Weltcup-Piste. Der Zeiger meiner Armbanduhr gab den Start frei. Im Ziel las ich die Fahrzeit ab. Natürlich gewannen meine Favoriten oder landeten zumindest auf dem Siegespodest.

Leidenschaft braucht Symbole. Die Skistars waren meine Symbolträger. In meiner Phantasie übertrug ich ihr Können, ihre Fähigkeiten auf mich. Mit großer Leidenschaft zog ich meine Schwünge, erlebte das Rennen aus der Ich-Perspektive. Mein Ehrgeiz und meine Begeisterung schoben meine Leistung näher an ihr bescheidenes Limit. Nach TV-Übertragungen waren meine Leistungen aber stärker als an normalen Tagen, ohne Inspiration durch TV-Rennen. Die Phantasie verwandelte mich in Sportlerinnen oder Sportler und übertrug einen kleinen Teil ihrer Leidenschaft und ihres Ehrgeizes auf mich. Ich identifizierte mich mit den Vorbildern und bekam eine unbändige Lust auf Sport, die ich mit meinen Rennen gegen mich selbst befriedigte.

Ähnlich war es bei TV-Übertragungen im Fußball. Mit den Jungs aus meiner Nachbarschaft verfolgten wir gebannt die Matches unserer Idole. Kaum war der Schlusspfiff ertönt, verwandelten wir uns in die Stars, begaben uns auf die schiefe Bergwiese, unser privates Stadion. Dort lieferten wir uns Duelle nach dem Vorbild des TV-Matches. Als Torhüter hatte ich das Gefühl, doppelt so weit zu fliegen, doppelt so rasch zu reagieren wie an normalen Tagen, an denen die Flimmerkisten-Vorbilder pausierten. Jede Sportlerin, jeder Sportler, jeder Mensch, in anderen Bereichen des Lebens, der Leistungen bringt, wird zum Symbolträger. Selbstverständlich geht es im Lauf der Zeit auch ohne Vorbilder. Emotionen aus Beobachtungen sind gespeichert. Live-Kommentare, wie wir sie hundertfach im Radio gehört hatten, fachten unseren Ehrgeiz an. Sie wirkten auf unsere Emotionen, als spielten wir vor 80.000 Zuschauern. Wichtig ist, die Leidenschaft der Idole zu spüren.

KONZENTRATION IM WETTKAMPF

„Wenn du weiter Tennis spielen kannst, obwohl zur selben Zeit jemand in der Nähe mit einer Waffe um sich schießt, dann bist du wirklich konzentriert!"
Serena Williams, 23-fache Tennis-Grand-Slam-Siegerin, Olympiasiegerin im Einzel und Doppel

Wer die Biografie der beiden Tennis-Ikonen Serena und Venus Williams kennt, der weiß, dass sie ihren Weg heraus unter harten Bedingungen in einem sogar gefährlichen sozialen Umfeld mit Unterstützung ihres Vaters Richard bis an die Weltspitze schafften. Selbst schwierigste Umstände konnten die beiden in ihrer Entwicklung nicht entscheidend stören. Sie dominierten über viele Jahre ihren Sport. Ein Schlüssel dafür war ihre Fähigkeit zur Konzentration.

„Konzentriere dich!" Diesen Appell richten wir häufig an uns selbst oder andere. Eine Aufforderung, die Sinne zu bündeln und für eine gewisse Zeit auf ein Ziel zu richten. „Concentra" bedeutet „zusammen, auf ein Zentrum hin". Diese Fähigkeit spielt im Wettkampf eine entscheidende Rolle. Sie ist kein Selbstläufer, den man per Schalter anknipst, sondern eine mentale Fähigkeit, die man wie alle geistigen Fähigkeiten bewusst trainiert. Konzentration kostet Energie. Niemand kann seine Sinne zeitlich unbegrenzt und intensiv auf ein Ziel richten. Der Geist fordert nach Pausen, in denen er sich erholen und die Energiespeicher wieder aufladen kann.

Keine andere Fähigkeit ist für die Qualität und Konstanz einer Wettkampfleistung wichtiger. Die Konzentration wird durch äußere Umstände und innere Zustände beeinflusst. Emotionen wirken auf den Fokus. Eine positive Stimmung erleichtert die Konzentration, negative Stimmung erschwert sie. Erfolgreiche Wettkämpfer stimmen sich auf Aufgaben positiv ein und trachten danach, auch während eines Wettkampfes überzeugt und positiv gestimmt zu bleiben. Die Qualität des Fokus hängt auch vom Körperzustand ab. Je fitter und leistungsfähiger er ist, umso besser gelingt die Kontrolle des Geistes über die Sinne. In körperlich fordernden Sportarten zeigen die Schlussphasen von Wettkämpfen, wenn die Ausdauer und andere physische Fähigkeiten zur Neige gehen, wie die Konzentrationsfähigkeit sinkt. Ein fitter und ausgeruhter Körper kann im Wettkampf und im Training auf wechselnde Umstände rasch und richtig reagieren. Ist er motorisch aktiviert, also „aufgewärmt", ist auch der Geist bereit, sich zu konzentrieren. Konzentration ist auch von äußeren Umständen beeinflusst. Im Fußball sprechen wir vom Publikum als zwölften Mann der Heimmannschaft, während das Team, das im fremden Stadion antritt, sich oft von der gegen sich gerichteten Atmosphäre beeindrucken lässt und unter der Normalform agiert. Heimteams spüren und nutzen die Energie der Zuschauer, Auswärtsteams fühlen den Gegenwind. Das Wetter beeinträchtigt oder fördert den Fokus ebenso. Routinierte Sportlerinnen und Sportler nutzen seine Einflüsse oder blenden sie aus, wenn sie die Konzentration stören. Manche Athletinnen und Athleten nutzen widrige äußere Umstände als Ansporn. Es ist alles eine Frage der Einstellung. Wie schon oben erwähnt, ist die Konzentration ein wahrer Energiefresser. Ich nutze daher die Stunden vor und nach einem Wettkampf, die Energievorräte aufzufüllen. Ernährungsgewohnheiten und Schlafqualität spielen eine Rolle. Sorgfältige Planung hilft, Energien effizient einzusetzen. Gezieltes Training aller Konzentrationskanäle gehört zur mentalen Wettkampfvorbereitung. Meditation und Yoga können hier wertvolle Hilfe leisten.

Konzentration ist vom Bewusstsein gesteuert. Deshalb ist die Vorbereitung des Wettkampfes ein entscheidendes Kriterium. Ich erinnere an dieser Stelle noch einmal daran, welche Kanäle am Konzentrationsvorgang beteiligt sind. Der visuelle Kanal (sehen), der auditive Kanal (hören), der motorische Kanal (bewegen), der Gedankenkanal (denken) und der Sprachkanal (innere und äußere Sprache). Jeder Kanal ist Teil der Konzentrationsfähigkeit. Das Sehfeld verengt oder erweitert sich, je nach Bedarf. Wir hören selektiv oder umfassend. Unsere Bewegungen sind gezielt und aufs Nötige beschränkt, oder sie sind weit und ausladend. Unsere Gedanken sind in Einklang mit dem, was wir tun, sehen und hören. Wir unterstützen die Aktivitäten auch durch gezielte Worte. Fokus, wie man die Konzentration auch nennt, bedeutet die Reduktion der Sinne auf das Wesentliche. Sportlerinnen und Sportler nennen es auch den Tunnelblick. Daran sind alle Sinne beteiligt. Sie reduzieren Aufnahmekapazitäten und Aktivitäten auf das im Moment Wichtige und Zielführende. Konzentration als sinnlich-räumlich-zeitliche Einengung und Ausrichtung.

Robert Lewandowski, erfolgreicher Fußballer in Diensten von Bayern München und CF Barcelona, beschreibt Fokussieren in wichtigen Phasen so: „Ich lese keine Artikel über mich. Ich versuche, mich so gut es geht davon zu distanzieren. Natürlich ist es schön, wenn Leute über mich berichten, ich die Aufmerksamkeit der Medien habe. Aber es ist nicht hilfreich. Du musst dich auf das konzentrieren, worauf es ankommt." Paul Scholes, ehemaliger Mittelfeldspieler von Manchester United, nunmehr Trainer, über die Situation, wenn man gegen Lionel Messi, einen der besten Fußballer der Gegenwart, erfolgreich spielen will: „Es ist ein harter Test für deine Konzentration. Du kannst gegen ihn in jedem Augenblick wie Micky Maus aussehen. Es ist eine körperliche und mentale Herausforderung. Du hast deine Sinne völlig beisammen und in der Gegenwart zu halten. Keine Sekunde darfst du abschweifen!" Der kenianische Langstreckenläufer Eliud Kipchoge sagt: „Wenn du die nötige Demut vor dem Sport hast, ist Konzentration kein Problem. So funktioniert Sport!" Jack Niklaus, der US-Golfer: „Konzentration ist die beste Medizin gegen Nervosität und Ängstlichkeit!" Edwin Moses, der großartige US-Hürdenläufer: „Ich hatte ein Konzentrationslevel, durch das ich alles ausblenden konnte. Konzentration machte mich stärker, im Training wie im Alltag!"

10 Fragen zum Thema Konzentration im Wettkampf

1. Schaffe ich im Wettkampf den Tunnelblick mit allen Sinnen?
2. Richtet sich meine mentale Wettkampfvorbereitung darauf aus, mich auf das Wesentliche zu fokussieren?
3. Setze ich in jedem Wettkampf Prioritäten, auf die ich meine Sinne konzentriere?
4. Schreibe ich meine Wettkampfprioritäten auch auf?
5. Folgen meine Wettkampfprioritäten nicht nur der Vernunft, sondern berühren sie mich auch emotional?
6. Spreche ich wesentliche Erfolgsvoraussetzungen im Wettkampf immer wieder an?
7. Verfüge ich für den Wettkampf über klare, wirkungsvolle Signalwörter, die mich an meine Prioritäten erinnern?
8. Spüre ich die wichtigsten Bewegungsabläufe im Körper, ohne mich dazu bewegen zu müssen?
9. Lasse ich im Wettkampf und davor nur Ereignisse und Aussagen an mich heran, die ich für meine Wettkampfziele brauche?
10. Habe ich kurze, klare und präzise Ziel-Formulierungen für jeden Wettkampf?

Wieder beobachte ich mich im Wettkampf, davor und danach. Ich bleibe ehrlich und wertschätzend, wenn ich die Ergebnisse meiner Beobachtungen prüfe. Nicht immer entsprechen sie meinen Erwartungen! Ich hole auch das Feedback einer Vertrauensperson ein, die mein Verhalten und meine Ausstrahlung verfolgt hat. Beide Beobachtungen geben mir ein Bild, das meiner Innenansicht entspricht und zusätzlich die Sichtweise eines vertrauten Menschen, wie ich nach außen wirke. Ich vergleiche beide Ergebnisse mit den zehn Fragen zum Thema Konzentration. Wo erkenne ich ungenutzte Potenziale in Bezug auf Konzentration im Wettkampf?

Übungen zur Stärkung der Konzentrationsfähigkeit im Wettkampf

- **Konsequente mentale Wettkampfvorbereitung**

Für erfolgreiche Profis ist neben der körperlichen Vorbereitung auf einen Wettkampf die mentale und emotionale Vorbereitung selbstverständlich. Der kürzlich verstorbene US-Automobilrennfahrer Bobby Unser sagte: „Erfolg ist, wenn Vorbereitung und Chance aufeinandertreffen!" Ist der Geist vorbereitet, erkennt und nutzt er die Erfolgsmöglichkeiten, die sich im Wettkampf bieten. Mit Wachsamkeit und Konzentration nehme ich die Chancen klarer wahr und verwerte sie gezielter. Einzelne Schritte mentaler Wettkampfvorbereitung habe ich bereits ausführlich beschrieben. Hier nur eine kurze Replik: Mentale Wettkampfvorbereitung stimmt den Geist auf anstehende Aufgaben ein. Sie sensibilisiert die Sinne und aktiviert sie, sie präzisiert und fokussiert Gedanken und lenkt die Stimmung ins Positive. 4 Fragen liefern die Antworten, die zu Wettkampfzielen werden. Aber nicht nur auf Wettkämpfe bereitet sich der Geist vor. Auch in anderen wichtigen Vorhaben hilft sie, den Fokus zu lenken und zu intensivieren. Ich stelle Fragen und gebe mir ehrliche Antworten: WAS will ich hier genau? Kurze, eindeutige, für den Geist verständliche Formulierungen meiner Vorhaben statt Oberflächlichkeit! Fehlt meinem Ziel die Präzision, kann ich den Fokus unmöglich zum Tunnelblick verengen. Je kürzer und knapper formuliert, desto einfacher hat es der Geist. Was ich haben will, lässt sich in kurze, präzise Formeln fassen! Ist das Ziel klar, frage ich: WARUM oder WOZU will ich mein Ziel schaffen? Die Antwort weckt Gefühle und Emotionen, die ich mit meinem Ziel verbinde. Was wird sein, wenn ich das Ziel erreicht habe? Wie wird es sich anfühlen? Welche Emotionen treten auf? Gedanken und Emotionen beschreiben den persönlichen Sinn und Wert des Ziels.

WOMIT will ich mein Ziel erreichen? Was habe und kann ich, was setze ich ein? Auf welche Stärken stütze ich mich? Die Antworten fokussieren sich auf die Mittel, die mich in die Lage versetzen, mein Ziel zu erreichen. Sie beweisen: Mein Ziel ist realistisch. Ich verfüge über die Ressourcen, die ich brauche! Darauf fokussiere ich meine Sinne und Energien. WIE schaffe ich mein Ziel? Die Antworten legen die Art und Weise fest, wie ich im Wettkampf auftrete, wie ich agiere und die Instrumente einsetze. Sie beschreiben die Taktik, die auf meine Stärken abgestimmt ist und die Fähigkeiten optimal zum Einsatz bringt.

Mentale Wettkampfvorbereitung richtet den Fokus auf konkrete ZIELE, auf MOTIVE, die mich emotional und mental bewegen, auf die MITTEL, mit denen ich das Ziel erreichen will und auf die ART und WEISE, wie ich sie effizient einsetze. Innere Bilder, verbaler Ausdruck, Körpersprache, Sinne, Gedanken und Gefühle fokussieren sich auf das Ziel. Erfolgreiche Sportler und Sportlerinnen nehmen sich Zeit, sich die Ergebnisse ihrer mentalen Vorbereitungsarbeit aufzuschreiben. Sie verstärken den Fokus durch die starke Bindung ihrer Sinne.

- **Wörter und Gesten als Signale**

Lässt es die Zeit nicht zu, dass ich die Ergebnisse meiner mental-emotionalen Wettkampfvorbereitung aufschreibe, eignet sich eine kurze Version als mentale Fokus-Übung: Signalwörter! Ziel, Motive, Mittel und Einsatzart fasse ich in je ein, zwei Wörter. Nicht immer braucht es Sätze, um innere Bilder zu schaffen. Mentale Vorstellungen folgen auch Worten oder Gesten. Ich eigne mir diese mentalen und emotionalen Werkzeuge sukzessive im Training an und übe sie ständig, damit sie die erwünschte Wirkung erzielen. Nichts geht ohne Training und Wiederholung.

- **Der Tunnelblick**

Fokus auf Wesentliches ist eine Seite der Medaille. Im zweiten Schritt lerne ich, hinderliche, störende innere Zustände und äußere Einflüsse auszublenden. Im Leistungssport sind absichtlich oder unabsichtlich angezettelte Psychospielchen üblich. Jeder entscheidet für sich, ob er solche Spielchen braucht. Fokussiere ich mich auf die Prioritäten, die ich in meiner Wettkampfvorbereitung erarbeitet habe, oder lasse ich es zu, dass meine Aufmerksamkeit durch Einflüsse gestört wird, die für die Wettkampfleistung irrelevant oder gar schädlich sind? Sind meine vorbereitenden Rituale stark genug, um allen Ablenkungen standzuhalten? Schaffen Störungen sich Zugang zu den Gedanken und Sinnen? Tunnelblick-Training mittels Meditation und Training der Konzentrationskanäle stärkt die Fähigkeit, mich zu fokussieren. Meine Sinne halten mit der Zeit allen Anfechtungen von außen stand, die rund um den Wettkampf auf sie einströmen.

- **Spezifisches Konzentrationstraining der Sinne**

Jede Handlung, jedes Verhalten erfordert unterschiedliche Formen von Konzentration. Alle Konzentrationskanäle stehen auf dem Prüfstand. Je nach Art der Tätigkeit sind mal die Augen (visueller Kanal) gefordert, dann wieder liegt die Priorität auf dem Hören spezifischer Details (auditiver Kanal). Besonders bedeutend ist im Leistungssport der Fokus auf körperliche Bewegungsabläufe, der motorische Fokus. Gedanken- und Sprachfokussierung ist immer beteiligt. In welcher Kombination wir die Sinne brauchen, hängt davon ab, worauf wir unseren Fokus richten. Leistungssport stellt vielfältige Anforderungen. Die Fähigkeit, den Fokus lange aufrechtzuerhalten, erfordert auch Pausen. Jeder Wettkampf bietet Gelegenheiten für kurze Auszeiten. Die Konzentrationsinstrumente laden ihre Akkus wieder auf. Augen, Ohren, motorischer Fokus entspannen sich kurz. Störende Gedanken ziehen vorbei, der Kopf klärt sich. Jedes

Konzentrationstraining wechselt zwischen Aktivierung und Entspannung. Jeder Fokuskanal braucht spezielle Übungen. Das Training variiert nach Sportart. Viele Übungen wirken sportartübergreifend. Ihr Nutzen geht weit über den Sport hinaus.

Üblicherweise versteht man unter Konzentration, die Sinne auf wichtige Details zu zentrieren und zu halten. Die zweite Konzentrationsart ist der sogenannte Überfokus. Man erkennt den Wald vor lauter Bäumen nicht und verliert seine Sinne in Details. Dadurch gerät das übergeordnete Ziel in den Hintergrund. Mit der Zeit wächst der gefühlte Stress. Ich gebe viel für den Erfolg, verstricke mich jedoch zu sehr in Aktionismus, ohne das gewünschte Ergebnis zu ernten.

Als Unterfokus bezeichnen wir herkömmliche Konzentrationsprobleme. Ich fühle mich außerstande, die Sinne länger auf ein Ziel zu richten. Ich erkenne im Gegensatz zum Überfokus die Bäume vor lauter Wald nicht. Meist betrifft es Menschen, die vor allem oberflächlich wahrnehmen und einen exzellenten Überblick haben. Wettkampfdetails bleiben ihnen aber verborgen. Die Folgen: Flüchtigkeitsfehler! Sie erledigen alles zugleich und nehmen dabei zu viele Eindrücke gleichzeitig auf. Jeder Wettkampf braucht den steten Wechsel zwischen Über- und Unterfokus, zwischen Gesamtsicht und Detailblick. Die Sinne müssen die Wettkampfsituation erfassen, dürfen dabei aber entscheidende Einzelheiten nicht ignorieren.

Mentale Wettkampfvorbereitung bringt die Sinne auf das nötige Fokus- und Energieniveau. Jede Sportart fordert Fokussierung in unterschiedlicher Intensität und Weise. Es braucht beide Formen, Detailwahrnehmung und Übersicht. Jeder braucht seine Sinne auch außerhalb des Sports. Manche Menschen haben eine intensive visuelle Wahrnehmung. Sie sehen, was anderen oft entgeht. Andere stützen sich auf ihr Talent, die motorischen Bewegungsabläufe exakt zu erfühlen. Sie besitzen ein Gespür. Wieder andere verfügen in der auditiven Wahrnehmung über den ergiebigsten Trumpf. Ebenso breit gestreut sind Konzentrationsdefizite. Daraus erkennen wir die Übungsvielfalt, die zu unterschiedlichen Sportarten und Menschen passt.

Zur unmittelbaren Wettkampfvorbereitung wähle ich Übungen aus, die den Wettkampfanforderungen nahekommen. Im Training greife ich auch auf Übungen allgemeiner Natur zurück, die mit meiner Sportart nicht so kompatibel sind, aber die Sinne schärfen. Visuelle Anforderungen übe ich etwa durch das Lösen von Sudokus als willkommene Abwechslung im Trainingsalltag. Manche Computerspiele eignen sich dafür, die visuelle Wahrnehmung zu trainieren. Simple Hilfsmittel wie Würfel und Zahlen bieten ebenso Hilfestellungen für den visuellen Kanal. Auch die auditive Wahrnehmung und Konzentrationsfähigkeit wird sowohl durch spezielle als auch durch allgemeine Übungen gestärkt. Einzelne Töne und Geräusche aus einem Gewirr von akustischen Eindrücken herauszufiltern oder unterschiedliche Bewegungsabläufe auf bestimmte verbale Befehle, Töne oder Geräusche auszuführen gehört dazu. Besonders vielfältig im Sport sind die Übungen der motorischen Konzentrationsfähigkeit. Unzählige Bewegungsabläufe werden als Schattenbewegungen sowohl im Detail als auch zusammenhängend trainiert. Spitzensportlerinnen und – Sportler zeigen die Vielfalt bei der individuellen Wettkampfvorbereitung.

- **Ich gebe es mir schriftlich**

„Das hilft dir weiter, das gebe ich dir schriftlich!" Die Schriftform, das Aufschreiben, das Mitschreiben kennen wir aus der Schule als Mittel, Inhalte leichter und nachhaltiger zu lernen und zu merken. Wir notieren wichtige Inhalte, unterstreichen im Text noch die Prioritäten oder heben sie durch farbige Textmarker hervor. Die Inhalte werden zu Prioritäten. Sie geben dem Text eine Struktur. Erfahrene Sportlerinnen und Sportler üben Details ihrer Wettkämpfe und automatisieren komplizierte Abläufe. Dazu notieren sie Einzelheiten für den Wettkampf.

Eine mentale Übung: Am Ende der mental-emotionalen Vorbereitung des Wettkampfs schreibe ich mir die wichtigsten Wettkampfprioritäten auf. Manche Leute führen ihr Leben lang ein Tagebuch. Wichtige Ereignisse und Erfahrungen sind so für die Ewigkeit festgehalten. Mentale Wettkampfvorbereitung präzisiert Wettkampfziele. In Schriftform sind sie knapp formulierte, einprägsame Anleitungen. Vor großen Wettkämpfen herrscht oft ein mentales und emotionales Chaos. Aufschreiben sorgt für gedankliche Struktur. Sie gibt Orientierung und Sicherheit. Jeder Wettkampf stellt hohe Anforderungen an die geistige und körperliche Flexibilität. Je tiefer sich die Anweisungen einprägen, umso größer ist später die Sicherheit, umso positiver werden die Emotionen, die den Wettkampf begleiten. Wettkampfziele schriftlich festzulegen ist eine wirksame Konzentrationsübung. Viele verwenden die Schriftform für die Wettkampfanalyse danach. Die mental-emotionale Verarbeitung wird so eingeleitet, vollzogen und abgeschlossen.

KAMPFGEIST UND SIEGESWILLEN IM WETTKAMPF

"Schwierigkeiten und Probleme sollten Potenziale wecken, nicht entmutigen. Der menschliche Geist erstarkt durch Konflikte."
William Ellery Channing, 1780-1842, amerikanischer Schriftsteller

Interessant ist die Definition von „Kampf" im Online-Lexikon Wikipedia: „Eine Auseinandersetzung zweier oder mehrerer Parteien mit dem Ziel, einen Vorteil zu erreichen oder dem Gegenüber einen Nachteil zuzufügen." Kampf hat ein Ziel. Sportliche Wettkämpfe richten sich nur vordergründig gegen Konkurrenten und Hindernisse. Ihr Ziel ist in Wahrheit Erfolg! Was Athletinnen und Athleten mit Wettkämpfen gedanklich verbinden, läuft darauf hinaus, dass sie das Ziel und seine Anforderungen mit eigenen Fähigkeiten erfüllen. Jeder Wettkampf folgt Regeln, die den Kampf in fairen, geordneten, allgemein akzeptierten Bahnen halten. Brechen Wettkämpfer die Regeln, müssen sie mit Sanktionen rechnen.

Kampfgeist ist eine Geisteshaltung: kämpfen als Mittel, das ausschließlich fairen Grundprinzipien folgt. Sie stehen in einem Wertekatalog. Die Internet-Plattform „netzathleten.de" zählt einige Werte auf: Ethik, Fair-Play, Ehrlichkeit, Gesundheit, Leistungsorientierung, Charakter, Spaß, Erziehung, Freude, Teamgeist, Respekt gegen sich und andere, Einsatzbereitschaft, Engagement, Beachtung der Regeln im Denken und Handeln, Mut, Sinn für Gemeinschaft und Solidarität. Sportlicher Kampfgeist richtet sich nach diesen Werten und Grundprinzipien. Kampfgeist hat stets den nächsten Schritt im Sinn. Er richtet sich nicht gegen, sondern auf eine Hürde, die im Weg steht. Die Gedanken sind im Hier und Jetzt. Sie richten sich auf die nächsten Meter des Weges. Kampfgeist lebt vom bedingungslosen Willen, den nächsten Schritt zu tun. Verbale Ausdrucksweise und

Körpersprache richten sich auf kurzfristigen Erfolg, die Überwindung möglicher Hürden, den nächsten Schritt. Mimik, Gestik, Wortwahl, Körperhaltung sind fokussiert und drücken die Entschlossenheit aus. Mentale, emotionale und physische Energien sind bereit. Die Intensität ist äußerlich wahrnehmbar. Teil des Kampfgeistes ist, verbrauchte Energien schnellstmöglich zu erneuern. Jede Gelegenheit wird dazu genutzt. Sie bietet sich durch Wettkampfpausen oder Auszeiten. Echte Wettkämpfer agieren energiebewusst. Kampfgeist richtet sich auf Prioritäten, die durch die aktuelle Situation bestimmt sind. Sportlerinnen und Sportler leben ihren Kampfgeist. Bei näherer Beobachtung tun sie oft zu viel. Sie vergeuden Ressourcen, weil sie – im übertragenen Sinne – mit Kanonen auf Spatzen schießen. Kampfgeist schont die körperlichen, emotionalen und mentalen Energien und bündelt sie. Trotz aller Ernsthaftigkeit und Ehrgeiz begleiten ihn positive Emotionen, der unbedingte Glauben ans Gelingen. Kampfgeist ist eine offensive, auf ein Ziel gerichtete Kraft. Manchmal richtet er sich auch auf die Abwehr eines Angriffs oder eines Nachteils. Grundsätzlich will er aber etwas erreichen statt etwas zu verhindern.

Unterschiede zwischen Kampfgeist und Siegeswillen zeigen sich in wichtigen Phasen eines Wettkampfs. Kampfgeist richtet sich auf Überwindung äußerer und innerer Hindernisse, der Siegeswillen lenkt den Fokus auf das Wettkampfziel oder die aktuelle Wettkampfphase. Denken, Emotionen, Handlungen, Verhalten gelten dem Ziel hinter dem Hindernis. Siegeswille und Kampfgeist fokussieren sich auf die geistig-emotionale Umsetzung eines Vorhabens, eines Weges, eines Plans. Das Wesentliche des Moments steht im Mittelpunkt. Beim Siegeswillen ist dieses Wesentliche das Ziel, beim Kampfgeist der nächste Schritt. Auch wenn die Vernunft das Handeln und Denken steuert, sind positive Emotionen wichtige Energielieferanten. Das Vertrauen in sich selbst und der Fokus auf die Chancen, die der Wettkampfverlauf bietet, stehen im Zentrum. Immer mit einem Plan als geistige Struktur, der strikt eingehalten wird. „Wir haben unsere

Taktik zu hundert Prozent umgesetzt!" Das charakterisiert den Siegeswillen. Ein mentaler Pfeiler des Siegeswillens ist der Sinn, der mit der Erreichung des Ziels verbunden ist. Motive der Sportlerinnen und Sportler, sich auf den Weg zum Ziel zu machen.

Kampfgeist und Siegeswillen begleiten nicht nur den Wettkampf, sondern eine ganze Karriere. „Du kämpfst und machst immer weiter, dann kommst du eines Tages dorthin, wohin du willst!", sagt die japanische Ausnahme-Tennisspielerin Naomi Osaka. Rückschläge hinnehmen und trotz allem weiterkämpfen ist das Lebensmotto. Legendär ist der Spruch von James Corbett (1866-1933), bekannt unter dem Namen „Gentleman Jim" aus dem Film „Der freche Kavalier". Um die Mitte des vorigen Jahrhunderts zeigte dieser Film die Lebensgeschichte dieses Sportlers. Vor mehr als hundert Jahren machte Corbett das „Konterboxen" salonfähig und feierte damit Erfolge: „Du wirst ein Champion, wenn du eine Runde länger kämpfst, eine Runde mehr durchhältst." Abseits des Sports ist beispielsweise ein Zitat von Abdul Kalam, dem elften Präsidenten der Republik Indien, interessant: „Höre nie auf zu kämpfen, bis du die Bestimmung des Lebens erreichst. Kämpfe um deine Einzigartigkeit. Verfolge dein Lebensziel, steigere dein Wissen, arbeite konsequent und ausdauernd, damit du deinen Lebenstraum verwirklichen kannst!"

Fragen zum Thema Kampfgeist und Siegeswillen im Wettkampf

1. Empfinde ich Hindernisse und Hürden als Herausforderungen oder als Probleme?
2. Überlege ich mir angesichts von Rückschlägen andere Optionen, um der Situation wirkungsvoll zu begegnen?
3. Bleibe ich unverdrossen und arbeite weiter, wenn zählbare und spürbare Erfolge über einen längeren Zeitraum ausbleiben?
4. Achte ich angesichts von Problemen darauf, meine Energie noch effizienter einzusetzen?

5. Stelle ich mir vor, wie es sich anfühlen wird, wenn ich ein Problem beseitigt oder überwunden haben werde?
6. Trage ich auch dann, wenn ich hohen Hürden begegne, meine Vision und mein Ziel immer im Kopf und im Herzen?
7. Verbinden mich positive Emotionen mit meinem fernen Ziel?
8. Kann ich auch in scheinbar aussichtslosen Situationen starke positive Energien mobilisieren?
9. Halte ich auch angesichts scheinbar mächtiger Hürden am eingeschlagenen Weg fest und verfolge meinen Plan?
10. Bin ich bereit, meinen Plan der Situation anzupassen, wenn es nicht anders geht?

Sie beobachten sich wieder selbst vor und in Wettkämpfen oder anspruchsvollen Situationen. Seien Sie ehrlich, bleiben Sie wertschätzend, auch wenn Sie mit den Resultaten Ihrer Beobachtungen nicht einverstanden sind. Holen Sie das Feedback einer Vertrauensperson ein, die Ihr Verhalten, ihre Ausstrahlung konzentriert und achtsam verfolgt. Anhand der Ergebnisse beider Beobachtungen erhalten Sie ein Bild Ihrer Innenperspektive und auch die Ansicht eines vertrauten Menschen, wie Sie nach außen wirken. Vergleichen Sie die Ergebnisse mit vorstehenden Fragen. Erkennen Sie ungenutzte Potenziale in Bezug auf Kampfgeist und Siegeswillen im Wettkampf?

Übungen zur Stärkung des Kampfgeistes und Siegeswillens im Wettkampf

- **Kampfgeist und Siegeswillen sehen, hören, spüren**

„Was für ein toller Fight", schwärmen Zuschauer und Kommentatoren. Sie bewundern nicht nur die sportliche Qualität, sondern auch den Spirit der Sportlerinnen oder Sportler. Das Publikum zeigt sich beeindruckt von der kämpferischen Darbietung. Prägen Kampfgeist und Siegeswillen einen Wettkampf, wirkt er attraktiv. Dafür gibt es sogar im Falle einer Niederlage

Beifall! „Eines muss man ihnen lassen, gekämpft haben sie bis zum Ende!" Sportliche Kontrahenten drücken ihren Respekt aus. Wodurch wirken denn Kampfgeist und Siegeswillen so attraktiv? Was imponiert dem Publikum und der Konkurrenz? Kampfgeist und Siegeswillen sind abstrakt, drücken sich aber durch die gelebte Praxis aus. „Was ich von euch in der zweiten Spielhälfte erwarte ist, dass ihr kämpft und zeigt, dass ihr etwas erreichen wollt", adressiert der Trainer in seiner Halbzeit-Ansprache an sein Team. Wir geben der Theorie eine praktische Handlungsanweisung! Wie zeigt sich Kampfgeist, wie zeigt sich Siegeswillen? Wie fühlen beide sich an? Welche Aktionen sind typisch? Welche Gedanken, Worte? Welche Körpersprache? Wie ist der Zustand der körperlichen Energie? Was strahlen Athletinnen und Athleten aus? Worauf fokussieren sie sich? Wie verhalten sie sich in den entscheidenden Momenten?

Es lohnt sich, ein klares Bild und ein intensives Gefühl dafür zu bekommen, wie Kampfgeist und Siegeswillen in der Praxis funktionieren! Durch die Beschreibung hat der Geist Anhaltspunkte, was dafür zu tun ist! Eine Gebrauchsanweisung für das Denken und Verhalten, etwa zehn Sätze im Umfang. Stellen Sie sich die Praxis von Kampfgeist und Siegeswillen im Geiste vor. Wie könnte es aussehen, wenn Ihr nächster Wettkampf davon geprägt ist? Seien Sie nicht oberflächlich, und geben Sie sich nicht mit Statements zufrieden, die Sie innerlich unberührt lassen! Achten Sie darauf, ob sich Ihr Körper bei intensiver Vorstellung von Kampfgeist und Siegeswillen bewegen will. Überkommt Sie eine Lust, beim nächsten Training Ihre Vorstellungen umzusetzen? Dann zeige ich im Wettkampf, was ich im Training praktiziere! Trainieren Sie konkret Kampfgeist und Siegeswillen! Zuerst in der Theorie, dann im praktischen Training. Wenn Sie wissen und spüren, wie Kampfgeist und Siegeswillen aussehen und sich anfühlen, fällt es leichter, sie praktisch einzusetzen.

- **Flexible und kreative Problemlösung**

„Das Problem, das sich dir in den Weg stellt, vergrößert sich scheinbar, wenn du ihm Energie schenkst, statt ihm langsam und stetig die Kraft zu nehmen!" Mit anderen Worten: Denke und handle lösungsorientiert und mit Augenmaß. Kampfgeist und Siegeswillen erzielen immer Wirkung. Sie gehen zwar Umwege, erhöhen kurzzeitig den Energieeinsatz. Das Ziel bleibt unverändert, die ursprüngliche Entscheidung ist unantastbar. Der Weg kann sich ändern, nicht das Ziel. Man denkt alternativ. Viele Wege führen zum Ziel. Es beizubehalten und stärker ins Auge zu fassen, damit es im Trubel des Alltags nicht aus den Sinnen gerät, ist eine Stärke wahrer Meister. Kampfgeist kämpft nicht nur, er denkt auch. Kampf und Geist!

Siegeswillen verbündet Willen mit Vernunft. Er erfasst die Situation und lenkt die mentale und emotionale Energie zum Ziel hinter der Hürde. Was soll sein, nachdem ich das Problem gemeistert haben werde? Das Ziel in der Ferne bleibt Hauptthema, wie das kurzfristige Ziel, zu dem mir ein Hindernis temporär die Sicht nimmt. Ich denke und handle in kleinen Schritten und gewinne neue Einsichten, weil ich die richtigen Instrumente zum Einsatz bringe. Immer flexibel bleiben! Alpinisten bewältigen schwere Passagen durch geistige und physische Flexibilität. Tiere überleben unter lebensfeindlichen Umständen, weil sie sich Umständen anpassen und Wege suchen, die ihr Überleben sichern. Menschen überstehen die schwierigsten Situationen und entpuppen sich als Stehaufmännchen, weil sie nach jedem Sturz wie durch Zauberhand auf ihren Füßen zu stehen kommen und nur geringe Blessuren erleiden. Körperliche Flexibilität nützt mehr, wenn auch der Geist beweglich ist. Wenn er an die Limits geht und Vorteile erkennt. Beweglichkeit äußert sich im Wortschatz, den ich in schwierigen Situationen gebrauche. Je mehr positive Wörter ich zur Verfügung habe, umso eher formuliere ich Lösungen. Je flexibler ich mit der Zeit und mit der Energie umgehe, umso weniger verliere ich bei Wendungen des

Schicksals die Fassung. Je klarer die Lösung im Kopf ist, umso zielgerichteter strebt der Körper sie an. Je flexibler der Körper, umso mehr Lösungsmöglichkeiten bietet er dem Geist. Je größer die geistige Flexibilität, umso vielseitiger die Suche nach Auswegen. Klare Gedanken, positive Emotionen im Getümmel des Wettkampfs erkennen ihre Chancen. Mentale Trainingsarbeit erfordert Schweiß, ehe für Kampfgeist und Siegeswillen die mental-emotionale Basis geschaffen ist. Das bedeutet: Training innerhalb und außerhalb der Arena.

- **Das unsichtbare geistig-emotionale Band zum Ziel**

Geist und Herz sind auf Erfolg ausgerichtet. Der Weg erscheint trotz aller Strapazen attraktiv, wenn man den persönlichen Sinn darin findet. Nichts ist so frustrierend wie sinnleeres Lernen oder Trainieren. Im Wettkampf aktiviert man nicht genügend Energie und Fokus, um Hürden zu meistern. Die Frage nach „Warum?" und „Wozu?" ist nicht beantwortet. Die Antwort wäre die geistig-emotionale Spitze im Unterbewusstsein. Lässt man sich auf die Frage ein, fördert sie Gedanken und Gefühle zutage. Die mentale und emotionale Bindung zum Ziel entsteht. Der Schutt täglicher Mühen wird abgetragen. Der Sinn des Weges erschließt sich. Er ist der Treibstoff, der die Energie für Kampfgeist und Erfolgswillen liefert. Diese mentale Übung ist einfach und kompliziert zugleich. Ich stelle mich dem Frage-und-Antwort-Spiel des „Warum?" und „Wozu?". Oberflächliche Antworten wecken keine oder zu schwache Emotionen. Diese Übung funktioniert auch abseits der Trainingsarbeit. Mit etwas Ausdauer zeigen sich bald überraschende Folgen. Tiefgehende Antworten auf die Fragen aktivieren Kampfgeist und Erfolgswillen. Sie können mich unvorbereitet treffen. „Ich wusste nicht, wozu ich fähig bin!" Ich kannte die Bedeutung des Ziels. Aber das Maß der Intensität erreicht ein neues Level, wenn ich erfahre: Warum? Wozu? Antworten, deren Wirkung Geist und Herz völlig neu ausrichten.

- **Lichtblitze vor Ort**

Kampfgeist und Erfolgswillen geht die Luft aus, wenn der Erfolg lange auf sich warten lässt. Ich erinnere daran, wieviel Energie und Kraft es fordert, welche positiven Gedanken und Emotionen nötig sind, um Kampfgeist und Erfolgswillen zu aktivieren. In der Hitze des Gefechtes brauche ich das Gefühl, wenigstens für Augenblicke obenauf zu sein, statt sich permanent in Abwehrposition gegen die Niederlage stemmen zu müssen. Hoffnung ist eine Energiequelle. Langfristiger Erfolg braucht Hoffnungsschimmer. Die Lichtblicke in einem Wettkampf liefern sie. Jedes Training ist geeignet, das Gefühl für Blitzlichter zu schulen. Hängen schon im Training die Schultern, resigniere ich vor den Zuständen. Steht im Wettkampf viel auf dem Spiel, halte ich der Belastung nicht stand. Ich breche emotional ein, statt kleine Erfolge bewusst zu erleben, zu kämpfen und zu zeigen, dass ich Erfolg mit jeder Faser des Geistes und des Herzens will.

GEDANKENKONTROLLE IM WETTKAMPF

„Du befindest dich heute dort, wohin deine Gedanken dich gebracht haben. Du wirst morgen dort sein, wohin deine Gedanken dich bringen!"

James Allen, 1864-1912, britischer Schriftsteller
(Bücher zu Entwicklung von Persönlichkeit und Motivation).

Mein Gehirn denkt immer. Dazu ist es da. Es nimmt seinen natürlichen Auftrag ernst. Denken ist seine Kernkompetenz. Ich habe keine völlige Kontrolle darüber, woran und wie ich denke. Bilder, Worte, Vorstellungen drängen sich nach vorne und verblassen wieder. Äußere Ereignisse und innere Zustände lösen Gedanken aus. Vorstellungen steigen aus dem Unterbewusstsein und beschäftigen das Denken. Innere Bilder schwirren ausgerechnet dann herum, wenn ich im Begriff bin, schwierige Aufgaben zu bewältigen. Sie können mich daran hindern, zielkonform zu agieren. Aber sie können erfolgreiche Aktionen auch unterstützen. Mir fehlt der hundertprozentige Einfluss darauf, welche Gedanken mir durch den Kopf gehen. Aber ich kann bewusst auf sie einwirken. Der Umgang mit Gedanken unterscheidet sich von Mensch zu Mensch. Die Antworten auf zwei Fragen zeigen die Art des Umgangs:

1. Was geschieht um mich herum und in mir?
2. Wie gehe ich damit mental und emotional um?

Mancher Mensch reagiert auf ein Ereignis, einen Zustand zumindest nach außen hin unbeeindruckt. Andere flippen angesichts desselben Ereignisses emotional völlig aus. Sie reagieren emotional positiv oder auch negativ. Ein- und derselbe Zustand ruft unterschiedliche Reaktionen hervor. Ereignisse an sich sind neutral. Der Unterschied ist, wie man damit umgeht, wie man in Anbetracht bisheriger Erfahrungen darüber denkt und welche Folgen dieses Denken auf das Verhalten und Handeln hat. Ziel der Gedankenkontrolle ist nicht, sie zu stoppen, sondern das situativ passende Handeln zu unterstützen. Das Lenken der Gedanken ist eine bewusste geistige Tätigkeit. Im Wettkampf lautet die Aufgabe daher, die Gedanken so zu steuern, dass sie die Arbeit für das Wettkampfziel unterstützen oder zumindest nicht behindern. Die Frage ist, ob man das Denken so gestalten kann, bis das Ziel erreicht ist. Ziel der Gedankenkontrolle ist situationsgerechtes Denken, sooft und solange es möglich ist.

Gedanken kommen selten völlig aus dem Nichts. Ereignisse, Vorstellungen, Orte oder Menschen bewirken mentale Reaktionen. Erinnerungen an Erlebnisse stellen sich oft durch Assoziationsketten ein. Ein Gedanke löst den nächsten aus. Manche sind mit Emotionen verbunden. Häufig haben die plötzlich auftretenden Gedanken mit dem Auslöser selbst wenig zu tun. Es reicht eine Ähnlichkeit, damit sich Gedankenketten bilden. Der Geist ist aktiv und sucht sich Wege, die wir nur begrenzt beeinflussen können. Die vorherrschende Mentalität und die Stimmung des Moments bestimmen Inhalte und Qualitäten. Es hat aber wenig Sinn, Gedanken zu unterdrücken. Es wäre eine aussichtslose Auseinandersetzung mit der eigenen Mentalität. Sie macht mich zu dem, was ich heute bin. Was wir bekämpfen, leistet Widerstand! Je hartnäckiger ich während eines Wettkampfes hinderliche Gedanken bekämpfe, umso mehr beschäftigen sie mich und kosten mich mentale Energie. Gegen eigene Gedanken zu kämpfen ist, als wäre ich ein mentaler Don Quixote, der vergeblich und sinnlos den Kampf gegen Windmühlen aufnimmt. Gedanken kommen und gehen, gleich einem lebenslangen geistigen Strom. Manche erscheinen häufig, mit hoher Intensität. Andere sind nur flüchtig und kehren nach einem kurzen Aufflackern in die Tiefen des Unterbewusstseins zurück. Erst Ereignisse, Menschen, Situationen oder Glieder einer Gedankenkette holen sie wieder ins aktive Bewusstsein.

Erfolg im Wettkampf ist die Folge der Beachtung vieler Details. Die Erfüllung ungeschriebener Wettkampfregeln ist gehört entscheidend dazu. Das gilt für die Wettkampfgedanken ganz besonders. Kann man die Gedanken auf Knopfdruck beeinflussen? Schaffe ich Gedankendisziplin im Wettkampf? Die Lösung ist nicht, an etwas NICHT zu denken, sondern ANDERS zu denken! Zielgerichtetes Denken ist Teil des Konzentrationsvorgangs. Mentale Aufgabe ist, den Gedankenfokus zu halten. Wie beim Fokus der Sinne geht es darum, Gedanken über längere Zeit auf eine Sache zu richten und dort zu halten. Das kostet Energie. Deshalb braucht das Gehirn Pausen, in denen der Fluss der Gedanken frei fließt. Auch im intensivsten Wettkampfgeschehen gibt es Momente, die ich dafür nutzen kann. Ich atme tief durch und lasse dem Strom der Gedanken für einige Momente freien Lauf, um ihn anschließend einzusammeln und zurück in die Bahnen des Wettkampfs zu lenken. Gedankenfokus braucht ein Ziel. Der Gedankenfluss lässt sich nicht abstellen, aber lenken. Ich beschäftige das Gehirn gezielt. Dabei helfen mir Zielgedanken. In einem Wettkampf und in anderen wichtigen Situationen ist es ein vorbereitetes und antrainiertes Denkprogramm. Um die Bereitschaft dafür zu wecken, muss das Programm attraktiver sein als potenzielle Störungen. Ein Denkschema, subjektiv so interessant, dass Ablenkungen abprallen. Sogar dann gibt es noch kurze gedankliche Verirrungen, aber die Rückkehr zu dem, was jetzt zu denken und zu tun ist, fällt leichter. Ist eine Störung subjektiv interessant und bedeutsam, schafft sie es, meine Aufmerksamkeit länger zu binden. Da die Bewegungen des Körpers vom Geist gesteuert sind, werden sie unpräzise. Die Fehlerquote steigt. Es kostet Mühe, die Gedanken zu ordnen und das Störende auszublenden, bis die Aufgabe erledigt ist. Gedankenmanagement ist gefordert. Störungen entstehen nicht nur durch Einwirkungen aus der Umwelt. Auch innere Störer sind aktiv. Das Unterbewusstsein spielt Streiche. Es ruht nie. Selbst im Schlaf wirkt es in Träumen. Sinnlos ist die Selbstanweisung: „Denk nicht dran!" Manche kennen die Story vom rosaroten Elefanten. Fordert uns jemand auf, nicht an ein solches Tier zu denken, taucht es wie auf Befehl im Kopf auf, setzt sich fest und lässt sich nicht so einfach wieder verscheuchen. „Denk nicht daran" steht für den vergeblichen Versuch, Gedanken von einer Sache wegzulenken.

Wie beim Konzentrationsvorgang ist es effektiver, sich vor einem Wettkampf Gedankenziele zu setzen. Gedankenprioritäten für das Wettkampfziel. Jeder hat seine individuelle Denkweise. Danach richten sich Gedankenziele. Stehe ich vor einer herausfordernden Aufgabe, bestimme ich meine Denkziele. Wörter, innere Bilder, Gegenstände, Personen usw. Wie kann ich die Prioritäten des Wettkampfs am besten ausdrücken und mir merken? Ich setze Schwerpunkte und präge sie mir vor Wettkampfbeginn ein. Schleichen sich später geistige Ablenkungen ein, die mein Denken und Handeln stören, greife ich auf mein Gedankenprogramm zurück und hefte geistige Bilder daran. Champions üben Gedankenkontrolle im Training. Gedankenmanagement wird zu einer Fähigkeit, die den Ausgang des Wettkampfes entscheidend beeinflusst und die Wettkampfmentalität stärkt.

10 Fragen zum Thema Gedankenmanagement im Wettkampf

1. Verfüge ich über ein trainiertes Gerüst an positiven Gedanken und Worten, das ich bei der Bewältigung herausfordernder Aufgaben einsetze?
2. Bereite ich mich nicht nur körperlich, sondern auch mental und emotional auf Herausforderungen vor?
3. Sorge ich vor dem Start für einen Plan, der festlegt, was ich selbst beeinflussen kann, und halte ich mich an ihn?
4. Kenne ich meine bevorzugten Arten von geistigen Vorstellungen, wie etwa Texte, Bilder, Erinnerungen, Bewegungen u.a?
5. Nutze ich Erlebnisse, Erfahrungen und Erinnerungen selektiv für meinen Erfolg?

6. Gelingt es mir, mich in schwierigen Situationen völlig auf mich selbst, auf meine Gedanken und Gefühle zu fokussieren?
7. Gehe ich vor allem im Vorfeld von Projekten, die Kraft und positive Einstellung erfordern, sehr selektiv mit Einflüssen von außen um?
8. Kann ich aus negativ empfundenen Erlebnissen und Erfahrungen die positiven Anteile herausfiltern, die mich in der Entwicklung weiterbringen?
9. Verfüge ich über einen umfangreichen, positiven Wortschatz?
10. Bin ich in der Lage, meine positiven Gedanken und Vorstellungen in ein positives Körpergefühl umzusetzen?

Selbstwahrnehmung ist ein wichtiger Schritt zum Selbstbewusstsein! Beobachten Sie sich vor Wettkämpfen oder während eines Wettkampfs. Seien Sie ehrlich! Bleiben Sie wertschätzend, wenn die Ergebnisse Ihrer Wahrnehmung nicht Ihren Vorstellungen entsprechen. Holen Sie das Feedback einer Person des Vertrauens ein, die Ihr Verhalten, Ihre Ausstrahlung konzentriert und achtsam verfolgt. Die Ergebnisse beider Wahrnehmungen liefern ein Bild, das Ihre Innenansicht zeigt und zusätzlich die Sichtweise eines anderen Menschen enthält. Es dokumentiert, wie Sie nach außen wirken. Vergleichen Sie die Ergebnisse mit den zehn Fragen. Zeigen die Antworten Potenziale in Bezug auf Ihr Gedankenmanagement?

Übungen zur Bildung eines Gedankenmanagements im Wettkampf

- **Gedankenproviant**

Das Leben gleicht einer Reise! Wer eine Reise macht, bereitet Proviant vor und sorgt für passendes Reisegepäck. Dazu gehört Nahrung für den Weg, um die Energiezufuhr zu sichern. Der Körper braucht regelmäßig Nahrung. Sonst ist physische Leistung auf Dauer unmöglich. Auch Geist und Seele benötigen

Energie. Ignoriere ich dies, spüre ich bald die Folgen. Der Geist bewegt den Körper und steuert dessen Leistungsfähigkeit. Jeder Mensch hat Lieblingsspeisen. Auch für Geistesnahrung hat er bestimmte Vorlieben. Während und vor Wettkämpfen achten Athletinnen und Athleten auf eine leistungsfördernde Ernährung von Körper und Geist. Für den physischen Bereich gibt es viele Empfehlungen, die die körperliche Leistungsfähigkeit unterstützen. Weniger geläufig sind geistige Nahrungsmittel. Worte, Sätze, innere Bilder, Vorstellungen, die die Leistungsbereitschaft der Athletinnen und Athleten fördern und positive Emotionen anregen. Erfolgreiche und erfahrene Sportlerinnen und Sportler legen sich eine Sammlung mentaler Nahrungsmittel zu, die den Geist beweglich und wachsam halten und ihn in Wettkampfstimmung bringen. Wie die physische Nahrung mobilisieren oder kosten Gedanken Energie. Es braucht die Übung und den Willen, sie zu trainieren. Positive, nährende Worte wirken anregend, werden sie zur rechten Zeit am richtigen Ort eingesetzt. Sie motivieren müde Geister und erhellen die Stimmung. Jeder Mensch, Sportler oder nicht, sollte darauf achten, welche Worte, Bilder oder Gedanken die Stimmung ins Positive lenken, wenn der geistige Faden verloren geht. Dieser Fundus mentaler Ressourcen bietet für den Wettkampf oder andere Aufgaben den geistigen Proviant.

- **Proaktives Lösungsdenken**

Erfolgreiche Menschen denken ihren Karriereweg vom Ende her. Sie setzen sich Ziele, machen Pläne, gehen in der Vorstellung jene Etappen durch, an denen sie Probleme erwarten. Sie erarbeiten proaktiv Lösungen und fassen sie in Worte, Gesten oder Körpersprache. Sie entwerfen ein Wenn-Dann-Szenarium. Tritt die Situation ein, reagiere ich so. Sie antizipieren Hürden und erleben deren Bewältigung in Worten und Bildern vorab. Die Reise durch einen Tunnel wird erhellt durch ein Ziel, das vom Ende her leuchtet. Durch Antizipation der Probleme erscheinen sie in einem positiveren Licht. Dunkle Bilder in hellem Rahmen. Der

Rahmen sind Gedanken und Worte, die Lösungen vorwegnehmen. Keine Problemschreibung, kein Bedauern im Voraus, keine vorausahnenden Sorgen. Die Gedanken der Zukunft prägen positive Bilder, die sich auf Lösungen richten statt auf Probleme.

- **Bei sich bleiben, egal was geschieht**

Es ist schwierig, immer Ruhe zu bewahren und gelassen zu agieren. Vor allem, wenn man sich im Rückwärtsgang befindet, statt sich nach vorne zu bewegen. Man will aktiv sein und empfindet sich als Wettkampfpassagier. Doch gerade jetzt bleibt man gedanklich bei sich. Wie auf einer Sandbank im Strom der Ereignisse harrt man aus, besinnt sich auf Eigenes. Worauf reagiert das Gehirn? Worte, Bilder, Empfindungen? Ich greife auf die Art zurück, wie ich die Dinge bevorzugt wahrnehme. Was löst in mir intensive Wirkungen aus? Was tut mir jetzt gut? Die Gestalt des Robinson Crusoe, geschaffen von Daniel Defoe, mag ein Vorbild sein. Nach dem Schiffbruch, allein ausgesetzt auf einer einsamen Insel, schafft sich Robinson Schritt für Schritt Bedingungen, die ihm das Überleben sichern. Er verwendet die Ressourcen, die er vorfindet und lebt zeitlich im Jetzt, statt sich emotional und mental in der Vergangenheit oder Zukunft zu verlieren. „Bei sich sein" nennen es Sportlerinnen und Sportler. Die Situation mental und emotional annehmen. Den Fokus auf wenige Worte, Bilder und Gefühle richten, den Kopf hochhalten und aktiv bleiben. Energetisch auf Sparflamme schalten, während rundherum Stürme toben.

Ich erinnere mich beim Schreiben dieser Zeilen an meine Kindheit. Hoch oben auf dem Berg. Wenn in Unwettern die Blitze zuckten und der Donner ohrenbetäubend grollte, konzentrierten sich die Menschen auf den Klang der Wetterglocke im nahen Kirchturm. Sie hallte im Inneren nach. Nicht das Getöse der Elemente fand innere Resonanz, sondern der helle Ton des Geläuts, das tiefe Empfindungen auslöste und uns half, Ängste und Sorgen durchzustehen, bis sich die Natur beruhigt hatte. Den

Fokus der Gedanken auf sich gerichtet. Auf innere Empfindungen, eine sanfte äußere Stimme, die die Saiten eigener Gefühle mitschwingen ließ. Sie schafften eine innere Ruhe, die es schaffte, emotional und mental das Wüten der Gewalten zu ertragen.

- **Blicke und Gefühle für Highlights schärfen und sie mental nutzen**

Das Leben führt durch Höhen und Tiefen. Sport ist Leben auf exponierter Bühne. Spitzensport bedeutet leben in Extremen. Persönlichkeitsanteile des Wettkämpfers verschaffen sich Geltung, die sie im täglichen Zusammenleben nicht erhalten. Sie fokussieren die mentale und emotionale Energie auf Erfolg. Im Alltag tritt die Wettkampfpersönlichkeit nur in Aktion, wenn Gefahr droht oder sich die Chance für neue Erfahrungen bietet. Viele sportliche Biografien zeigen diese Aufs und Abs. Doch in der schwersten Niederlage, im größten Rückschlag steckt der Keim für künftige Erfolge. Niederlagen und Erfolge sind Nachbarn auf demselben Gelände. Sieger erkennen verborgene Hinweise im Misserfolg. Sie deuten zukunftsweisende Signale richtig, setzen Aktionen, damit Erfolg wachsen kann. Erfolgreichen Wettkämpfern sagt man eine selektive Wahrnehmung nach. Ihr Fokus gilt auch nach Niederlagen den Leistungsanteilen, in denen künftige Siege stecken. Der Siegesfokus beflügelt ihr Denken, Fühlen und Handeln. Gleich Pfadfindern sucht der Geist nach Indizien vergangener Wettkämpfe, die künftige Erfolge möglich erscheinen lassen. Sie erleben die Höhepunkte immer wieder, in denen Fähigkeiten und Eigenschaften aufblitzen, die für Erfolge in der Zukunft stehen können. Sie trainieren ihren Geist darauf, in negativen Erfahrungen Positives zu erkennen, Gedanken und Gefühle auszurichten auf Erfolge. Jeder Wettkampf hat Höhen und Tiefen. Statt sich gedanklich und emotional durchhängen zu lassen, ergreifen sie geistig die Highlights und prägen sie sich ein. Als Navigatoren für den Weg in eine erfolgreiche Zukunft.

- **Rituale als Gedankenträger**

Äußere Einflüsse beschäftigen den Geist. Umfeld, Publikum, Witterung oder andere Faktoren wirken auf die mentale und emotionale Verfassung des Sportlers, der Sportlerin. Die gedankliche Ordnung gerät aus der Balance. Wichtiges verblasst. Rituale helfen, die mentale Stabilität zu bewahren. Sie errichten einen mentalen Schutzschild, der störende und negative Einflüsse ausblendet. Niemand kann zur selben Zeit mehreren Gedanken die volle Aufmerksamkeit schenken. Fokussiere ich Denken und Verhalten auf eingeübte Handlungen, dringen störende Einflüsse nicht ins Bewusstsein. Rituale beschäftigen Kopf und Körper. Sie bremsen mentale Ausflüge zu unwichtigen Dingen.

KONTROLLE DER EMOTIONEN IM WETTKAMPF

Gegner nerven, das Publikum ist unruhig, Regen, Wind, viele äußere Umstände belasten die Stimmung. So positiv sie zum Start des Wettkampfes sein mag, sie schwankt. Pessimismus gesellt sich zur schlechten Laune noch dazu. Verläuft der Wettkampf nicht nach Wunsch, ist das Wasser auf die Mühlen der negativen Emotionen. Der mentale Fokus bricht zusammen. Der emotionale Deckel geht zumindest langsam hoch. Verschaffen sich die Emotionen Luft, ist dagegen nichts einzuwenden. Wichtig ist, dass ein emotionaler Ausbruch im Rahmen sportlicher Regeln stattfindet und anschließend wieder innere Ruhe einkehrt. Sonst spielen die Emotionen der Konkurrenz in die Karten. Sie bremsen die eigene Leistung. Probleme treten in den Vordergrund. Die Chancen auf deren Lösung schwinden.

Emotionale Regulationsfähigkeit – so bezeichnen Fachleute die Kompetenz, auch unter widrigen Umständen emotional stabil zu bleiben und am vorgefassten Plan festzuhalten. Die Emotionen zu unterdrücken ist kein Erfolg versprechender Weg. Sie gehören zur menschlichen Natur und schaffen sich, bleiben sie über längere Zeit unbeachtet, Luft. Unterdrückte Emotionen kosten wertvolle Energie, die man anderweitig benötigt. Die Fähigkeit zur Regulation der Emotionen wirkt auf den Verlauf und den Ausgang von Wettkämpfen. Kann ich Gefühle und Emotionen kanalisieren, beeinflusse ich den Wettkampfverlauf günstig. Vor allem, wenn die Konkurrenz dieses mentale Instrument nicht aktivieren kann. Jede emotionale Regulation richtet sich auf das Erkennen, sowie die Beeinflussung der Dauer, der Intensität und der Qualität der Emotionen. Jeder kann Emotionen zum Erreichen von Zielen bewusst einsetzen oder sich ihnen passiv ausliefern. Emotionen sind an sich weder positiv noch negativ. Die Einflüsse, die Emotionen auslösen, fühlen sich zwar positiv oder negativ an, die Folgen sind aber neutral. Positiv denkende Menschen erleben positive Emotionen häufiger als Menschen mit pessimistischer Grundhaltung. Gedanken bestimmt die emotionale Befindlichkeit. Körperliche und mentale Einflüsse lösen Emotionen aus. Das Zusammenspiel physischer Faktoren wie Gestik, Mimik oder Körpersprache, physiologischer und hormoneller Prozesse, kognitiver Vorgänge wie Wahrnehmung und Bewertung von Erfahrungen und Erlebnissen erzeugt ein Gemisch, das die Intensität und Qualität der Emotionen bestimmt. Emotionen zulassen heißt, die Verantwortung dafür zu übernehmen. Es ist meine persönliche Entscheidung, wie meine Emotionen sich äußern. Der erste Schritt zur emotionalen Regulation ist, sie zu erkennen. Was sagt mein Körper? Was spüre ich wo? Wie und was denke ich? Wie wirkt das Denken auf den emotionalen Zustand? Kognitive und emotionale Regulation gehen Hand in Hand.

Ein Sprichwort sagt: „Innerer Friede stellt sich ein, wenn du dich entscheidest, Ereignissen oder Menschen nicht zu gestatten, deine Emotionen zu kontrollieren oder sie zu bestimmen." Der Mensch löst seine Emotionen im Grunde selbst aus. Er entscheidet persönlich über die Qualität und Intensität seiner Emotionen. Nimmt er die Aufgabe wahr, oder lässt er den Emotionen ihren Lauf? Im zweiten Fall bestimmen sie andere Menschen und äußere Ereignisse. Emotionales Management stellt die Frage: Lasse ich mich in entscheidenden Situationen von Emotionen fortreißen, oder bestimme ich sie selbst und nutze sie für meine Wettkampfziele? Im Wettkampf begegnen wir, wie auch im normalen Alltag, Situationen, deren Verlauf und Ausgang wir nicht nur allein beeinflussen können. Kann ich aber nicht kontrollieren, wie eine Sache ausgeht, will ich zumindest die Art und Weise bestimmen, wie ich darauf reagiere. Ich wähle, ob ich mich an die Emotion klammere, die sich mit spontan aufdrängt, oder ob ich im Sinne meines Wettkampfziels reagiere. Es liegt an mir, in meinem Kopf!

Bruce Lee, der legendäre Kampfkünstler der frühen Siebzigerjahre des vorigen Jahrhunderts, bekannt für seine mentale

Wettkampfführung, sagte: „Du leidest, solange du emotional auf alles reagierst, was um dich herum geschieht. Wahre Kraft liegt darin, Ereignissen und Menschen mit Logik und Ruhe zu begegnen. Atme und lasse manches einfach los!" Aktives Emotionsmanagement blickt hinter die Kulissen. Es findet die Gedanken heraus, die die Emotionen auslösen. Sie sind situationsbedingt und repräsentieren die Mentalität. Jeder Mensch reagiert auf ähnliche Situationen emotional vorhersehbar und verhält sich auch so. Habe ich mir die Gedanken, die hinter den Emotionen stehen, bewusstgemacht, prüfe ich sie einzeln: Welche Glaubenssätze und Denkweisen stecken dahinter? Führen sie in dieser Situation zum Ziel? Welche Emotionen bewirken sie? Helfen diese Emotionen, mich dem Ziel zu nähern, oder blockieren den Weg? Erweisen sich Gedanken und Emotionen als destruktiv im Sinne des Ziels, eröffnet sich mir die Möglichkeit, Gedanken als Ursachen meiner Emotionen zu ändern. Das bereitet Ungeübten anfangs Probleme. Normalerweise hinterfrage ich mein Denken und die dahinterstehenden Glaubenssätze nicht. Sie sind seit Jahren dieselben und haben sich als Mentalität ins Gehirn geprägt. Will ich Emotionen managen, das heißt, sie dauerhaft in den Griff kriegen, stelle ich grundsätzliche Fragen. Ich suche für wichtige Wettkampf- und Trainingssituationen andere Gedanken, die zielführendere Emotionen bewirken. Welche Emotionen brauche ich? Durch welche Gedanken löse ich sie aus? Anfänger tun sich schwer. Solche Fragen und die Antworten darauf stellen hohe Ansprüche an Wahrnehmung und Kreativität. Doch sie lohnen sich, weil sie helfen, Gedanken zu optimieren. Auch der Körper trägt seinen Teil zur emotionalen Regulation bei. Gestik, Mimik, Körperhaltung und -Sprache sind wesentlich am emotionalen Zustand beteiligt. Sie lassen sich bewusst verändern.

Habe ich ideale Gedanken und körperliche Verhaltensweisen gefunden, die sich zum Lösen einer emotionalen Situation eignen, liegt es daran, wie konsequent ich die Denk- und Verhaltensweisen ändere. Es verlangt Durchhaltevermögen und Disziplin!

Wettkämpfer, die sich darauf einlassen, werden erleben, wie sich die Veränderungen positiv auswirken

Fragen zum Thema emotionale Regulation im Wettkampf

1. Richten sich meine Gedanken und Emotionen im Training und Wettkampf immer auf positive Ziele?
2. Erkenne ich die Gedanken, die hinter meinen Emotionen stehen?
3. Kenne und ergreife ich wirksame, selbst erprobte Maßnahmen, die die Emotionen auf meine Ziele ausrichten?
4. Übe ich emotionale Regulation in allen Trainingseinheiten und auch im normalen Leben?
5. Gibt es bestimmte Muster, mit denen ich in ähnlichen Situationen emotional agiere und reagiere?
6. Habe ich in der Vergangenheit schon manche Glaubenssätze und Denkweisen erfolgreich verändert, die meine Entwicklung bis dahin behindert hatten?
7. Übertrage ich meine Trainingsleistungen 1:1 in den Wettkampf, oder kosten mich Emotionen im Wettkampf viel von meiner Leistungsfähigkeit?
8. Kenne ich die Emotionen und Glaubenssätze, die hinter meinen Motiven stehen, meine aktuellen Ziele anzustreben?
9. Bin ich es gewohnt, Emotionen zu unterdrücken, lasse ich ihnen freien Lauf oder schaffe ich es, sie wenigstens zum Teil in geordnete Bahnen zu lenken?
10. Habe ich Übung darin, hinderliche Gedanken und Emotionen in zielführende Ressourcen umzuwandeln?

Selbstwahrnehmung vorherrschender Gedanken und Emotionen ist grundlegend für ein stabiles Selbstbewusstsein! Beobachten Sie sich vor Wettkämpfen und in Wettkampfsituationen! Seien Sie ehrlich! Bleiben Sie wertschätzend, wenn die Resultate der Beobachtungen nicht Ihren Erwartungen entsprechen. Holen

Sie ein Feedback einer Vertrauensperson ein, die Ihr Verhalten, ihre Ausstrahlung ohne Unterbrechung konzentriert verfolgt hat. Die Ergebnisse der Wahrnehmungen aus unterschiedlichen Perspektiven bieten Ihnen ein Bild, das der Innenansicht entspricht und zusätzlich auch die Sichtweise eines vertrauten Menschen, wie Sie nach außen wirken. Vergleichen Sie die Ergebnisse mit den vorstehenden Fragen. Erkennen Sie Potenziale in Bezug auf Ihre emotionale Regulation im Wettkampf?

Übungen zur emotionalen Regulation im Wettkampf

- **Gedanken und Emotionen auf das Ziel ausrichten**

Häufig scheitern Sportlerinnen und Sportler emotional und mental daran, ihre Trainingsleistungen in den Wettkampf zu übertragen! Im Training agieren sie nach eigenen Aussagen wie gefühlte Weltmeister, im Wettkampf gelingt ihnen bestenfalls Kreisliga-Niveau. Die meisten erkennen, dass dies mentale und emotionale Ursachen hat. Der Umgang mit Emotionen stellt im Wettkampf viel höhere Ansprüche. Fehler haben im Vergleich zum Wettkampf im Training geringere Auswirkungen. Die Belastung durch Stress ist dort ebenfalls kleiner. Das Wettkampfresultat hängt nicht nur von den eigenen physischen und technischen Fähigkeiten ab. Viele Umstände sind beteiligt, die man nicht exklusiv beeinflussen kann. Basis für emotionale Stabilität sind ein stabiles Gedankengerüst und körperliche Fitness. Ein mentales Wettkampfprogramm gehört zur Pflichtaufgabe seriöser Trainingsplanung. Gedanken bewirken Emotionen! Glaubenssätze unterstützen den Transfer von Trainingsleistungen in den Wettkampf. Die Regulierung der Emotionen funktioniert zum größten Teil über Optimierung der Gedanken. Positives und konstruktives Denken sind Trainingsziel. Auch Trainingssituationen testen die Fähigkeit zur emotionalen Regulation. Eine Chance für gezieltes Regulationstraining. Auch der Alltag außerhalb des Sports stellt mich vor Situationen, in denen ich „Contenance" bewahren muss, um zu erreichen, was ich will. Ein stabiles Gedankengerüst hilft mir, Gelassenheit und Ruhe zu bewahren und falls sie abhandenkommen, wieder herzustellen. Ich begebe mich mental zurück an den Tagesbeginn, den Trainingsanfang oder an den Wettkampfstart: Was will ich? Was soll hier am Schluss für mich herauskommen? Wie möchte ich diese Situation bewältigen, um zufrieden zurückblicken zu können? Ein klares Zielbewusstsein schafft ein starkes Selbstbewusstsein! Die positive Wirkung auf den emotionalen Zustand wird fühlbar.

- **Selbstempathie üben**

Objektiv erfolgreich zu sein heißt, Positives zu leisten, das eigene Leben und das Leben anderer Menschen physisch, emotional und mental zu bereichern. Menschen in Wirtschaft, Politik, Kultur, Wissenschaft oder Sport richten ihr Streben aber so aus, dass sie durch ihr Denken und Handeln in erster Linie eigene Werte und Ziele verwirklichen. Rücksichtnahme auf die Gedanken und Gefühle anderer ist bestenfalls ein sekundäres Anliegen. Athletinnen und Athleten sind erfolgreich, und Mitmenschen bewundern sie dafür. Zu allen Zeiten gab es Personen, die außergewöhnliche Werke und Leistungen schafften. Ihr Wert überdauert die Urheber um viele Jahre. Was treibt Menschen dazu, solche Werte zu schaffen? Welche Kräfte stecken dahinter, dass sie sogar unter düsteren Zeitumständen Großes schaffen? Welche Gedanken und Gefühle stehen dahinter? Meist sind es Visionen, für die sie ihre Gedanken und Emotionen einsetzen. Schwierige Begleitumstände hindern sie nicht, Energien mit unglaublicher Zähigkeit dafür einzusetzen, wozu sie sich berufen fühlten. Sie stehen zu ihren Ideen und trotzen den Hürden, die im Weg stehen. Sie begraben ihre Motive und Ziele nicht unter dem Schutt alltäglicher Pflichten, halten daran fest, woran sie glauben und wofür sie ihre Begabung geschenkt bekommen haben. Sie fühlen, was richtig ist und lassen sich von eigenen Zweifeln und der Skepsis anderer nie entmutigen. Sie sind in Gedanken und Gefühlen bei sich. Sie spüren sich selbst, achten auf ihre Gefühle, deuten sie richtig. Ihre Emotionen sind gesteuert von konstruktiven Gedanken. Sie bringen Opfer für ihre Idee, ihren Traum. Sie schaffen Erfolge, an denen sich viele Menschen erfreuen. Sie sind bereit, in sich zu gehen, ihr Talent zu zeigen und zu nutzen, was in ihnen steckt. Viele Gedanken und Emotionen setzen sie dafür ein.

- **Glaubenssätze verändern**

Reagieren wir emotional, ist das in vielen Situationen, vor allem in einem Wettkampf, nicht optimal. Blockierende Emotionalität im Wettkampf liegt häufig an Glaubenssätzen, die sich über Jahre mehr oder weniger bewährt haben, jetzt aber der Erreichung des Ziels, der Vollendung des nächsten Schrittes im Wege stehen. Die Heilung emotionaler Ausbrüche liegt nicht darin, sie zu unterdrücken. Wichtiger ist die Erkennung dahinterstehender Glaubenssätze. Ich achte auf verbale Signale, die ich mir selbst gebe. „Ich kann das nicht! Dafür bin ich nicht geschaffen! Das geht doch niemals! Ich muss das tun, ich kann gar nicht anders! Es ist immer dasselbe! Das weiß doch keiner! Alle sagen das!" Eine Sammlung von Zitaten, die jede andere Möglichkeit der Reaktion auf bestimmte Situationen und Anforderungen a priori ausschließt. Man denkt nicht darüber nach, dass es einen anderen Weg gäbe, als man es glaubt und praktiziert. Die Bereitschaft, alte Glaubenssätze über Bord zu werfen, fehlt zunächst. Ich achte auf solche Signale im eigenen Sprachgebrauch oder in dem meines Umfelds. In der Psychologie bezeichnet man als Glaubenssätze Annahmen und Vorstellungen, die ein Mensch von sich und der Welt bildet. Sie sind im Unterbewusstsein fest verankert. Ihr Einfluss ist mächtig. Glaubenssätze aufzudecken ist der Anfang! Glaube versetzt angeblich Berge! Da sollte er auch imstande sein, Hindernisse zu beseitigen und Emotionen so zu ändern, dass sie bei der Bewältigung von Hürden und Problemen helfen, statt sie zu vergrößern. Emotionen, die im Wettkampf einen dicken Strich durch die Erwartungen ziehen, sind die Früchte solcher Glaubenssätze. Welche Situationen rufen Emotionen wach, die mich bremsen? Ich identifiziere sie als emotionale Belastungsmomente und vergewissere mich, ob meine Motivation auch ausreicht, alte Glaubenssätze zu verändern. Erfüllen diese Sätze für mich eventuell eine Funktion, die mir anderweitig nützt? Glaubenssätze geben Sicherheit. Kann ich mir diese Sicherheit auch durch andere Sichtweisen holen? Ich überprüfe den Glaubenssatz auf seinen Realitätsgehalt. Gilt er immer oder nur in bestimmten Situationen? Ich rüttle bei der mentalen Arbeit am Fundament meines Gedankengebäudes. Welche Fakten geben mir die Gewissheit, dass mein Glaubenssatz überhaupt stimmt? Was wäre, wenn das Gegenteil richtig wäre? Gibt es Argumente für dieses Gegenteil, die ich bisher unbeachtet ließ? Kenne ich Menschen, die etwas Konträres behaupten? Da können Überzeugungen in sich zusammenfallen, die mich bisher durch das Leben begleitet haben. Der Wert der Veränderung von Glaubenssätzen liegt in der Erfahrung, wie sich das geänderte Verhalten auf das Leben und den emotionalen Zustand in schwierigen Situationen auswirkt. Die innere Überzeugung, dass fundamentales Umdenken positive Folgen für mein Leben haben wird, stärkt meine Motivation, den Prozess nachhaltig durchzuziehen.

- **Gewohnheiten verändern**

Ist es Gewohnheit, sich emotional in gewissen Situationen so zu verhalten, wie man es tut? Wurde das Denken und Verhalten bereits ein Teil meiner Persönlichkeit, ohne Rücksicht darauf, dass ich mir selbst im Wege stehe? Wie stark ist die Gewohnheit ausgeprägt und verankert? Gibt es konstante Denkmuster und Verhaltensweisen, wie man die Emotionen lebt? Ein Blick auf die Auslöser emotionaler Ausbrüche oder Reaktionen lohnt sich. Das Gehirn kennt ein Ursache-Wirkungs-Prinzip. Hat man ein Erlebnis oder macht eine Erfahrung, reagiert man emotional auf bestimmte Weise, als wäre man darauf programmiert, besser, konditioniert! Der Kopf reagiert auf ähnliche Auslöser mit ähnlichen Emotionen und Verhaltensmustern. Es wird vorhersehbar! Wir wurden nicht damit geboren, sind nicht genetisch determiniert. Denken und Verhalten erlernten wir im Lauf der Jahre. „So bin ich eben" wird in diesem Zusammenhang zur hohlen Phrase, weil man sich nicht ändern will, obwohl es vorteilhaft wäre. Die Gewohnheiten zu verändern heißt, auf Auslöser mentale und emotionale Antworten zu finden, die das Bedürfnis nach einer Emotion zumindest im gleichen Maß befriedigen, wie es die alte Gewohnheit tat. Ich identifiziere dazu den Auslöser. Wer oder was genau löst in mir die Emotion aus? Ich nehme ihn bewusst wahr. Oft weiß man unterschwellig, warum man emotional so reagiert. Nun ergründe ich, welches Bedürfnis ich durch das emotionale Verhalten befriedige. Schließlich die entscheidende Frage: Wie kann ich emotional anders reagieren? Wie stelle ich das Bedürfnis auf andere Art zufrieden? Es braucht Kreativität und Selbstempathie! Ich kenne mich am besten. Vielleicht finde ich Lösungen, wenn ich andere Leute beobachte, wie sie emotional in ähnlichen Situationen reagieren. Außerdem prüfe ich, ob ich in anderen Situationen emotional ähnlich reagiere. Habe ich das neue Denken und Verhalten gefunden, übe ich es konsequent. Es wird zur neuen Gewohnheit und ersetzt mein bisheriges Verhalten. Voraussetzung ist die tägliche, disziplinierte Übung.

PROBLEME LÖSEN IM WETTKAMPF

*„Wir lösen Probleme nicht mit derselben Denkweise,
mit der wir sie geschaffen haben!"*
Albert Einstein, 1897-1955, deutscher Physiker

Wettkämpfe und Prüfungssituationen sind ideale Gelegenheiten, sich Probleme zu schaffen. Jede sportliche Auseinandersetzung ist ein Rendezvous mit Problemen. Die Beteiligten verfolgen bestimmte Ziele. Ohne Ziele gäbe es keine Probleme. Die Ziele sportlicher Gegner sind aber dieselben. Siege für sich, für das eigene Team bedeuten natürlich gleichzeitig Niederlagen für andere. Die Fähigkeiten, Eigenschaften, Mentalitäten konkurrieren gegeneinander um Erfolg. Sie werden gegenseitig zu Hindernissen. Das Erfolgspodest ist eng und bietet wenig Platz. Die schwierigste Aufgabe ist der Umgang mit Problemen, die sich persönlichen Zielen in den Weg stellen. Es nützt wenig, zu klagen, wie schwierig es sei, Erfolg zu haben oder Misserfolg zu verhindern. Es geht darum, Probleme zu lösen, sie zu überwinden, hinter sich zu lassen. Emotionale und mentale Wettkampfstärke ist unvorstellbar ohne die Fähigkeit, mit Problemen umzugehen und sie zu lösen. Die größten Probleme sind oft am leichtesten zu beheben. Es sind die eigenen Fehler! Warum ist das so? Weil ihre Veränderung, die Lösung, in den eigenen Händen, im eigenen Kopf liegt! Für Probleme, die äußere Umstände verursachen, fehlt meist der direkte Einfluss. Man lernt, damit klarzukommen oder ist bei der Lösung auf fremde Hilfe angewiesen. Alle Probleme, die ich selbst verursache, bewältige ich mit eigenen Fähigkeiten und Eigenschaften. Natürlich brauche ich manchmal die Hilfe und den Rat anderer, wenn eigenes Wissen und Können dafür noch nicht reichen. Aber ich halte das Steuer in der Hand, ziehe die Fäden, eigne mir zusätzliche Kompetenzen an und lerne, die Schwierigkeiten zu überwinden.

Ich trainiere, Lösungen zu suchen, zu finden und sie in der Praxis umzusetzen. Am Beginn der Lösung steht die Analyse des Problems. „Analyse" stammt aus dem Griechischen und bedeutet „auflösen". Voraussetzung für die Auflösung ist strukturiertes Wissen, Denken, Können und der Willen, dem Problem aktiv zu Leibe zu rücken. Wie beim Auflösen eines Rätsels. Probleme geben Rätsel auf. Oberflächlichkeit im Denken und Handeln ist der größte Feind von Lösungen! Wer Probleme im Wettkampf überwinden will, benötigt zwei Kompetenzen:

1. Die Fähigkeit, sachlich und emotionslos zu analysieren.
2. Den Willen, das Problem durch eigene Fähigkeiten zu bewältigen.

Oft liegt die größte Hürde in der Wahrnehmung des Problems und den spontanen Versuchen, ihm zu Leibe zu rücken. Ratlose Blicke zur Betreuerbank während eines Wettkampfes offenbaren drei Ursachen: „Mir fehlt das Wissen", „Mir fehlt das Können", „Mir fehlt der Wille!". „Ich weiß nicht, ich kann nicht, ich will die Lösung nicht durch eigene geistige Arbeit finden. Sag du sie mir!" Sportlerinnen und Sportler fühlen sich nach einem langen Wettkampf mental und physisch müde. Wettkämpfe sind emotionale Achterbahnfahrten. Sie fordern viel Energie und das Suchen nach Lösungen kostet manchmal große Überwindung. Dabei ist der Umgang mit Gedanken und Emotionen ein wesentliches Kriterium, ob man Schwierigkeiten eigenständig lösen kann. Neben der körperlichen ist auch die psychische und mentale Herrschaft über das Problem Bedingung, um sich nicht von ihm beherrschen zu lassen. Ein Problem in den Griff zu bekommen ist eine mentale und emotionale Aufgabe. Eine positive, zielgerichtete Stimmung ist die Basis. Wer sich vor Problemen fürchtet, stärkt und vergrößert sie. Emotionen unterstützen die Lösungsarbeit, wenn sie positiv bleiben. Dann wird die Chance greifbar, die sich hinter dem Problem verbirgt. Viele erfolgreiche Problemlöser sind der Ansicht, ein Problem sei ein Geschenk, in eine unattraktive Verpackung gehüllt. Ihr Erkennen und die Auflösung weisen den Weg zum Erfolg. Wer das Geschenk missachtet, die Gelegenheit auslässt und gleich beim ersten Kontakt mit dem Problem kapituliert, verzichtet auf die Erfahrung der Lösungsarbeit mit eigenen Mitteln. Das Problem wiederholt sich irgendwann oder kehrt in anderer Form wieder.

Problemlösung beginnt damit, sich mental und emotional davon zu distanzieren. Ich verlasse das Problem emotional und werde zum Teil der Lösung, statt durch enge emotionale Verbindung zum Problem beizutragen. Der Sachverhalt gelangt durch räumliche, zeitliche und mentale Distanz auf eine rationale Ebene. Dadurch fällt die emotionale Kontrolle leichter und wird auch zum Teil der Lösung. Durch die Distanz erfülle ich den ersten Schritt der Forderung Albert Einsteins nach einem veränderten geistigen Zugang. Es verlangt vernunftgeprägtes Denken und Verhalten. Ich gewinne sie durch Einsicht und dem Bewusstmachen der echten Dimension des Problems. Ich stelle die Frage: Welchen Zweck hat die Lösung? Problemlösungen sind präzise Vorhaben. Sie wirken wie Magnete auf Denken und Handeln und geben die Richtung vor. Wettkampfprobleme erfordern rasche und auch richtige Reaktionen. Ob ich es kann, liegt an meiner Lösungskompetenz. Bieten Trainer und Betreuer im Training permanent Hilfe an, liefern sie Antworten auf Fragen, die vom Sportler, der Sportlerin nie bewusst gestellt und daher auch nicht beantwortet werden müssen. Es fehlt am Problembewusstsein und daher auch an Lösungskompetenz. Zwar ist da das Gefühl, etwas stimmt nicht, doch der innere Antrieb, es mit eigenen Fähigkeiten und Eigenschaften zu lösen, fehlt. Hilfesuchende Blicke bleiben die einzigen Reaktionen. Im Wettkampf braucht es Selbsthilfe! Sie gelingt, wenn im Training die geistig-emotionale Kette „lernen-wollen-wissen-wollen-können-wollen-tun" gelegt wird.

Problembewusstsein und Lösungswillen sind deshalb verpflichtende Inhalte eines jeden Trainings. Fehlen sie, bin ich dem

Schicksal und noch mehr der sportlichen Konkurrenz hilflos ausgeliefert. Erfolgreiche Wettkämpfer sind Problemlöser. Sie reagieren rasch und zielsicher auf Probleme, ehe sie sich zu echten Hindernissen entwickeln. Wird das Beseitigen von Schwierigkeiten zur Gewohnheit, läuft der Lösungsprozess im Wettkampf meist automatisch, weil intuitiv. Starten wir die Problemlösung langsam, wie in Zeitlupe: Habe ich ein Problem erkannt, erfolgt die Analyse, das Auflösen, das Entwirren seiner Symptome. Ich zerlege es in die Bestandteile. Sachkenntnis, strukturiertes Denken sowie ein Perspektivenwechsel helfen dabei. Ich betrachte das Problem aus verschiedenen Positionen. Ist die Trainingsintensität hoch, sind Probleme an der Tagesordnung. Jedes Training wird deshalb Probleme schaffen und bietet die Möglichkeit, sie auch zu lösen. Die Intensität des Trainings liegt an der Grenze aktueller Fähigkeiten. Jedes Problem hat Schwachstellen! Daher die Frage: Wie wirkt sich das Problem in der Praxis aus? Wo finde ich wichtige Ansatzpunkte für Lösungen? Sachwissen ist nötig! Ich hole es mir von Fachleuten und im Training. Wirksame Lösungsmöglichkeiten liegen im eigenen Denken und Verhalten. Mit meinen eigenen Stärken bearbeite ich die Schwierigkeiten. Welche individuellen Stärken habe ich?

Problemlösen bietet zugleich die Möglichkeit, das Selbstbewusstsein zu stärken. Ich erinnere mich meiner Stärken und teste sie in der Praxis. Habe ich mich für Lösungsmöglichkeiten entschieden, entwerfe ich eine Strategie. Sie bestimmt die geistige Richtung, führt zu verändertem Verhalten und Denken. Fehler passieren. Die Lösung liegt in mir. Delegieren der Lösungsarbeit an andere beraubt mich der Lösungsmacht im Training und im Wettkampf. Hindernisse überwinde ich durch eigenes Denken und eigenes Tun. Expertenwissen leistet mir im Lernprozess wertvolle Hilfe zur Selbsthilfe. Eine optimistische und lösungsorientierte Haltung sagt: „Ich schaffe es mit meinen eigenen Fähigkeiten!" Strukturierte Gedanken ziehen alle Details in Betracht. Ich überlege praktische Lösungsansätze und auch die Konsequenzen des Handelns bzw. des Nichthandelns.

„Was ist, wenn ich nichts ändere und alles so lasse, wie es ist? Was ist, wenn ich das Richtige denke und tue? Was ist, wenn sich mein Lösungsansatz als unwirksam herausstellt?" Ich überzeuge mich selbst, dass meine Lösung wirksam ist und gehe daran, sie zügig umzusetzen. Ich begeistere mich dafür und bleibe angesichts von Fehlern souverän. Ich stehe mental über den Dingen und damit über dem Problem. Ich akzeptiere Rückschläge, weil ich von meinem Lösungsweg überzeugt bin. Bei jedem Veränderungsprozess geht es um Loyalität zu sich, um die Fähigkeit zu konstruktiver Kritik und um die Fähigkeit zur Durchsetzung des eigenen Willens. Probleme und Hindernisse sind oft hartnäckig. Sie lassen sich selten allein durch Zureden und schon gar nicht durch Wegschauen aus der Welt schaffen.

Fragen zur Problemlösungskompetenz im Wettkampf

1. Behalte ich auch angesichts von Schwierigkeiten immer mein Ziel im Sinn?
2. Kann ich die Lösung eines Problems in meiner Vorstellung selbst entwickeln?
3. Orientiere ich mich auch in schwierigen Situationen immer an dem, was ich will?
4. Verhalte ich mich in schwierigen Wettkampfphasen zielgerecht?
5. Gehe ich bei der Problemlösung immer systematisch vor?
6. Achte ich angesichts von Schwierigkeiten auf meinen Energiehaushalt?
7. Bewahre ich Ruhe und hole das Beste aus der scheinbar verfahrenen Situation heraus?
8. Glaube ich selbst in schwierigen Umständen an mich, meine Fähigkeiten, meine Eigenschaften, meine Chancen?
9. Erkenne ich auch den Nutzen, der sich hinter einem Problem verbergen könnte?
10. Hole ich externen Rat, wenn ich mit meiner Weisheit am Ende angelangt bin?

Fragen dienen der Selbstwahrnehmung. Sie ist wesentlich für ein umfassendes, starkes Selbstbewusstsein! Beobachten Sie sich selbst vor Wettkämpfen oder in Problemsituationen während des Wettkampfs und danach! Seien Sie ehrlich zu sich. Bleiben Sie wertschätzend, auch wenn die Resultate Ihrer Beobachtungen nicht Ihren Idealvorstellungen entsprechen. Holen Sie Feedback einer anderen Person ihres Vertrauens. Sie beobachtet Ihr Verhalten und Ihre Ausstrahlung in den speziellen Situationen aufmerksam. Durch die Wahrnehmungen aus zwei unterschiedlichen Perspektiven erhalten Sie ein Bild, das der Innenansicht entspricht und zusätzlich die Sichtweise eines vertrauten Menschen, der mitteilt, wie Sie bei Schwierigkeiten auf Ihr Umfeld wirken. Vergleichen Sie die Ergebnisse mit den zehn Fragen. Erkennen Sie aus den Antworten ungenutzte Potenziale in Bezug auf Ihre Kompetenzen, Probleme im Wettkampf eigenständig zu lösen?

Übungen zur Stärkung der Fähigkeit, Probleme im Wettkampf zu lösen und Hindernisse zu beseitigen

- **Innerer Leuchtturm**

Der amerikanische Bestsellerautor Stephen Covey sagt: „Die Art, wie wir ein Problem sehen, ist meist das eigentliche Problem!" Es geht um das Bewusstsein, mit dem wir Schwierigkeiten entgegentreten. Starren wir auf das Problem wie das Kaninchen auf die Schlange? Da kommen mir spontan Leuchttürme in den Sinn. Gerieten Schiffe in Seenot, halfen ihnen die Lichter am Ufer, ihre Position zu erkennen und die Richtung zu bestimmen.

Manche Notlage im Wettkampf stellt uns vor eine ähnliche Situation. Rund um uns toben die Elemente des Wettkampfs. Unsere Sicht ist durch Emotionen getrübt. Es erscheint unmöglich, einen Weg aus der Misere zu finden. Das vorher sorgfältig errichtete Gedankengebäude gerät ins Wanken. Würde jetzt nur ein Licht leuchten und durch eindeutige Signale an das Ziel erinnern, das von den Schwierigkeiten mental verdeckt ist. In ruhigen Zeiten lege ich mir einen Vorrat solcher Signale zurecht. Lichter für Problemsituationen, auf die ich im Wettkampf treffe. Der unmittelbare Druck, eine Lösung zu finden, ist im Training geringer. Zumindest fühlt er sich leichter an, obwohl er ebenso groß ist, wenn ich mein Training ernstnehme. In Trainingssituationen, in denen ich aktiv nach Lösungen suche und sie finde, liegen auch die Wurzeln für Lösungen im Wettkampf.

Ich mache mir potenzielle Lösungen bewusst. Nach jeder Trainingseinheit nehme ich mir einige Minuten Zeit, setze mich an einen ruhigen Ort und notiere mir die Probleme, die im Training auftraten und die ich bewältigte. Ich notiere meine persönlichen Lösungswege. Fand ich sie nicht, suche ich sie jetzt in Ruhe. Ich führe ein Lösungstagebuch, in dem ich meine Lösungswege notiere. So behebe ich Schwierigkeiten und bewahre dabei einen kühlen Kopf. Wachsende Erfahrung hilft mir, Schwierigkeiten schon vor dem Wettkampf zu erkennen und mich vorzubereiten. Auch mentale Wettkampfvorbereitung hilft, Lösungswege einzuprägen. Ich lese meine Eintragungen im Lösungstagebuch häufig und ergänze sie. Sie errichten den Leuchtturm, den ich im Wettkampf mental abrufen kann. Der Glaube an meine Fähigkeiten, das Gefühl, selbst wirksame Lösungen zu finden, steigt! Lösungen geben Orientierung. Sie heben das Bewusstsein der eigenen Macht.

- **Inhalte des Reisekoffers nutzen**

Abenteuergeschichten erzählen, dass Menschen auf dem Weg durch die Wüste verdursten, obwohl reichlich Wasser in den Flaschen vorhanden ist. Sie nippen an den Vorräten, vergessen in der Panik aber, jene Menge zu trinken, die ihnen das Leben retten kann. Andere trinken aus Angst vor dem Verdursten hastig und planlos. Sie verbrauchen die Vorräte, ehe ihr Ziel erreicht ist. Ein Verhalten, das über Leben oder Tod entscheidet. Zum

Glück befinden wir uns in Wettkämpfen selten in Lebensgefahr. Es ist „nur" das zähe Ringen um Erfolg, das unsere Energie fordert. Die Emotionen sind aber vergleichbar. Es geht gefühlt um „Sein oder nicht sein". Wettkämpfer wissen, was sie erreichen wollen. Tauchen Probleme auf, die vom Wesentlichen ablenken, stellen sie sich Fragen: Was will ich? Bleibt mir das Ziel auch angesichts der Probleme wichtig? Welche Stärken habe ich, dafür zu kämpfen? Wie setze ich sie bestmöglich ein? Welche Fähigkeiten passen zur Lösung des Problems oder verringern es? Probleme kommen selten völlig unerwartet. Sie kündigen sich an. Ich spare Energie und erhalte meine Aussicht auf Erfolg, wenn ich sie früh erkenne und aktiv angehe. Ich habe Stärken, die sich dafür eignen, Probleme zu erkennen und sie zu bewältigen. Geübte Wettkämpfer entscheiden selbst, wann sie ihren Werkzeugkoffer öffnen und ob sie die Instrumente kennen, die sich darin befinden.

- **Eine Frage der Wertschätzung**

Oft geraten Athletinnen und Athleten emotional angesichts eines Problems außer Tritt. Sie schätzen eigene Fähigkeiten gering, haben wenig Vertrauen in sich. Sie verzichten auf den Einsatz ihrer Stärken zur Problemlösung. Dabei fänden sich oft einfache Lösungen. Erste Bedingung ist, die Ruhe zu bewahren. Es ist schwierig, angesichts von Problemen souverän zu bleiben. Doch das Erreichen des Ziels hängt davon ab. Emotionen drängen sich auf. Jetzt ist die Zeit der Vernunft. Ich habe Vorteile, wenn ich schon Erfahrungen in der Problembewältigung habe. Anstelle der Klagen über ein ungerechtes Schicksal gehe ich mental den alternativen Weg. Kenne ich keine passende Lösungsoption, habe ich andere Werkzeuge im Koffer. Lösungsorientierte Einstellung kennt kein Scheitern, sondern ein Lernen. Sie vertraut darauf, dass ich die Lösungsressourcen in mir trage. Nicht nach dem Motto: „Na, dann versuche ich es halt mal so", sondern überzeugt, dass es funktionieren wird, wenn ich den Lösungsweg mit Nachdruck verfolge. Die Wertschätzung eigener Fähigkeiten beginnt schon im Trainingsverhalten. Ich trainiere sie, indem ich gelungene Trainingsaktionen beachte, sie mit positiven Worten und Gesten anerkenne.

- **Den Nutzen hinter dem Problem erkennen**

Der Ausdruck „Problem" hat seine sprachliche Wurzel im Altgriechischen. Er bedeutet: das Vorgeworfene, das zur Lösung Vorgelegte. Jedes Problem stellt die Aufgabe, Auswege zu finden. Ein Hindernis fordert mich heraus, testet die Fähigkeiten. Allgemeingültige Lösungen sind selten. Ich verfüge aber über einen Aktionsspielraum, kann Lösungsressourcen ausprobieren. Wer sagt, dass es nur einen einzigen Lösungsweg gibt? Wer behauptet, dass für die Lösung nur eine Fähigkeit geeignet ist? Wie kann ich einen Wettkampf, der mit Hindernissen gefüllt ist, erfolgreich gestalten? Viele empfinden es als Herkulesaufgabe. Die einen suchen nach Lösungen und finden sie. Andere arbeiten an der Lösung und scheitern. Viele spüren die Fähigkeit zur Lösung nicht in sich und stellen sich tot. Ein natürlicher Reflex, wenn er in der Vergangenheit emotionale Erleichterung brachte. Ich verschließe die Augen vor den Tatsachen oder ändere mein Ziel. Jedes Problem ist zugleich eine Herausforderung für meine Ressourcen. Dahinter verbirgt sich immer ein Nutzen: Der größte Nutzen ist die Aufforderung zur Weiterentwicklung, Wertschätzung und Anwendung eigener Fähigkeiten. Um ihn zu erfassen, denke ich an die subjektive Bedeutung, die das Ziel für mich hat. Ein Blick auf das Problem hinter dem Problem. Es benötigt Zeit, bis ich die Ursache erkenne. Manchmal verbergen sich hinter Problemen falsche Einstellungen, innere Widerstände. Auch Selbstzweifel sind solche Hürden. Ich erkenne den Nutzen hinter dem Problem, wenn ich ihm auf den Grund gehe. Ist das wahre Problem identifiziert, rückt die Lösung näher. Liegt es in mir, kann ein „Voice Dialogue" Abhilfe schaffen. Ein Gespräch, wenn man so will, mit mir selbst, mit meinen psychischen Anteilen. Fühlen sich manche von mir vernachlässigt?

Ringen sie um Aufmerksamkeit? Sie repräsentieren Themen, denen ich eventuell zu wenig Beachtung schenkte, die aber für mich unbewusst wichtig sind. Anfangs spüre ich diese stillen Proteste in mir kaum. Ignoriere ich sie, werden sie heftiger. Ich mache mich auf die Suche nach dem störenden Anteil. Ist er gefunden, erkenne ich ihn als Dialogpartner an und nehme Kontakt mit ihm auf. Ein erstes Aha-Erlebnis. Natürlich geschieht diese Arbeit nicht während eines Wettkampfes. Sie erfordert Bereitschaft, Zeit und Selbstempathie. Der störende Anteil vertritt einen Nutzen, der hinter einem Symptom steht. Ich lasse ihn sein Anliegen vorbringen. Er erhält das Gefühl, gehört und verstanden zu sein. Fachliche Unterstützung in der Anfangsphase ist notwendig. Habe ich mehr Erfahrung, kann ich das Gespräch selbstständig durchführen. Bewegung kommt in mein Innenleben. Hürden bekommen ein Gesicht und beginnen zu bröckeln. Das Problem legt seinen persönlichen Nutzen langsam offen.

- **Das Umfeld gezielt ergänzen und nützen**

Die Lösung von Wettkampfproblemen erfordert manchmal externe Hilfe. Viele Athletinnen und Athleten denken, mit den Problemen schon selbst fertig werden zu können. Grundsätzlich ist das gut und richtig. Wettkampf ist ein einsamer Weg. Sportlerinnen und Sportler reagieren in solchen Fällen unterschiedlich. Manche behalten ihre Probleme für sich und suchen Ursachen, wo es nichts zu suchen gibt. Immer wieder erlebe ich, dass bewährte technische Abläufe sinnlos verändert werden oder der Körper über seine natürlichen Limits hinaus malträtiert wird. Man glaubt, dem Problem auf der Spur zu sein. Lösungsansätze missachten individuelle Bedürfnisse. Minimale Interventionen an der richtigen Stelle würden manchmal helfen. Athletinnen und Athleten und ihr Umfeld sollten achtsam sein und externe Hilfe holen, wo sie benötigt wird, wenn die eigene Kompetenz nicht ausreicht. Wird die Luft dünner, liegen Details zwischen Erfolg und Misserfolg.

Athletinnen und Athleten müssen sämtliche Kompetenzen mit echten Fachkräften schulen. Technische, körperliche, taktische und mental-emotionale Fachkompetenz ist unverzichtbar. Die Anforderungen steigen. Vorbeugen ist besser als Problemlösen. Mit seriöser Kompetenz im Umfeld!

DER UMGANG MIT FEHLERN IM WETTKAMPF UND IM TRAINING

Für Champions sind Fehler Eingangspforten zu Entdeckungen und Erkenntnissen!

Wer nur darauf bedacht ist, Fehler zu vermeiden, verlässt nie seine Komfortzone. Die Ergebnisse: Stagnation und Rückschritt statt Wachstum!

Jeder Mensch macht Fehler! Fehler formen Menschen in ihrem Wesen! Selbst größte Perfektionisten erkennen, dass absolute Perfektion ein unerreichbares Ziel ist. In kurzen Momenten kann ich die Perfektion spüren und ihr nahekommen. Dauerhafte Perfektion im Denken und Handeln bleibt Utopie. Habe ich derartige Erwartungen, erlebe ich Frust. Auf dem Weg zu anspruchsvollen Zielen ist jeder Schritt ein Test eigener Grenzen. Innerhalb der Komfortzone ist die Möglichkeit zu Fehlern geringer. Aber auch dort ist sie nie völlig auszuschließen. Es gibt aber kaum Weiterentwicklung und Wachstum. Will ich meine Talente weiterentwickeln, muss ich mich mit Fehlern arrangieren, wenn schon nicht anfreunden.

Fehlertoleranz, oder, wenn viele Menschen betroffen sind, auch Fehlerkultur, ist der mentale und emotionale Umgang einer Person oder Gesellschaft mit Fehlern. Wie ist meine eigene Reaktion, wenn mir selbst oder anderen Fehler passieren, die mir den Weg zum Ziel erschweren? Wie man mit Fehlern umgeht, ist durch Familie und Umfeld geprägt. Wie reagieren Eltern auf eigene Fehler oder solche ihrer Kinder? Wie reagieren Geschwister, später Pädagogen, Trainer, Freunde und andere darauf? Wie gehe ich selbst damit und den Konsequenzen um?

Fehler mit geringen Folgen stecken wir einfacher weg. Wir drücken schon mal ein Auge zu. „Macht nichts, wird schon wieder!"

Aber was geschieht, wenn ich die Fehler selbst begehe oder von Fehlern anderer und deren Folgen mitbetroffen bin? Sind die Konsequenzen schwerwiegend? Etwa dann, wenn Fehlleistungen nicht so leicht wettzumachen sind und mich und mein Team auf dem Weg zum Ziel temporär stoppen oder entscheidend zurückwerfen?

Fehlertoleranz heißt, auf Fehlleistungen so zu reagieren, dass ich im Wettkampf, im Training, in einem bestimmten Abschnitt einer Karriere trotzdem mental und emotional zielorientiert bleibe und handle. Und zwar so, dass ich zwar die Folgen des Fehlers erfasse, aber bereit bleibe für den nächsten Schritt, der Rückschläge ganz oder teilweise wieder wettmachen kann oder den besten Ausweg aus der Situation sucht. Fehler wiederholen sich. Reagiere ich, statt Lehren zu ziehen, mit Ironie, Schimpfen und Spott, ärgere ich mich oder reagiere wütend, sind ähnliche Fehler vorprogrammiert. Wer tolerant und konstruktiv mit Fehlern umgeht, hält eigene Fehler und solche anderer aus, akzeptiert sie und wächst daran, weil sie oder er die Lehren daraus zieht. Eine positive Fehlerkultur folgt einer Einstellung, die einem Fehler auch positive Seiten abgewinnt. Ich erkenne Fehler als Bestandteile des Lebens. Im Leistungssport, im Wettkampf, im Training stehen technische, taktische, körperliche und mental-emotionale Kompetenzen auf dem Prüfstand. Ich fordert sie bis an ihre Grenzen. Jedes Training, das Wachstumserfordernisse erfüllt, führt die vorhandenen Ressourcen an ihre Limits und ist prädestiniert für Fehler. Der konstruktive Blick nach vorne wird die mentale Basis für Entwicklung und Fortschritt. Die Bereitschaft zu Fehlern, sie einzugestehen und aus ihnen zu lernen, schließt die Bereitschaft mit ein, Risiken und Rückschläge in Kauf zu nehmen, sich ihnen auszusetzen, das Handeln und Denken ans Leistungslimit zu führen. Fehler sind Zeichen, dass man von einem Idealziel abweicht. Ob dieses Ziel ein Ergebnis, eine Handlung, die Art zu denken, sich zu verhalten oder eine andere Leistung ist, bleibt einerlei. Fehler weisen auf Defizite hin, die sporadisch auftreten oder noch generell bestehen. Ungeachtet dessen, wie man Fehler definiert und worauf sie zurückzuführen sind: Sie sind menschlich! Mängel sind vorübergehend, wenn man sie als Entwicklungschance versteht. Ich gehe konstruktiv damit um, wenn ich eine grundsätzlich positive Einstellung zu ihnen habe. Das ist einfacher, wenn die Konsequenzen des Fehlers überschaubar sind. Der konstruktive Umgang ist Voraussetzung, aus ihnen zu lernen. „Hinfallen ist keine Schande, aber liegenbleiben!" Wer bei allem, was er tut, nur Sicherheit und Fehlervermeidung als Ziel hat, wird zwar seltener hinfallen, aber kaum in seinen Fähigkeiten und Eigenschaften wachsen. Es wird doch allgemein behauptet, der Mensch würde aus Schaden klug! Wer darauf aus ist, Fehler zu vermeiden, lässt sich die Chance entgehen, klüger zu werden. Häufig geschieht Wachstum durch Versuch und Irrtum. Viele erklären das zu ihrem Ziel, suchen aber trotzdem den sichersten Weg, selbst wenn man mit dieser Denkart nie seine Ziele erreicht, die man ursprünglich im Auge hatte. Man gibt sich mit dem Spatz in der Hand zufrieden, statt sich zu strecken und die Tauben vom Dach zu holen. Wegen der Mentalität des Fehlervermeidens ändern manche Menschen eher ihre Ziele statt ihre Einstellung. Wer Fehlern mehr mentales und emotionales Gewicht zugesteht als Erfolgen, wählt von vorneherein die Sicherheit und meidet jedes Risiko, selbst wenn man dafür seine Lebensträume preisgibt.

10 Fragen zum Thema Fehlertoleranz im Wettkampf:

1. Akzeptiere ich Fehler, weil sie im Wettkampf und Training dazugehören?
2. Sehe ich jeden Fehler als einmaliges Ereignis mit bestimmten Ursachen, die nur für diesen Augenblick gelten?
3. Teste ich meine Leistungsgrenzen aus, auch wenn ich dadurch Fehler riskiere?
4. Mache ich mir Gedanken über die Konsequenzen möglicher Fehlleistungen, oder bleibe ich darauf fokussiert, was ich mit den nächsten Aktionen schaffen will?
5. Verstehe und nutze ich Fehler als Wachstumschancen?

6. Gehe ich bewusst an die Grenzen der technischen, taktischen, körperlichen, mentalen und emotionalen Leistungsfähigkeit?
7. Denke ich im Wettkampf und im Training an das, was ich will, statt daran, was dabei passieren kann?
8. Kann ich nach Fehlern im Training und Wettkampf unbeirrt weitermachen, als ob nichts geschehen wäre?
9. Gebe ich meinen positiven Leistungen dasselbe mentale und emotionale Gewicht wie meinen Fehlern?
10. Gehe ich auch mit den Fehlern anderer konstruktiv um, selbst wenn sie meinen eigenen Fortschritt mitbeeinflussen?

Wie immer anschließend an die 10 Fragen erinnere ich auch hier daran, dass die Selbstwahrnehmung grundlegend für ein starkes Selbstbewusstsein ist! Daher beobachten Sie sich wieder selbst vor Wettkämpfen oder in Situationen während des Wettkampfs und danach! Seien Sie ehrlich! Bleiben Sie wertschätzend, wenn die Resultate nicht den Vorstellungen entsprechen. Holen Sie, wenn möglich, das Feedback einer Vertrauensperson, die Ihr Verhalten, Ihre Ausstrahlung in diesen Situationen lückenlos, konzentriert und achtsam verfolgt. Anhand der Ergebnisse der Wahrnehmungen erhalten Sie sowohl ein Bild der Innenansicht und auch die Sichtweise eines vertrauten Menschen, wie Sie nach außen wirken. Vergleichen Sie die Ergebnisse mit den zehn Fragen. Erkennen Sie aus den Antworten noch ungenutzte Potenziale in Bezug auf Ihren Umgang mit Fehlern im Wettkampf?

Übungen zur Stärkung des Umgangs mit Fehlern im Wettkampf und im Training

- **Positives Denken und Verhalten in den Grenzbereichen der Leistungsfähigkeit**

Die Anforderungen in Trainings und Wettkämpfen führen Sportlerinnen und Sportler ans Limit ihrer mentalen, emotionalen und körperlichen Leistungsfähigkeit. Die Anfälligkeit für Fehler steigt mit dem Niveau der Anforderungen. Zwei wesentliche mentale Fähigkeiten sind notwendig:

1. Vorhandene Ressourcen im passenden Moment zu aktivieren.
2. Die Ressourcen effizient, also zur Situation passend im richtigen Maß einzusetzen.

Fehlertolerante Athletinnen und Athleten treten selbstbewusst und mit Vertrauen in die eigenen Fähigkeiten auf. Geschieht das nicht, sehen sie meist nicht mangelhafte Aktionen als Fehlerursachen, sondern persönliche Schwächen. Sie fühlen sich als fehlerhafter Mensch und lassen sich durch destruktive Kritik erschüttern. Sie interpretieren sie als Attacken auf ihre Persönlichkeit. Oft trägt das Umfeld durch negative Statements dazu bei, diese Eindrücke zu festigen. Es heißt nicht: „Du hast fehlerhaft agiert", sondern „Du bist fehlerhaft!" Unbedachte Bemerkungen aus der Emotion heraus, die keine Hilfe für den Kritisierten sind, sondern ein Anschlag auf das Selbstvertrauen. Gutgemeinte Äußerungen und Ratschläge können den Umgang mit Fehlern erschweren. Sportlerinnen und Sportler mit einer ohnehin selbstkritischen Einstellung verstehen Kritik als Bestätigung ihres negativen Selbstverständnisses. Ziel ist aber, die mangelhaften Handlungen, die zu Fehlern führen, isoliert vom Menschen zu verstehen. Sonst fallen im Wettkampf Worte und Gesten, die negativ auf die Leistungsfähigkeit wirken. Aufmerksamen Beobachtern bleiben falsche Denkweisen nicht verborgen. Selbstbeschimpfungen, selbstironische Äußerungen, negative Reaktionen nach Fehlern gehören zum Standard. Akteurinnen und Akteure kritisieren sich als Person. „Das war klar, das passiert dir immer, wenn es um etwas geht! Du bist einfach zu blöd für den Erfolg!" Erniedrigungen des eigenen Ichs – laut gesagt oder im Selbstgespräch – sind Anschläge auf die eigene Integrität und den Selbstwert. Positive Aktionen und eigene Erfolge verdrängt man dagegen. „Okay, Fehler passiert! Aber ich kann das! Ich habe es schon oft bewiesen. Ich weiß, was ich kann, ich bin stark!" Klingt doch ganz anders! Die verbal ausgedrückte Zusicherung, dass ich trotz des Fehlers oder der Niederlage zu mir stehe, statt in den Chor der Kritiker einzustimmen. Ein Verhalten, das im normalen Leben, im Training und natürlich im Wettkampf geübt werden soll. Ein „Ich bin so blöd" und „Ich werde das nie begreifen" rutscht im ersten Ärger relativ leicht über die Lippen. Aus der Gewohnheit, negativ mit sich umzugehen, statt Fehler als isoliertes Geschehen zu betrachten, der passiert ist, aber nicht meinen Selbstwert definiert.

- **Blitzschnelle Ursachenforschung**

In der Hitze eines Wettkampfs, nach einem Fehler gleich bereit sein für die nächste Aktion statt mental und emotional beim Fehler zu verharren! Die Fehlleistung auf ihr wahres Gewicht reduzieren, das sie für den Ausgang des Wettkampfes hat. Fehler kosten so manchen Meter, manche Sekunde. Es erfordert zusätzlichen Aufwand, um sie wieder auszubügeln. Aber schon der nächste Schritt braucht meinen vollen Fokus! Daher will ich präsent sein! Körperlich, mental und emotional! Ich begegne Fehlern rational. Ich suche nach der Ursache, ohne nachzudenken, was er für den Fortgang des Wettkampfs bedeuten kann. Vielleicht hat er negative Konsequenzen. Aber wichtiger ist, die Ursache zu erkennen, um die Folgen zu minimieren. Ich stelle mir unmittelbar nach dem Fehler mental den perfekten Ablauf der misslungenen Aktion vor. Wie hätte sie im Idealfall ausgesehen und sich angefühlt? Konstruktives Denken statt Selbstkritik. Der Geist bleibt positiv. Das ist die Aufgabe! Wie gehe ich vor, damit es bei der nächsten Chance wunschgemäß läuft? Finde ich jetzt keine Lösung, habe ich zumindest eine Denkaufgabe fürs nächste Training. Die Gedanken beschäftigen sich damit, was zu tun ist, statt daran zu hängen, was passiert ist!

- **Rationale Reduktion**

Was geschieht bei einem Fehler? Woran erkenne ich ihn? Wie lange dauern Fehlleistungen an? Sekunden oder Bruchteile von Sekunden? Das Internet-Lexikon Wikipedia bezeichnet Fehler als Abweichungen von einer Regel, einem Standard, einem Ziel. Um einen Fehler zu bemerken, benötige ich ein Richtmaß, ein Ideal, eine Vorstellung von einem Optimum. Fehler sind unerfüllte Anforderungen oder Erwartungen. Die Ursachen liegen häufig im mentalen Bereich. Erinnern wir uns an die Erfordernisse für das Erlernen von Inhalten? Wissen – Können – Wollen – Tun! Ursachen von Fehlern haben demnach Nicht-Wissen, Nicht-Können, Nicht-Wollen oder Nicht-Tun als Ursache. Bleiben Team-Ziele unerfüllt, teilen sich die Teammitglieder die Aufgaben dafür. Wir gewinnen und verlieren gemeinsam!

Jeder Fehler ist ein Unikat und hat bestimmte Ursachen. Mehrere Fehler in Folge führen zu einer Kette von Umständen. Ein Fehler wird zur Folge des vorigen. Reduzieren wir einen Fehler zuerst darauf, was er ist. Häufig sind seine Auswirkungen für den Gesamtausgang gering. Es ist einmalig und von geringer Bedeutung für das nachfolgende Geschehen. Fehler tun oft mehr weh wegen der Reaktion darauf als wegen ihrer wahren Auswirkung. Reduziere ich den Fehler auf sein wahres Maß, oder schenke ich ihm mehr Beachtung, als ihm zusteht? Im letzteren Fall folgt unter Umständen eine Serie weiterer Fehler. Ich werde selbst zur Ursache, dass der einmalige Fehler in seiner Auswirkung wächst. Ich potenziere sein Gewicht. Reagiere ich emotional, beeinflusst das die nachfolgenden Aktionen. Begehe ich zum Beispiel einen Fehler, weil ich aus Bequemlichkeit einen Schritt weniger mache, als es nötig wäre, liegt der Fehler beim Nicht-Wollen und Nicht-Tun. Ich weiß, wie es geht, bin auch dazu in der Lage, unterlasse es aber. Ich ärgere mich über den Fehler und mich selbst. Die Emotion trübt mein Wissen und Können. Weitere Fehler folgen, weil der klare Gedanke, wie der Ablauf funktioniert, gestört ist. Ich will zwar das Richtige tun, kann es aber wegen der Emotionen nicht. Ich will, kann aber nicht, weil das Wissen durch Emotionen getrübt, blockiert, verdeckt ist.

Emotionen runterfahren und auf Fehler rational reagieren ist die Lösung! Ich werte den Fehler als einmaliges Ereignis und kenne die Ursachen. Ich finde mich mental wieder, beruhige mich und vermeide so Folgefehler. Ich frage nach der Ursache: Welches „Nicht-" steckt dahinter? Nicht-Wissen bedeutet, noch nicht gelernt zu haben oder nicht bei der Sache zu sein. Nicht-Können hieße, die Fähigkeit ist nicht ausreichend. Nicht-Wollen bedeutet, dass ich im Moment des Fehlers einem anderen Bedürfnis den Vorrang vor dem ursprünglichen Ziel gab. Seine Erfüllung war mir in diesem Moment wichtiger! Nicht-Tun, Handeln oder Unterlassen wider besseres Wissen, Können und Wollen? Was war die Ursache? Betrachte ich den Fehler rational, halte ich die Folgen geringer. Ich setze den Weg ohne mental-emotionale Erschütterung fort und reduziere den Fehler auf ein einmaliges Ereignis, hervorgerufen durch falsches Denken und Handeln. Das Forschen nach den Ursachen ermöglicht die adäquate Reaktion. Ich schließe weitere Fehler mit gleichen Ursachen zwar nicht aus – ich bin ein Mensch, keine Maschine – aber ich reduziere die Wahrscheinlichkeit dafür.

- **Fokus auf den Weg statt auf mögliche Fehlerauswirkungen**

„Was geschieht, wenn ich mich an die Grenzen meiner Leistungsfähigkeit wage? Was kann passieren?" Fragen, die ich mir unbewusst oder bewusst stelle. Sie erhöhen die Fehlerwahrscheinlichkeit. Stellen Sie sich vor, sie bewegen sich auf einem Seil über einer Schlucht. Sie wissen, was zu tun ist. Sie haben es oft und erfolgreich geübt. Auf einem Seil, das allerdings nur in geringer Höhe gespannt war. Sie wissen, wie sich Balance anfühlt, dass sie sie problemlos halten können. Jetzt aber spannt sich das Seil in dreißig Metern Höhe über festem Grund. Natürlich werden Sie sich, wenn Sie des Lebens nicht müde sind, mit einem Gurt sichern. Aber wir gehen für unser Beispiel davon aus, Sie balancieren ungesichert. Sie haben die Erfahrung, dass Sie die Fähigkeit dazu beherrschen. Jeder Schritt, jede Bewegung ist im Unterbewusstsein verankert. Mit diesen Vorbedingungen sage ich aus Überzeugung: „Du schaffst das, weil du es kannst!" Auch das Gelände ist vertraut. Neu ist die potenzielle Fallhöhe. Fehler hätten fatale Folgen. Da ist sie schon, diese unselige Frage: „Was ist, wenn? Was ist, wenn ich aus der Balance gerate? Was ist, wenn das Seil zu schwingen beginnt? Was geschieht, wenn es gar reißt?" Natürlich wären die Folgen schwerwiegend. Im Training war es nur eine geringe Höhe. Verändert haben sich die Vorgänge im Kopf! Gedanken ans Scheitern, einen Absturz, an Fehler, verändern die mentale Situation. Nicht das Seil gerät ins Wanken, sondern die Überzeugung von meiner Fähigkeit, die Balance zu halten. Die innere Vorstellung des Szenariums, was ein Fehler nach sich ziehen würde, stört die Vorstellung des idealen Ablaufs. Emotionen verändern sich. Die Vorstellung des Fehlers übernimmt im Kopf die Regie und erschwert auch einfache Handlungen, die man tatsächlich wie im Schlaf beherrscht. Die Gedanken an Fehler stören motorische Abläufe. Bilder von Fehlern treten ins Bewusstsein. Statt auf das Ziel und den Weg richten sich die Gedanken auf Fehler und deren Wirkungen. Der Körper folgt dem Kopf. Unsicherheit stört die Abläufe. Doch ich habe die Macht über die inneren Bilder. Mache ich mein Ziel und den Weg dahin zum zentralen Denk-Thema und trainiere ich diese Vorstellung, haben Fehler als innere Bilder auch im Wettkampf geringeren Einfluss.

- **Seine Grenzen ausloten**

Dass es viele Sportlerinnen und Sportler und auch Menschen in anderen Leistungsbereichen vermeiden, an Leistungsgrenzen zu gehen, liegt nicht nur an ihrer Bequemlichkeit, obwohl ihnen das oft vorgeworfen wird. Die eigentliche Ursache ist die Angst, Fehler zu begehen. Wie eine emotionale Mauer stellt sie sich zwischen den Wunsch zur Entwicklung des Potenzials oder des Erreichens von Zielen und das tatsächliche Verhalten. Zwar kann man sich vorstellen, Extremsituationen zu bewältigen. Doch der Gedanke daran verursacht zumindest Unbehagen. Er beeinträchtigt jede Aktion. Grund dafür ist meist die mentale Prägung, Fehler seien persönliche Makel. Sie zielt auf ein Leben in Sicherheit und Geborgenheit. Leistungssport und andere Hochleistungsbereiche generell erfordern konstruktive Gedanken. Fehler betreffen nie die persönliche Integrität. Sie sind eine Wachstumschance, eine Lernmöglichkeit. Wann spüre ich diese innere Hemmung? Ich bin mir sicher, die meisten von Ihnen müssen nicht lange nachforschen, um eine Situation mental abzurufen, in denen sich der geistig-emotionale Balken geschlossen hat und die Unsicherheit wuchs. Nur keinen Fehler machen!

Ich gebe meinem geistigen Blockierer die Chance, seine Furcht ganz offen auszudrücken, die er in dieser Situation empfindet. Was steckt dahinter? Eine positive Absicht steckt dahinter. Die Natur stattet uns mit arterhaltenden Mechanismen aus. Sie tragen Sorge, dass wir im Leben nicht zu heftig über die Stränge schlagen. Ich lasse den geistigen Schrankenwärter zu Wort kommen, kommuniziere mit ihm. Ich ergründe seine Absichten und Vorbehalte. Wovor will er mich schützen? Natürlich vor Fehlern! Aber im inneren Parlament gibt es auch Stimmen, die Wachstum, Entwicklung und die Realisierung der Talente befürworten, ohne zu reflektieren, dass dabei zwangsläufig Fehler passieren. „Zwei Seelen wohnen in meiner Brust", ließ Goethe seinen Dr. Faust klagen. Der innere Zwiespalt blockiert vieles, was man tun will, weil man die Gefahren des Handelns im Sinn hat, während man ein Ziel anpeilt. Wer Gaspedal und Bremse zugleich tritt, bringt den Motor zum Stottern und schließlich zum Stillstand. Die Bremse funktioniert immer, auch während das andere geistige Standbein Vollgas gibt. Geben wir dem blockierenden Teil in uns, dem Bremser, die Chance, seine Absichten zu schildern, überzeugen wir ihn leichter, die Bremse zu lockern. Er spürt Wertschätzung und fühlt sich beachtet. Ich bedanke mich bei ihm, dass er, obwohl ich ihm wenig Beachtung schenkte, unnachgiebig blieb. So wird er zur Mitarbeit bereit. Der innere Widerstreit lässt nach. Ich begebe mich auf die Suche nach psychischen Anteilen, die bereit und dazu in der Lage sind, für die Erfüllung des bisher unterdrückten Sicherheitsbedürfnisses Sorge zu tragen, ohne dabei die Aktionen zu hemmen. Dabei gehe ich behutsam und kreativ vor. Zur Wertschätzung unterdrückter Bedürfnisse gehört, sie nicht als störend oder gar böse zu empfinden. Sie haben gute Absichten! Das vergisst man oft! Habe ich den Anteil gefunden, dem der bisherige Blockierer vertraut und es ihm überlässt, für Sicherheit zu sorgen, beginnt das Training in der Praxis. Wird dieser Anteil dem Bedürfnis nicht gerecht, muss ich weiter auf die Suche gehen? Mentale Arbeit, die ein längerer Prozess werden kann, der sich aber lohnt!

- **Teamwork auch im Fehlermanagement**

Es ist eine Herausforderung, mit eigenen Fehlern konstruktiv umzugehen. In einem Team, in dem man gemeinsame Ziele verfolgt und in dem jedes Mitglied nach Kräften seinen Teil dazu beitragen soll, wiegen individuelle Fehler schwerer. Sie beeinträchtigen auch Ziele anderer. Gemeinsam Ziele anzugehen heißt auch, sich gemeinsam den Fehlern stellen, statt jenen zu drohen, die Fehler begehen. Ich erinnere hier nochmals an die Ursachen, die Fehler auslösen können:

a. Nicht-Wissen als temporäres geistig-emotionales Unvermögen.
b. Nicht-Können als Folge noch nicht stabiler Fähigkeiten.
c. Nicht-Wollen infolge einer Trübung der Sicht auf das Ziel, das eigentlich anerkannt ist, dessen Priorität aber durch Einflüsse oder auch Bedürfnisse beeinträchtigt ist, deren Erfüllung im Moment subjektiv wichtiger ist.
d. Nicht-Tun oder Nicht-Verhalten, das trotz vorhandenem Wissen, Wollen und Können in Erscheinung tritt.

Die gemeinsame, vorurteilsfreie Suche nach der Fehlerursache stärkt das Teamgefüge und dessen Zusammenhalt. Sie zeigt Mitgliedern des Teams, die die Fehler begehen, jene Wertschätzung, die zur raschen Behebung der Folgen des Fehlers durch Einsicht am meisten beiträgt.

FEHLENDE MENTALE WETTKAMPFSTÄRKE? WELCHE MÄNGEL ZEIGEN SICH? WELCHE MENTAL-EMOTIONALEN ENGPÄSSE SIND DAFÜR VERANTWORTLICH?

- **Scheu vor Wettkämpfen oder Prüfungssituationen**

Meist verbirgt sich hinter Furcht vor Wettkämpfen ein Persönlichkeitstyp mit einem starken Harmoniebedürfnis. Konfrontationen sind ihm nicht nur im Sport, sondern auch im normalen Leben zuwider. Er will in Frieden mit anderen auskommen. Drohen Konflikte, tritt er oft freiwillig einen Schritt zurück oder zur Seite. Er räumt den Platz und nimmt sogar Nachteile in Kauf, um eine Konkurrenz abzuwenden. Im Wettkampf geht es aber genau darum: sich gegen Konkurrenz durchsetzen, eigene Fähigkeiten und Eigenschaften ins Licht rücken. Solche Menschen scheuen Wettkämpfe und gehen ihnen wenn möglich aus dem Weg. Sie stellen sich ans Ende der Reihe, ducken sich, um nicht die Missgunst oder Ablehnung der anderen zu erfahren. Das Leben gleicht aber oft einem Wettkampf. Stelle ich mich zu Stoßzeiten an der Kasse im Supermarkt an, erhalte ich einen Eindruck, welche Qualitäten in einem Wettkampf gefragt sind. Jeder will der Erste sein und den Einkauf hinter sich bringen. Obwohl es höchstens um Minuten geht, kommt es manchmal zu Konflikten, und das im ganz normalen Alltagsleben. Hinter der Scheu vor dem Wettkampf verbirgt sich unter anderem ein Mangel an Selbstbewusstsein. Auslöser ist ein Selbstbild, das die eigenen Fähigkeiten kaum wertschätzt und ihnen nicht vertraut. Diese Einstellung zu sich selbst und den eigenen Fähigkeiten gleicht im Wettkampf einem potenziellen Anschlag auf die persönliche Integrität.

- **Die Überzeugung, nur ein Trainingsweltmeister zu sein**

Im Training läuft vieles wie am Schnürchen. Im Wettkampf fühlen manche einen Abfall ihrer Leistungsfähigkeit. Was im Training funktionierte, scheint unter Wettkampfbedingungen blockiert. Regelmäßige Beobachter glauben, einen anderen Athleten am Werk zu sehen. Aber es ist physisch derselbe Athlet. Im Vergleich zum Training hat er aber eine unterschiedliche Art im Denken und Fühlen. Er verhält sich daher anders. Die Bewegungen scheinen gehemmt bis völlig blockiert. Franz Klammer, Österreichs Olympiasieger im alpinen Abfahrtslauf bei den Spielen 1976 in Innsbruck, sagte: „Früher glaubte ich, Erfolg im Rennen läge zu 60 Prozent am Können und zu 40 Prozent am Zustand der Nerven. Jetzt weiß ich, dass das Verhältnis zwischen Können und Psyche im Wettkampf zehn zu neunzig ist!" Ob ich meine beste Leistung zeigen kann oder nicht, ist Kopfsache. Trainingsweltmeister erfahren den Schwund ihrer Leistungsfähigkeiten im Wettkampf. Sie errichten eine psychisch-mentale Barriere in ihrer Einstellung zum Wettkampf. Es festigt sich die Überzeugung, im Wettkampf nicht die Leistung zeigen zu können. Jede negative Erfahrung untermauert diese Einstellung. Schon ehe der Wettkampf startet, bleiben die Erwartungen gedämpft. Sieggewohnte Athletinnen und Athleten stützen hingegen sich auf positive Wettkampferfahrungen. Sie gehen zuversichtlich, mit Selbstbewusstsein in die Wettkämpfe. Ein ideales Beispiel ist die hochgewachsene Tennis-Ikone Venus Williams: „Ob du gewinnst oder verlierst, steht schon fest, bevor das Match beginnt!" Trainingsweltmeister ergeben sich schon vor dem Wettkampf.

- **Scheinbar kopflos im Wettkampf**

Taktik ist ein wesentliches Element der mentalen Wettkampfperformance. Sie strukturiert die Gedanken und sorgt für die Richtschnur, wie Sportler und Sportlerinnen im Wettkampf agieren. Planlosigkeit zeugt entweder von fehlender Taktik oder von einem Abgehen davon. Oft blockieren Emotionen den geistigen Zugriff darauf. Wettkampfpläne speichern sich in Regionen des kognitiven Gehirns. Zwischen diesen Arealen und den ausführenden Organen liegt jener Teil des Zwischenhirns, in dem Emotionen entstehen. Kurz vor dem Übergang zum Rückenmark liegt auch noch das Stammhirn. Es steuert die Reflexe. Planvoll zu denken und zu handeln funktioniert am besten bei emotionaler und energetischer Balance im Kopf-Körper-System. Fehlt dieses Gleichgewicht, ist der freie Zugang zu Bewegungsabläufen gestört. Die Inhalte des Wettkampfplans kommen verschwommen bei den ausführenden Organen an. Als Folge dessen geschehen Fehler. Verhalten und Handeln weichen von der Taktik ab. Das Ergebnis: Die Emotionen verstärken sich. Der Plan gerät ins geistige Abseits.

- **Geringe Intensität im Wettkampf**

Körperliche Intensität zeigt sich im Aufwand von physischer Energie. Ist der Körper trainiert, verrichtet er für einige Zeit Tätigkeiten mit hoher Intensität. Dasselbe gilt auch für geistige und psychische Intensität. Je öfter ich mich im Training daran gewöhne, mich geistig, mental und emotional bis in Bereiche des individuellen Limits zu fordern, umso eher erreichen die mentalen und emotionalen Fähigkeiten ihre Wettkampfintensität. Wettkampf stellt doch Anforderungen an Geist und Körper. Trete ich auf die Bremse, reduziere ich die Intensität und damit die Leistungsfähigkeit. Ablenkende Gedanken und Emotionen sind Energiefresser. Sie erlauben Intensität nur über kurze Zeiträume. In ruhigen Wettkampfphasen, die eine Chance zur Erholung bieten, stören die Ablenkungen genauso. Die Energiespeicher können sich nicht erneuern. Zwar versucht der Körper, die Verluste wenigstens zum Teil wettzumachen. Ist der Geist nicht präsent, passieren Fehler. Es scheint, als wolle ich mit Gewalt den Erfolg erzwingen. Der Körper ist da, der Geist nicht so, wie es nötig wäre.

- **Oberflächliche Wettkampfvorbereitung**

Wer nicht an Erfolg denkt, wer ihn nicht spürt, wer nicht daran glaubt, ist nicht in der Lage, sich darauf so vorzubereiten, wie es nötig wäre. Wie gezeigt ist die mentale, emotionale und physische Wettkampfvorbereitung das Hauptkriterium dafür, erfolgreich zu sein. Ein Mensch, der sich seinem Erfolg geistig nicht öffnet, wartet vergeblich darauf.

- **Hektik und Nervosität vor und im Wettkampf**

Wettkampf schafft Anspannung. Sind mir Verlauf und Ausgang wichtig, brauche ich positive Stimmung und Motivation. Nur dann mobilisiere ich vorhandene Energien. Erinnern wir uns hier an die Anatomie des Gehirns! Jene Bereiche, die physische Bewegungen steuern, sind in der Reizleitung Körper->Geist den Regionen der Reflexe und Emotionen nachgeschaltet. Umgekehrt sind sie in der Leitung der Reize Geist->Körper vorgeschaltet. Informationen aus dem Körper an das Gehirn kommen bei emotionaler Erregung nicht präzise und klar an ihren Bestimmungsort im Gehirn an. Ich reagiere unpräzise. Die Genauigkeit der Impulse, die mein Gehirn an die ausführenden Körperorgane schickt, leidet. Die Kommunikation Geist => Körper ist gestört. Die Folge sind ungenaue Bewegungsabläufe. Die Gründe: undeutliche Rückmeldungen des Körpers an die Bewegungszentren des Gehirns bzw. inadäquate Befehle des Gehirns an den Körper. Emotion und Anspannung trüben die Kommunikation.

- **Risiken vermeiden, um Fehler zu verhindern**

Wer sich einer Sache, einer Tätigkeit, eines Ziels unsicher ist, zeigt dies bewusst oder unbewusst durch Zurückhaltung. Zielführend wäre, Gas zu geben. Eine Stimme im Hintergrund mahnt zur Vorsicht. Gleichzeitig aufs Gaspedal und die Bremse zu treten, mutig sein und gleichzeitig Risiko zu vermeiden, produziert einen inneren Zwiespalt, der Fehler provoziert. Es geschieht, was ich vermeiden wollte. Die Fehlerquote steigt. Das Bild des Misserfolgs nistet sich im Gehirn ein und breitet sich aus. Es wirft Schatten auf Erfolgsvorsätze. Vorsichtiges Agieren drückt die Leistung weit unter das Trainingsniveau. Erfolg auf höchster Ebene braucht ein Leistungslevel, das persönliche Limits herausfordert.

- **Vom Umfeld zum Wettkampf genötigt**

Sich dem Wettkampf zu stellen ist ein eigener Entschluss. Er nährt sich aus Motiven und Überzeugung. Wer sich liebt, eigene Stärken und Potenziale wertschätzt, legt den Grundstein des Erfolgs. Die Liebe zum Spiel, ohne Rücksicht darauf, ob ich gewinne oder verliere, ist eine Grundbedingung. Die Liebe zur Leistungsqualität gehört ebenso dazu. Wer im Wettkampf steht, möchte etwas zeigen, Qualität bieten. Ganz oben steht die Liebe zum Erfolg. Liebe als stärkste Emotion, zu der wir fähig sind. Die Liebe zu sich, zur Tätigkeit, zur hohen Qualität, zum Erfolg zeichnet die Mentalität erfolgreicher Wettkämpfer aus. Gerade bei jugendlichen Sportlerinnen und Sportlern beobachte ich häufig, dass diese grundlegende Emotion fehlt. Sie gehen mit falscher Mentalität und Emotionalität in ihre Wettkämpfe. Das Umfeld plant und organisiert. Das führt früher oder später ins Abseits. Die Liebe zu sich, zum Spiel, zur Leistung, zum Erfolg ist unerlässlich, will man eigene Ziele definieren und erreichen.

- **Negative Einstellung zu sich selbst und zum Wettkampf**

Manchmal fehlt neben der Liebe auch das wahre Interesse, erfolgreich zu sein. Verdeckte oder offen zur Schau getragene Gleichgültigkeit ist ein Anzeichen dafür. Man scheint von den Ereignissen vor, in und nach einem Wettkampf emotional wenig berührt. Manche zeigen offen ihre Abneigung gegen Wettkämpfe. Sie unterstreichen diese Einstellung durch negative Emotionen, die das gesamte Wettkampfgeschehen begleiten. So ist Erfolg im Wettkampf ausgeschlossen.

- **Negative Selbstgespräche**

Ähnlich verläuft die Kommunikation, die Sportlerinnen und Sportler mit negativer Einstellung mit sich selbst führen. Sie unterstreichen mit Worten ihre Stimmung und unterstreichen diese auch durch eine Körpersprache, die wenig Zweifel offenlässt, wie sie emotional zu Wettkämpfen stehen. Oft schlägt die Stimmung nach positivem Beginn durch den Verlauf des Wettkampfs um. Das Selbstgespräch wird selbstkritisch und destruktiv. Es geht nur darum, einen Rest von Selbstachtung und Selbstwertschätzung über die Ziellinie zu retten. Danach verlässt man die Stätte. Das negative Selbstgefühl bleibt als emotionale Bürde aus dem Wettkampf aufrecht. Es beeinflusst die Einstellung, mit der Wettkämpfe in der nächsten Zukunft angegangen werden.

- **Von Leistungen anderer stark beeindruckt**

Andrea Petkovic, die deutsche Tennis-Weltklassespielerin, sagte in einem Interview sinngemäß: „Starke Konkurrentinnen im eigenen Team zu haben ist immer ein positiver Aspekt. Wir pushen uns gegenseitig. Läuft es bei dir mal nicht nach Wunsch, hast du immer eine Spielerin im eigenen Team, an deren Leistung du dich aufrichten kannst!" Sportlerinnen und Sportler, für die Wettkampf ein nötiges Übel ist, verfolgen Leistungen der Konkurrenz mit Argwohn oder Sarkasmus. „Na logisch, wenn ich sonst nichts zu tun habe und den ganzen Tag trainieren kann!" Oft heißt es auch resignierend: „Dafür bin ich nicht geschaffen mit meiner Gestalt, meinem Spatzenhirn!" Solche Reaktionen auf Leistungen anderer untergraben die Einstellung zu sich selbst, zur eigenen Leistungsfähigkeit und der Liebe zum Wettkampf.

- **Ablenkbarkeit im Wettkampf**

Wer nicht aus vollen Herzen und gedanklich zu 100 Prozent im Wettkampf steht, mit Emotionen, Gedanken und dem Gefühl, dass Geist und Körper in einem Guss agieren, bewegt sich mit seiner Konzentration auf dünnem Eis. Alles was am Rande des Wettkampfes stattfindet, lenkt die Sinne ab, stört die Aktionen. Sportlerinnen und Sportler sind nie im Wettkampf „drinnen" und anfällig für Störungen. Manche legen es sogar darauf an, abgelenkt zu sein, sich nicht auf den Wettkampf einzulassen. Jede Kleinigkeit im Umfeld wird zur Störung. So provozieren sie mangelhaftes Handeln und Verhalten. Ablenkung ist ein mentaler und emotionaler Ausweg aus dem ungeliebten Wettkampf.

- **Zielkontakt fehlt oder geht verloren**

Wettkampf braucht Ziele. Fehlen sie, fehlt auch der Antrieb, alle Kraft und Energie zu mobilisieren. Steigen die Anforderungen, melden sich störend die Schmerzen. Will man Körper und Geist aus ihrer Komfortzone holen, braucht es Ziele, die den Geist binden. Athletinnen und Athleten, die keine Kraft ihres Ziels spüren, können sie nicht für Erfolg und Fortschritt nutzen. Sie treten auf der Stelle oder bewegen sich nur langsam in unbestimmte Richtung. Ein Ziel bedeutet Antrieb und Richtung! Geht der mentale und emotionale Kontakt dazu verloren, fühlt es sich an, als zöge jemand den elektrischen Stecker. Darunter litten zu Beginn der Corona-Pandemie viele Sportler und Sportlerinnen, aber auch andere Menschen, die vorher ein festes Ziel verfolgten. Alles, was sich vorher aufgrund der Kraft eines Ziels bewegte, fiel wie ein Kartenhaus zusammen. Die Richtung der Gedanken war weg. Sie machte anderen, wenig zielführenden Gedanken Platz. Der Weg ins Karriereende wurde ein Thema. Die Sinnfrage stellte sich häufiger als sonst wegen des Wegfalls konkreter Ziele.

- **Flucht in destruktive Gedanken**

Der Geist braucht bewusste Beschäftigung. Geben wir sie ihm nicht, sucht er sich diese selbst. Er kümmert sich dabei kaum um die Anforderungen des Wettkampfs. Er verfügt über einen Fundus an Erlebnissen, Interessen und Erfahrungen. Aus dieser Reserve, dem Unterbewusstsein, bedient er sich. Mitten im Wettkampf sind solche Gedankenspiele kontraproduktiv. Es entspricht der Natur des Geistes, vor allem Erinnerungen und Erfahrungen hervorzuholen, Ereignisse mental zu reaktivieren, die emotional besonders eindrücklich waren. Negative Erlebnisse in Wettkämpfen hinterlassen oft tiefere mentale und emotionale

Spuren als positive. Sie erhalten auch viel mehr Aufmerksamkeit. Negatives Denken im Wettkampf ist destruktiv. Um dem entgegenzuwirken, brauchen wir positive Gedanken. Damit bereiten wir uns mental auf den Wettkampf vor. Wir wählen die Gedanken, die im kommenden Wettkampf Priorität haben sollen. Geistige Begleiter, die es dem Gehirn erschweren, vom Geschehen und von den Wettkampfzielen abzudriften.

- **Von Emotionen mitreißen lassen**

Wettkampf ist eine emotionale Berg- und Talfahrt. Wettkämpfe gleichen anspruchsvollen Prüfungen. Psychoregulation ist immer ein wichtiger Teil im mentalen Training. Wettkämpfer sind ihren Emotionen im Wettkampf nicht hilflos ausgeliefert. Der Geist hat seinen eigenen Willen, aber er ist ein verlässlicher Partner, wenn man entschlossen daran arbeitet. Äußere Einflüsse und Emotionen lenken den Geist von seinen Aufgaben ab. Sie verhindern ein konstruktives und zielführendes Denken und Handeln. Die Mentalität des Wettkämpfers gerät in einen Strudel von Gefühlen und Emotionen. Erfolg rückt so in weite Ferne.

- **Durch Probleme aus dem Tritt geraten**

Kein ernstzunehmender Wettkampf verläuft problemfrei. Fehlen ihm diese Hürden, dann fehlen auch die Kriterien, die ihn zu einer Herausforderung machen. Manchmal schaffen sich Wettkämpfer Hindernisse selbst. Falsche Gedanken, negative Emotionen oder körperliche Empfindungen hemmen die Aktionen. Äußere Einwirkungen schaffen zusätzliche Probleme. Wetter, Verhalten von Konkurrenten und Zuschauern, Vorberichte in den Medien, das eigene sportliche Umfeld, Mängel in der Qualität der Wettkampfstätten und manches andere hindert den freien Fluss der Gedanken und Aktionen. Was von außen her einwirkt, empfindet man als Störung. Viele Menschen verstehen die Macht solcher Einflüsse nicht. Sie haben wenig Verständnis für die mentale und emotionale Ausnahmesituation, in der sich Athleten und Athletinnen befinden. Sie können nicht nachvollziehen, dass schon winzige Kleinigkeiten enorme Auswirkungen auf den psychischen Zustand und das Wettkampfverhalten haben können.

- **Kompromisse im Wettkampf**

Probleme, durch äußere Umstände verursacht, kann man kaum wirksam beeinflussen. Es fehlt die Möglichkeit, sie zu ändern. Man ist gezwungen, Kompromisse einzugehen. Nur wenige solcher Hürden liegen im Sportler, in der Sportlerin selbst. So braucht es zum Beispiel Kompromisse, wenn die körperliche Fitness nach einer Verletzung noch nicht wiederhergestellt ist. Ist der körperliche Zustand kurzfristig nicht zu ändern, muss der Geist damit umgehen lernen. Das gilt ebenso für störende äußere Einwirkungen. Sich mental einstellen heißt Kompromisse einzugehen. Oft gehen Sportler und Sportlerinnen Kompromisse ein, obwohl sie die Störungsursachen von sich aus verändern oder beseitigen könnten.

- **Fehlende Struktur in der Wettkampfvorbereitung**

Jeder Erfolg ist ein Resultat geistiger Ordnung. Wettkampf ähnelt einer Prüfung. Fähigkeiten und Eigenschaften unterziehen sich einem Test. Ist der Wettkampf eine Prüfung, die geistige Struktur erfordert, muss auch die Vorbereitung einer Struktur folgen. Viele Misserfolge passieren, weil die mentale Ordnung in der Vorbereitung fehlt. Geistiges Chaos verhindert den Erfolg. Die mentale Führung durch den Wettkampf, an der man anknüpfen kann, ist nicht vorhanden.

Liebe Leserin, lieber Leser! Unterschiedlichste mentale und emotionale Engpässe stehen hinter Schwächen im Wettkampf. Ihre Auslöser sind von Mensch zu Mensch unterschiedlich. Sie alle verursachen aber mentales und emotionales Wettkampfversagen. Ich habe versucht, die gängigsten potenziellen Gründe zu erfassen. Vor allem jene, denen ich selbst bei meiner Arbeit häufig begegnet bin. Meist wirken mehrere Ursachen zusammen. Sie beeinträchtigen die Leistung im Wettkampf. Sie sind aber lösbar. Alle Übungen zielen auf individuelle Engpässe ab. Sie berücksichtigen den kognitiven, emotionalen und energetischen Bereich und wirken auf das gesamte Gehirn. Komplex sind Engpässe, wenn man sich selbst zum Trainingsweltmeister erkoren hat. In der Folge beschreibe ich einige Trainingsübungen gegen häufigste Engpässe. Konsequentes Training öffnet den Zugang zu mentalen Ressourcen, die jeder in sich trägt. Alt, jung, groß, klein, weiblich, männlich. Jeder besitzt Wettkämpferqualitäten. Sie zu erspüren und von den hindernden Blockaden zu befreien ist die Aufgabe, der sich Sportlerinnen und Sportlern und ihr Umfeld stellen. Regelmäßige Übungen begleiten das praktische Training. Konsequenz und Ausdauer sind auch hier die Säulen jeder Veränderung. Ich wünsche Ihnen viel Erfolg dabei, Ihre Qualität als Wettkämpfer und Wettkämpferin wiederzuentdecken.

Übungen zur Entwicklung einer stabilen mentalen Wettkampfstärke

- **Herausforderungen mit hohen Ansprüchen an körperliche, geistige und psychische Fähigkeiten zu lieben lernen**

Es existieren so viele unterschiedliche Wettkampftypen, wie es Menschen gibt. Die Wettkämpferin, der Wettkämpfer betritt meist die Bühne und übernimmt die Führungsrolle, wenn es um subjektiv wichtige Ziele geht, die so wichtig sind, dass es sich lohnt, zu kämpfen – und wenn erforderlich – mit anderen zu konkurrieren. Ein Ziel fühlt sich für mich so bedeutend an, dass ich jedes andere Bedürfnis dafür temporär zurückstelle. Im Laufe eines Wettkampfs können sich die Prioritäten verschieben. Was am Start das erklärte Ziel war, verliert allmählich seinen Reiz. Andere Bedürfnisse übernehmen seinen Platz.

Die Stimmung dreht sich. Ziel-Motive verlieren ihre Wichtigkeit. Strapazen des Wettkampfs zehren an den psychischen, mentalen und körperlichen Kräften. Das Zwischenresultat motiviert oder hemmt die Energien. Jeder routinierte Wettkämpfer kennt diese Situation. Am Start will jeder ans Ziel, am Ende wollen manche nur, dass es endlich vorbei ist, egal mit welchem Resultat. Zwischen dem Willen, um jeden Preis zu gewinnen und aufgeben liegen Ereignisse, die Gefühle und Gedanken verändern. Übungen, die den Wettkämpfer in uns stärken, richten sich nach dem psychisch-mentalen Zustand zu Wettkampfbeginn. Ihre Aufgabe ist, den psychischen Startzustand so lange erhalten, bis das Ziel erreicht oder der Wettkampf zu Ende ist. Wer schon vor zu Beginn eines Wettkampfes Bedenken hat, sollte sich überlegen, warum er oder sie sich ihm aussetzen will. Welchen tieferen Sinn macht es für mich, diesen Wettkampf zu bestreiten? Fehlt der mentale und emotionale Zugang, stehen schon am Anfang zu viele Fragezeichen. Die mentale Wettkampfvorbereitung erhält entscheidende Bedeutung mit der zentralen Frage: „Warum stelle ich mich dieser Herausforderung?" Habe ich intrinsische Motive, oder veranlassen mich äußere Gründe, dass ich nicht anders kann, als mich dem Wettkampf zu stellen? Habe ich Bedürfnisse, die ich mir durch den Wettkampf erfülle? Was möchte ich am Ende des Wettkampfes von mir sagen können? Was sollen andere Leute erzählen, wenn sie davon berichten? Wie soll die Konkurrenz im Rückblick auf den Wettkampf über mich sprechen? Solche Fragen klären die mental-emotionale Start-Einstellung. Die Antworten sollen den Wettkämpfer, die Wettkämpferin mobilisieren. Sie berühren Geist und Seele und eignen sich, Sportlerinnen und Sportler mental und emotional durch einen Wettkampf zu geleiten. Je klarer und präziser die Antworten sind, umso wirksamer ist ihre Unterstützung in schwierigen Momenten, weil sie den rationalen und emotionalen Teil befriedigen. Emotionen helfen vor allem dann, wenn andere Motive die Wirkung verfehlen.

- **Trainingsleistungen in den Wettkampf übertragen**

Eine der Kernfragen im Sport: „Kann ich meine Leistung aus dem Training auch im Wettkampf zeigen? Oder fehlen mir einige Prozente? Wo bleiben sie?" Dass ich das Potenzial in mir trage, beweise ich im Training. Wo, wie, wann, wodurch reduziert sich die Wirkung meiner Ressourcen, die die Leistung für einen erfolgreichen Wettkampf braucht? Selten denken Athletinnen und Athleten ernsthaft über die Antworten auf diese Fragen nach. „Ich-weiß-es-nicht"-Schulterzucken schiebt die Verantwortung anderen zu. In welchen Bereichen unterscheiden sich für mich Training und Wettkampf? Die Antwort auf diese Frage eröffnet Lösungsansätze, wenn ich offen zu mir selbst und den Leuten bin, mit denen ich daran arbeite! Ich schaue auf meine Leistungen im Training und Wettkampf. Wo liegen die Unterschiede, an deren Korrektur zu arbeiten ist? Meist ist der Leistungsabfall mental und emotional bedingt. Offenheit und Ehrlichkeit sind deshalb unverzichtbar! In welchen Situationen treten die Unterschiede auf? Ich stelle Fragen und suche nach Antworten, die Lösungsansätze ermöglichen. Wie sähe der ideale Ablauf einer mangelhaften Performance im Wettkampf aus? Will ich die Denkweise und das Verhalten im Wettkampf ändern, prüfe ich Gedanken und Emotionen, die eventuell hinter dem Leistungsabfall stehen. Ich erarbeite eine klare Vorstellung des idealen Ablaufs. Vorher stelle ich mir aber noch eine wichtige Frage: Trainiere ich das mentale Alternativprogramm für den Wettkampf aus innere Überzeugung und eigenem Antrieb? Veränderungen müssen zu meiner Persönlichkeit passen, das heißt, mein Profil als Wettkämpfer unterstützen und schärfen. Es muss authentisch sein. Es darf keinem fremden Ideal folgen, sondern soll meine Wettkampfpersönlichkeit stärken. Ich bin das Original und schaffe mir mein persönliches Ideal. Ein erfolgversprechendes Programm für mein Denken, Fühlen und Verhalten im Wettkampf ist das Ziel. Steht es in allen Einzelheiten fest, trainiere ich es konsequent und regelmäßig. Verändertes Denken und Verhalten braucht stetes Training, ehe es Wettkampfreife erlangt.

Meistens ist der Ausdruck Trainingsweltmeister verfehlt, weil die Wettkampfpersönlichkeit bisher nie ernsthaft trainiert wurde. Mentale und emotionale Veränderungen sind eine Sisyphusarbeit. Gewohnheiten der Vergangenheit wollen ihren Platz behaupten und stemmen sich dagegen. Sie legten bisher die Grenzen der Komfortzone fest. Diese überschreite ich nun im Training bewusst. Ich setze mir Ziele, die ebenso für jeden Wettkampf gelten. Wettkampf erlaubt keine zweite Chance, keinen zweiten Anlauf, wenn ich beim ersten scheitere. Ich achte auf Gedanken und Emotionen in entsprechenden Situationen, auf die innere und äußere Kommunikation, insbesondere auch auf die Sprache des Körpers. Ich achte darauf, auf welche Reize meine Sinne ansprechen, wie ich darauf reagiere. Lasse ich mich ablenken? Welchen Ereignissen und Gedanken widme ich meine geistige Energie? Ist meine Konzentration auf Wesentliches gerichtet, oder beschäftigen meine Sinne Nebensächlichkeiten? Setze ich meine Energien zielgerecht ein, oder vergeude ich sie für Aktivitäten, die mit dem Wettkampfziel bestenfalls am Rande zu tun haben? Sind die Emotionen positiv und auf das Ziel ausgerichtet? Emotionen bestimmen doch auch meine Ausstrahlung, die der Konkurrenz garantiert nicht verborgen bleibt. Viele Details sorgen dafür, dass ich mein Potenzial in den Wettkampf einbringe. Die Persönlichkeit des Wettkämpfers entwickelt sich im Kopf. Der macht auch den Körper zum Wettkämpfer!

- **Eigene Stärken als Säulen der Wettkampftaktik**

Wettkämpfe geben mir die Chance, zu zeigen, welches Potenzial in mir steckt. Training hat individuelle Stärken geformt. Die Chance zur Demonstration der Stärken bereitet manchen Sportlerinnen und Sportlern Kopfzerbrechen und verursacht psychischen Druck. Eine Chance wird durch verfehltes Denken zur Belastung. Als Kleinkinder waren wir doch alle stolz, wenn wir zeigen konnten, was wir gelernt hatten. Der griechische Tennisprofi Stefanos Tsitsipas sagt Folgendes über seine Einstellung zum Wettkampf: „Das Problem in einem Wettkampf sind nie meine Gegner. Das Problem bin ich selbst. Im Wettkampf bin ich gezwungen, alles zu aktivieren, was in mir steckt!" Top-Profis sind Problemsucher und -Löser in einer Person. Sie belassen es nicht dabei, die Probleme zu erkennen, sondern sie gehen daran, sie zu bewältigen. Kreatives Denken leitet sie. Zu aktivieren, was in mir steckt, setzt voraus, zu wissen, was in mir steckt und was ich aktivieren kann.

Erfolgreiche Athletinnen und Athleten setzen bewusst auf ihre Stärken, statt sich damit zu beschäftigen, die Schwächen zu verbergen. Sie empfinden diese nicht als Makel, sondern als Zukunftspotenzial. Entsprechend positiv ist ihre Einstellung zu ihren eigenen Fähigkeiten. Ihre Wettkampftaktik führt es vor Augen. Ihr Wettkampfplan dreht sich bis in die Einzelheiten darum, wie sie Stärken praktisch einsetzen. Er ist die geistig-emotionale Hilfe für schwierige Wettkampfphasen. Ein geistiges Gerüst, das Halt bietet und ein Mittel gegen kopfloses Agieren. Der rote Faden im Wettkampf: Ich habe Stärken, die ich durch mein Denken, Handeln und Verhalten aktivieren kann. Sie sind der Schutz gegen den mentalen und emotionalen Ausstieg aus dem Wettkampf.

- **Intensität als Qualitätssicherung im Wettkampf**

Was unterscheidet durchschnittliche Sportlerinnen und Sportler von jenen, die im Leistungssport bis an die absolute Spitze vordringen? Ihr Handwerk hat die Qualität, die Wettkämpfe auf höchstem Niveau erforderlich ist! Sie erreichen die Spitze, weil sie Fragen stellen: Ist meine Grundtechnik solide genug? Kann der Körper physisch fordernde Wettkämpfe erfolgreich durchstehen? Die Unterschiede zwischen Freizeit- und Leistungssportlern liegen in der Intensität und der Konstanz der Aktionen Das Maß für Intensität liegt in der Qualität und Menge an Energie, mit der ich den Job verrichte. Je mehr positive Energie ich aktiviere, umso positiver ist die Auswirkung auf die Leistung. Ich stelle mir die Fragen:

a. Wie viel an Energie bin ich bereit und in der Lage, im Training und im Wettkampf zu investieren?
b. Welche Qualität an mentaler, emotionaler und physischer Energie kann und will ich mobilisieren?

Gehen wir gedanklich einen Schritt zurück zur mentalen und emotionalen Wettkampfvorbereitung. Sie ist die Quelle der Energiemenge, die ich im Wettkampf aktivieren kann. Noch einen weiteren Schritt zurück stoße ich auf die emotionale Quelle, die bestimmt, wie lange ich das Energieniveau, die Konstanz der Leistung bereitstellen kann. Die Intensität wechselt während des Wettkampfs. Es geht darum, die vorhandene Energie bewusst und effizient einzusetzen. Die Qualität der Energie muss positiv sein. Statt mich negativen Gedanken hinzugeben, bleibe ich mental und emotional ununterbrochen am Ziel dran. Ich sporne mich an und motiviere mich selbst. Der Geist aktiviert die körperlichen Ressourcen. Gedanken können energetische Booster oder auch Energieräuber sein. Positive Worte und Gesten, aktivierende Atemzüge, dynamische Bewegungen lenken die Energie dorthin, wo ich sie benötige. Im Training übe ich meine persönliche Sammlung energiebringender Aktivitäten.

- **Wettkampfvorbereitung in Menge und Detail**

Schauspielerinnen und Schauspieler lernen ihre Rollen exakt, um später auf der Bühne oder vor der Kamera glänzen zu können. Dieselbe Aufgabe stellt sich Sportlern und Sportlerinnen: die Vorbereitung auf ihre individuelle Wettkampfrolle. Das bedeutet zweierlei:

a. Vorbereitung auf die Rolle, die der jeweilige Wettkampf erfordert.
b. Mobilisierung der Wettkämpferrolle generell.

Je intensiver die Wettkämpferrolle in Fleisch und Blut übergegangen, also automatisiert und auf die eigene Person abgestimmt ist, umso leichter ist es, sie für den Wettkampf zu aktiveren. Die detaillierte Vorbereitung auf den Wettkampf wurde oben beschrieben. Sich die vier Fragen zu stellen und sie ehrlich zu beantworten: WAS will ich hier? WOZU oder WARUM will ich es? Mit welchen Stärken (WOMIT) will ich es schaffen? WIE will ich die Stärken einsetzen? Ziele, Motive, Stärken, Taktik! Vier Säulen der Wettkampfrolle! Wer an dieser Stelle oberflächlich agiert, steht später den Anforderungen des Wettkampfes mit reduzierter mental-emotionaler Energie gegenüber. Vieles mag funktionieren, weil die Wettkämpferrolle Energien entwickelt und viele Aktionen Gewohnheiten sind. Aber die Anforderungen eines ganz bestimmten Wettkampfes zu erfüllen, erfordert die spezielle Vorbereitung.

- **Ruhe und Fokus im Wettkampf**

Wettkämpfe finden selten in einem Setting statt, in dem Gelassenheit und Ruhe vorherrschen. Hektische Geschäftigkeit und Trubel sind normal. Wer sich anstecken oder ablenken lässt, gerät in einen Strudel von Gedanken, Gefühlen und Emotionen. Die mentale Ordnung schwindet. Erfahrene Sportler und Sportlerinnen grenzen sich ab und erhalten sich so ihre innere Ruhe. Sie bewahren den Fokus auf die Details, die der Erfolg fordert. Ihr Geist gleicht einem Felsbrocken im Fluss. Das Wasser schießt über ihn hinweg und neben ihm vorbei. Er aber hält seinen Platz, Jahrzehnte, Jahrhunderte.

Wollen wir bei diesem Vergleich bleiben? Auch im Inneren des Felsens gibt es Veränderungen. An ihm gehen äußere Kräfte nicht spurlos vorüber. Doch er hält Stand! Sportler und Sportlerinnen haben Gedanken, Gefühle, Emotionen und Bedürfnisse. Doch die Erfolgsformel als Wettkampfziel ist mit großen farbigen Lettern im Geist eingeprägt. Kommunikation, Atmung, Ernährung, Orientierung der Sinne, emotionale Stimmung. Alles ordnen sie dem Ziel unter. Das klappt nicht von heute auf morgen. Auch großartige Athletinnen und Athleten erarbeiten sich ihre Konzentration, die Ruhe, die innere Sprache, die positiven Emotionen immer wieder aufs Neue. Aber auf einem immer höheren Level. Sie errichten in sich mentale und emotionale Ruhezonen. Erinnerungen an bestimmte Orte, an denen sie Ruhe und Frieden erlebten. Bilder, die sie in eine positive Stimmung versetzen. Worte, die in ihnen im Selbstgespräch Emotionen wachrufen, die sie vor und im Wettkampf brauchen, um bereit für Höchstleistungen zu sein. Äußere Objekte, die sie kontemplativ betrachten und die ihnen dabei helfen, die Sinne zu bündeln. Unterschiedliche Quellen, im Mentaltraining fortlaufend erarbeitet, aktivieren die notwendigen Fähigkeiten und Eigenschaften. Sie wenden sie an, wenn es der Wettkampf erfordert, wenn Konzentration und Ruhe zu Säulen des Erfolgs werden sollen.

- **Das Gefühl für kontrolliertes Risiko**

Du weißt nie, wie weit du gehen kannst, wenn du nicht mindestens einmal zu weit gegangen bist. Exakter kann man die Aufgaben des täglichen Trainings nicht treffen. Die Grenzen des aktuellen Leistungsvermögens auszuloten, dabei zu scheitern, ohne Gefahr zu laufen, dass das Scheitern negative Folgen nach sich zieht. Fortschritt, Entwicklung sind keine Versicherungen gegen das Scheitern. Doch ohne sie ist es vorprogrammiert. Das Scheitern muss ich im Training immer wieder erleben, um seine Wahrscheinlichkeit im Wettkampf zu reduzieren. Wer das Risiko meidet, erhöht das Risiko, sein Ziel zu verfehlen. Risiko ist ein Teil des Wachstums und des Strebens nach hohen Zielen.

Im Training erarbeite ich mir die mentale Einstellung für den Umgang mit Risiken. Das schließt negative Erlebnisse, Verluste, Fehler und Rückschläge mit ein. Ziele, die ich gedanklich mit Risiken verbinde, sind nicht Resultate, sondern Absichten. Spiele ich ein riskantes Spiel, dessen Ziel meinem Leistungsniveau entspricht, denke ich nicht an Scheitern, sondern an mein Ziel, das ich damit erreichen will. Denke ich an Scheitern, werde ich es auch erleben. Denke ich an das Ertrinken, obwohl ich schwimmen kann, gerate ich beim kleinsten Strudel, dem ich angesichts meiner Fähigkeiten gewachsen bin, in Gefahr! In einer riskanten Situation spielen Gedanken, Gefühle und Emotionen entscheidende Rollen. Denke, fühle, handle ich orientiert auf ein Ziel oder auf ein Risiko, eine Gefahr? Nicht primär an Risiko zu denken heißt nicht, es zu ignorieren und es aus dem Bewusstsein zu drängen. Ich bin mir bewusst, worauf ich mich einlasse! Gleichzeitig weiß ich aber, dass ich alle Fähigkeiten und Eigenschaften habe und sie aktivieren kann, die dafür sorgen können, dass mein Vorhaben gelingt. Unzählige Karrieren scheitern oder enden zu früh, weil die Menschen Risiken scheuen. Sie verlieren Wettkämpfe unter dem Wert ihrer Potenziale, weil sie diese nicht so aktivieren, wie sie es könnten! Der Fokus richtet sich auf das Abwenden von Risiken statt auf ein Ziel. Das Gefühl für das Risiko hängt von der inneren Einstellung ab. Je öfter ich riskante Unternehmungen in einem gesicherten Setting bewältige, umso sicherer werde ich. Allerdings darf dabei Leichtsinn niemals ins Spiel kommen! Viele schätzen ihre Fähigkeiten falsch ein! Sie aktivieren sie nicht in dem Maß, wie es die Situation erfordert. Wer im Training die mentale und emotionale Einstellung zum Risiko lernt, wagt sich an Grenzen, erweitert sie, bleibt dabei in riskanten Situationen aber demütig statt übermütig und fokussiert sich darauf, was die Situation erfordert. Champions riskieren, wenn die Lösung einer Aufgabe ihrem Können entspricht und es das Ziel verlangt.

- **Eigene Motive und Ziele für den Wettkampf**

Ein Ziel allein ist keine dauerhafte Energiequelle. Habe ich immer dasselbe Wettkampfziel, verliert es im Lauf der Zeit seinen Reiz. Es wird alltäglich und weckt keine Emotion mehr. Das Erfolgsgefühl nach Siegen schwindet. Jeder Wettkampf hat seine eigenen Gesetze. Konkurrenz, Schauplätze, Zeiten und Verhältnisse wechseln. Die Tagesform variiert. Jeder Tag ist ein neuer Tag, jeder Wettkampf eine neue Chance! Diese Einstellung ist die Voraussetzung, dass jeder Wettkampf, jedes Training als einzigartig und attraktiv empfunden wird. Wettkampf und Training sollen nie zur Routine werden.

Ich suche und finde Gründe, warum es mir heute, genau hier an diesem Ort, zu dieser Zeit, unter diesen Verhältnissen so wichtig ist, zu trainieren oder den Wettkampf zu bestreiten. Ich mache das Ereignis zu etwas Besonderem. Welche Hindernisse stellen sich zwischen mich und das Ziel? Gehe ich in ein Training oder einen Wettkampf, steht mein besonderes Ziel im Fokus des Einsatzes körperlicher, mentaler und emotionaler Energien. Hier und jetzt gehe ich die nächsten Schritte, an deren Ende mein heutiges Ziel liegt. Ich hoffe, Sie, liebe Leserin, lieber Leser, spüren diese Kraft und Energie, die ein täglich neues Ziel mobilisiert. Voraussetzung ist, dass ich diese Übung ernst nehme. Das Ziel bindet zumindest für die Dauer des Wettkampfes oder einer Trainingseinheit alle meine Ressourcen. Es lässt Hürden mich überwinden und Probleme bewältigen. Oft wird ein Ziel allein durch die Formulierung attraktiv, regt den Geist an und weckt positive Emotionen.

- **Die Einstellung zu sich selbst**

Vom Denken über das Fühlen zum Tun. Wie ich über mich denke, so fühle ich mich. Meine Gefühle beeinflussen mein Verhalten und Handeln. Das gilt auch in Wettkämpfen. Habe ich eine ehrliche, positive Meinung über meine Stärken und Fähigkeiten, wird sie sich in vielen kritischen Momenten des Wettkampfs ausdrücken. Glaube ich nicht daran, meinen Aufgaben gewachsen zu sein, sie erfüllen zu können und zu wollen, äußert sich dies in meinen Aktionen und Reaktionen. Bin ich mit mir im Reinen, zeige ich es. Meine Aktivitäten wirken sicher und sind bewusst gesetzt. Der Fokus gilt dem Ziel. Anderenfalls werden Zweifel zu den Regisseuren meiner Gedanken, Emotionen und Handlungen. Spätestens jetzt ist es an der Zeit, aktiv zu werden, das Übel an der Wurzel anzupacken, das Denken, die Einstellung zu mir selbst zu ändern.

Vertraue ich mir nicht, fühle ich mich im Wettkampf unbehaglich. Ich bin unsicher. Misstraue ich mir, eine Herausforderung zu schaffen, schrumpft auch meine Überzeugung. Skepsis macht sich breit. Meine Einstellung zu mir selbst belastet Aktionen und Verhalten. Es kostet mich Überwindung, und ich benötige einen starken Willen, den Teufelskreis von Unbehagen-Misstrauen-Fehler-Unbehagen-Misstrauen-Fehler zu sprengen. Nur ein stabiles Vertrauen in sich selbst überwindet Misstrauen und Unbehagen. Wie baue ich Grundvertrauen auf? Positive Erfahrungen können mein Selbstvertrauen auf die Augenhöhe mit der Aufgabe steigern. Zunächst beginne ich, in jedem Wettkampf, jedem Training Fakten zu sammeln, die helfen, die Einstellung zu mir zu verändern. Statt Fehler anzuprangern und mich dafür zu verurteilen, meine Schwächen mental auszubreiten, räume ich positiven Aktionen, den Stärken und kleinen Erfolgen mental und emotional breiten Raum ein. Das bereitet Menschen mit geringem Selbstvertrauen anfangs Probleme. Sie bekamen seit früher Kindheit suggeriert, fehlerhaft zu sein. Mängel erhielten viel Augenmerk. Alles richtete sich darauf, sie zu beseitigen statt Stärken hervorzuheben. Die Änderung der Einstellung zu sich macht handlungsfähig auf hohem Niveau! Erinnern wir uns an den Ablauf von Denken->Fühlen->Handeln! Fehlerursachen sind in der Regel entsprechende Gedanken über sich selbst. Will ich Fehler an deren Wurzel anpacken, ändere ich daher mein Denken. Ich lerne, sie zu akzeptieren. Ich erkenne ich, dass sie nicht in Stein gemeißelt sind, dass ich sie ändern kann, wenn ich es will. Mängel sind nicht in meine Wiege gelegt worden. Ich blicke auf meine Fähigkeiten und Stärken, die mein Wachstum, die Entwicklung beweisen. Ich lege mein Augenmerk auf Unterschiede von heute zur Vergangenheit. Wo stand ich damals? Was kann ich jetzt? Entwicklung erfolgt in Schritten. Dasselbe gilt für die Entwicklung positiven Denkens. Kleine Denkschritte wirken, wenn man Ursachen dafür entdeckt. Blicken wir auf positive Aktionen! Geben wir Erfolgen das Gewicht, das sie verdienen, statt sie als normal abzuwerten. Wertschätzung für sich selbst beginnt bei Wertschätzung für das, was ich tue, denke und fühle. Kritik, vor allem destruktiv, Urteile, abwertende Aussagen und Gesten untergraben den Boden, auf dem Erfolg wachsen kann. Eine positive Einstellung baut auf der Wertschätzung kleiner Erfolge auf und erhöht so die Chancen auf Erfolg.

- **Sprache als Erfolgsinstrument**

„Über Erfolg reden viele, aber Erfolg haben, von dem andere reden, gelingt nur wenigen!" Achten wir einmal darauf, wie wir über unsere Handlungen und Gefühle sprechen. Achten wir auf Worte, mit denen wir uns angesichts von Fehlern oder gelungenen Aktionen bedenken. Worte äußern die Gedanken und den Seelenzustand. Auch der Körper spricht durch Gesten, Haltungen und Mimik. Wir achten darauf, was der Körper mitteilt. Ich ersuche eine Person meines Vertrauens, ein Video von mir aufzunehmen, das mich in schwierigen Situationen zeigt. Wie gehe ich? Wie halte ich den Kopf? Was drückt mein Gesicht aus? Welchen Energiezustand strahle ich aus? Verbale Sprache und Körpersprache sind die Pforten zu Geist und Seele. Die Kommunikation mit mir wirkt auf mein Verhalten. Ich empfehle allen, die hohe Ziele anstreben: Seien Sie Ihr eigener Coach! Sie können es! Fragen Sie sich vor Aufgaben und Herausforderungen: Was brauche ich gerade jetzt? Ich trainiere Worte und Gesten, die mir Überzeugung und Kraft geben, als geistige Haltegriffe für schwierige Momente! Vergessen Sie nicht: Ihr Talent braucht Unterstützung, Sie sind sie ihm schuldig! Ihre innere Sprache, Ihre Wahl der Gedanken, Ihre Kommunikation mit sich selbst. Fragen Sie sich: Welche Worte brauche ich in diesem Moment? Welche Mimik, welche Gesten helfen, über diese Situation hinwegzukommen? Vermeiden Sie Aussagen wie: „Ich kann das nicht! Alles ist schwierig! Nichts geht mehr!" Ersetzen Sie diese durch „Ich kann, wenn ich will! Es gibt immer zumindest eine Lösungsmöglichkeit! Ich achte auf kleinste Fortschritte! Ich nehme jede Chance wahr, die sich bietet, weil ich sie erkenne!" Seien Sie optimistisch im Hinblick auf Ihre Ziele.

Im Training wie im Wettkampf geben positive, zielgerichtete Worte und Gesten den Rückenwind, den viel Athletinnen und Athleten unterschätzen und vernachlässigen.

- **Orientierung nur an eigenen Leistungen**

Was können meine Konkurrenten? Welche Stärken hat er oder sie? Welche Schwächen machen sie oder ihn angreifbar? Was kann die Konkurrenz besser? Vergleiche mit Mitbewerbern sind Ablenkungen und eine mentale Abkehr von eigenen Fähigkeiten, Eigenschaften und Stärken. Champions stellen sich selbst ins Zentrum ihrer Gedankenwelt. Besonders vor und im Wettkampf. Der Fokus richtet sich auf das Eigene, das zum Ziel führt. Sich zu stärken, eigene Fähigkeiten zu achten, ist die Grundlage für Wachstum und Erfolg. Was Beachtung verdient und findet, das gedeiht auch. Im Tier- und Pflanzenreich wie im Leistungssport. Leistung und Wachstum bedürfen der Aufmerksamkeit. Versage ich meinen Leistungen dieses Bedürfnis nach Anerkennung, verzichte ich, sie so zu pflegen, wie es mir möglich wäre.

Viele Menschen können sich nicht in die Psyche erfolgreicher Sportler und Sportlerinnen einfühlen. Sie interpretieren deren Fokus auf sich selbst als Arroganz. Diese Ansicht ist meist falsch. Champions schätzen Leistungen generell, auch die ihrer Konkurrenten, aber vor allem eigene Leistungen. Sie sind ihr Zugangstor und der Wegweiser für Erfolge. Die Leistung zeigt sich in Aktivität und Verhalten. Sie folgt Gedanken und Gefühlen über sich selbst.

Überzeugen wir uns selbst durch die Beachtung unserer positiven Leistungen. Verstehen wir Fehler als Lehrmeister statt als Schwächen. Wir lassen uns weder von positiven Resultaten blenden noch von negativen Ergebnissen entmutigen. Wir beachten in jeder Niederlage jene Einzelheiten und Momente, die auch unsere Stärken zeigen. Wir suchen nach Ursachen, statt zu urteilen. Wir beschränken Analysen nicht auf gut und schlecht, wenn es um die eigene Leistung geht. Wir geben uns selbst das Feedback, das unser Wachstum stützt und fördert. Wir zeigen Respekt auch vor Leistungen anderer. Wir sind uns immer bewusst: Wir sind ein Unikat, das mit seinen Fähigkeiten den Weg zum Erfolg sucht. Wir sind keine Kopie, sondern immer das Original, wenn es um unseren Weg geht.

- **Tunnelblick im Training**

Mich überrascht immer wieder, welche mentale Oberflächlichkeit Sportler und Sportlerinnen in ihren Trainingseinheiten an den Tag legen. Small-Talk während der Übungen, zu kurze Konzentrationsphasen. Training ist für viele ein soziales Ereignis. Im Wettkampf fordern sie von sich den Tunnelblick, der idealerweise in einen Flow-Zustand münden sollte. Natürlich stellt sich nichts davon ein! Die Grundlagen dafür schaffen wir im Training. Geist und Körper brauchen darin Praxis. Wettkampf auf Höchstniveau erfordert keine coolen Typen, sondern Wettkämpfer, die des gewohnt sind, fokussiert, unter der Beteiligung aller Sinne und mit dem Aufwand aller verfügbaren Energien, zu denken und zu handeln. Zeitlich und örtlich präsent sein und so lange bleiben, bis das Ziel erreicht ist. Augen, Ohren, Motorik, Geruch, Geschmack, innere und äußere Sprache und Gedanken. Alle Sinne sind auf das Ziel gerichtet. Alle Energien fließen in die Aufgabe. Daraus entspringt die höchste Intensität der Leistungen. Kein Abschweifen, kein Verharren, kein Innehalten, wo es die Situation nicht zulässt oder fordert. Geist und Seele konzentrieren sich auf den Augenblick. Was ist nötig? Worauf kommt es jetzt an? Mit positiven Emotionen, den Fokus auf das Ziel gerichtet. Es zieht mich an! Volle Kraft voraus! Der Tunnel öffnet sich in kurzen Wettkampfpausen, um Energie zu sparen und zu regenerieren. Tunnelblick braucht viel Training, um auch im Wettkampf zu funktionieren. Er nimmt Nötiges wahr und blendet aus, was verzichtbar ist!

- **Mentaler und emotionaler Zielkontakt**

Jeder Weg braucht eine Richtung. Ein Ziel leitet mich durch mentale und emotionale Mäander des Wettkampfes. Es hat für mich einen persönlichen Stellenwert, der alles überstrahlt, was mir sonst begegnet. Die Menschen entscheiden sich für hohe Ziele, werfen aber dann entweder für gewisse Zeit oder endgültig die Flinte ins Korn. Sie suchen nach Ersatzzielen, weil der Weg mühsam wird. Sie empfinden die Hürden als zu hoch. Energie und Motivation gehen andere Wege. Nur die Besten halten durch! Hauptstütze für das Durchhalten im Wettkampf ist emotionaler und mentaler Zielkontakt! Er bleibt angesichts der Stürme, die an den Grundfesten geistiger und körperlicher Energie rütteln, bestehen. Weiter oben, im Kapitel über Ziele, beschreibe ich die Säulen eines Ziels. Wesentlich für das Erreichen eines Ziels ist immer die mentale Vorbereitung. Ich formuliere das Ziel präzise! Persönliche Motive machen für mich das Ziel attraktiv und erstrebenswert. Sie geben ihm meinen persönlichen Sinn. Ein Wettkampfziel hat sich geistig gefestigt und bindet alle Sinne. Es entspricht genau meinen Fähigkeiten und Eigenschaften. Es weckt Emotionen und mobilisiert meine Fähigkeiten und Eigenschaften.

- **Gedanken einfangen**

„Die Accessoires sind ein Blickfang. Sie erregen und binden deine Sinne!" Was Aufmerksamkeit erregen soll, bereite ich attraktiv für alle Sinne auf. Die Werbebranche zeigt es vor. Ähnlich ist es mit einem Ziel! Es muss alle Sinne gefangen nehmen, Neugier erregen, Gedanken und Gefühle binden. Intensiv und nachhaltig! Seine Ausstrahlung muss so stark sein, dass es die Attraktivität auch dann behält, wenn der Preis hoch ist und der Weg Tränen und Schweiß kostet. Wettkampf zwingt mich aus der Komfortzone. Ich überwinde die Macht hinderlicher Gewohnheiten. Erfolg ist das Ziel.

Wettkämpfe führen an emotionale, mentale und körperliche Grenzen. Der innere Schweinehund regt sich. Die meisten resignieren angesichts der Herausforderungen. Sie wollen sich – bewusst oder unbewusst – schützen. Extremsportler nehmen enorme Strapazen in Kauf. Manche riskieren sogar ihre Gesundheit. Um die Bereitschaft zum Einsatz aufrechtzuerhalten, den das Ziel erfordert. Deshalb gestalten sie ihr Ziel attraktiv. Es bringt die inneren Saiten zum Schwingen. Ein solches Ziel ist nicht oberflächlich als bloße Option von mehreren im Kopf. Sie beteiligen alle Sinne. Es wird attraktiv, denn der innere Zielfilm weckt Empfindungen. Selbst Profis aus der Werbung können davon lernen, wie Champions ihre Wettkampfziele mental und emotional aufbereiten. Jeder Mensch weiß, was ihn an seinem individuellen Ziel reizt. Er spürt, worauf die Sinne positiv reagieren. Er ist Werbeprofi in eigener Sache. Verpacken wir ein Ziel in einen wirksamen Werbespruch! Entwerfen wir einen Slogan, produzieren wir einen Mental-Film. Machen wir das Ziel und die Etappen dahin so attraktiv, dass sie die Sinne gefangen nehmen. Malen wir es in allen Farben. Wir nutzen die Tage vor einem Wettkampf für diese mentale und emotionale Vorarbeit. Wir berieseln die Sinne mit attraktiven Accessoires. So wie es uns die Werbung vormacht.

- **Emotionen auf Abruf**

„Reg dich nicht künstlich auf, das wird schon wieder!" Den Spruch kennt doch jeder. „Ich will mich aber aufregen!" Auch schon gehört? Vor allem, wenn ein bestimmter Zweck damit verfolgt wird. Rege ich mich über Ereignisse auf, verschleudere ich wertvolle Energien. Doch der Erfolg im Wettkampf braucht Emotionen. Erfahrene Sportlerinnen und Sportler setzen sie zielbewusst ein, weil sie spüren, dass körperliche und geistige Ressourcen nicht für das Ziel ausreichen. Emotionen regen die Produktion von Adrenalin im Körper an. Es mobilisiert Energiereserven und steigert die Leistungsfähigkeit. Sie erregen sich künstlich, was auch im Leben manchmal geschieht. Doch man tut es im

Wettkampf nur so weit, wie man die emotionale Kontrolle behält. Körper und Geist aktivieren zusätzliche Reserven an Energie. Bewussten Einsatz der Emotionen schafft die Extraressource, die den Unterschied macht.

- **Probleme erkennen, gezielt nach Lösungen suchen**

Probleme im Wettkampf sind einfach zu erkennen. Ein Zwischenziel, das man verfehlt, wäre zumindest ein Indiz dafür. Emotionen blockieren aber den rationalen Zugang zu Lösungsressourcen. Im Training funktionieren sie, im Wettkampf deutet man meist schon die Problemsymptome falsch.

Probleme und deren Ursachen zu erkennen, lernt man normalerweise im Training. Meist geschieht das Gegenteil! Ergibt sich ein Problem, sind Trainerin und Trainer oder andere gute Geister mit Rat und Tat zur Stelle. Sie liefern Erklärungen für Fehlerquellen und präsentieren den geistigen Lösungsweg, ohne dass sich Sportlerinnen oder Sportler selbst Gedanken machen. Sogar im Leistungssport verhalten sich Menschen im Umfeld, als würden sie mit unmündigen Kindern arbeiten. Im Wettkampf staunt man, warum die Fähigkeit, Probleme eigenständig zu lösen, derart unterentwickelt ist. Im Training ist auf eigenes Denken zu achten, anstatt fertige Lösungen zu bieten, auch wenn diese sachlich richtiger zu sein scheinen. Sie verhindern eigenes logisches Denken. Selbst wenn es Zeit kostet, ist das Lernen aus Fehlern im Training die Möglichkeit, Lösungskompetenzen aufzubauen. Auch das Selbstvertrauen wächst. Ich kann im Wettkampf viel mehr Ereignisse beeinflussen. Der hilfesuchende Blick zu den Betreuern wird seltener. Der nächste Schritt in Richtung Meisterschaft ist getan. Ich rate allen Personen im Umfeld von Sportlerinnen und Sportlern, diese Kompetenz zu fördern, ihr im Training und auch im täglichen Leben Augenmerk zu schenken. Die positiven Folgen im Wettkampf werden spürbar. Den Lösungsvorgang selbst zeigt die Kette Symptom – Wirkung – Wissen – Ursache – Können – Wollen – Handeln – Korrektur. Taucht ein

Problem auf, nennt man zunächst das Symptom. Wie wirkt sich das Problem aus? Habe ich es erkannt, suche ich nach der Ursache! Woran liegt es hauptsächlich? Wie wäre der Idealverlauf? Welche Optionen zur Korrektur gibt es? Es sind Fragen, die die Problemlösungsfähigkeit fordern und fördern. Die selbstgefundene Lösung stärkt das Selbstvertrauen und fördert die Lösungskompetenzen. Ich erfahre aus eigener Anschauung, wie es richtig geht! Das neue Wissen setze ich durch Übung nach dem Schema Wissen – Können – Wollen – Handeln um. Solange, bis das neue Verhalten, Handeln oder Denken zur Gewohnheit wird.

- **Rituale als Hilfestellungen für Struktur und Stabilität**

Jeder, der sich im Leistungssport oder anderen Leistungsbereichen etwas auskennt weiß, welche wichtige Rolle Rituale spielen. Sie vermitteln ein Gefühl von Routine und geben geistige Ordnung! Sie helfen, im Wettkampf mental den Faden zu behalten oder ihn wiederzufinden, wenn er mal verloren scheint. Im mental-emotionalen Auf und Ab sorgen Rituale für geistige Struktur und zielgerechtes Handeln. Emotionen klingen ab, die Gedanken sammeln sich wieder. Rituale steigern die Stimmung und sorgen für innere Ruhe. Strukturiertes Handeln wird möglich. Aber sie erfordern Übung. Sie funktionieren nicht auf Knopfdruck, sondern müssen erst zur Gewohnheit werden. Als Kleinigkeiten, die dann im Wettkampf den großen Unterschied machen.

- **Aufgaben brauchen Struktur, um sich geistig zu festigen**

Erinnern wir uns an unsere Schulzeit? Wir bemühten uns, Wissen im Gehirn zu verankern, um es später bei der Prüfung wiedergeben zu können. Meinte man, den Stoff zu beherrschen, stellten sich die Kenntnisse genau dann als unzureichend, zu oberflächlich heraus, wenn es um den Beweis des Könnens ging. Wo war nun der Anfang? Wie geht es weiter? Welches Stichwort öffnet die Tür zu weiterem Wissen und Können? Oft genügte ein helfendes Wort des verständnisvollen Prüfers, um den Faden wieder aufzunehmen und geistig weiterzuspinnen. Auch die Nerven meldeten sich. Spielten sie ihre Streiche, stürzte das geistige Gebäude kläglich in sich zusammen. Fast jeder Mensch verwendet bewusst oder unbewusst Lerntechniken. Sie strukturieren den Lernstoff. Genau so funktioniert das Einprägen von Wettkampfaufgaben. Eine simple Struktur sportlicher Aufgaben bezieht sich auf körperliche, mentale, taktische und technische Bereiche! Anschließend ordne ich sie weiter und erleichtere mir so die mentale Vorbereitung des Wettkampfs und die Wahl der Prioritäten.

Visuell orientierte Menschen nutzen schriftliche Aufzeichnungen oder innere Bilder, die sie vor dem Wettkampf wachrufen. Auditive Lerner wiederholen verbal ihre Prioritäten vor Wettkampfbeginn. Andere wiederum lernen bei praktischem Handeln und Verhalten. Sie bereiten sich durch charakteristische Bewegungsabläufe vor. Wettkampfvorbereitung ist am wirksamsten, wenn sämtliche Lernkanäle daran beteiligt werden. Man kombiniert Texte, innere Vorstellungen und praktische Handlungen. Wie sollen Aktionen im Wettkampf ablaufen? Man wächst geistig, psychisch und physisch in den Wettkampf hinein.

WETTKAMPF- UND TRAININGSANALYSE ALS ERFOLGSFAKTOREN

Seriöse Leistungsentwicklung ist eine komplexe Herausforderung. Wer sich hohe Ziele steckt, entwickelt Potenziale und testet den Stand der Leistungsfähigkeit regelmäßig. Entwicklung erfolgt nach dem Schema Potenzial –> Entwicklung –> Fähigkeit –> Abrufbarkeit –> Leistung –> Analyse. Talentierte Athletinnen und Athleten und ihr Umfeld schenken diesem Ablauf oft zu wenig Aufmerksamkeit. Als Folge münden Karrieren in Sackgassen, weil die Zeichen der Stagnation oder von Rückschritt zu spät erkannt oder ignoriert werden, obwohl noch genügend Zeit zum Gegensteuern wäre. Bleiben vielversprechende Talente auf der Strecke, stechen oft sogar dem achtsamen Laien die Ursachen dafür ins Auge. Das wirkungsvollste Instrument, dem Stillstand zu begegnen, ist eine seriöse Analyse der Trainings- und Wettkampfleistungen. Erfolgt sie regelmäßig, eröffnet sie einen detaillierten Blick auf den Leistungsstand von Sportlern, Sportlerinnen oder Teams. Die regelmäßige Prüfung bestimmter Leistungsparameter, die Beachtung der Lerninhalte von Trainings und Wettkämpfen, das Nutzen visueller Hilfsmittel sind Möglichkeiten, Entwicklungstendenzen im Detail zu erfassen. Sie legen den Ist- und Soll-Zustand in allen Bereichen offen. Stillstand oder Fehlentwicklungen sind rasch entdeckt, Reaktionen können zielgerichtet und rechtzeitig erfolgen. Je nach Analysemethoden und Sportart lässt sich die Leistungsentwicklung als einzelner Teilbereiche darstellen. Das ist der physische ebenso wie der mental-emotionale Zustand, technische Fertigkeiten, die taktische Wettkampfleistung. Sie alle sind als Zahlen und Daten erfassbar. In Sportarten, in denen es direkten Kontakt mit Konkurrenten gibt, macht auch die Analyse von gegnerischen Leistungen Sinn. Eine seriöse Wettkampf- und Trainingsanalyse ermöglicht auch die gezielte Trainingssteuerung, indem sie wertvolles Wissen vermittelt, das man gemeinsam mit der Sportlerin, dem Sportler oder dem Team sammelt und auswertet. Die Erkenntnisse bestimmen die Feinabstimmung des Trainings. Eine effiziente Entwicklung und eine höhere Leistungsstabilität sind die Folgen. Die Analyse mental-emotionaler Leistungen legt die psychologische Darbietung in verschiedenen Situationen des Wettkampfs offen. Die Beanspruchung von Geist, Körper und Psyche variiert während eines Wettkampfes. Qualität und Intensität wechseln der Anforderungen wechseln. Einblicke ins Verhalten während der sozialen Interaktion verschaffen wertvolle Erkenntnisse für die Entwicklung der Wettkampfpersönlichkeit. Die allgemeine Struktur einer Wettkampfanalyse berücksichtigt die alle Komponenten von Technik, Taktik und die Qualitäten der körperlichen, mentalen und emotionalen Performance. Sie zeigt chronologisch den Verlauf des Wettkampfes aus subjektiver Perspektive und gibt Auskunft über sportarttypische Geschehnisse. Bedeutend sind auch die äußeren Bedingungen, unter denen ein Training oder Wettkampf stattfindet. Art der Wettkampfstätten, Witterung, Ort und Tageszeit, Zuschauereinflüsse, Schiedsrichterentscheidungen spielen eine Rolle. Sie beantworten die Frage: Wie reagiert die Wettkämpferin, der Wettkämpfer auf Einflüsse und Umstände von außen? Die Analyse hat die gleiche Struktur wie die mentale Wettkampfvorbereitung. Diese ist die Grundlage dafür, dass die Analyse danach Aussagekraft erhält. Sie prüft im Nachhinein die Einhaltung des Wettkampfplans sowie die Umsetzung der in der Vorbereitung anvisierten Ziele. Eine Wettkampfanalyse liefert wichtige Informationen zu folgenden Fragen: Was hat funktioniert? Wo gibt es Luft nach oben? Welche Trainingsschwerpunkte setze ich kurz-, mittel- und langfristig, um die Distanz zwischen Ist- und Soll-Zustand zu verringern? Was ist umsetzbar und in welchem Zeitrahmen? Welche Ziele sind in kurzer Zeit erreichbar? Welche erfordern einen mittel- oder langfristigen Plan? Welche Trainingsinhalte versprechen den größten Fortschritt? Wie sehen die nächsten Etappen der Entwicklung aus? Die Analyse erfolgt zeitnah nach dem Wettkampf oder Training. Die Eindrücke müssen frisch sein. Zugleich sollten die Emotionen aber insoweit abgeklungen sein, dass eine rationale Analyse möglich ist. Es geht nicht darum, sich oder jemand anderen zu beeindrucken, zu beurteilen oder gar zu verurteilen. Ziel der Analyse ist der größtmögliche Lerneffekt! Deshalb nimmt man sich Zeit dafür. Ihre Systematik bleibt immer dieselbe. So erhält man verlässliche Parameter. Erkenntnisse der Analyse sind zugleich Arbeitsvorgaben für das Training und den nächsten Wettkampf. Nach dem Wettkampf ist vor dem Wettkampf, nach dem Training ist vor dem Training. Der Abschluss der Analyse sorgt für eine positive Stimmung. Destruktive Kritik ist fehl am Platz. Die Sportlerin oder der Sportler verlässt mit Zuversicht die Wettkampfstätte, denn mit demselben Gefühl startet man in den nächsten Wettkampf, das nächste Training. Sehen wir uns die Wettkampfanalyse in der Praxis an. Wer beginnt? Immer die Sportlerin, der Sportler! Selbstanalyse hat für das sportliche Umfeld unersetzlichen Wert. Das Innenleben, die mentalen und emotionalen Eindrücke der Athletin, des Athleten während des Wettkampfes sind die Anhaltspunkte für die Arbeit. Sie bieten dem sportlichen Umfeld wichtige Informationen. Die Analyse findet in entspannter Stimmung und störungsfreier Umgebung statt. Nur dann sind Sportlerinnen und Sportler auch bereit, sich zu öffnen. Hier die Analyseschritte im Einzelnen:

1. Der Wettkampfverlauf im Rückblick: Die Wettkämpferin, der Wettkämpfer schildert aus der Innenperspektive den Wettkampf wie einen Spielfilm. Es ist eine Nacherzählung aus der Innenansicht. Niemand unterbricht den Gedankenfluss. Trainer oder Betreuer sind aktive Zuhörer. Sie achten auf Gefühle und Emotionen und Körpersignale, die die Schilderung wachruft. Sie liefern wertvolle Aufschlüsse, wie die Sportlerin, der Sportler die Momente erlebte. Formulierungen wie „gut", „schlecht" oder ähnliche Worte haben nur geringe Aussagekraft. Die Zuhörer achten darauf und ersuchen um eine genaue Erklärung, sollten solche Ausdrücke fallen. Die Schilderung ist wertneutral. Sie ist ein Erlebensbericht, eine mentale und emotionale Reise durch den vergangenen Wettkampf.

2. **Persönliche Highlights:** Anschließend folgt sicher der angenehmste Teil der Analyse. Die Sportlerin, der Sportler durchlebt die in der Erinnerung noch frischen positiven Aktionen und Wettkampfphasen neuerlich. Persönliche Highlights treten ins mentale Rampenlicht! Je mehr von ihnen aufleben, je präziser man sie mit Worten wiedergibt, umso tiefgehender die positiven langfristigen Folgen. Jeder Höhepunkt ist ein Wiedererleben, eine Quelle für Selbstbewusstsein und ein stabiles, positives Selbstbild. Das Vertrauen in die eigenen Fähigkeiten und Eigenschaften festigt sich unabhängig von Wettkampfresultaten. Die Athletin, der Athlet stellt sich selbst Fragen und beantwortet sie so genau wie möglich. Wie agierte ich in den Situationen? Welche meiner Eigenschaften und Fähigkeiten waren dafür verantwortlich? Erkenne ich Stärken, die ich bisher noch nicht als solche wahrgenommen habe? Sind es technische, körperliche, mental-emotionale oder taktische Pluspunkte? Jede Fähigkeit erhält eine Bezeichnung, die ihr gerecht wird! Schriftliche Notizen helfen, zukünftige Wettkampfpläne zu erstellen und herauszufinden, wie man die persönliche Wettkampfrolle authentischer interpretieren kann.
3. **Mentale Reparatur:** Im nächsten Analyseschritt richtet sich der Fokus auf Wettkampfphasen, in denen es nicht nach Plan gelaufen ist und Fehler passierten. Fast immer gibt es eine konkrete Vorstellung, wie es optimal funktioniert hätte. Es sind die mentalen Haltegriffe dieses Analyseteils. Ich behalte nicht Fehler und Misserfolge im Kopf, sondern festige geistig ideale Abläufe. Das Gefühl für den optimalen Verlauf, für das Gelingen wächst und ersetzt das Fehlerbewusstsein. Man schildert fehlerhafte Aktionen sehr sachlich und ohne Selbstverurteilung oder Selbstkritik. Wie präsentieren sie sich im Rückblick? Wo erkenne ich Potenzial, das mir hilft, das Denken und Verhalten in Zukunft der Idealversion anzunähern? Habe ich diese Fertigkeiten schon so automatisiert, dass sie die ausreichende Stabilität für den Wettkampf haben? Sogenannte Trainingsweltmeister werden

hier anmerken: „Ja, im Training läuft es!" Vielleicht stimmt das sogar. Es fehlt aber noch an Stabilität und Konstanz, damit man die Fähigkeiten auch unter dem Wettkampfdruck abrufen kann. Sind meine körperlichen und konditionellen Potenziale schon so entwickelt, dass ich damit erfolgreich bestehen kann? War mein taktisches Vorgehen klug gewählt, oder hätte ich die Situation im Rückblick anders lösen können? Wenn ja, wie? War ich in der richtigen emotional-mentalen Verfassung? War ich fokussiert? Hatte ich genügend Überblick und Ruhe, um die Aufgabe optimal zu lösen? Alle Fragen beantwortet der Sportler, die Sportlerin nach bestem Wissen und Gewissen. Destruktive Kritik oder Verurteilung sind neuerlich fehl am Platz! Es geht um die sachliche Feststellung, was geschah und wie es ideal abgelaufen wäre. Wer präzise Idealvorstellungen hat, kann die Fähigkeiten identifizieren, die man erarbeiten oder aktivieren muss. Auch Champions löschen Fehlerbilder und ersetzen sie durch Lösungen. Sie reparieren die Situationen mental und emotional. Sie erkennen Situationen und ihre Folgen: „Wenn das geschah, agierte ich so." Gesetzmäßigkeiten des Handelns zeigen sich. Denkmuster ebenso wie Verhaltensweisen treten ans Licht. Manche Lösungsansätze beheben mehrere Fehler durch eine einzige Trainingsübung. Die solide Analyse bietet Lösungsmöglichkeiten.

4. Äußere Umstände, innere Zustände: Jeder Wettkampf findet unter unterschiedlichen Bedingungen statt. Sie beeinflussen die Leistungen positiv oder negativ. Witterung, Zuschauer, gegnerisches Verhalten, Bodenverhältnisse und andere Themen gehören dazu. Fallen sie bei der Analyse unter den Tisch, ignoriert man Fakten, die den Wettkampfverlauf mitbestimmten. Innere Zustände leisten ihren Beitrag, ob man die volle Leistungsfähigkeit ausspielen kann. Schmerzen, Probleme aus dem privaten Bereich, Gedanken, Gefühle, Emotionen, die kausal nicht den Wettkampf betreffen, haben wesentlichen Einfluss auf die Leistung und sind in jeder Analyse von Wettkampf oder Training zu beachten.

5. Qualifiziertes Feedback: Eine zweite Sichtweise, die sowohl fachlich kompetent als auch in sozialer und kommunikativer Hinsicht verträglich ausgedrückt wird, gehört zu einer seriösen Wettkampfanalyse. Sie ist weder ermüdend noch verwirrend und bietet eine zweite Sicht auf die Wettkampfleistung. Als zweite Perspektive hat sie einen Wert, wenn sie folgende Anforderungen erfüllt:
   a. Sie stammt von einer Person, der die Wettkämpferin, der Wettkämpfer vertraut.
   b. Diese Person hat den Wettkampf aufmerksam, mit allen Sinnen, ohne Unterbrechung verfolgt.
   c. Feedback ist die Rückmeldung einer Wahrnehmung. In der Bedeutung der Sichtweisen hat die Perspektive des Sportlers, der Sportlerin Vorrang. Die Außenperspektive ist nur eine Ergänzung dessen, was die Athletinnen und Athleten wahrnehmen. Seriöses Feedback ist weder eine Beurteilung noch eine Bewertung, sondern der Bericht der subjektiven Wahrnehmung aus dissoziierter Position. Dissoziiert im Sinne von distanziert und analytisch. Anders als die assoziierte Wahrnehmung des Sportlers, der Sportlerin, die emotional involviert ist, bleibt die zweite Perspektive stets nüchtern und sachlich.

Wettkampf- und Trainingsanalysen fordern den Athletinnen und Athleten Ehrlichkeit und Selbstwahrnehmung, der beobachtenden Person verbale Behutsamkeit und Aufmerksamkeit ab. Sie unterstützen die Entwicklung, indem sie Prioritäten erkennen lassen. Sie vermischen sich nie mit Kritik. Es geht nicht um die Integrität des Menschen, sondern um sein Verhalten in bestimmten Wettkampf- oder Trainingssituationen. Der Mensch in seiner Persönlichkeit bleibt unangetastet.

6. Abschließende Zusammenfassung. Die Erkenntnisse aller Analyseschritte werden zusammengefasst. Die Basis bilden die Anhaltspunkte aus der mentalen und emotionalen Vorbereitung des Wettkampfes. Was konnte ich davon umsetzen?

Gab es Unterschiede in der Theorie und Praxis? Man erfüllt nie alles, was man sich vornimmt. Potenziale sind offengelegt, die man anders nutzen kann. Stärken, die bisher zu wenig Gewicht hatten, steigen in der subjektiven Bedeutung. Enden Wettkampf oder Training mit einer fachgerechten Analyse, wirken die daraus gewonnenen Erkenntnisse positiv auf die weitere Entwicklung. Daher ist die Analyse für den Erfolg unverzichtbar. Sie sollte jeder Sportlerin, jedem Sportler mit hohen Zielen in ihrem Ablauf in Fleisch und Blut übergehen. Ohne eine Analyse entsteht ein Gefühl der Unvollständigkeit und inneren Leere. Viele scheuen die mentale Arbeit, übersehen und verzichten aber auf den Nutzen, den sie für die emotionale und mentale Entwicklung hat. Am Ende des Tages ist jede und jeder selbst zuständig! Wie Laotse sagte: „Du bist nicht nur für das verantwortlich, was du tust, sondern auch dafür, was du nicht tust!"

EINIGE GEDANKEN ZUM SCHLUSS

Es ist für mich eine Bestätigung, dass es für mich keine Grenzen gibt", sagte die US-Open-Siegerin 2022 und Führende der Tennis-Weltrangliste, Iga Swiatek aus Polen, bei der Siegerehrung. Sie meinte Grenzen im sportlichen Bereich und nicht Grenzen, die die Natur jedem von uns zieht. Für sportliche Bereiche werden jetzt viele sagen: „Doch, sie ist ja schon die Nummer eins der Welt, besser geht's ja nicht mehr, sie ist am Limit." Was Swiatek und mit ihr viele Champions im Sport und Meister und Meisterinnen in vielen anderen Lebensbereichen mit derartigen Statements meinen ist: Die Entwicklung geistiger menschlicher Fähigkeiten kennt keine Limits. Der Geist ist grenzenlos. Er lernt nie aus. Es gibt immer Themen, in denen es noch Luft nach oben gibt. Selbst bei den Besten der Besten! Sie spüren ihre ungenutzten Potenziale und wollen sie zur Entfaltung bringen.

Das menschliche Gehirn bleibt lebenslang lernfähig. Der Hirnforscher und Autor Gerald Hüther schreibt am Anfang seines Buches „Bedienungsanleitung für ein menschliches Gehirn": „Um zu entscheiden, ob die bisher in Ihrem Gehirn angelegten und Ihr Fühlen, Denken und Handeln bestimmenden Verschaltungen für den Rest Ihres Lebens so bleiben oder verändert werden sollten, brauchen Sie ein lebenslang lernfähiges Gehirn."

Selbst im hohen Alter kann das Gehirn wachsen, neue Informationen aufnehmen und neue Denkkombinationen bilden. Es erhält sich die Fähigkeit zu lernen, wenn es gesund ist und der Wille zum Lernen vorhanden bleibt. In diesem Sinn ist die Aussage von Iga Swiatek zu verstehen. Es ist das Hirn, das den Körper leitet und bildet. Neue Vorstellungen kreieren neue Fähigkeiten durch neue Kombinationen mit vorhandenen Gedächtnisinhalten. Der Wille zur Veränderung kämpft gegen bisherige Gewohnheiten und Denkmuster an. Wer den Lebensweg nicht beenden will, solange der Körper lebt, solange das Herz noch schlägt, solange das Gehirn noch feuert, hat Visionen und geistige Vorstellungen, Ziele, die er oder sie sich noch erfüllen will. Ich kann mir in jedem Alter noch Fähigkeiten erwerben, die als Potenziale in mir schlummern. Nichts ist unmöglich, solange ich eine Möglichkeit erkenne und den Willen dazu habe, mein Denken, Fühlen, Verhalten und Handeln zu verändern.

Das ist der Sinn dieses Buchs. Es gibt immer ein Rädchen, einen Hebel, an dem ich noch nicht gedreht habe, um einen weiteren Schritt zu einem erfüllten Leben zu tun. Es geht darum, diese Rädchen im Alltagsdickicht zu erkennen und um den Willen, ernsthaft daran zu drehen, statt sich der Oberflächlichkeit im Denken hinzugeben und am Ende des Lebens festzustellen: „Hätte ich nur ..."

INHALTSVERZEICHNIS

Vorwort 7
Gedanken am Anfang 11
   1. Ich erkenne den tieferen Sinn vergangener
      Erlebnisse und Erfahrungen: 14
   2. Begabungen erkennen und ihre
      Entwicklung fördern: 14
   3. Leistungszentrale Kopf: 15
   4. Hardware-Gehirn: 19

1. Kapitel: Die Anatomie des Erfolgs 21
Was ist Erfolg? 21
Erfolg beginnt im Kopf 23
Die Anatomie des Erfolgs 25
   Entwicklungsbereiche, die im Menschen selbst liegen 28
   Die mentale Landkarte 35
   Gedanken als zentrale Elemente der Mentalität 38
   Sprachlicher Ausdruck – Kommunikation 42
   Physische Energie als Ausdruck
   des mental-emotionalen Zustands 44
   Die Konzentration der Sinne
   als Ausdruck des mentalen Zustands 48
   Ausstrahlung – Charisma 52
   Verhalten als Ausdruck
   des mental-emotionalen Zustands 54
   Äußere Entwicklungsfaktoren
   Das persönliche Umfeld als Chance 57
   Physische und mentale Ernährung
   als Entwicklungsfaktoren 59
   Materielle Erfolgsfaktoren 62
   Regeneration als entscheidender
   Entwicklungs- und Erfolgsfaktor 63
   Zusammenfassung 65

Wachstum und Fortschritt
bedeuten Veränderung 67
   Fokussieren auf das Wesentliche 74
   Die Steuerung mentaler,
   emotionaler und physischer Energien 75
   Zielgerechtes, planvolles Denken und Handeln 76
   Bewusstsein und Vertrauen
   als Säulen der Willensstärke 76
   Selbstdisziplin als Element der Willensstärke 77
   Lernen als Ausgangspunkt und
   Wegbegleiter der Veränderung 79
   Können ist praktisch angewandtes Wissen 80
   Vom Können zur Umsetzung 82

2. Kapitel: Die Erfolgsmentalität 85
Die Mentalität des Erfolgs 85
   Aufgeschlossen und offen oder
   reserviert und beständig: 87
   Gewissenhaftigkeit, Perfektionismus
   versus Spontaneität und Überblick 88
   Extraversion und Geselligkeit bzw.
   die leise Stimme im Hintergrund 89
   Verträglich, kooperativ, empathisch vs.
   streitbar, wettkampforientiert 90
   Neurotizismus, Verletzlichkeit vs.
   emotionale Stabilität, Gelassenheit 90
   Fixierte Mentalität und Wachstumsmentalität 92
   Die Regionen der mentalen Landkarte 94
Selbstbewusstsein als Summe
der Selbsterkenntnisse 98
   Ganz bei sich sein 101
   Reflektiert sein 101
   Feedback und Selbstfeedback 103
   Mentale Engpässe, die auf mangelndes
   Selbstbewusstsein hinweisen 104

*Gedanken und Verhaltensweisen,
die den Aufbau von Selbstbewusstsein unterstützen,
Erscheinungsformen von Selbstbewusstsein* 105
*Mentale Übungen, die den Aufbau von
Selbstbewusstsein fördern und unterstützen* 107
Selbstwertgefühl und Selbstbild 114
*Mentale Engpässe, die auf ein negatives
oder instabiles Selbstbild hinweisen* 118
*Zielvorstellungen für den Aufbau
eines positiven, stabilen Selbstbildes.
Verschiedene Erscheinungsformen* 119
*Übungen zum Aufbau eines stabilen,
positiven Selbstwertgefühls* 120
Selbstvertrauen und
Selbstwirksamkeitsgefühl 125
*Mentale Engpässe, die auf ein zu geringes,
instabiles Selbstvertrauen hinweisen* 127
*Welche konkreten Zielvorstellungen stärken das
Selbstvertrauen? Welche Ausdrucksformen hat es?* 132
*Übungen die den Aufbau eines stabilen,
nachhaltigen Selbstvertrauens unterstützen* 136
Unabhängigkeit im Denken und Handeln 141
*Mentale Engpässe, die auf fehlende Autonomie
im Denken und Handeln hinweisen* 144
*Konkrete Zielvorstellungen, die das Entwickeln
persönlicher Autonomie unterstützen* 147
*Übungen, die die Entwicklung von Autonomie
und geistiger Souveränität unterstützen* 150
Eigenverantwortung
als Wurzel jeder Verantwortung 158
*Mentale Engpässe, die auf fehlende
Selbstverantwortung hinweisen* 160
*Zielvorstellungen für die Entwicklung
von Selbstverantwortung* 164

 *Übungen, die die Entwicklung von
eigenverantwortlichem Denken und
Handeln unterstützen* 168
Die Kraft der Vision 174
 *Mentale Engpässe, die auf eine fehlende
oder schwache Vision hinweisen* 176
 *Konkrete Zielvorstellungen,
die das Wachsen einer Vision unterstützen* 179
 *Übungen, die den Aufbau und
die Stärkung einer Vision unterstützen* 181
Das Erfolgsgeheimnis ist ein klares Ziel 187
 *Mentale Engpässe als Folgen fehlender
oder schwacher Zielarbeit?* 192
 *Konkrete Vorstellungen,
die die Zielsetzung unterstützen* 195
 *Übungen für den Aufbau eines Ziels,
die Stärkung von Motivation und Zielstrebigkeit* 199
Leistungsorientierung und innere Einstellung 207
 *Mentale Engpässe, die auf mangelnde
innere Einstellung und geringe
Leistungsorientierung zurückzuführen sind* 212
 *Konkrete Zielvorstellungen zur Entwicklung
von leistungsorientiertem Denken,
Verhalten und innerer Einstellung* 215
 *Übungen für eine zielführende und positive
innere Einstellung sowie die Leitungsorientierung* 219
Erfolg beruht auf Detailwissen
und dessen Umsetzung 226
 *Engpässe, die auf mangelndes Detailwissen
oder fehlenden Überblick hindeuten* 228
 *Konkrete Zielvorstellungen zur Entwicklung
von Detailwissen und Überblick zur Stärkung
der Konzentration auf das Wesentliche* 231
 *Übungen zum Aufbau von
Übersicht und Detailwissen* 233

Konsequenz, Beharrlichkeit, Durchhaltevermögen
als prägende Erfolgseigenschaften 241
   Konsequenz im Denken und Handeln 242
   Beharrlichkeit im Denken und Handeln 243
   Mentales Durchhaltevermögen 245
   Mentalen Engpässe, die Durchhaltevermögen,
   Beharrlichkeit und Konsequenz blockieren 246
   Konkrete Zielvorstellungen zur Unterstützung von
   Konsequenz, Ausdauer und Durchhaltevermögen 248
   Übungen, die Konsequenz im
   Denken und Handeln, Beharrlichkeit und
   Durchhaltevermögen unterstützen 251
Perspektivenwechsel und Regeneration 259
   Mentale Engpässe, die einseitige,
   starre Sichtweisen oder mangelnde
   Regeneration anzeigen 260
   Konkrete Zielvorstellungen für
   Veränderungen von Sichtweisen und
   das Auftanken von Energien 262
   Übungen zur Entwicklung umfassender
   Sichtweisen von Flexibilität im Denken und
   Handeln und dem wirksamen Planen und
   Durchführen von Pausen und Auszeiten 265

3. Kapitel: Die Wettkampfpersönlichkeit 271
Die mentale und emotionale
Wettkampfstärke 271
Die Wettkampf-Persönlichkeit 272
Wettkampf als Prüfungssituation 274
Glück tritt ein, wenn der vorbereitete
Geist auf die passende Gelegenheit trifft =
die Glücksformel des Seneca! 276
Mental-emotionale Wettkampfvorbereitung
als Frage-und-Antwort-Spiel 278
Wettkampf als natürliches Element des Lebens 283

Die Persönlichkeit der Wettkämpferin,
des Wettkämpfers 285
Die Anatomie der geistig-emotionalen
Wettkampfpersönlichkeit 287
Selbstbewusstsein im Wettkampf 290
   10 Fragen, mit denen ich mein
   Selbstbewusstsein im Wettkampf teste 293
   Übungen, die das Selbstbewusstsein im Wettkampf
   und für andere herausfordernde Aufgaben stärken 294
Selbstvertrauen, Mut und
Risikobereitschaft im Wettkampf 298
   Fragen zum Thema Selbstvertrauen im Wettkampf 301
   Übungen zur Stärkung von Selbstvertrauen,
   Risikobereitschaft und Mut im Wettkampf
   und bei anderen anspruchsvollen Aufgaben 302
Motivation für den Wettkampf,
Lust und Kreativität im Wettkampf 307
   Fragen zum Thema Motivation im Wettkampf 310
   Übungen zur Steigerung von Motivation
   und Kreativität im Wettkampf und
   bei anderen fordernden Aufgaben 311
Leidenschaft und Begeisterung im Wettkampf 317
   Fragen zum Thema Leidenschaft,
   Ehrgeiz und Begeisterung im Wettkampf 318
   Übungen zur Stärkung von Leidenschaft,
   Begeisterung und Ehrgeiz im Wettkampf
   und bei anderen anspruchsvollen Aufgaben 320
Konzentration im Wettkampf 325
   10 Fragen zum Thema Konzentration im Wettkampf 328
   Übungen zur Stärkung der
   Konzentrationsfähigkeit im Wettkampf 329
Kampfgeist und Siegeswillen im Wettkampf 335
   Fragen zum Thema Kampfgeist und
   Siegeswillen im Wettkampf 337
   Übungen zur Stärkung des Kampfgeistes
   und Siegeswillens im Wettkampf 338

Gedankenkontrolle im Wettkampf 343
   10 Fragen zum Thema
   Gedankenmanagement im Wettkampf 346
   Übungen zur Bildung eines
   Gedankenmanagements im Wettkampf 347
Kontrolle der Emotionen im Wettkampf 352
   Fragen zum Thema emotionale
   Regulation im Wettkampf 355
   Übungen zur emotionalen Regulation
   im Wettkampf 356
Probleme lösen im Wettkampf 361
   Fragen zur Problemlösungskompetenz
   im Wettkampf 365
   Übungen zur Stärkung der Fähigkeit,
   Probleme im Wettkampf zu lösen und
   Hindernisse zu beseitigen 366
Der Umgang mit Fehlern
im Wettkampf und im Training 372
   10 Fragen zum Thema Fehlertoleranz
   im Wettkampf: 374
   Übungen zur Stärkung des Umgangs mit Fehlern
   im Wettkampf und im Training 375
Fehlende mentale Wettkampfstärke?
Welche Mängel zeigen sich?
Welche mental-emotionalen Engpässe
sind dafür verantwortlich? 384
   Übungen zur Entwicklung einer stabilen
   mentalen Wettkampfstärke 393
Wettkampf- und Trainingsanalyse
als Erfolgsfaktoren 412
Einige Gedanken zum Schluss 419

Der Autor

Hermann Tatschl, in Wolfsberg im Lavanttal geboren, arbeitete nach seiner Ausbildung als Pharmareferent als Lebens- und Sozialberater und als Mental Coach. Seine ersten Lorbeeren als Autor holte er sich als Mitarbeiter von Regionalzeitungen und mit Veröffentlichungen in Sportzeitungen. Sein Interesse galt schon in frühen Jahren dem Schreiben. Mit „Erfolgsmentalität – Mit der Kraft des Geistes Grenzen überwinden" liegt nun auch seine erste Buchveröffentlichung vor.

Der Verlag

> *Wer aufhört
> besser zu werden,
> hat aufgehört
> gut zu sein!*

Basierend auf diesem Motto ist es dem novum Verlag ein Anliegen, neue Manuskripte aufzuspüren, zu veröffentlichen und deren Autoren langfristig zu fördern. Mittlerweile gilt der 1997 gegründete und mehrfach prämierte Verlag als Spezialist für Neuautoren in Deutschland, Österreich und der Schweiz.

Für jedes neue Manuskript wird innerhalb weniger Wochen eine kostenfreie, unverbindliche Lektorats-Prüfung erstellt.

Weitere Informationen zum Verlag und
seinen Büchern finden Sie im Internet unter:

www.novumverlag.com

novum VERLAG FÜR NEUAUTOREN

Bewerten Sie dieses Buch auf unserer Homepage!

www.novumverlag.com